Constitucionalismo e Democracia Pós-2020

www.saraivaeducacao.com.br
Visite nossa página

Série IDP/Saraiva
Conselho Científico

Presidente: Gilmar Ferreira Mendes
Secretário-Geral: Jairo Gilberto Schäfer
Coordenador-Geral: João Paulo Bachur
Coordenador Executivo: Atalá Correia

Alberto Oehling de Los Reyes
Alexandre Zavaglia Pereira Coelho
António Francisco de Sousa
Arnoldo Wald
Carlos Blanco de Morais
Elival da Silva Ramos
Everardo Maciel
Fábio Lima Quintas
Felix Fischer
Fernando Rezende
Francisco Balaguer Callejón
Francisco Fernández Segado
Ingo Wolfgang Sarlet
Jorge Miranda
José Levi Mello do Amaral Júnior
José Roberto Afonso
Katrin Möltgen
Laura Schertel Mendes
Lenio Luiz Streck
Ludger Schrapper
Maria Alicia Lima Peralta
Michael Bertrams
Miguel Carbonell Sánchez
Paulo Gustavo Gonet Branco
Pier Domenico Logroscino
Rainer Frey
Rodrigo de Bittencourt Mudrovitsch
Rui Stoco
Ruy Rosado de Aguiar
Sérgio Antônio Ferreira Victor
Sergio Bermudes
Sérgio Prado
Walter Costa Porto

André Rufino do Vale
organizador

Constitucionalismo e Democracia Pós-2020

Reflexões na ocasião do Centenário do Constitucionalismo de Weimar (1919-1933)

2022

Av. Paulista, 901, 4º andar
Bela Vista – São Paulo – SP – CEP 01310-100

 sac.sets@saraivaeducacao.com.br

Diretoria executiva	Flávia Alves Bravin
Diretoria editorial	Ana Paula Santos Matos
Gerência editorial e de projetos	Fernando Penteado
Gerência editorial	Thais Cassoli Reato Cézar
Novos projetos	Aline Darcy Flôr de Souza
	Dalila Costa de Oliveira
Edição	Jeferson Costa da Silva (coord.)
	Deborah Caetano de Freitas Viadana
Produção editorial	Daniele Debora de Souza (coord.)
	Cintia Aparecida dos Santos
	Rosana Peroni Fazolari
Arte e digital	Mônica Landi (coord.)
	Camilla Felix Cianelli Chaves
	Claudirene de Moura Santos Silva
	Deborah Mattos
	Guilherme H. M. Salvador
	Tiago Dela Rosa
Projetos e serviços editoriais	Daniela Maria Chaves Carvalho
	Emily Larissa Ferreira da Silva
	Kelli Priscila Pinto
	Klariene Andrielly Giraldi
Diagramação	Luciano Assis
Revisão	Ligia Alves
Capa	Tiago Dela Rosa
Imagem de capa	©Am 7 (26), ©László Moholy-Nagy
Produção gráfica	Marli Rampim
	Sergio Luiz Pereira Lopes
Impressão e acabamento	Gráfica Paym

DADOS INTERNACIONAIS DE CATALOGAÇÃO NA PUBLICAÇÃO (CIP)
ODILIO HILARIO MOREIRA JUNIOR - CRB-8/9949

C758   Constitucionalismo e democracia pós-2020: reflexões na ocasião do Centenário do Constitucionalismo de Weimar (1919-1933) / André Rufino do Vale...[et al.] ; org. André Rufino do Vale. – São Paulo : SaraivaJur, 2022.
352 p.

ISBN 978-65-5362-118-3 (Impresso)

1. Direito Constitucional. 2. Constituição. 3. Democracia. 4. República de Weimar. 5. Constituição de Weimar. 6. Lei Fundamental de Bonn. 7. Papel compromissório constitucional. 8. Referendo. 9. Democracia liberal. I. Vale, André Rufino do. II. Godoy, Arnaldo Sampaio de Moraes. III. Sarlet, Ingo Wolfgang. IV. Callejón, Francisco Balaguer. V. Lübbe-Wolff, Gertrude. VI. Mendes, Gilmar Ferreira. VII. Olivetti, Marco. VIII. Streck, Lenio Luiz. IX. Wagner, Francisco Sosa. X. Magalhães, Marco Túlio Reis. XI. Título.

	CDD 342
2021-537	CDU 342

Índices para catálogo sistemático:
1. Direito Constitucional   342
2. Direito Constitucional   342

Data de fechamento da edição: 25-7-2022

Dúvidas? Acesse www.saraivaeducacao.com.br

Nenhuma parte desta publicação poderá ser reproduzida por qualquer meio ou forma sem a prévia autorização da Saraiva Educação. A violação dos direitos autorais é crime estabelecido na Lei n. 9.610/98 e punido pelo art. 184 do Código Penal.

CL	607680	CAE	791972

Esta obra é dedicada ao
Professor Eusebio Fernández García,
Catedrático de Filosofía del Derecho –
Universidad Carlos III de Madrid.

Sumário

Apresentação – Constitucionalismo e democracia pós-2020: a atualidade das lições de Weimar (1919-1933)
André Rufino do Vale 9

Constituição de Weimar (*Die Weimarer Reichverfassung*): ambiente cultural e histórico. Os constitucionalistas
Arnaldo Sampaio de Moraes Godoy e Ingo Wolfgang Sarlet 21

A crise da democracia na época de Weimar e no século XXI
Francisco Balaguer Callejón 71

O conceito da democracia na Constituição de Weimar
Gertrude Lübbe-Wolff 89

O aprendizado da Lei Fundamental de Bonn com a Constituição de Weimar e os seus reflexos no constitucionalismo brasileiro
Gilmar Ferreira Mendes 137

Referendum y democracia representativa en la Constitución de Weimar
Marco Olivetti 161

Weimar e o papel compromissório-constitucional: o que fica na história
Lenio Luiz Streck.. 197

Los grandes problemas jurídicos en la República desapacible de Weimar
Francisco Sosa Wagner 213

Direitos e deveres fundamentais: reflexões a partir da Constituição de Weimar
Marco Túlio Reis Magalhães 253

Crise da democracia liberal: reflexões por ocasião do centenário da Constituição de Weimar de 1919
André Rufino do Vale 305

Apresentação
Constitucionalismo e democracia pós-2020: a atualidade das lições de Weimar (1919-1933)

1. O CICLO DA HISTÓRIA

Há cem anos, o mundo tentava superar uma pandemia em meio a crises econômicas e políticas que desafiavam o funcionamento das instituições democráticas. A década de 1920 inaugurou o século XX com o trauma das milhões de mortes causadas pela gripe espanhola (1918-1920), que se somava à tragédia humanitária da Primeira Guerra Mundial (1914-1918) para desencadear uma série de mudanças sociais que praticamente criaram um novo mundo, culturalmente diferenciado, mas que ficou marcado na história pela instabilidade econômica e política que antecedeu a decadência democrática dos anos 1930.

Um século depois, o enfrentamento mundial das consequências sociais e econômicas de uma pandemia volta a transformar as sociedades e a impor difíceis desafios às instituições políticas. A década de 2020 também promete ser um tempo de mudanças extraordinárias. O atual aprofundamento dos câmbios políticos e sociais diagnosticados em diversos países desde meados dos anos 2010 pode revelar que, em dez anos, o mundo como o conhecemos será completamente outro. Qual o impacto das atuais transformações sociais na engenharia constitucional dos poderes das diversas nações? Como serão ressignificados os valores que sustentam a ideia consolidada de democracia liberal? O que poderá ser feito para a superação dos complexos desafios que um novo cenário social imporá à proteção dos direitos, ao desenvolvimento sustentável e à persistência na busca pelo progresso civilizatório? Enfim, como nos próximos dez anos os diversos povos ocidentais poderão impedir retrocessos e dar continuidade ao projeto iluminista de concretização dos ideais do constitucionalismo e da democracia?

Atualmente, são crescentes e cada vez mais detalhadas, nas teorias políticas, as narrativas distópicas sobre o futuro da democracia como regime de organização política predominante no mundo. As evidências concretas e bem diagnosticadas da atual *desconsolidação* democrática e a recente emergência de *democracias iliberais* tornaram-se motivo de preocupação e o principal objeto de investigação na ciência política e no direito constitucional deste início de 2020. Entre os estudos mais destacados está o recém-publicado *Crises of democracy*[1], do cientista político Adam Przeworski, que admite estar "moderadamente pessimista sobre o futuro", por não conseguir vislumbrar caminhos de superação do estado atual de descontentamento com a democracia. Outros livros importantes estão sendo publicados, como o já aclamado *The light that failed*: why the West is losing the fight for democracy, de Stephen Holmes e Ivan Krastev. A obra recebeu a resenha da revista *The Economist*[2], que destaca o elucidativo relato de como as transformações liberais do leste europeu pós-1989 acabaram se convertendo em uma derrota da própria ideia de democracia liberal.

Um dos aspectos mais interessantes nos atuais discursos sobre o futuro da democracia é a recorrente comparação com a década de 1920. A história não se repete em fatos, mas muitas vezes é circular e assim esclarecedora a respeito das questões, das dúvidas,

---

[1] PRZEWORSKI, Adam. *Crises of democracy*. New York: Cambridge University Press, 2019.
[2] Democracy and its discontents. *The Economist*, Books and Arts, 11 jan. 2020.

das angústias, das ideias que permearam determinado tempo e espaço, condicionando o *habitus* social de toda uma geração. Foram os anos 1920 que de fato inauguraram o século XX, com a concomitância de uma diversidade de acontecimentos inéditos e verdadeiras revoluções nos campos social e cultural e seus conhecidos reflexos na construção de novas ideias e instituições políticas. Também foi a década de 1920 uma época de perplexidades, o palco de discussões profundas sobre o futuro da humanidade, em meio à conjunção de diversas crises (econômica, política e social), especialmente a crise das instituições democráticas.

Lembra-se, nesse aspecto, que foi a obra de Thomas Mann, *A montanha mágica*[3], publicada em 1925, que imortalizou grandes questões e conflitos ideológicos que permearam aquela época de mudanças. Em um dos maiores clássicos do século XX, Mann apresenta tais questões pelo relato das dúvidas e angústias de seu protagonista, Hans Castorp, internado inesperadamente em um sanatório de Davos, nos Alpes Suíços, onde passa a conviver com pacientes de distintas personalidades, as quais representam as diferentes perspectivas daquele momento sobre a civilização ocidental. Ludovico Settembrini encarna o humanista, sempre disposto a defender os ideais da razão, do progresso e da liberdade individual. Leo Naphta, por outro lado, é o defensor de valores e práticas do cristianismo medieval, como a fé, a ordem e a disciplina, a contemplação. E há, ainda, o interessante Mynheer Peeperkorn, um personagem distinto em todos os aspectos dos demais, com seu vigor, ambição e riqueza, além da paixão pelos prazeres mundanos. Ante a crise da civilização, Thomas Mann muitas vezes adota um tom irônico e pessimista, porém realista ante os desafios postos às sociedades ocidentais, um caminho sem volta após a tragédia humanitária da Primeira Guerra mundial. Mann assim deixou um legado de ensinamentos de como encarar uma época de crises, mostrando que não há soluções simples nos múltiplos conflitos que se colocam entre o novo e o antigo no limiar de uma nova era.

---

3   MANN, Thomas. *A montanha mágica*. Tradução Herbert Caro. São Paulo: Companhia das Letras, 2016.

A nascente década de 2020 já revela muitas dessas características históricas, com a promessa de uma revolução tecnológica sem precedentes e seus impactos nos costumes e, especialmente, nas instituições políticas. Tudo indica que o centenário de 1920 dará início a um tempo de grandes questões humanitárias, permeado por angústias e medos, mas igualmente por inovações e esperanças. Essa tensão entre distopia e utopia permeará o processo de reflexão e de (re)construção das instituições políticas nas democracias constitucionais. Como há cem anos, a década de 2020 dará início a uma nova época, em que a preservação dos valores essenciais ao constitucionalismo e à democracia será crucial para o futuro da humanidade.

2. Os desafios do constitucionalismo e da democracia pós-2020

Valorizar a identidade e a dignidade dos indivíduos será o grande desafio da década. Hoje já se pode afirmar que muitas das atuais crises, especialmente a crise de representatividade democrática, devem-se a uma avassaladora onda de ressentimentos e insatisfações individuais contra todo o "sistema" e suas estruturas imutáveis de poder, que na perspectiva do indivíduo são as causadoras dos principais males deste início de século: a desigualdade econômica; a intolerância racial e religiosa; a falta de representação política; e a ausência de compromissos sérios com a garantia de um meio ambiente ecologicamente equilibrado para as futuras gerações. E o desemprego é uma ameaça crescente e assustadora para o cidadão de todas as sociedades capitalistas, que já pode vislumbrar os prováveis impactos da inteligência artificial no mundo do trabalho. Oprimido social e economicamente, ameaçado pelo desemprego e, além disso, descrente de sua legítima representação política, o indivíduo passa a cultivar certa nostalgia em relação a uma época anterior, a um ilusório passado glorioso de sua nação, muitas vezes autoritário, e assim alimenta o desenvolvimento dos populismos e nacionalismos, fenômenos políticos que já se tornam típicos do início da década. Também cultiva o ódio em relação ao outro, criando um ambiente cultural de intolerância contra tudo e todos: a oposição política; os imigrantes e os de distintas etnias e religiões; os diferentes em cor, sexo e opção sexual.

Interessante notar que os protestos populares ao redor do mundo coincidem como canais de extravasamento da indignação individual contra um sistema que, em vez de proporcionar a construção de sociedades inclusivas, desenvolve-se movido a noções que, ao fim e ao cabo, geram exclusão: nacionalismo, religião, raça, gênero, etnia. Na perspectiva dos indivíduos em diferentes partes do globo, as democracias liberais têm falhado na concretização de seu projeto fundamental de formar nações de cidadãos livres e iguais, reconhecidos em sua dignidade e autônomos politicamente. Por isso, a crescente demanda por reconhecimento da identidade e dignidade individuais imporá difíceis desafios às democracias constitucionais nos próximos anos. Como (re)configurar ou (re)criar as instituições políticas para fazer frente à crise de representatividade? Como as nações poderão (re)valorizar a identidade política e a dignidade dos indivíduos? Como (re)formular modelos econômicos que propiciem a redução das desigualdades e o desenvolvimento sustentável?

Liberalismo e democracia encontram-se em uma encruzilhada no limiar da década de 2020. Ao mesmo tempo que devem responder às crescentes demandas pela efetividade de sua promessa de comunidades políticas de indivíduos livres e iguais, enfrentam uma inédita crise de credibilidade de suas próprias instituições. Abaladas por uma crise de legitimidade, as instituições políticas das democracias liberais se mostram inaptas para resolver todas as demais crises (econômicas, políticas, ambientais etc.). Como bem afirmou o sociólogo Manuel Castells, a crise da democracia liberal é a "mãe de todas as crises"[4]. Os desafios que se impõem aos politólogos e juristas da década, portanto, são ainda mais profundos, na perspectiva da essencial redefinição dos modelos e das instituições da democracia constitucional.

---

4   CASTELLS, Manuel. *Ruptura*: a crise da democracia liberal. Rio de Janeiro: Zahar, 2018. p. 10.

A biotecnologia e a inteligência artificial desafiarão cada vez mais a narrativa liberal e tornarão indispensável essa reconstrução das instituições democráticas. Quem bem elucida esse cenário é o historiador Yuval Noah Harari, concluindo que "a democracia em seu formato atual não será capaz de sobreviver à fusão da biotecnologia com a tecnologia da informação". Para ele, "ou a democracia se reinventa com sucesso numa forma radicalmente nova, ou os humanos acabarão vivendo em ditaduras digitais"[5].

Sem dúvida, nos próximos anos o direito constitucional e seus principais conceitos relacionados à configuração normativa e à proteção judicial de direitos fundamentais serão profundamente contestados e desafiados pelo aperfeiçoamento da biotecnologia e da inteligência artificial. As principais noções jurídicas quanto à liberdade, à igualdade e à privacidade serão postas à prova em uma realidade que, em pouco tempo, conviverá com algoritmos extremamente precisos e poderosos em sua função de monitorar e dominar todos os aspectos da personalidade humana.

Boa parte das pesquisas na área do direito constitucional na próxima década deve se desenvolver no sentido de encontrar respostas para os desafios que as novas tecnologias colocarão para seus principais modelos e conceitos. Como redimensionar a noção de liberdade na perspectiva de que o desenvolvimento da inteligência artificial poderá em breve transferir parte das fontes da autoridade de humanos para máquinas? Qual a amplitude da proteção e que restrições poderão ser admitidas à privacidade num contexto de produção tecnológica incontrolável de dados pessoais? Quais princípios e regras devem guiar a regulação da proteção desses dados? Como redefinir o direito autoral e o conceito de propriedade para compreender a produção intelectual de máquinas e algoritmos? Que mutações sofrerá a noção dogmática da titularidade de direitos em uma realidade em que pretensões subjetivas rivalizam com ações não humanas? Que tipo de responsabilização jurídica poderá ser aplicada a atos não humanos?

---

5   HARARI, Yuval Noah. *21 lições para o século 21*. São Paulo: Companhia das Letras, 2018. p. 95.

O liberalismo certamente não perderá seu poder de influência e de atração como narrativa predominante no sentido do constante aperfeiçoamento da proteção dos direitos individuais básicos. Ao longo dos próximos anos, porém, as teorias liberais dos direitos deverão questionar seus próprios pressupostos para poder encarar todos esses novos desafios.

As democracias constitucionais deverão ser compreendidas a partir de seus limites para lidar com as novas e complexas mudanças, o que permitirá o melhor conhecimento e correção de suas falhas e a consequente adaptação de suas instituições políticas.

Somos levados a crer que o projeto iluminista do constitucionalismo e da democracia, apesar de cada vez mais desafiado, seguirá em sua obstinada trajetória histórica como a melhor alternativa para o progresso civilizatório dos povos. Para tanto, será preciso continuar acreditando e defendendo os ideais iluministas da razão, da ciência e do humanismo para a solução dos complexos problemas que se apresentam às atuais sociedades[6]. A persistente crença no potencial revitalizador dos valores liberais e a confiança na capacidade de revigoramento institucional das democracias serão indispensáveis nos estudos e pesquisas na ciência política e no direito constitucional.

3. As lições de Weimar

Todas as Constituições produzidas após o período das duas grandes guerras do século XX foram de algum modo influenciadas pela Constituição de Weimar de 1919. Por isso, o atual centenário de Weimar representa um marco histórico de extrema importância que oferece às atuais democracias a oportunidade de reflexão e, sobretudo, de aprendizado sobre a rica experiência jurídica, política e cultural de um dos períodos mais fascinantes da história do direito constitucional contemporâneo.

---

[6] É o que vem pregando, corretamente, o pensamento de Steven Pinker, professor do departamento de psicologia da Universidade de Harvard. PINKER, Steven. *O novo iluminismo*: em defesa da razão, da ciência e do humanismo. São Paulo: Companhia das Letras, 2018.

Apesar do curto período de sua efetiva vigência (1919-1933), a Constituição de Weimar, pela nova democracia que instituiu e pelo programa social que de modo inédito objetivou estabelecer na Europa do início do século XX, acabou se tornando alvo das mais diversas críticas, que instigaram um intenso debate público sobre seu significado, suas possibilidades normativas, seus limites de aplicação, fazendo dela um dos documentos constitucionais mais comentados e influentes em todo o mundo.

No Brasil, a Constituição de Weimar teve impacto imediato na doutrina do direito público da década de 1920 e inspirou a confecção da Constituição de 1934[7], que foi inovadora no constitucionalismo brasileiro por trazer um capítulo específico destinado aos direitos fundamentais de caráter social. Como é sabido, foi a Constituição de Weimar, além da Constituição do México de 1917, que inaugurou o denominado *constitucionalismo social*, ao positivar uma série de direitos sociais reivindicados pelos principais movimentos populares contestatórios do início do século XX.

É interessante notar, nesse aspecto, que o projeto inicial da Constituição alemã, elaborado por Hugo Preuss, não continha um capítulo específico para os direitos fundamentais, e foi a Assembleia Constituinte de Weimar, baseada na proposta de Friedrich Naumann, que acrescentou a conhecida "segunda parte" do texto constitucional, dispondo sobre uma série de direitos e deveres dos alemães[8]. E foi justamente essa segunda parte da Constituição, especialmente os novos direitos sociais, que causou tanta polêmica em foros de discussão política e acabou estimulando um riquíssimo debate metodológico do direito público em torno dos seus potenciais normativos.

---

7 Sobre o tema, *vide*: CHACON, Vamireh. Weimar e o Brasil: pródromos da Constituição de 1934. *Convivium*, v. 31, n. 2, p. 164-175, mar./abr. 1988.

8 Sobre a história e características da Constituição de Weimar, *vide*: BERCOVICI, Gilberto. *Constituição e estado de exceção permanente*: atualidade de Weimar. Rio de Janeiro: Azougue, 2004.

A República de Weimar foi um "laboratório constitucional"[9] que, apesar das crises política e econômica que o caracterizaram, atuou como centro produtor de métodos e conceitos jurídicos novos. O debate metodológico sobre o direito público foi protagonizado por uma geração de verdadeiros gênios do direito e da política, entre os quais se destacam Max Weber, Hans Kelsen, Carl Schmitt, Gerhard Anschütz, Rudolf Smend, Hermann Heller, Erich Kaufmann, Hugo Preuss, Heinrich Triepel. Foi, por exemplo, Carl Schmitt um dos maiores críticos da referida segunda parte da Constituição, a qual considerava mera proclamação política programática; enquanto, por outro lado, Rudolf Smend e Hermann Heller defendiam os novos direitos sociais como grandes avanços constitucionais.

Em um contexto de crise do Estado, a riqueza das discussões jurídico-políticas caracterizou um período excepcional na história constitucional, a ponto de serem encontradas afirmações atuais, como a do professor francês Carlos-Miguel Herrera, um dos grandes estudiosos do tema, no sentido de que "Weimar aparece no discurso jurídico da primeira metade do século XX em um lugar equivalente ao da Revolução Francesa para os juristas do século XIX"[10]. Com efeito, ambos condensaram momentos de profunda crise político-institucional com a idealização e a criação geniosa de modelos e conceitos jurídicos.

Além de inovadoras, as contribuições teóricas dos publicistas de Weimar ganharam sentido universal e assim influenciaram gerações de professores de direito público ao redor do mundo. Como enfatizaram dois especialistas no assunto, Arthur Jacobson e Bernhard Schlink[11], os debates de Weimar sobre o direito do Estado exercem hoje na Alemanha um papel semelhante ao desempenhado pelos *Federalist Papers* nos Estados Unidos da América, cujas lições sobre

---

9   A expressão é de Joseph Barthélemy, citado em: HERRERA, Carlos Miguel. *A política dos juristas:* direito, liberalismo e socialismo em Weimar. Tradução Luciana Caplan. São Paulo: Alameda, 2012. p. 9.
10 HERRERA, Carlos Miguel. *A política dos juristas*, cit., p. 10.
11 JACOBSON, Arhur J.; SCHLINK, Bernhard (ed.). *Weimar*: a jurisprudence of crisis. Berkeley: University of California Press, 2000. p. 3.

os fundamentos de um específico Estado democrático adquiriram um significado universal.

Em Weimar, direito e política passaram a ser compreendidos a partir de categorias teóricas que produziram avanços inéditos na Teoria do Estado, com as conhecidas contribuições de Hans Kelsen[12] e Hermann Heller[13], e permitiram, sobretudo, a estruturação de uma Teoria da Constituição, que encontrou em Carl Schmitt um de seus maiores expoentes, com sua famosa obra *Verfassungslehre*[14].

É importante ressaltar que foram os pensadores de Weimar que, ao trabalharem o direito público no sentido da compreensão do fenômeno político, avançaram no desenvolvimento de uma "teoria jurídica do político"[15]. Democracia, governo, liberalismo, socialismo, como objetos próprios da reflexão sobre o político, passaram a receber um sistematizado tratamento teórico a partir de modelos e conceitos jurídicos. Os juristas de Weimar, cada um à sua maneira, buscaram entender a política como ela realmente se manifesta (*Realpolitik*), e assim pode ser apreendida teoricamente. Hans Kelsen e Carl Schmitt foram, inegavelmente, dois representantes máximos dessa teorização do político, mas foi pela obra de Max Weber que o período weimariano ofereceu ao mundo uma das mais importantes contribuições da teoria política moderna.

Em 28 de janeiro de 2019, completaram-se exatos cem anos que Max Weber proferiu a famosa conferência *Politik als Beruf* (Política como vocação), um clássico da literatura política que ainda hoje fornece categorias de análise do comportamento (ética) dos políticos[16]. A revista *The Economist* noticiou o fato e, ressaltando a importância desse centenário, destacou que o pensamento político-liberal

---

12   KELSEN, Hans. *Teoria geral do direito e do Estado*. São Paulo: Martins Fontes, 1998.
13   HELLER, Hermann. *Teoría del Estado*. México: Fondo de Cultura Económica, 1992.
14   SCHMITT, Carl. *Teoría de la Constitución*. Madrid: Alianza Ed., 1996.
15   HERRERA, Carlos Miguel. *A política dos juristas*, cit., p. 10.
16   Na tradução brasileira: Política como vocação. *In*: WEBER, Max. *Ciência e política: duas vocações*. São Paulo: Cultrix, 2008.

de Weber, que pautou os debates germânicos sobre democracia e constitucionalismo em Weimar, hoje oferece lições extremamente relevantes para o cenário político das democracias contemporâneas, tão conturbado e crítico quanto foi a experiência política de Weimar[17].

A importância atual da reflexão sobre a experiência de Weimar decorre, sobretudo, do fato de que muitas democracias contemporâneas encaram hoje desafios muito semelhantes àqueles enfrentados pela República de Weimar. Cem anos depois, Weimar permanece como um paradigma importante para o estudo do direito e da política no sentido de uma compreensão mais profunda sobre os riscos e potencialidades de uma democracia.

Já não são poucos os pensadores da política hodierna que demonstram forte convicção a respeito de uma atual crise da democracia liberal[18], observada em diversos países com características diferenciadas, cujas evidências mais comuns podem ser encontradas em alguns processos político-sociais de fácil percepção, tais como: a falta de representatividade e perda constante da legitimidade democrática, constatada, sobretudo, pelo declínio abrupto dos índices oficiais de confiança popular no regime; o recrudescimento na garantia e proteção das liberdades fundamentais (especialmente as de expressão e de consciência e religião), com o consequente aumento dos casos de intolerância; a incapacidade política dos sistemas democráticos de realização de suas promessas sociais, especialmente a redução das desigualdades; assim como, em alguns casos, a ascensão aos governos, pelas vias legais e democráticas, de figuras políticas demagógicas e de instintos autoritários.

As democracias contemporâneas certamente podem aprender com as lições de Weimar. Como já haviam constatado Arthur Jacobson e Bernhard Schlink, em contextos nos quais o Estado de Direito

---

17 THE WHEEL OF HISTORY. *The Economist*, 26 jan. 2019.
18 Entre os estudos mais aclamados, podem ser citados os seguintes: CASTELLS, Manuel. *Ruptura*, cit.; LEVITSKY, Steven; ZIBLATT, Daniel. *Como as democracias morrem*. São Paulo: Zahar, 2018; ALBRIGHT, Madeleine. *Fascismo*: um alerta. São Paulo: Crítica, 2018; RUNCIMAN, David. *Como a democracia chega ao fim*. São Paulo: Todavia, 2018.

esteja passando por crises, o interesse em Weimar deve ressurgir. Para os autores, "Weimar oferece um paradigma sombrio, mas útil, para os Estados nos quais o constitucionalismo e o Estado de Direito devem enfrentar forças antidemocráticas e antiliberais"[19].

A curta história de Weimar é a história de suas crises. Não apenas a crise política abalou as estruturas do regime democrático, do sistema de governo e da organização dos poderes, mas também uma grave crise econômica contribuiu para a ineficácia dos programas sociais previstos no texto constitucional. Weimar, assim, fornece aos juristas atuais um exemplo dos difíceis e complexos desafios que o constitucionalismo e a democracia podem enfrentar ante a concomitância de uma crise política com uma profunda crise econômica.

As crises política e econômica vivenciadas no Brasil há alguns anos estão a impor uma série de desafios à sobrevivência do regime democrático, à estrutura do sistema de governo, à organização dos Poderes, e, sobretudo, à normatividade da Constituição de 1988. Nesta década de 2020, o que podemos aprender com as lições de Weimar? Como a teoria do direito constitucional no Brasil encarará esses novos desafios?

Esta obra reúne uma série de artigos de conhecidos juristas, de diversas nacionalidades, que analisam as crises de Weimar e, baseados nas lições da história, vislumbram os desafios para o constitucionalismo e a democracia pós-2020.

André Rufino do Vale

---

[19] "Weimar offers a dark but useful paradigm for states in which constitutionalism and the rule of law must confront lasting and entrenched antidemocratic and anti-liberal forces." JACOBSON, Arthur J.; SCHLINK, Bernhard (ed.). *Weimar*, cit.

Constituição de Weimar
(*Die Weimarer Reichverfassung*):
ambiente cultural e histórico.
Os constitucionalistas

ARNALDO SAMPAIO DE MORAES GODOY*

INGO WOLFGANG SARLET**

1. Introdução

A Constituição alemã de 11 de agosto de 1919, discutida e aprovada em Weimar, na Turíngia, de onde sua identificação tradicional – *Die Weimarer Reichverfassung*, ou, formalmente, *Die Verfassung des Deutschen Rechts* – é recorrentemente lembrada pela inovadora agenda de direitos fundamentais, especialmente em matéria social. Nesse sentido, entre outros, é apontada como fonte e referência para a Constituição brasileira de 16 de julho de

---

* Livre-docente pela Faculdade de Direito da Universidade de São Paulo (USP). Professor titular do Programa de Pós-Graduação em Direito – Mestrado e Doutorado – do UniCeub-Brasília.

** Doutor em Direito pela Ludwig Maximillians Universität München. Coordenador do Programa de Pós-Graduação em Direito – Mestrado e Doutorado – da PUC-RS, Desembargador aposentado do TJRS. Advogado.

1934[1]. Ao lado das "[...] constituições europeias [que] tinham consagrado capítulos ou títulos aos problemas sociais"[2], a Constituição de Weimar simboliza a construção de arranjos institucionais que qualificavam um *Estado Social de Direito*[3]; é essa sua característica mais emblemática.

Os aspectos sociais da Constituição de Weimar foram difundidos em livro de escritor russo conhecido no Brasil na década de 1930, Mirkine-Guetzévicth, então Secretário-Geral do Instituto Internacional de Direito Público em Paris. Os membros da Comissão do Itamaraty[4] e da Assembleia Nacional Constituinte de

---

1 É o que se colhe em SILVA, José Afonso da. *Curso de direito constitucional positivo*, São Paulo: RT, 1976. v. 1. p. 44: "Ao lado da clássica declaração dos direitos e garantias individuais, inscreveu um título sobre a ordem econômica e social e outro sobre a família, a educação e a cultura, com normas quase todas programáticas, sob a influência da Constituição alemã de Weimar". O professor da Universidade de São Paulo, nessa passagem, tratava da Constituição de 1934.

2 Essa é a impressão de Cândido Motta Filho (1897-1977), que foi Ministro do Supremo Tribunal Federal, em seu livro de memórias. MOTTA FILHO, Cândido. *Contagem regressiva*. Rio de Janeiro: José Olympio, 1972.

3 Cf. BONAVIDES, Paulo; ANDRADE, Paes. *História constitucional do Brasil*. Rio de Janeiro: Paz e Terra, 1991. p. 325.

4 A Comissão foi criada sob a presidência do Ministro da Justiça, Francisco Antunes Maciel Júnior, que delegou a uma Subcomissão, chefiada por Afrânio de Mello Franco, a condução dos trabalhos. O grupo se reuniu no Palácio do Itamaraty, onde funcionava o Ministério das Relações Exteriores, o que explica a denominação que recebeu, "Comissão do Itamaraty". A regulamentação dos trabalhos da Comissão fez-se pelo Decreto n. 22.040, de 1º de novembro de 1932, também baixado por Getúlio Vargas, que sublinhava a necessidade de apressar, tanto quanto possível, a elaboração do anteprojeto. Presidida pelo político mineiro Afrânio de Mello Franco, a Comissão contava com importantes expressões da vida política e jurídica da década de 1930, a exemplo de Agenor de Roure, Antônio Carlos Ribeiro de Andrada, Artur Ribeiro de Oliveira, Carlos Maximiliano, José Castro Nunes, Gois Monteiro, João Mangabeira, José Américo de Almeida, Oliveira Vianna, Oswaldo Aranha, Prudente de Moraes Filho, Francisco Solano Carneiro da Cunha e Temístocles Cavalcanti.

1933-34[5] conheciam essa obra, pela qual foram influenciados. Tratava-se de livro que explorava as tendências do Direito Constitucional no contexto de defesa de Estados intervencionistas[6]. Há também notícia de uma tradução anotada da Constituição de Weimar para o português, em meados da década de 1920[7]. Assim, "do ponto de vista formal, inspiraram-se os estadistas de então [Assembleia Nacional Constituinte Brasileira de 1933-34] na Constituição de Weimar, de 1919 [...]"[8]. Os constituintes brasileiros de 1933-34 e os membros da Comissão do Itamaraty conheciam seu conteúdo, como já observado.

No entanto, há outros aspectos da Constituição de Weimar que sugerem reflexão mais alongada. O catálogo dos direitos fundamentais da Constituição de Weimar suscitaria certa reprodução do modelo da Constituição Alemã de 1848 (*Paulskirchen Verfassung*), discutida e aprovada na Assembleia de Frankfurt; essa Constituição, no entanto, não teve vigência efetiva. A Constituição de Weimar contemplou uma república parlamentar democrática que não conseguiu satisfatoriamente enfrentar os problemas políticos e econômicos decorrentes da derrota alemã na Primeira Guerra Mundial.

A polarização ideológica foi uma das características daquele momento histórico, dividido entre comunistas e radicais de direita, situação vivida no Brasil ao longo da década de 1930. Esse conflito foi explorado por um nacionalismo também radical, promovido, ao

---

5 Para os trabalhos e discussões dessa Assembleia, entre outros, CARNEIRO, Levi. *Pela nova Constituição*. Rio de Janeiro: A. Coelho Branco Filho Editor, 1936.
6 GUETZÉVITCH, B. Mirkine. *As novas tendências do direito constitucional*. Tradução Cândido Motta Filho. São Paulo: Companhia Editora Nacional, 1933.
7 GARCIA, Aprígio C. de Amorim. *A Constituição alemã de 11 de agosto de 1919*. Tradução e notas. Rio de Janeiro: [s. n.], 1924. Na década de 1970 há a tradução de Vamireh Chacon, in *Documentação e Atualidade Política*, n. 7, p. 42-58, abr./jun. 1979, edição conjunta Universidade de Brasília-Senado Federal.
8 POLETTI, Ronaldo. *Constituições brasileiras*. Brasília: Senado Federal, 2012. v. III: 1934. p. 13.

extremo, pela hiperinflação, pelo desemprego e pelo desapego a valores substancialmente democráticos.

Grandes e importantíssimos nomes da reminiscência jurídica alemã participaram das discussões referentes à Constituição de Weimar, opinando, redigindo, comentando e publicando, o que sustentou um momento absolutamente fértil na cultura jurídica alemã. Entre esses nomes, Max Weber, Hans Kelsen, Carl Schmitt, Hugo Preuss, Gerhard Anschütz, Richard Thoma, Heinrich Triepel, Erich Kaufmann, Rudolf Smend, Ernst Forsthoff e Hermann Heller, pensadores que exerceram influência na construção da doutrina do direito público no Brasil, como se verá mais adiante.

A Constituição de Weimar foi o traço normativo central da República de Weimar, arranjo institucional que os alemães conheceram de 1919 a 1933. Ainda em 9 de novembro de 1918 fora proclamada a República, decretando-se o fim do império Guilhermino. Dois dias depois, 11 de novembro, os alemães assinaram o armistício que pôs fim à Primeira Guerra Mundial. Em janeiro de 1919 realizaram-se eleições gerais para uma Assembleia Nacional. Em fevereiro indicou-se Friedrich Ebert como presidente provisório da República então criada. Em 28 de junho de 1919 assinou-se o Tratado de Versalhes. No dia 11 de agosto adotou-se a nova Constituição.

O presente ensaio tem por finalidade explorar o contexto cultural e histórico da Constituição de Weimar, com alguma ênfase nos constitucionalistas que pontificaram à época, e que exercem forte influência na doutrina constitucional contemporânea.

2. Ambiente cultural da República de Weimar

A cultura da República de Weimar caracterizou-se por uma profusão de artistas, pensadores e cientistas, que comprovam a excelência e a importância da tradição cultural dos alemães. Entre outros, são representantes da cultura alemã da época de Weimar, ainda que correndo o risco de esquecer vários nomes importantes, escritores como os irmãos Thomas e Heinrich Mann, Erich Maria Remarque, Stephan Zweig e Franz Kafka (tcheco, mas que era culturalmente alemão, língua na qual escrevia), cineastas como

Robert Wiene, Friederich William Murnau, Fritz Lang e Josef von Sternberg, dramaturgos como Bertold Brecht, atores e atrizes como Emil Jannings, Kurt Gerron e Marlene Dietrich, pintores como Paul Klee, arquitetos como Walter Gropius, músicos como Arnold Schoenberg, cientistas como Albert Einstein, sociólogos como Karl Manheim, filósofos como Theodor Adorno, Max Horkheimer, Herbert Marcuse, Karl Popper, Erich Fromm, Ernest Cassirer, Edmund Husserl, Karl Jaspers, Martin Heidegger e Walter Benjamin, teólogos como Paul Tillich, a par do pai da psiquiatria e pensador da cultura, Sigmund Freud.

Alguns desses nomes foram mais tarde perseguidos pelo nazismo e tiveram de emigrar; entre eles, Freud (que foi para a Inglaterra)[9], Einstein[10], Adorno, Horkheimer, Fromm e Marcuse (que foram para os Estados Unidos)[11], Zweig (que se suicidou no Brasil, em Petrópolis)[12] e Popper (que foi para a Nova Zelândia)[13]. Há

---

9   Nesse tema, COHEN, David. *A fuga de Freud.* Tradução Clóvis Marques. Rio de Janeiro: Record, 2010, além das biografias clássicas, JONES, Ernest. *Vida e obra de Sigmund Freud.* Tradução Marco Aurélio de Moura Matos. Rio de Janeiro: Guanabara, 1979. p. 753 e s.; GAY, Peter. *Freud*: a life for our time. New York: W. W. Norton & Company, 1988. p. 629 e s.

10 A presença de Einstein em Berlim na década de 1920 foi explorada por LEVENSON, Thomas. *Einstein em Berlim.* Tradução S. Duarte. Rio de Janeiro: Objetiva, 2003. Conferir também, para informações sobre o exílio e os anos finais, ISAACSON, Walter. *Einstein*: sua vida, seu universo. Tradução Celso Nogueira, Fernanda Ravagnani, Isa Mara Lando e Denise Pessoa. São Paulo: Companhia das Letras, 2007.

11 É o tema da Escola de Frankfurt no exílio. Conferir, por todos, WIGGERSHAUS, Rolf. *The Frankfurt School*: its history, theories, and political significance. Tradução do alemão para o inglês Michael Robertson. Cambridge: The MIT Press, 1998. Em língua portuguesa, por todos também, MATOS, Olgária C. F. *Os arcanos do inteiramente outro*: a Escola de Frankfurt, a melancolia e a revolução. *São Paulo: Brasiliense, 1989.*

12 Conferir BONA, Dominique. *Stefan Zweig: uma biografia.* Tradução do francês para o português Carlos Nougué e João Domenech Oneto. Rio de Janeiro: Record, 1999.

13 Conferir sua autobiografia intelectual, POPPER, Karl R. *Búsqueda sin término.* Tradução do inglês para o espanhol Cármen Garcia Trevijano. Madrid: Tecnos, 2002.

recorrentes acusações da ligação de Heidegger com o nazismo[14]. Walter Benjamin se suicidou na fronteira da Espanha, fugindo da Gestapo; esse passo é explicitado por Hannah Arendt, em passagem deprimida, escrita por quem passou pela mesma fronteira logo em seguida, a ponto de ter conhecimento da morte do filósofo da melancolia:

> A 26 de setembro de 1940, Walter Benjamin, que se preparava para emigrar para a América, suicidou-se na fronteira franco-espanhola. Várias razões o levaram a isso. A Gestapo confiscara o seu apartamento em Paris, que continha a sua biblioteca (conseguira fazer sair da Alemanha "a metade mais importante") e muitos dos seus manuscritos; tinha bons motivos para se preocupar também com o destino dos outros manuscritos [...] Como iria ele viver sem sua biblioteca, como podia ganhar a vida sem a vasta coleção de citações e excertos que se encontrava entre seus manuscritos? Além disso, nada o atraía na América, onde, conforme costumava dizer, provavelmente ninguém saberia o que fazer dele além de o passearem pelo país inteiro, exibindo-o como o *"último* europeu" [...][15].

Registra-se expressiva quantidade de inovações e ousadias; a República de Weimar é uma época de vanguardas, isto é, foi um período de ruptura com as artes já estabelecidas[16]. A música dodecafônica de Arnold Schoenberg[17], o assustador enredo de *O processo*,

---

14 SAFRANSKI, Rüdiger. *Martin Heidegger*: between good and evil. Tradução do alemão para o inglês Ewald Osers. Cambridge: Harvard University Press, 1999. p. 248 e s.

15 ARENDT, Hannah. *Homens em tempos sombrios*. Tradução Ana Luísa Faria. Lisboa: Relógio D'Água, 1991. p. 197.

16 Cf. DUPEUX, Louis. *História cultural da Alemanha*. Tradução do francês para o português Elena Gaidano. Rio de Janeiro: Civilização Brasileira, 1992. p. 76.

17 Entre as peças mais representativas de Schoenberg destacam-se *Suíte, op. 25, Ode a Napoleão, Perrot Lunaire, Gurrelieder*. Para uma síntese biográfica, BURROWS, John (ed.). *Classical music*. London: Penguin, 2005. p. 387-389.

de Franz Kafka[18], os filmes da corrente expressionista (*Dr. Calegari, O anjo azul, Metrópolis, Nosferatu*), a tela *Angelus Novus*, do pintor suíço naturalizado alemão Paul Klee, que suscitou o tema das teses da história de Walter Benjamin[19], sugerem uma época de "alerta mental sem precedentes"[20], na expressão de um historiador das ideias, para quem a República de Weimar – que durou catorze anos, até que Hitler tomasse o poder – consistiu em um "interregno tumultuoso entre desastres", o qual, no entanto, produziu uma cultura distinta, ao mesmo tempo brilhante e singular[21].

Essa constatação, em contraposição ao que ocorreu na época nazista, coloca-nos uma das mais enigmáticas questões do século XX: como uma nação que produziu um padrão artístico e cultural sem precedentes produziu uma barbárie coletiva, também sem precedentes na história. Em termos mais amplos, essa dúvida consiste na oposição da grandeza histórica e cultural alemã[22] (Beethoven[23],

---

18 Para um levantamento biográfico, BROD, Max. *Franz Kafka*: a biography. Tradução do francês para o português Gabriel Cohn. New York: Perseus Book, 1995; LÖWY, Michael. *Franz Kafka*: sonhador insubmisso. Rio de Janeiro: Azougue, 2005.

19 A trajetória intelectual de Walter Benjamin foi explorada, entre outros, por WITTE, Bernd. *Walter Benjamin*: an intelectual biography. Tradução do alemão para o inglês James Rolleston. Detroit: Wayne, 1997.

20 WATSON, Peter. *The German genius*: Europe's Third Renaissance, the second scientific revolution and the twentieth century. London: Simon & Schuster, 2010. p. 567. No original: "Weimar: unprecedented mental alertness".

21 WATSON, Peter. *The German genius*, cit., p. 568. Tradução livre. No original: "The Weimar Republic laste for fourteen years, until Hitler came to power in 1933, 'a tumultus interregnum between disasters' which nevertheless managed to produce a distinctive culture both brilliant and singular [...]".

22 Nesse tema, substancialmente, CONZE, Werner; HENTSCHEL, Volker. *Deustsche Geschichte*. Freiburg: Verlag Ploetz, 1996.

23 Há extensa bibliografia. Entre outros: WAGNER, Richard. *Beethoven*. Tradução Hanna Hartmann Cavalcanti. Rio de Janeiro: Zahar, 2010; ROLLAND, Romain. *Vida de Beethoven*. São Paulo: Atena, 1957; SOLOMON, Maynard. *Beethoven*: vida e obra. Tradução Álvaro Cabral. Rio de Janeiro: Jorge Zahar Editor, 1987.

Goethe[24], Hegel[25], Schopenhauer[26], Lutero[27], Thomas Mann[28], Kant[29], Mozart[30], Schubert[31], entre tantos outros nomes) com o recorrente contraste com os horrores do nazismo. A pátria da filosofia[32] contraria-se com a barbárie de um processo de negação da civilização.

Thomas Mann, que ao longo da Segunda Guerra Mundial exortou os alemães contra o nazismo, por intermédio de vários discursos pronunciados pelo rádio[33], simboliza esse tempo, e o fortíssimo traço burguês que também o marcou, na impressão de um historiador da cultura alemã:

---

24 Entre outros: BOERNER, Peter. *Goethe*. Tradução para o inglês Nancy Boerner. London: Haus Publishing, 2004. Ver também CITATI, Pietro. *Goethe*. Tradução Rosa Freire D'Aguiar. São Paulo: Companhia das Letras, 1996.

25 Entre outros: PINKARD, Terry. *Hegel*: a biography. Cambridge: Cambridge University Press, 2001.

26 Entre outros: SAFRANSKI, Rüdiger. *Schopenhauer e os anos mais selvagens da filosofia*. Tradução do alemão para o português William Lagos. São Paulo: Geração Editorial, 2011.

27 Entre outros, FEBVRE, Lucien. *Martinho Lutero*: um destino. Tradução Dorothée de Bruchard. São Paulo: Três Estrelas, 2012. Ver também LESSA, Vicente Themudo: *Lutero*. Rio de Janeiro: Pallas, 1976.

28 Entre outros, HAYMANN, Ronald. *Thomas Mann*. New York: Bloomsbury, 1995; PRATER, Donald. *Thomas Mann*: uma biografia. Tradução Luciano Trigo. Rio de Janeiro: Nova Fronteira, 2000.

29 Entre outros, KUEHN, Manfred. *Kant*: a biography. Cambridge: Cambridge University Press, 2002.

30 Para a trajetória singular do austríaco Wolfgang Amadeus Mozart, conferir o elegante ensaio de ELIAS, Norbert. *Mozart*: sociologia de um gênio. Tradução Sergio Goes de Paula. Rio de Janeiro: Zahar, 1995, bem como o não menos elegante ensaio de GAY, Peter. *Mozart*. Tradução José Antonio Arantes. Rio de Janeiro: Objetiva, 1999.

31 A Viena dos tempos de Mozart e de Schubert é reconstruída por BRION, Marcel. *Viena nos tempos de Mozart e Schubert*. Tradução Márcia Vinci. São Paulo: Companhia das Letras, 1991.

32 Conferir PINKARD, Terry. *German philosophy*: 1760-1860. The legacy of idealism. Cambridge: Cambridge University Press, 2002.

33 MANN, Thomas. *Discursos contra Hitler*: ouvintes alemães!. Tradução Antonio Carlos dos Santos e Renato Zwick. Rio de Janeiro: Zahar, 2009.

Burguês orgulhoso de sê-lo, mas, sobretudo, artista cuja presença de espírito compassado dissimula intensa ironia, prodigiosamente cultivado e compenetrado do sentido de suas responsabilidades em relação à cultura alemã, Thomas Mann conquistara a celebridade em 1901 com o seu *Buddenbrook,* história da decadência de uma família de negociantes lubequenses (a sua própria), no seio da qual a veia artística e a enervação (preço a pagar pela fineza e sensualidade) se sobrepõem paulatinamente ao sentido dos negócios. Seu famoso romance *A Montanha Mágica* (1924), que lhe valeu sucesso público europeu equivalente ao alemão, tem por quadro um sanatório que simboliza a decadência do Ocidente submetido ao choque de ideologias. Mann obteve o prêmio Nobel em 1929[34].

A República de Weimar foi marcada pela presença de um grupo expressivo de intelectuais, de inegável influência na vida política e social, ainda que essa influência tenha se notado menos na própria Alemanha do que nas outras partes da Europa e do mundo. Os intelectuais de Weimar eram o âmago do espírito de uma época, porém não transitavam no centro dos negócios públicos; segundo um historiador da cultura alemã, os intelectuais de Weimar influenciaram a Alemanha na qual viveram bem menos do que empolgaram seus admiradores no estrangeiro[35]. Paul Tillich, teólogo protestante, entendia que algo de errado ocorria com a cultura alemã, na hipótese de que o nazismo fosse dela uma manifestação[36].

Do mesmo modo que a Era de Weimar foi um momento de esplendor na cultura em geral, foi também um tempo memorável na cultura jurídica, no direito público e no direito constitucional, em particular. É do que tratamos em seguida.

---

34 DUPEUX, Louis. *História cultural da Alemanha,* cit., p. 73.
35 Cf. GAY, Peter. *Weimar culture*: the outsider as insider. New York: W.W. Norton & Company, 2001. p. 43 e s.
36 Cf. PAUCK, Wilhem; PAUCK, Marion. *Paul Tillich:* his life & thought. New York: Harper & Row. v. 1: Life. p. 128.

3. Ambiente histórico e político da discussão da Weimarer Reichverfassung

A Constituição de Weimar foi concebida sob a sombra do Tratado de Versalhes[37], imposto à Alemanha[38], dando fim à Primeira Guerra Mundial mas provocando, porém, reações que conduziram à Segunda Guerra, vinte anos depois, bem como ao florescimento do nazismo, no início da década de 1920[39]. A Alemanha perdeu várias partes de seu território imperial, a exemplo da Alsácia-Lorena, da região de Dantzig, de regiões da Prússia Oriental e da Silésia Superior. Perdeu o controle sobre seus domínios na África. A Alemanha foi proibida de contar com efetivo militar superior a 100 mil soldados, bem como não poderia possuir aviões militares, submarinos e tanques de guerra. Deveria entregar 90% de sua marinha mercante e 10% de seu gado. Anualmente, seria responsável pela entrega de 40 milhões de toneladas de carvão[40].

À Alemanha foi imputada toda a culpa pela guerra, circunstância então denominada "*Alleinschuld*", a "culpa única". Tratava-se do artigo 231 do Tratado de Versalhes, que impôs o pagamento de pesada indenização, por parte dos alemães, em favor, especialmente, da França e da Inglaterra. O mencionado artigo 231 do tratado dispunha que os aliados e governos associados (entre outros, França, Rússia, Inglaterra e Estados Unidos) afirmavam, e a Alemanha e seus

---

37 Cf. SHIRER, William L. *The rise and fall of the Third Reich*. Greenwich: Fawcett Crest Book, 1960. p. 89 e s.
38 Nesse sentido, HOBSBAWN, Eric. *Age of extremes*: the short twentieth century – 1914-1991. London: Abacus, 2000. p. 31 e s.
39 O assunto é tratado por bibliografia extensa e efetivamente impossível de ser totalmente explorada. Conferir, entre outros, EVANS, Richard J. *The coming of the Third Reich*. London: Penguin Books, 2004. p. 155 e s.; KITCHEN, Martin. *O Terceiro* Reich: carisma e comunidade. Tradução para o português Marcos Malvezzi. São Paulo: Madras, 2009. p. 55-84; SPIELVOGEL, Jackson J. *Hitler and Nazi Germany:* a history. New Jersey: Pearson, 2004. p. 10-40.
40 Cf. KITCHEN, Martin. *História da Alemanha moderna*: de 1800 aos dias de hoje. Tradução Cláudia Gerpe Duarte. São Paulo: Cultrix, 2013. p. 287.

aliados (entre outros, Itália e Áustria-Hungria) reconheciam, a responsabilidade da Alemanha (e de seus aliados) por perdas e danos causados aos governos e respectivos nacionais, como consequência da guerra, decorrente da agressão da Alemanha, situação então formalmente reconhecida[41].

A opinião pública alemã sustentou em seguida o argumento da "mentira da culpa da guerra", não aceitando qualquer forma de responsabilização[42]. Esse mito alimentou mais tarde o argumento da "punhalada nas costas" (*Dolchstoßlegende*), por intermédio do qual a direita radical acusou os partidos liberais e do centro de terem *vendido* a Alemanha aos vitoriosos da Primeira Guerra Mundial[43]. A República de Weimar, e a Constituição que a criou, tornaram-se, assim, *bodes expiatórios* de uma derrota que os alemães não aceitaram[44], e que os levou, em menos de vinte anos, a uma tentativa de desforra total.

A Assembleia do *Reich* aprovou os termos do Tratado de Versalhes em votação secreta. Simbolicamente, o tratado foi assinado na sala do Palácio dos Espelhos de Versalhes, nos arredores de Paris, justamente onde alemães e franceses assinaram os termos com os quais se encerrou a guerra franco-prussiana em 1870. Em 1919, pela Alemanha, o tratado foi assinado por Hermann Müller, então ministro das relações exteriores do *Reich*, e por Johannes Bell, na ocasião ministro dos transportes[45]. Os alemães deveriam pagar uma indenização de 132 bilhões de marcos-ouro, além de mais 6 bilhões para a

---

41 No original da versão em inglês: "The Allied and Associated Governments affirm and Germany accepts the responsibility of Germany and her allies for causing all the loss and damage to which the Allied and Associated Governments and their nationals have been subjected as a consequence of the war imposed upon them by the aggression of Germany and her allies".
42 Cf. KITCHEN, Martin. *História da Alemanha moderna*, cit., p. 287.
43 Cf. KITCHEN, Martin. *História da Alemanha moderna*, cit., p. 289.
44 Cf. TAYLOR, A. J. P. *The course of German history*: a survey of the development of German history since 1815. London Routledge, 2001. p. 219.
45 Cf. KITCHEN, Martin. *História da Alemanha moderna*, cit., p. 289.

Bélgica; já se sabia que não haveria como cumprir as exigências dos aliados vencedores[46].

Como resultado, e concomitantemente às discussões em Weimar, Mathias Erzberger (1875-1921), ministro da fazenda, adotou várias medidas muito criticadas, designadamente, a centralização do sistema tributário, o aumento dos impostos sobre as heranças, um imposto único sobre ativos, bem como um imposto de renda nacional[47]. Uma inflação irrefreável seguiu a essas medidas, de algum modo responsáveis pelas revoltas gerais que ocorreram na Alemanha em 1919 e 1920. Erzberger foi assassinado em 26 de agosto de 1921, "uma indicação do quase anarquismo que ainda prevalecia na Alemanha"[48].

A inflação aguda começou a ser controlada a partir de 1923, por obra de Hjalmar Schacht (1877-1970), que presidiu o Banco Central da Alemanha, com o título de *secretário da moeda do* Reich (*Reichswährungskommissar*). Schacht mais tarde colaborou com o nazismo (foi ministro das Finanças do Terceiro *Reich*), regime contra o qual se rebelou, participando dos atentados contra Hitler, ocorridos em 1944, e julgados por Roland Freisler (1893-1945) no Tribunal do Povo Alemão (*Volksgerichhtof*). Ainda que não se tenha comprovado envolvimento direto de Schacht com o atentado, foi condenado e enviado para os campos de concentração de Ravensbrück e depois para Flossenbürg, de onde foi libertado pelos norte-americanos em 1945[49].

Mais tarde, Schacht foi também detido e julgado pelos aliados no fim da Segunda Guerra, que o absolveram das acusações no Tribunal de Nuremberg[50]. Schacht foi novamente preso e processado

---

46   Cf. KITCHEN, Martin. *História da Alemanha moderna*, cit., p. 293.
47   Cf. KITCHEN, Martin. *História da Alemanha moderna*, cit., p. 290.
48   KERSHAW, Ian. *Hitler.* Tradução Pedro Maia Soares. São Paulo: Companhia das Letras, 2010. p. 141.
49   Cf. WISTRICH, Robert S. *Who's who in Nazi Germany.* London: Routledge, 2002. p. 221.
50   Cf. CONOT, Robert E. *Justice at Nuremberg.* New York: Perseus Book, 2009. p. 394 e s.; PERSICO, Joseph E. *Nuremberg*: infamy on trial. London: Penguin

pelos próprios alemães, no contexto de desnazificação que ocorreu logo após a derrota alemã em 1945, obtendo mais uma vez, e definitivamente, a liberdade. Durante a intervenção de Schacht em 1923 foram cortados doze zeros do marco alemão.

No ambiente das várias manifestações contrárias ao governo deve-se registrar um movimento liderado por Hitler, o *Putch* de Munique, ocorrido em 1922, que de algum modo revelou o crescimento do partido nazista na Bavária[51]. A rebelião iniciou-se em uma cervejaria, a Bürgerbräukeller, e culminou com a ação da polícia, bem como na prisão e julgamento de Hitler, que foi condenado a cinco anos de prisão[52]. Hitler foi solto no Natal; enquanto preso na fortaleza de Landsberg, escreveu um livro que foi a referência programática do nacional-socialismo, publicado originariamente em 1926 e recorrente nas referências à Primeira Guerra e ao contexto político e econômico de Weimar. Esse odioso livro é exemplar do ambiente radical que vicejou ao longo da República de Weimar[53]. Trata-se de obra que rejeita valores humanistas e que promove o ódio e o racismo.

Books, 1994. p. 390. Conferir, especialmente, as entrevistas de Hjalmar Schacht com os psiquiatras norte-americanos no Tribunal de Nuremberg. Nesse sentido, GOLDENSOHN, Leon. *The Nuremberg interviews*. New York: Vintage Books, 2004. p. 217-236. Conferir também TAYLOR, Telford. *The anatomy of Nuremberg trials*. New York: Skyhorse, 2013.

51 Cf. TOLAND, John. *Adolf Hitler*. New York: Anchor Books, 1992. p. 146 e s.
52 FEST, Joachim. *Hitler*. Tradução do alemão para o inglês Richard e Clara Winstton. San Diego: Harvest Book, 1974. p. 182 e s.
53 Há uma tradução inglesa de Ralph Manheim, editada pela Mariner Book, de Boston e New York, datada de 2002. Há também uma tradução para o português, de Klaus Von Puschen, editada pela Centauro, de São Paulo, datada de 2001. Os editores publicaram uma *nota* afirmando, entre outras coisas, que "a Editora Centauro faz consignar sua absoluta isenção de ânimo ao publicar obras consideradas obras incomuns ou polêmicas, reafirmando seu respeito a todos os credos, etnias, convicções religiosas e políticas, que convivem harmoniosamente em solo pátrio. E essa harmonia, baseada no respeito e na tolerância recíproca, permite a difusão e integração dos mais variados saberes, enriquecendo a composição do mosaico social e cultural da nação brasileira [...]". Com o domínio público desse

Em 1919 foram realizadas as eleições para a escolha de parlamentares que discutiriam a nova Constituição. A Assembleia Constituinte se reuniu em Weimar, cidade na qual viveu Goethe (1749-1832), ainda que o grande poeta alemão tenha nascido em Frankfurt[54]. Também viveram em Weimar o poeta Friedrich Schiler (1759-1805) e o compositor húngaro Franz Liszt (1811-1886), o que de alguma forma também simbolizava a força cultural da cidade. Considerou-se que Berlim era um local perigoso para a reunião de uma assembleia constituinte, por causa das forças revolucionárias que ainda eram influentes na capital da Alemanha[55]. A razão pela escolha de Weimar, ao que consta, fora justamente a falta de segurança para a realização desse tipo de assembleia em Berlim.

Assentou-se uma ideologia que resultou da acomodação de três partidos políticos que identificam a "coalizão de Weimar": o socialismo reformista, o liberalismo burguês e o catolicismo político[56]. O socialismo reformista radicava em teorias revisionistas do marxismo, veiculadas por Eduard Bernstein (1850-1932), crítico sistemático do marxismo ortodoxo. Os liberais, reunidos no partido democrata,

---

livro, e a pretensão de publicação, suscitou-se uma discussão em torno de eventual proibição de venda, exposição e divulgação de seu conteúdo. Magistrado da 33ªVara Criminal do Rio de Janeiro deferiu pedido de proibição, feito pelo Procurador-Geral do Rio de Janeiro e por um promotor que atua naquela unidade da federação, no contexto de uma queixa-crime protocolada por um advogado no Rio de Janeiro.

54 Há um impressionante romance de Thomas Mann, escritor da era de Weimar, *Carlota em Weimar.*, no qual a personagem principal do romance *Werther*, de Goethe, encontra o autor da obra, já idoso, na cidade onde viveu e que contextualiza o enredo. Ainda que publicado no fim da década de 1930, o livro de Thomas Mann explora as angústias da Alemanha weimariana. MANN, Thomas. *Carlota em Weimar.* Tradução de *Lotte in Weimar* por Vera Mourão. Rio de Janeiro: Nova Fronteira, 2000.
55 Cf. HENIG, Ruth. *The Weimar Republic:* 1919-1933. London: Routledge, 1998. p. 12.
56 Essa coalização é explorada por THALMANN, Rita. *A República de Weimar.* Tradução Álvaro Cabral. Rio de Janeiro: Jorge Zahar Editor, 1988, especialmente p. 54 e s.

herdeiro do liberalismo burguês de 1848, girou em torno de Hugo Preuss (1860-1925), o *pai da Constituição de Weimar*, como se constatará mais à frente. Max Weber (1864-1920) notabilizou-se como o teórico do grupo liberal, para quem a república parlamentar carecia de um líder carismático, "capaz de estabelecer uma comunicação direta com o povo e fornecer-lhe um modelo"[57]. Os católicos, grupo minoritário que fora combatido pela *Kulturkampf* de Otto von Bismarck, recusavam a concepção de um partido interconfessional, obcecados com a defesa da minoria católica.

A ideologia dominante dependia do maior ou menor grau em que seus adeptos aceitavam o regime republicano, tal como construído a partir das ideias de Hugo Preuss[58]. Essa ideologia compartilhada por socialistas reformistas, liberais e católicos foi rejeitada pelo Partido Comunista Alemão, favorável à insurreição armada, grupo que radicava em Rosa Luxemburgo (1871-1919) e em Karl Liebknecht (1871-1919), fundadores da Liga Espartacista, e assassinados por membros do grupo reacionário do *Freikorps*; tratava-se de uma cultura militante que sobreviveu a todo tipo de pressão[59].

Havia, por fim, uma direita ultraconservadora, "herdeira direta do *Deutschtum* [germanidade] guilhermino"[60]. Ideologicamente complexa e confusa, repudiava a derrota da Alemanha na Primeira Guerra, que reputava como indicativo da decadência da cultura europeia. A direita era também influenciada pelas ideias de Oswald Spengler (1880-1936), pensador neoconservador que, no entanto, dissentiu do nazismo, para quem, em famoso livro de 1922, havia como fazer uma previsão da História; pessimista, Spengler advertiu

---

57 THALMANN, Rita. *A República de Weimar*, cit., p. 55.
58 Cf. THALMANN, Rita. *A República de Weimar*, cit., p. 55.
59 Conferir, nesse tema, o comunismo na Alemanha; por todos, PRIESTLAND, David. *A bandeira vermelha*: a história do comunismo. Tradução do inglês para o português Luis Gil Reyes. São Paulo: Leya, 2012. p. 163 e s. O próprio título do livro de Priestland, *A bandeira vermelha*, é referência ao jornal fundado por Rosa Luxemburgo, *Die Rote Fahne*.
60 THALMANN, Rita. *A República de Weimar*, cit., p. 57.

para o que denominou *a decadência do ocidente,* título de seu famoso livro[61]. Sua importância foi destacada por um historiador da República de Weimar:

> Um dos autores impelidos para a frente da cena intelectual logo após a guerra chamava-se Oswald Spengler. Vendeu mais de 100.000 exemplares de seu *A Decadência do Ocidente*! No entanto, a obra, em dois tomos, era difícil, muito esotérica em certas partes, e desconcertante por suas referências eruditas, que, como fogos de artifício, passavam da matemática aos fenômenos religiosos e do cristianismo ao Oriente. De uma filosofia da história que queria que toda cultura fosse levada a conhecer as mesmas fases de desenvolvimento do ser humano, chegando ao mesmo declínio inelutável, o grande público só retinha uma lição, ao mesmo tempo pessimista e consoladora, a lição de um fatalismo muito relativo: a derrota da Alemanha arrastava a Europa para o desastre [...][62].

Na direita despontou também um grupo ultraconservador, crente em um *racismo biológico,* cínicos e brutais na ação, formado por "[...] nazistas de primeira hora, como o capitão Ernest Roehm, Rudolf Hess, o almirante Canaris, o general Ludendorff [...]"[63]. Pode-se mencionar também um grupo de aristocratas empobrecidos, que perderam quase tudo com a guerra (*os Bildungsbürger*) e que idilicamente imaginavam a Alemanha como uma nova Grécia clássica, a quem corresponderia guiar o destino da humanidade[64].

---

61 SPENGLER, Oswald. *A decadência do Ocidente.* Tradução Herbert Caro. Rio de Janeiro: Zahar, 1964. Spengler foi lido no Brasil. Há notícias de que Clóvis Beviláqua o conheceu no original alemão, esboçando algumas linhas sobre a ideia de direito no pessimismo de Spengler. É o que nos informa Cândido Motta Filho. *Contagem regressiva,* cit., p. 71.
62 RICHARD, Leonel. *A República de Weimar (1919-1933).* Tradução do francês para o português Jônatas Batista Machado. São Paulo: Companhia das Letras: Círculo do Livro, 1988.
63 THALMANN, Rita. *A República de Weimar,* cit., p. 59.
64 Cf. KITCHEN, Martin. *História da Alemanha moderna,* cit., p. 309.

O mais influente personagem da Constituição de Weimar foi Hugo Preuss[65]. Conhecido por um livro publicado em 1915, *Das deutsche Volk und die Politik (O povo alemão e a política)*, Preuss propunha a substituição de um Estado autoritário (*Obrigkeitsstaat*) por uma república (*Volksstaat*). Crítico do dogma da soberania, pretendia desmontar o monopólio estatal para a criação da lei[66]. Preuss divergia de Paul Laband, o intérprete oficial da Constituição de Bismarck, de 1871, e, nesse sentido, substancializa um ideário liberal e burguês, com alguns traços de concessões à esquerda. Em 1917 fora oficialmente convidado para encaminhar sugestões para uma nova Constituição, que então já se cogitava. No ano seguinte foi indicado Secretário de Estado do Interior (*Staatssekretär des Inneren*)[67], o que lhe garantiu a posição de redator oficial da minuta da Constituição que se discutia[68].

Preuss era um municipalista, preocupado com a construção de regras constitucionais que prestigiassem os poderes locais. A influência que exerceu sobre a Assembleia revela seu interesse principal, que consistia na possibilidade da auto-organização de uma cidadania livre[69]. Suas relações com a esquerda e o fato de ter ascendência judaica teriam lhe prejudicado na obtenção de uma cátedra em alguma universidade importante; lecionou na Escola do Comércio de Berlim (*Berliner Handelschochshule*), que era mantida por comerciantes liberais[70].

Preuss doutorou-se pela Universidade de Göttingen, apresentando tese sobre a evicção, que compôs com base em estudo de

---

65 Para uma síntese biográfica, por todos, STOLLEIS, Michael (ed.). *Juristen*: Ein Biographisches Lexikon von der Antike bis zum 20. Jahrhundert. München: Beck, 2001. p. 515-516.
66 Cf. STOLLEIS, Michael. *A history of public law in Germany:* 1914-1945, cit., p. 55.
67 Cf. SCHOENBERGER, Cristoph. Hugo Preuss: introduction. *In:* JACOBSON, Arthur J.; SCHLINK, Bernhard (ed.). *Weimar*: a jurisprudence of crisis. Berkeley: University of California Press, 2002. p. 110.
68 Cf. STOLLEIS, Michael. *A history of public law in Germany*, cit., p. 55.
69 Cf. SCHOENBERGER, Cristoph. Hugo Preuss, cit., p. 111.
70 Cf. SCHOENBERGER, Cristoph. Hugo Preuss, cit., p. 111.

textos do Direito Romano. Sua tese de *Habilitationsschrift* (mais alto nível título acadêmico conferido na Alemanha) tratou sobre as relações federativas, a partir da hipótese de que municípios, unidades federadas e unidade central funcionariam como corporações territoriais. A tese foi defendida na Universidade de Berlim, em 1890, carregada com o pomposo título *Gemeinde, Staat und Reich als Gebietskörperschafen*, isto é, *Municipalidade, Estado e União como corporações territoriais*[71]; fora muito influenciada pelo jurista Otto von Gierke (1841-1921)[72].

Obstinado com o tema do autogoverno (*Selbstverwaltung*), Hugo Preuss pregava o localismo em oposição à centralização que marcou o direito público alemão desde o movimento pela unificação, conduzido por Bismarck, e concluído ao fim da guerra franco-prussiana em 1871. A pequena burguesia e os trabalhadores industriais, insistia Preuss, deveriam participar da gestão da política local, com forte inspiração nos princípios de autonomia municipal. Em 1899 Preuss defendeu uma professora judia de uma escola municipal a quem o Ministério da Educação pretendia dispensar. Invocava na defesa da professora que a autonomia educacional local não poderia ser desrespeitada por intrusão das autoridades centrais[73].

Preuss entendia que o direito público decorria do momento no qual a vontade do Estado deveria ser diferenciada da vontade de um soberano particular; isto é, para o nascimento do direito público fora necessária a oposição a senhores feudais que governavam seus territórios do mesmo modo que conduziam negócios e propriedades particulares[74]. Insistia que a autoridade política pertencia ao povo, que a articulação entre o poder central e as entidades federadas

---

71 Cf. SOSA WAGNER, Francisco. *Maestros alemanes del derecho público*. Madrid: Marcial Pons, 2005. p. 420-443.
72 Para uma síntese biográfica, por todos, STOLLEIS, Michael (ed.). *Juristen*, cit., p. 240-242.
73 Cf. SOSA WAGNER, Francisco. *Maestros alemanes del derecho público*, cit., p. 420-443.
74 Cf. SOSA WAGNER, Francisco. *Maestros alemanes del derecho público*, cit., p. 420-443.

deveriam ser de máxima cooperação e que todo o sistema político deveria ser organizado em torno de um genuíno *Estado de Direito* (*Rechtsstaat*)[75]. Mostrou-se absolutamente contrário à outorga de poderes ilimitados ao presidente, no chamado *estado de exceção*, qualificado pelo artigo 48 da Constituição que se aprovou, cuja versão final era diferente da minuta original apresentada por Preuss[76].

Na versão original, no entanto, Preuss concebeu um modelo no qual desapareceriam os estados pequenos, inviáveis dos pontos de vista econômico e político, cuja única legitimidade decorria de arranjos dinásticos[77]. Essa minuta inicial contemplava um estado unitário descentralizado, formado por catorze estados alemães e por dois estados austríacos; apresentava-se um catálogo de direitos básicos, um sistema de regulação das relações entre Estado e Igreja, bem como um foro para disputas entre o governo central (o *Reich*) e as unidades federadas (os *Länder*)[78]. No entanto, Preuss não insistia na fixação constitucional de um catálogo de direitos básicos, entendendo-os despiciendos no contexto de uma democracia legítima, no qual existiriam substancialmente; o mencionado catálogo, no entender de Preuss, era supérfluo como escudo protetor, resultando em mera afirmação normativa[79].

Erich Kauffmann (1880-1972) opôs-se veemente a Hugo Preuss. Este último defendia um conceito descentralizado de participação democrática; aquele primeiro insistia em um *Reich* soberano dominado pela Prússia, modelo que lembrava a fórmula política da Constituição de 1871[80]. Kauffmann afirmava que Preuss era um provinciano e que desconhecia como funcionava um Estado portentoso como a Alemanha[81].

---

75 Cf. SCHOENBERGER, Cristoph. Hugo Preuss, cit., p. 111.
76 Cf. SCHOENBERGER, Cristoph. Hugo Preuss, cit., p. 111.
77 Cf. STOLLEIS, Michael. *A history of public law in Germany*, cit., p. 55-56.
78 Cf. STOLLEIS, Michael. *A history of public law in Germany*, cit., p. 57.
79 Cf. STOLLEIS, Michael. *A history of public law in Germany*, cit., p. 59.
80 Cf. STOLLEIS, Michael. *A history of public law in Germany*, cit., p. 57.
81 Cf. STOLLEIS, Michael. *A history of public law in Germany*, cit., p. 57.

Deve-se registrar também as importantes contribuições de Max Weber[82], que fora convidado por Hugo Preuss para algumas reuniões, nas quais discutiram a proposta de redação de Constituição que seria encaminhada[83]. Weber insistia que as relações entre o Executivo e o Parlamento deveriam ser fortalecidas, que o presidente do *Reich* deveria ser eleito por sufrágio universal e direto e que havia necessidade da ampliação da participação política dos alemães, o que se alcançaria mediante a aprovação de uma nova lei eleitoral[84].

De acordo com Marianne Weber, um ponto importante para Max Weber era referente ao modo como os líderes seriam selecionados, o que implicava optar por uma estrutura parlamentar republicana pura ou por uma estrutura plebiscitária[85]. Enquanto a Alemanha era uma monarquia, Weber entendia que os líderes deveriam ser selecionados pelo Parlamento; no entanto, com o fim do regime monárquico, Weber postulava que o presidente do *Reich* fosse escolhido pelo voto direto, o que lhe daria autoridade e independência em face do Parlamento[86].

Assim, na hipótese de um conflito entre o Executivo e o Parlamento, o presidente poderia apelar para o apoio popular revelado

---

[82] No contexto da imensa bibliografia sobre a obra de Max Weber, especialmente em seus aspectos políticos, conferir: FREUND, Julien. *Sociologia de Max Weber*. Tradução para o português Luís Cláudio de Castro e Costa. Rio de Janeiro: Forense Universitária, 2003; DIGGINS, John Patrick. *Max Weber*: a política e o espírito da tragédia. Tradução para o português Liszt Vieira e Marcus Lessa. Rio de Janeiro: Record, 1999; KÄSLER, Dirk. *Max Weber*: an introduction to his life and his work. Chicago: The University of Chicago Press, 1988; BENDIX, Reinhard. *Max Weber*: an intelectual portrait. Berkeley: University of California Press, 1984; POGGI, Gianfranco. *Weber*: a short introduction. Cambridge: Polity Press, 2006.

[83] O convite e as relações entre Preuss e Weber, que se respeitavam mutuamente, estão explicitados na biografia de Weber escrita por sua esposa, Marianne. Conferir WEBER, Marianne. *Max Weber*: a biography. Tradução do alemão para o inglês Harry Zohn. New Brunswick: Transaction Publishers, 2003. p. 639-640.

[84] Cf. STOLLEIS, Michael. *A history of public law in Germany*, cit., p. 53.

[85] Cf. WEBER, Marianne. *Max Weber*, cit., p. 639.

[86] Cf. WEBER, Marianne. *Max Weber*, cit., p. 639.

nas eleições; Weber também entendia que eleições populares para a chefia do Executivo poderiam limitar a influência dos partidos nas escolhas ministeriais, bem como a limitação do patrocínio político para escolha de agentes públicos em geral[87].

Essa perspectiva deve ser avaliada à luz da compreensão de Max Weber em relação a três pontos centrais na organização da vida pública: os partidos, as formas de dominação e as estruturas burocráticas, temas recorrentes em sua ampla construção teórica. Weber entendia abstratamente partidos como "[...] relações associativas baseadas em recrutamento (formalmente) livre com o fim de proporcionar poder a seus dirigentes dentro de uma associação e, por meio disso, a seus membros ativos, oportunidades (ideais ou materiais) de realizar fins objetivos ou de obter vantagens pessoais, ou ambas as coisas"[88]. Essa construção abstrata deveria ser acomodada à existência empírica e pragmática de socialistas reformadores, liberais, católicos, comunistas e ultrarradicais de direita. Weber se preocupava com o tema do financiamento dos partidos, questão que transcende o tempo e a geografia, enfatizando:

> Economicamente, o financiamento do partido é uma questão de importância central para o modo como se distribui sua influência e para a direção que suas ações tomam materialmente: isto é, se ele provém de grande número de pequenas contribuições de massas, ou de mecenato ideológico, de compra (direta ou indireta) interessada ou de tributação das oportunidades proporcionadas pelo partido ou dos adversários subjugados [...][89].

A competição eleitoral por intermédio da organização partidária foi alargada, o que substancialmente revelou uma fortificação do sistema democrático. A Alemanha foi dividida em sessenta zonas eleitorais, consequência imediata da formulação política da

---

87 Cf. WEBER, Marianne. *Max Weber*, cit., p. 639.
88 WEBER, Max. *Economia e sociedade*. Tradução do alemão para o português Regis Barbosa e Karen Elsabe Barbosa. Brasília: Editora da UnB, 2000. v. 1. p. 188.
89 WEBER, Max. *Economia e sociedade*, cit., p. 189.

Constituição aprovada em 1919, bem como a ampliação da participação eleitoral, com o voto feminino[90]. Weber preocupava-se com a demagogia e com a ascensão dos demagogos, de algum modo vaticinando o que ocorreria na Alemanha depois de 1933; assim, sustentou que"[...] o demagogo chega ao topo, e um demagogo bem-sucedido é quem tem menos escrúpulos na aplicação dos meios para atrair as massas"[91].

É o tema da liderança política, no que Weber opunha o *ofício do demagogo* ao *escritório do burocrata*, optando por este último, que ofereceria"[...] uma preparação infinitamente melhor para a administração material"[92]. Para Weber, o avanço da democracia na Alemanha, mediante o sufrágio universal para maiores de vinte anos, significava também um novo contexto para a escolha dos líderes:

> O significado da democratização ativa das massas consiste em que o líder político já não é proclamado candidato, em virtude do reconhecimento de sua competência no círculo de uma camada de notáveis, tornando-se então líder, por distinguir-se no Parlamento, mas sim passou a conquistar a confiança e a crença das massas em sua pessoa, e portanto seu poder, com os meios da demagogia das massas[93].

Nas reuniões da comissão o problema do controle da liderança política foi colocado por Max Weber, que conseguiu convencer Hugo Preuss da necessidade de fórmulas constitucionais de controle, tanto do Executivo como do Parlamento, sempre sob a ótica das minorias[94]. Deve-se a Weber a sugestão das comissões de inquérito, aceitas pela Assembleia Constituinte e incorporadas ao texto constitucional de 1919. Weber também colaborou intensamente na definição da fórmula para escolha do chefe do Executivo: a Assembleia

---

90   Cf. HENIG, Ruth. *The Weimar Republic*, cit., p. 13.
91   WEBER, Max. *Economia e sociedade*, cit., p. 571.
92   WEBER, Max. *Economia e sociedade*, cit., p. 572.
93   WEBER, Max. *Economia e sociedade*, cit., p. 572.
94   Cf. WEBER, Marianne. *Max Weber*, cit., p. 640.

adotou a posição de Weber, dispondo que o presidente seria escolhido por sufrágio universal, e não pelo Parlamento[95].

Às minorias construiu-se uma forma para participação ativa no processo de decisão e de controle, até então somente concebida mediante uma oposição generalizada e passiva[96]. A maior contribuição de Max Weber para a Constituição de Weimar consistiu na construção de contrapesos institucionais para a corrupção executiva e parlamentar. Para este último é que concebeu a mencionada comissão de inquérito, "uma poderosa arma contra os segredos da burocracia ministerial"[97].

A orientação de Hugo Preuss se realizou, no que foi adotado pela Assembleia, em cuidadoso balanço de forças, amarrado por vários compromissos: a Alemanha permaneceu como um Estado federal, no contexto de uma democracia parlamentar, conduzida por partidos políticos fortes, balanceados por presidente escolhido por sufrágio universal direto[98].

4. Os constitucionalistas da República de Weimar

A doutrina constitucional construída em torno da Constituição de Weimar exerceu grande influência na construção do direito público no século XX, inclusive no Brasil. Autores brasileiros como Francisco Campos, Pinto Ferreira, Paulo Bonavides, Arnaldo Vasconcelos e Nelson Saldanha estudaram o pensamento dos teóricos de Weimar.

Há também um grande desafio do ponto de vista do enfrentamento (ou da adesão) à ditadura nazista, porquanto a maior parte

---

95 Cf. ELIAESON, Sven. Constitutional Caesarism: Weber's politics in their German context. *In*: TURNER, Stephen. *The Cambridge companion to Weber.* Cambridge: Cambridge University Press, 2000. p. 142.
96 Cf. WEBER, Marianne. *Max Weber*, cit., p. 640.
97 RADKAU, Joachim. *Max Weber*: a biography. Cambridge, Polity Press, 2009. p. 512. No original: "a powerful weapon against the secrecy of the ministerial bureaucracy".
98 Cf. HENIG, Ruth. *The Weimar Republic*, cit., p. 13.

dos juspublicistas de Weimar viveu ao longo e depois da Segunda Guerra Mundial. Hans Kelsen faleceu em 1973, Carl Schmitt em 1985, Gerhard Anschütz em 1948, Richard Thoma em 1957, Heinrich Triepel em 1946, Erich Kaufmann em 1972, Rudolf Smend em 1975 e Ernest Forsthoff em 1974. Em relação ao direito brasileiro, inegavelmente, a maior influência é perceptível em Carl Schmitt[99] e em Hans Kelsen[100].

Enquanto Hugo Preuss fora o construtor do núcleo do texto aprovado pela Assembleia em 1919, com a colaboração de Max Weber, menciona-se Gerhard Anschütz (1867-1948)[101] como seu mais expressivo comentador, ao lado de Richard Thoma (1874-1957); é de ambos o clássico *Handbuch des deutschen Staatsrechts*, até hoje editado[102]. Anschütz e Thoma foram colegas na Universidade de Heidelberg, onde lecionaram; lecionou também em Tübingen e em Berlim. Fortemente comprometido com ideais democráticos, Anschütz rejeitou o nazismo, vivendo recluso em Heidelberg durante os anos do Terceiro *Reich*; nessa época, escreveu suas memórias[103]. Criticou Rudolf Smend (que culpava por confundir direito com política), Erich Kaufmann (de quem discordava dos conceitos de direito natural e de igualdade), bem como Hans Kelsen (enfatizando que lhe faltava conhecimento histórico)[104].

Pianista, apaixonado pela música de Wagner, influenciado pela mãe, cantora que interpretava os *lieder* de Schubert e Schumann, Anschütz era um esteta, que também se vangloriava por conhecer a

---

99 Em especial os estudos de MACEDO JR., Ronaldo Porto. *Carl Schmitt e a fundamentação do direito*. São Paulo: Saraiva, 2011.
100 Entre outros, VASCONCELOS, Arnaldo. *Teoria da norma jurídica*. São Paulo: Malheiros, 2002.
101 Para uma síntese biográfica, STOLLEIS, Michael (ed.). *Juristen*, cit., p. 36-37.
102 ANSCHÜTZ, Gerhard; THOMA, Richard. *Handbuch des deustschen Staatsrechts*. Tübingen: Mohr Siebeck, 1998.
103 Cf. PAULY, Walter. Gerhard Anschütz. *In:* JACOBSON, Arthur J.; SCHLINK, Bernhard (ed.). *Weimar*: a jurisprudence of crisis. Berkeley: University of California Press, 2002. p. 129.
104 Cf. PAULY, Walter. Gerhard Anschütz, cit., p. 129

vida burocrática: era um estudioso dos regimes de desapropriação, e havia trabalhado na administração pública, por cinco anos, antes de começar a lecionar[105].

As ideias de Anschütz sobre a Constituição de Weimar foram objetivamente expressas em discurso que pronunciou na Universidade de Heidelberg, em 22 de novembro de 1922[106]. Reconhecia que a ordem jurídica então reinante era confusa e propulsora da desordem, situação cuja culpa imputava à guerra perdida. Em tom patriótico, observando que o *Reich* deveria permanecer alemão, e que assim continuaria enquanto os alemães resistissem unidos[107], mencionava uma união dos inimigos da Alemanha com o arquirrival (a França), cuja ascensão decorrente do Tratado de Versalhes subordinava à tutela estrangeira as finanças, a economia e toda a vida nacional alemã[108].

Anschütz identificou nesse discurso os três princípios básicos da Constituição de Weimar: um Estado nacional e independente, um Estado federativo dotado de unidade e um Estado substancialmente democrático[109]. Lamentou que a Constituição da Catedral de São Paulo, de 1849, ainda que um documento memorável, jamais fora lei efetiva; no entanto, seus princípios cardeais se realizariam na Constituição de Weimar[110]. A tarefa então consistia em garantir para os alemães a proteção constitucional dada em 1849, e nunca cumprida

---

105 Cf. SOSA WAGNER, Francisco. *Maestros alemanes del derecho público,* cit., p. 345 e s.
106 O discurso está reproduzido em JACOBSON, Arthur J.; SCHLINK, Bernhard (ed.). *Weimar*: a jurisprudence of crisis. Berkeley: University of California Press, 2002. p. 132-155, sob o título "Three guiding principles of the Weimar Constitution".
107 Cf. ANSCHÜTZ, Gerhard. Three guiding principles of the Weimar Constitution, cit., p. 133.
108 Cf. ANSCHÜTZ, Gerhard. Three guiding principles of the Weimar Constitution, cit., p. 132.
109 Cf. ANSCHÜTZ, Gerhard. Three guiding principles of the Weimar Constitution, cit., p. 134.
110 Cf. ANSCHÜTZ, Gerhard. Three guiding principles of the Weimar Constitution, cit., p. 134.

ou efetivada. Inspirava-se no fato de que em 1919 já havia uma unidade nacional, o que não ocorreu em 1849[111].

O Estado nacional independente não significaria um desejo político; já era, efetivamente, uma realidade constitucional e normativa. O que da Constituição de 1849 se esperava, e por isso houve frustração, era uma relação contratual entre estados individuais e não uma associação de príncipes; houve espaço – não ocupado ou realizado – para uma organização definitiva do povo alemão, sob um governo imperial[112]. O ideal democrático teria, não obstante, triunfado nas conversações de Weimar: tronos e dinastias foram derrubados, monarquias se transformaram em repúblicas, monarcas foram transformados em chefes de Estado meramente decorativos, recebendo algum poder e dignidade das camadas mais debilitadas da população[113].

Obsessivamente patriótico, Anschütz protestava por três virtudes que se deveria esperar de um jovem democrata: a alegria no sacrifício, o sentido da responsabilidade cidadã e um forte amor à pátria comum, especialmente no sentido de que não se poderia falar de uma nação bávara ou prussiana: havia apenas uma nação alemã[114].

Richard Thoma estudou em Freiburg, Munique e Berlim. Era ligado a Max Weber, com quem compartilhou ideais de reformas sociais e social democracia. Em 1900 defendeu tese sobre propriedade no contexto do direito privado[115]. Defensor da responsabilidade

---

111 Cf. ANSCHÜTZ, Gerhard. Three guiding principles of the Weimar Constitution, cit., p. 134.
112 Cf. ANSCHÜTZ, Gerhard. Three guiding principles of the Weimar Constitution, cit., p. 135.
113 Cf. ANSCHÜTZ, Gerhard. Three guiding principles of the Weimar Constitution, cit., p. 143.
114 Cf. ANSCHÜTZ, Gerhard. Three guiding principles of the Weimar Constitution, cit., p. 150.
115 Cf. CALDWELL, Peter C. Richard Thoma. *In:* JACOBSON, Arthur J.; SCHLINK, Bernhard (ed.). *Weimar*: a jurisprudence of crisis. Berkeley: University of California Press, 2002. p. 151.

ministerial (que também era uma tese central nas ideias políticas de Weber), Thoma pretendia que se fixassem limites para a ação da administração, dispostos na Constituição, regulados por leis e informados pelo respeito aos direitos básicos[116].

Thoma Rejeitava o controle de constitucionalidade pelo Judiciário, temoroso de uma "gerontocracia" decorrente da proeminência desse poder[117]. Sua grande dúvida consistia em explicitar como fazer uma combinação adequada entre *Estado de Direito* e *Estado de Bem-Estar Social*, em seus primeiros anos[118]. Richard Thoma viveu em Bonn de 1928 a 1957, ano de seu falecimento. Respeitado pelos aliados, e por setores mais democráticos da Alemanha na era da reconstrução, Thoma assessorou as discussões em torno da construção da Lei Fundamental em 1949[119].

Na década de 1920 Richard Thoma divergiu de Carl Schmitt a propósito das opiniões deste último sobre o regime parlamentarista, tal como organizado na República de Weimar[120]. Thoma sustentou que não havia uma perspectiva coerente nas críticas que Schmitt fazia ao parlamentarismo. Havia um problema central, para o qual Thoma não encontrava solução no livro de Schmitt, isto é, se decisões políticas seriam tomadas por uma minoria estável (típica dos Estados autoritários e, no limite, uma ditadura) ou por uma minoria volátil e temporária (um partido político), ou por certos grupos sociais, proletários ou burguesia, sendo que um dos dois seria excluído das vantagens do domínio do Estado; para Thoma,

---

116 Cf. CALDWELL, Peter C. Richard Thoma, cit., p. 152.
117 Cf. CALDWELL, Peter C. Richard Thoma, cit., p. 154.
118 Cf. CALDWELL, Peter C. Richard Thoma, cit., p. 154.
119 Cf. CALDWELL, Peter C. Richard Thoma, cit., p. 155.
120 Trata-se do livro de Carl Schmitt *Die geitesgeschichtliche Lage des heutingen Parlamentarismus,* traduzido para o inglês como *The crisis of parliamentary democracy,* livro que será mais adiante comentado. Na tradução de Ellen Kennedy publicou-se a crítica de Richard Thoma, como apêndice, com o título "On the ideology of parliamentarism". SCHMITT, Carl. *The crisis of parliamentary democracy.* Tradução do alemão para o inglês Ellen Kennedy. Cambridge: The MIT Press, 1988.

essa dúvida não seria respondida por uma mera opção entre parlamentarismo ou ditadura, como sugeria o livro de Schmitt[121]. Thoma percebia certa simpatia de Schmitt pela "irracionalidade do misticismo", o que – ainda que enraizado nas teorias do anarquismo – qualificava um perigoso anseio pela ordem, pela hierarquia e pela disciplina[122].

Erich Kaufmann (1880-1972), neokantiano e crítico do positivismo, fortemente influenciado pela filosofia de Wilhelm Dilthey (1833-1911) e pela sociologia de Georg Simmel (1858-1918), foi também importante intérprete da Constituição de Weimar e dos problemas do direito público alemão da década de 1920. Com forte experiência nos conflitos da época (como soldado, sofreu ferimentos na Primeira Guerra Mundial), Kaufmann também conhecia o meio burocrático (assessorou o governo alemão para construção de políticas relativas a minorias alemãs na Polônia) e as dificuldades decorrentes da derrota alemã na Primeira Guerra Mundial (representou a Alemanha nas câmaras de arbitragem que discutiram os planos de reconstrução, a exemplo do Plano Dawes[123]). Kaufman acreditava e defendia uma concepção de direito natural, à qual estaria vinculado o legislador do direito positivo; após o término da Segunda Guerra

---

121 Cf. THOMA, Richard. On the ideology of parliamentarism. *In:* SCHMITT, Carl. *The crisis of parliamentary democracy.* Tradução do alemão para o inglês Ellen Kennedy. Cambridge: The MIT Press, 1988. p. 81.

122 Cf. THOMA, Richard. On the ideology of parliamentarism, cit., p. 82.

123 O Plano Dawes consistiu na atuação de um grupo de políticos e financistas que discutiram e fixaram um roteiro para viabilização do pagamento das reparações de guerra devidas pela Alemanha, como fixadas pelo Tratado de Versalhes. Chefiado por Charles Dawes (1865-1951), político norte-americano que foi vice-presidente no mandato de Calvin Coolidge (1925-1929), o plano centrou-se na organização de um banco governamental alemão (o *Reichbank*) e na definição da origem dos recursos para o pagamento dos débitos, designadamente exações incidentes sobre transportes, circulação de mercadorias e comércio internacional. Rigorosamente, o Plano de Dawes pretendia combinar interesses alemães com o expansionismo do capitalismo norte-americano. Conferir FULBROOK, Mary. *A concise history of Germany.* Cambridge: Cambridge University Press, 2005. p. 168 e s.

Mundial, assessorou o governo da República Federal da Alemanha em assuntos de relações internacionais[124].

Kaufmann chama a atenção a propósito do tema da *vontade do povo* (*Volksville*), assunto sobre o qual refletiu em um artigo publicado em 1931[125]. Inicialmente, enfatizou que algum possível conceito de *vontade do povo* exigiria uma compreensão prévia do que denominava *espírito do povo* (*Volksgeist*). Essa compreensão radicava no chamado historicismo, que na Alemanha se desenvolveu com Johann Gottfried von Herder (1744-1803), para quem não haveria superposições qualitativas entre as várias culturas e civilizações, bem como não haveria civilizações superiores ou inferiores, isto é, não se poderia conjecturar sobre as denominadas épocas de ouro. Friederich Carl von Savigny (1779-1861) complementaria essa linha, com o tema do *Volksgeist, o espírito do povo,* ainda que paradoxalmente obcecado com o direito romano. Pode-se problematizar essa concepção, evidenciando-se uma suposta e imaginária contradição, na medida em que o *Volksgeist* que plasmaria o direito alemão, para Savigny, seria justamente o direito romano do baixo império.

Para Kaufmann, o *espírito do povo* era uma entidade objetiva e real, revelada também na ação individual. O ponto de partida para toda construção constitucional, teórica e prática, consistiria na busca e na descoberta desse *espírito*, ente político descortinado pelo desejo político dos indivíduos que conviviam em um mesmo espaço e época, compartilhando identidade comum[126]. Essa identidade, no entanto, seria alcançada por intermédio de métodos peculiares, que desprezavam formas plebiscitárias, por conta da precariedade das formas de pesquisa, simplificadas nos plebiscitos.

---

124 Cf. CLOYD, Stephen. Erich Kaufmann. *In:* JACOBSON, Arthur J.; SCHLINK, Bernhard (ed.). *Weimar:* a jurisprudence of crisis. Berkeley: University of California Press, 2002. p. 189 e s.
125 O título original do artigo é "Zur Problematik des Volksvillens", traduzido e reproduzido na coletânea de Arthur Jacobson e Bernhard Schlink, *Weimar:* a jurisprudence of crisis. Berkeley: University of California Press, 2002. p. 196-206, com o título "On the problem of the people's will".
126 Cf. KAUFMANN, Erich. On the problem of the people's will, cit.

Esse modelo era denominado *bonapartismo*[127], no qual, de acordo com Kaufmann, haveria necessidade de um "*Bonaparte*"; se este não existisse, a burocracia que domina o governo tomaria todas as deliberações, decidindo por si mesma e, mais importante, definindo qual seria a questão a ser levada ao plebiscito[128]. Quem colocaria a questão a ser respondida é quem conduziria, de fato, a rota política que se tomaria. Kaufman insistia na precariedade dos regimes plebiscitários: chamado a simplesmente marcar *sim* ou *não*, o povo tem reduzida sua influência e sua pluralidade a um mínimo que não traduz as variáveis do *espírito do povo* então desprezado[129].

A maior e mais bem fundamentada oposição conceitual à República de Weimar foi feita por Carl Schmitt (1888-1895)[130], para quem a Constituição Alemã de 1919 enfraquecia o Estado, fechando-se em liberalismo incapaz de resolver os graves problemas colocados por uma moderna democracia de massas. Carl Schmitt viveu (e participou intelectualmente) de momentos decisivos na história alemã: amadureceu nos anos finais do Segundo *Reich*, debateu recorrentemente durante a República de Weimar (espe-

---

127 O conceito foi originariamente formulado por Karl Marx no *Dezoito Brumário de Louis Bonaparte*, célebre texto no qual Marx compara o golpe de Napoleão I em 1804 com o golpe de seu sobrinho Napoleão III no contexto da revolução de 1848. O livro se abre com conhecida passagem na qual, citando Hegel, Marx enfatiza que, na história, fatos ocorrem duas vezes, a primeira como tragédia, e a segunda como farsa. MARX, Karl. *O Dezoito Brumário de Louis Bonaparte*. Tradução Silvio Donizete Chagas. São Paulo: Centauro, 2000.

128 O *bonapartismo* conhece líderes *cesaristas* que tomam o poder por força militar (Napoleão I) ou por um apelo direto ao povo, por meio de plebiscitos (Napoleão III). No entanto, mesmo Napoleão I sufragou sua ascendência militar e política sobre a França mediante um plebiscito. Conferir KENNEDY, Ellen. Introdução. *In*: SCHMITT, Carl. *The crisis of parliamentary democracy*. Tradução do alemão para o inglês Ellen Kennedy. Cambridge: The MIT Press, 1988. p. xxiii.

129 Cf. KAUFMANN, Erich. On the problem of the people's will, cit.

130 Para dados biográficos, STOLLEIS, Michael (ed.). *Juristen*, cit., p. 562-563. Conferir também WISTRICH, Robert S. *Who's who in Nazi Germany*, cit., p. 225-226.

cialmente sobre o parlamentarismo e sobre o controle de constitucionalidade), aproximou-se (e afastou-se dos nazistas durante o Terceiro *Reich*) e presenciou o triunfo do imperialismo liberal norte-americano[131].

Seus textos de acostamento com a ideologia nazista lhe valeram o epíteto de *Kronjurist*, o *jurista da coroa*. Essa acusação carrega intenso debate, que agitou estudiosos de Schmitt, a exemplo de Giorgio Agambem[132], Bernd Rüthers[133], Francisco Sosa Wagner[134], Chantal Mouffe[135], William Scheuerman[136], Helmut Quaritisch[137] e Jean-François Kervégan[138]. No Brasil, há o valioso estudo de Ronaldo Porto Macedo Jr.[139].

---

131 Cf. HERRERO, Montserrat. Estudio preliminar. *In:* SCHMITT, Carl. *Posiciones ante el derecho.* Tradução do alemão para o espanhol Montserrat Herrero. Madrid: Tecnos, 2012.

132 AGAMBEM, Giorgio. *Estado de exceção.* Tradução do italiano para o português Iraci D. Poleti. São Paulo: Boitempo, 2005.

133 RÜTHERS, Bernd. *Entartetes Recht*: Rechtslehren und Kronjuristen im Dritten Reich. München: Verlag C. H. Beck, 1989, especialmente p. 120-141; RÜTHERS, Bernd. *Carl Schmitt im Dritten Reich.* München: Verlag C. H. Beck, 1990. Há tradução para o espanhol: RÜTHERS, Bernd. *Carl Schmitt en el Tercer Reich.* Tradução Luis Villar Borda. Bogotá: Universidad Externado de Colombia, 2004.

134 SOSA WAGNER, Francisco. *Maestros alemanes del derecho público,* cit., p. 443-487. Sosa Wagner também editou e comentou a correspondência entre Carl Schmitt e Ernst Forsthoff. Conferir SOSA WAGNER, Francisco. *Carl Schmitt y Ernst Forsthoff*: coincidencias y confidencias. Madrid: Marcial Pons, 2008.

135 MOUFFE, Chantal (ed.). *The chalenge of Carl Schmitt.* London: Verso, 1999.

136 SCHEUERMAN, William. *Carl Schmitt:* the end of law. Boulder: Rowman & Littlefield Publishers, 1999.

137 Helmut Quaritsch editou e comentou os interrogatórios pelos quais passou Carl Schmitt em Nuremberg. SCHMITT, Carl. *Respuestas em Núremberg.* Madrid: Escolar y Mayo, 2016.

138 KERVÉGAN, Jean-François. *Qué hacemos con Carl Schmitt.* Tradução do francês para o espanhol Alejandro García Mayo. Madrid: Escolar y Mayo, 2013.

139 MACEDO JR., Ronaldo Porto. *Carl Schmitt e a fundamentação do direito,* cit.

Carl Schmitt nasceu em 2 de julho de 1888 na cidade de Plettenberg, na Westphalia. De família católica, Schmitt simboliza também os juristas católicos da era de Weimar, e o desdobramento trágico que houve com o apoio (ou com a oposição) ao nazismo. Estudou direito em Berlim, em Munique e em Estrasburgo, onde lecionava Paul Laband. Doutorou-se em 1910 com um trabalho sobre a culpa e suas várias formas. Orientou a tese de doutorado de Ernst Forsthoff, com quem manteve longa amizade. Lecionou na Universidade de Greifswald (em 1921), na Universidade de Bonn (1922), na Escola Comercial de Berlim (1928), na Universidade de Colônia (1933) e na Universidade de Berlim (1933-1945).

Publicou seus estudos mais importantes durante os anos da República de Weimar. Entre eles, *Romantismo político* (1919), *A ditadura* (1921), *Teologia política* (1922), *A crise da democracia parlamentar* (1923), *Catolicismo romano e forma política* (1925), *Teoria da Constituição* (1928), *O guardião da Constituição* (1931), *O conceito do político* (1932) e *Legalidade e legitimidade* (1932). Durante os anos do nazismo, publicou *Sobre os três modos de pensar a ciência jurídica* (1934), *O Leviatã na teoria do Estado de Thomas Hobbes* (1938) e *Interpretação europeia de Donoso Cortés* (1944). Em 1950 publicou *O nomos da terra no direito das gentes do Jus Publicum Europaeum*. Carl Schmitt também publicou um importante ensaio em 1912, *Lei e decisão judicial, exame sobre o problema da praxis da decisão judicial*, um enigmático ensaio apologético ao nazismo *O Führer protege o direito* (1934) e uma defesa de sua posição na Nova Alemanha (*Ex captivitate salus*).

Carl Schmitt censurou a antítese que o liberalismo fazia entre direito e política. Nesse sentido, pragmático, contestava o mantra que pregava que a democracia se qualificava por ser um governo de leis, e não de homens. Desprezando a democracia parlamentar, Schmitt qualificava o sistema de Weimar como um método burguês e antiquado de governo. Sua primeira e aguda crítica à Constituição de Weimar deu-se com o livro *A ditadura*[140]. Com fortíssima marca

---

140 SCHMITT, Carl. *La dictatura:* desde los comienzos del pensamiento moderno de la soberanía hasta la lucha de clases proletaria. Tradução do alemão para o espanhol José Díaz García. Madrid: Alianza Editorial, 2007.

de conhecedor da História, Schmitt tratou da ditadura romana, da ditadura comissária no contexto do jusnaturalistas (Bodin, Hobbes, Pufendorf, Thomasius e Wolff), da ditadura soberana, como enunciada e praticada na Revolução Francesa, atingindo o artigo 48 da Constituição Alemã de 1919, que dispunha sobre o estado de exceção, tema que mais o preocupou, ao lado da legitimidade do sistema parlamentar.

Do ponto de vista histórico, Schmitt resgatou a relação entre ditadura e *estado de exceção* no contexto da República Romana. Ao que consta, entre os romanos, a ditadura era circunstância absolutamente anormal, com o objetivo de manutenção da normalidade. Em épocas de perigo (interno ou externo) apontava-se um ditador, a quem competia conduzir os negócios da República, com amplo espectro de poder. Foi outro autor alemão, o romanista Theodor Mommsen (1817-1903), quem discorreu sobre a ditadura na República Romana, e que de igual modo percebeu se tratar de um instituto político normal para momentos de anormalidade[141]. De acordo com Schmitt, a ditadura era uma questão vital para a República; o ditador não era um tirano e a ditadura não se distinguia por ser uma forma de dominação absoluta; pelo contrário, era um meio pelo qual a Constituição republicana preservaria sua liberdade e integridade[142].

Ao analisar o referido artigo 48 da Constituição de Weimar, explicitando os poderes que a Constituição garantia ao presidente do *Reich*, Schmitt argumentava que ao presidente não se facultava o exercício de prerrogativa do Poder Legislativo; o que se dispunha, efetivamente, era um "empoderamento" para uma situação de fato, "em virtude da qual não era preciso levar em consideração direitos que no caso concreto se oporiam a tal atuação"[143]. Criticava uma contradição que o texto do artigo 48 suscitava, no sentido de que havia direitos para atuação no *estado de exceção*, de forma parcial, porque nem todos os direitos poderiam ser suspensos.

---

141 Cf. MOMMSEN, Theodor. *Disegno del diritto pubblico romano*. Tradução do alemão para o italiano P. Bonfante. Milano: CELUC, 1973. p. 200 e s.
142 SCHMITT, Carl. *La dictatura*, cit., p. 37.
143 SCHMITT, Carl. *La dictatura*, cit., p. 260.

Carl Schmitt sustentava que o direito de vida e morte era concedido implicitamente ao dirigente no *estado de exceção*, enquanto a suspensão da liberdade de imprensa, de menor potencial ofensivo, estava explicitamente garantida[144]. Garantia-se de modo explícito o empastelamento de jornais. Porém, apenas uma interpretação do texto constitucional autorizava que o presidente agisse de modo mais forte; isto é, predicava-se por implícito o que necessário e inadiável, e tinha-se por explícito o que contingente e decorrente. Essa contradição, assentava Schmitt, era o resultado da combinação inadequada entre as duas formas de ditadura, a soberana e a comissária[145]. Schmitt adiantou-se, prevendo que a Constituição de Weimar continha em seus próprios termos os fundamentos de seu ulterior abandono.

Na *Teologia política* retomou o tema da soberania entendida como prerrogativa de decisão sobre o *estado de exceção*, que não é sinônimo ou equivalente à anarquia ou ao caos; "o Estado suspende o direito por fazer jus à autoconservação [...]"[146]. Carl Schmitt problematizou a afirmação de Gerhard Anschütz, para quem o *estado de exceção* não seria um problema jurídico, e sim uma questão política, matéria retomada por Giorgio Agambem muito tempo depois, no conjunto de restrições que haveria a se regular por lei "[...] o que por definição não pode ser normatizado"[147].

A pretensão de regularização normativa do *estado de exceção*, tal como posto no artigo 48 da Constituição de Weimar, era problema antevisto por Carl Schmitt. O *Decreto do presidente do* Reich *para proteção do povo*, também conhecido como o *Decreto do incêndio do* Reichtag, baixado em 28 de fevereiro de 1933, como medida de combate aos inimigos da ordem então triunfante, é exemplo dessa tentativa de normalização da anormalidade. Assinado pelo *Reichspräsident* von Hindenburg, pelo *Reichskanzler* Adolf Hitler e pelos ministros do Interior (*Der Reichsminister des Innern*) e da Justiça (*Der*

---

144 SCHMITT, Carl. *La dictatura*, cit., p. 260.
145 SCHMITT, Carl. *La dictatura*, cit., p. 260
146 SCHMITT, Carl. *Teologia política*. Tradução Elisete Antoniuk. Belo Horizonte: Del Rey, 2006. p. 13.
147 AGAMBEM, Giorgio. *Estado de exceção*, cit., p. 22.

Reichsminister der Justiz), o decreto foi fundamentado no artigo 48 da Constituição de Weimar. Esse decreto possibilitou – normativamente – a ascensão de Hitler; dando início a um conjunto de normas supervenientes que caracterizaram o Terceiro *Reich* como um *estado de exceção permanente*.

Carl Schmitt opôs-se ao sistema parlamentarista da República de Weimar, enfatizando que as decisões políticas que influenciam a vida das pessoas não decorriam do debate público balanceado, realizado no Parlamento, no qual as várias opiniões e tendências eram objetivamente colhidas, com o objetivo de se tomar a melhor decisão[148]. Schmitt acreditava que decisões eram tomadas por pequenos grupos e comitês, e que a suposta plenitude do parlamento não passava de mera fachada[149].

O sistema perdera razoabilidade, na medida em que não havia genuína liberdade de expressão, de reunião, de imprensa, a par da inexistência de efetivas imunidades parlamentares[150]. Segundo Schmitt, os parlamentares decidiam em reuniões pequenas, a portas fechadas; decisões tomadas de acordo com a orientação de grupos de interesse capitalistas eram mais importantes e efetivas para a população do que decisões políticas resultantes de um debate parlamentar extenso e sujeito ao acompanhamento público[151].

O sistema parlamentar de Weimar foi também discutido na *Teoria da Constituição*. Schmitt tratou do artigo 59 do texto constitucional alemão de 1919, deduzindo-o das fórmulas de confiança, que o *Reichstag* manteria (ou não) em relação ao chanceler e aos ministros. A retirada formal da confiança, por intermédio do Parlamento, teria como consequência a demissão sumária do chanceler e de seus ministros. Para Schmitt, a cláusula era substancialmente problemática, do ponto de vista da realidade da política; afinal, a confiança do *Reichstag* queria significar a confiança do partido detentor da maioria

---

148 Cf. SCHMITT, Carl. *The crisis of parliamentary democracy*, cit., p. 49.
149 Cf. SCHMITT, Carl. *The crisis of parliamentary democracy*, cit., p. 49.
150 Cf. SCHMITT, Carl. *The crisis of parliamentary democracy*, cit., p. 49.
151 Cf. SCHMITT, Carl. *The crisis of parliamentary democracy*, cit., p. 50.

no Parlamento; porém, não havia na Alemanha um partido majoritário, segundo Schmitt, havia apenas coalizões que eventualmente se agrupavam sem levar em conta pontos de vista completamente distintos, em matérias de política interna e externa, em assuntos culturais, e em torno de problemas sociais[152].

Schmitt também se notabilizou por causa de debate a respeito da fixação de competência para o controle de constitucionalidade das normas, ou mais amplamente de uma "justiça constitucional"[153]. É a célebre querela sobre a definição do *Guardião da Constituição*, que opôs Schmitt a Hans Kelsen. O artigo 19 da Constituição de Weimar dispunha que controvérsias de fundo constitucional em unidade federada na qual não houvesse tribunal específico para resolução do conflito, bem como disputas (que não fossem de natureza privada) entre diferentes unidades federadas, ou entre o governo central e as unidades, seriam decididas, mediante requerimento das partes, pela Corte Suprema, a menos que qualquer outro tribunal detivesse competência para tanto; o presidente do *Reich* cumpriria a decisão da Corte.

A *Weimarer Reichverfassung* dispunha, assim, que um tribunal exerceria o controle de constitucionalidade das leis, sem que se explicitasse, exatamente, a natureza difusa ou concentrada desse modelo. Carl Schmitt opunha-se a essa fórmula, argumentando que a competência para o controle de constitucionalidade deveria ser exclusiva do *Reichpräsident*. Kelsen, por outro lado, sustentava que essa prerrogativa era de um órgão *ad hoc*, concebido especial e exclusivamente para essa tarefa; eram duas concepções totalmente distintas em relação ao Estado e à Constituição[154]. A questão consistia em

---

152 Cf. SCHMITT, Carl. *Teoría de la Constitución*. Tradução do alemão para o espanhol Francisco Ayala. Madrid: Alianza Editorial, 2011. p. 433.
153 Cf. SCHMITT, Carl. *O guardião da Constituição*. Tradução do alemão para o português Geraldo de Carvalho. Belo Horizonte: Del Rey, 2007. p. 77.
154 Esse dissenso foi explorado por LOMBARDI, Giorgio. *La polémica Schmitt-Kelsen*. Madrid: Tecnos, 2009. Lombardi, em estudo preliminar aos dois textos, "O defensor da Constituição", de Schmitt, e "Quem deve ser o guardião da Constituição", de Kelsen, investiga, no contexto

definir qual órgão ou instituição deveria defender a Constituição em face de todo tipo de violação possível[155].

Carl Schmitt havia representado o *Reich* em importante litígio na Corte de Leipzig, referente à aplicação do artigo 48 da Constituição de Weimar, a propósito da competência do presidente do *Reich* para intervir na Prússia como "defensor da Constituição"[156]. Vivia-se importante momento histórico no qual se evidenciavam mudanças na compreensão da Constituição e de suas garantias[157]. Schmitt lia o artigo 19 da *Weimarer Reichverfassung* de forma substancialmente limitada:

> O artigo 19 da Constituição do *Reich* está totalmente ligado, sistematicamente, à organização federal do *Reich* alemão na seção "o *Reich* e os Estados". Fala de divergências de direito não privado entre o *Reich* e os Estados, de divergências entre Estados e, finalmente, de divergências constitucionais dentro de um Estado. O conceito de Constituição contido nessa tripla justaposição está determinado de dois modos a partir do pensamento constitucional, por meio da organização federal do *Reich* e por intermédio das repercussões do tempo da luta constitucional de meados do século XIX, para a qual a Constituição era um contrato (pacto, acordo) entre governo e representação popular[158].

Schmitt alertava para um alargamento de competências, não originariamente contidas no texto constitucional. Nesse sentido,

> *É inadmissível* "expandir" a competência de um tribunal do *Reich*, competente para resolver divergências constitucionais dentro do *Reich*. Isso seria uma emenda constitucional radical e, certamente, apenas admissível por via de uma emenda constitucio-

---

dessa discussão, aspectos pessoais que afastaram esses dois constitucionalistas, especialmente quanto ao afastamento de Hans Kelsen da Universidade de Colônia, supostamente por influência e atuação de Carl Schmitt.

155 Cf. LOMBARDI, Giorgio. *La polémica Schmitt-Kelsen*, cit., p. XI.
156 Cf. LOMBARDI, Giorgio. *La polémica Schmitt-Kelsen*, cit., p. XIV.
157 Cf. LOMBARDI, Giorgio. *La polémica Schmitt-Kelsen*, cit., p. XVI.
158 SCHMITT, Carl. *O guardião da Constituição*, cit., p. 80-81.

nal, toda a instituição seria radicalmente modificada em sua estrutura e à mesma instância seriam atribuídas duas funções antagônicas, uma especificamente de direito federal e uma especificamente de direito interno de um estado, incumbidas de correr lado a lado[159].

A legitimidade democrática que o voto outorgava ao presidente do *Reich* justiçaria, segundo Schmitt, que o chefe do Executivo detivesse poder para dizer sobre a constitucionalidade das leis. Essa decisão – constitucionalidade – era fundamentalmente política, pelo que politicamente deveria ser constada e auferida. Assim,

> O fato de o presidente do *Reich* ser o guardião da Constituição corresponde, porém, apenas também ao princípio democrático, sobre o qual se baseia a Constituição de Weimar. O presidente do *Reich* é eleito pela totalidade do povo alemão e seus poderes políticos perante as instâncias legislativas (especialmente dissolução do parlamento do *Reich* e instituição de um plebiscito) são, pela natureza dos fatos, apenas um "apelo ao povo". Por tornar o presidente do *Reich* o centro de um sistema de instituições e poderes plebiscitários, assim como político-partidariamente neutro, a vigente Constituição do *Reich* procura formar, justamente a partir dos princípios democráticos, um contrapeso para o pluralismo dos grupos sociais e econômicos do poder e defender a unidade do povo como uma totalidade política[160].

Carl Schmitt sustentava também que o tema do controle de constitucionalidade pela Constituição dos Estados Unidos era um mito; entendia que o modelo norte-americano era autoritário[161]. O controle de constitucionalidade por um tribunal resultaria na *juridicização da política*, por intermédio do qual um método formalístico trataria de ficções abstratas e irrefutáveis; o direito seria transformado em *justiça*, em um ambiente no qual tudo seria matizado como *questão de justiça*, construindo-se a impressão de que o problema do

---

159 SCHMITT, Carl. *O guardião da Constituição*, cit., p. 81-82.
160 SCHMITT, Carl. *O guardião da Constituição*, cit., p. 233-234.
161 SCHMITT, Carl. *O guardião da Constituição*, cit., cit., p. 34.

Estado de Direito estaria solucionado: o Estado de Direito seria concebido em sentido meramente formal[162].

Adiantando-se a dificuldades de nosso tempo, Schmitt observou que, se todos os problemas se tornassem problemas de justiça, tudo seria reduzido a uma questão de normas, tudo seria constitucional, e o tribunal que detivesse o controle da Constituição deteria o controle sobre todas as instâncias da vida[163]. Para Schmitt, não se poderia fixar um guardião para a Constituição sem que se conceituasse objetivamente do que se trataria uma divergência constitucional[164]. Além disso, toda Constituição sensata deveria possibilitar que se alcançasse a efetiva volição estatal, garantindo-se ao governo a capacidade de governar[165]; essa capacidade, pode-se inferir, ficaria limitada.

Em contraposição à tese de Schmitt, indica-se o pensamento de Hans Kelsen (1881-1973)[166]. Kelsen nasceu em Praga, estudou com Ludwig von Mises[167], doutorou-se em 1906 com uma tese sobre a doutrina do Estado em Dante Alighieri (*Die Staatslehre des Dante Alighieri*), lecionou na Universidade de Viena (de 1919 a 1930), cooperou na redação da Constituição da Áustria (da qual é considerado o criador) e foi juiz da Corte Suprema Austríaca (perdendo o cargo em 1929, vítima de perseguição racial, o que ocorreu também em 1933 quando perdeu a cátedra na Universidade de Colônia). Kelsen não fazia juízo positivo de Georg Jellinek (1851-1911), de quem foi aluno em 1908 em Heidelberg, conforme se lê em excerto de sua autobiografia:

> Não reservei tempo algum para assistir às aulas [em Heidelberg] e frequentei apenas o seminário de Jellinek, que não me causou

---

162 SCHMITT, Carl. *O guardião da Constituição*, cit., p. 33-34.
163 SCHMITT, Carl. *O guardião da Constituição*, cit., p. 57.
164 SCHMITT, Carl. *O guardião da Constituição*, cit., p. 107.
165 SCHMITT, Carl. *O guardião da Constituição*, cit., p. 168.
166 Para uma síntese biográfica, por todos, STOLLEIS, Michael (ed.). *Juristen*, cit., p. 354-356.
167 Um dos mais importantes nomes do pensamento liberal, Ludwig von Mises (1881-1973), é autor, entre outros, de importante estudo sobre a burocracia, a par de ser expressivo nome da Escola Austríaca de Economia. Conferir VON MISES, Ludwig. *Burocracy*, Indianapolis: Liberty Fund, 2007.

nenhuma emoção especial. Tampouco tive contato pessoal mais próximo com Jellinek. Ele andava rodeado de um círculo quase impenetrável de estudantes fascinados por ele que adulavam sua vaidade de maneira inacreditável. Ainda me lembro da apresentação de um de seus alunos prediletos, que consistia em pouco mais que citações dos escritos de Jellinek. Depois desse seminário, foi-me permitido acompanhar Jellinek até em casa. No caminho ele me perguntou o que eu tinha achado da apresentação [...] Jellinek era muito melhor escritor do que professor. Ele não tolerava a menor contradição, o que eu percebi tarde demais, privando-me totalmente de sua graça. Antes de ir a Heidelberg, eu já havia estudado suas obras com maior atenção e tido a impressão de que, no campo da teoria jurídica, ele era deveras fraco e desprovido de originalidade[168].

Kelsen objetivamente impugnou Schmitt, analisando toda a argumentação lançada em favor do controle de constitucionalidade pelo presidente do *Reich*:

> Para sustentar a tese de que o presidente do *Reich* seria o guardião da Constituição, Schmitt tem que se voltar contra a instituição, frequentemente reclamada e em muitos Estados também concretizada, de uma jurisdição constitucional, ou seja, contra a atribuição da função de garantia da Constituição a um tribunal independente. Esse funciona como um tribunal constitucional central na medida em que, num processo litigioso, deve decidir sobre a constitucionalidade de atos do Parlamento (especialmente leis) ou do governo (especialmente decretos) que tenham sido contestados, cassando tais atos em caso de sua inconstitucionalidade, e eventualmente julgando sobre a responsabilidade de certos órgãos colocados sob acusação[169].

Kelsen insistia na existência de órgão com atribuição específica de controle de constitucionalidade, fixando conceitualmente um

---

168 KELSEN, Hans. *Autobiografia*. Tradução Gabriel Nogueira Dias e de José Ignácio Coelho Mendes Neto. Rio de Janeiro: Forense Universitária, 2001. p. 47-48.
169 KELSEN, Hans. *Jurisdição constitucional*. Tradução Alexandre Krug. São Paulo: Martins Fontes, 2003. p. 247-248.

modelo anteriormente adotado na Áustria, solução que a *Weimarer Reichverfassung* utilizou, nada obstante as críticas de Carl Schmitt.

Entre os constitucionalistas da República de Weimar deve-se mencionar também Ernst Forsthoff (1902-1974)[170], para quem, em sua obra principal, *Der totale Staat*, à Constituição somente caberia fixar procedimentos, e não tratar de questões substanciais[171]. Forsthoff também se notabilizou em temas de direito administrativo, especialmente porque entendia a administração pública como prestadora de serviços[172].

Há ainda Heinrich Triepel (1868-1946), que lecionou em Berlim e em Tübingen, sobressaindo como internacionalista, especialmente pelos estudos que publicou sobre o tema da soberania, analisando suas consequências. Triepel impugnou o monismo de Kelsen. Para Kelsen, o direito interno e o direito internacional faziam parte de um sistema normativo unificado. Para Triepel, o direito interno e o direito internacional qualificavam-se pela independência[173]. Triepel era um teórico reticente para com a democracia; perguntado ser preferia viver no absolutismo ou na democracia, teria respondido que preferia viver sob o despotismo esclarecido de uma só pessoa do que no nunca esclarecido despotismo da multidão[174].

Por fim, uma referência a Rudolf Smend (1882-1975)[175], defensor da chamada *teoria da integração*, a partir da qual insistia que a Constituição deveria ser interpretada como um todo estrutural.

---

170 Para uma síntese biográfica, por todos, STOLLEIS, Michael (ed.). *Juristen*, cit., p. 219-220.
171 Cf. SOSA WAGNER, Francisco. *Maestros alemanes del derecho público*, cit., p. 25.
172 Cf. SOSA WAGNER, Francisco. *Maestros alemanes del derecho público*, cit., p. p. 26.
173 Cf. POSCHER, Ralf. Heinrich Triepel. *In:* JACOBSON, Arthur J.; SCHLINK, Bernhard (ed.). *Weimar:* a jurisprudence of crisis. Berkeley: University of California Press, 2002. p. 172.
174 Cf. POSCHER, Ralf. Heinrich Triepel, cit., p. 173.
175 Para uma síntese biográfica, por todos, STOLLEIS, Michael (ed.). *Juristen*, cit., p. 584-586.

Smend justificava a plasticidade e a possibilidade de alteração do texto constitucional, no contexto de uma *transformação da mensagem Constitucional*, como característica própria desse tipo de texto que deriva de sua natureza de abrangência institucional[176].

Os constitucionalistas da República de Weimar colocaram e discutiram várias questões que ainda são substancialmente importantes, do ponto de vista de uma teoria constitucional caracterizada por uma hermenêutica que apontava para uma força normativa ilimitada do texto político.

5. Considerações finais

A Constituição de Weimar revelava-se como texto constitucional absolutamente fundante, na medida em que positivou intensa agenda de direitos fundamentais, especialmente quanto aos direitos sociais. Ainda que se possa questionar sua originalidade, essa agenda se encontra originariamente na Constituição de Frankfurt, de 1848, devendo-se reconhecer sua influência na construção dos arranjos institucionais de vários outros países. Destaca-se, nesse caso, o Brasil, e a construção do texto constitucional de 1934, ainda que este tenha tido uma vigência efêmera.

Em meio a uma intensa movimentação indicativa de polarização ideológica, que opôs comunistas e reacionários, a Constituição de Weimar tentou acenar com um compromisso possível, de fundo liberal, porém marcado com intensa preocupação para com trabalhadores e hipossuficientes. A escolha do presidente pelo sufrágio universal, e não por um Parlamento suntuosamente elitista (a exemplo do que ocorrera com a Constituição Alemã de 1871), é também eloquente indicação de seu caráter inovador.

A Constituição de Weimar foi discutida, aprovada e vivida em um ambiente culturalmente marcado pela inovação, pela ousadia e

---

176 Cf. SMEND, Rudolf. Verfassung und Verfassungsrecht, traduzido para o inglês como Constitution and constitutional law. *In:* JACOBSON, Arthur J.; SCHLINK, Bernhard (ed.). *Weimar:* a jurisprudence of crisis. Berkeley: University of California Press, 2002. p. 248.

pelo vanguardismo. Os constitucionalistas de Weimar, especialmente Carl Schmitt e Hans Kelsen, exercem fortíssima influência do debate constitucional contemporâneo, colocando inicialmente questões que são recorrentes e centrais, a exemplo do *estado de exceção*, dos limites do parlamentarismo e da responsabilidade pelo controle de constitucionalidade.

Contrastada pelos impasses de uma época difícil, a Constituição de Weimar foi afastada por força de regra própria, sobrevivendo apenas formalmente até a instauração da desordem absoluta, no fim da Segunda Guerra Mundial. Instrumento do *estado de exceção*, que previu, regulou e possibilitou, a Constituição de Weimar é um ponto de inflexão de questão perturbadora para o direito público: até que ponto a condição para a sobrevivência da democracia não seria a negação da própria democracia? A resposta para esse sedicioso problema seria talvez a constatação dos limites e das possiblidades da democracia: sua razão de ser e seu motivo de destruição.

Referências

AGAMBEM, Giorgio. *Estado de exceção*. Tradução do italiano para o português Iraci D. Poleti. São Paulo: Boitempo, 2005.

ANSCHÜTZ, Gerhard. Three guiding principles of the Weimar Constitution. *In:* JACOBSON, Arthur J.; SCHLINK, Bernhard (ed.). *Weimar*: a jurisprudence of crisis. Berkeley: University of California Press, 2002.

ANSCHÜTZ, Gerhard; THOMA, Richard. *Handbuch des deustschen Staatsrechts*. Tübingen: Mohr Siebeck, 1998.

ARENDT, Hannah. *Homens em tempos sombrios*. Tradução Ana Luísa Faria. Lisboa: Relógio D'Água, 1991.

BENDIX, Reinhard. *Max Weber:* an intelectual portrait. Berkeley: University of California Press, 1984.

BOERNER, Peter. *Goethe*. Tradução para o inglês Nancy Boerner. London: Haus Publishing, 2004.

BONA, Dominique. *Stefan Zweig: uma biografia*. Tradução do francês para o português Carlos Nougué e João Domenech Oneto. Rio de Janeiro: Record, 1999.

BONAVIDES, Paulo; ANDRADE, Paes. *História constitucional do Brasil*. Rio de Janeiro: Paz e Terra, 1991.

BRION, Marcel. *Viena nos tempos de Mozart e Schubert*. Tradução Márcia Vinci. São Paulo: Companhia das Letras, 1991.

BROD, Max. *Franz Kafka*: a biography. Tradução do francês para o português Gabriel Cohn. New York: Perseus Book, 1995.

BURROWS, John (ed.). *Classical music*. London: Penguin, 2005.

CALDWELL, Peter C. Richard Thoma. *In:* JACOBSON, Arthur J.; SCHLINK, Bernhard (ed.). *Weimar*: a jurisprudence of crisis. Berkeley: University of California Press, 2002.

CARNEIRO, Levi. *Pela nova Constituição*. Rio de Janeiro: A. Coelho Branco Filho Editor, 1936.

CITATI, Pietro. *Goethe*. Tradução Rosa Freire D'Aguiar. São Paulo: Companhia das Letras, 1996.

CLOYD, Stephen. Erich Kaufmann. *In:* JACOBSON, Arthur J.; SCHLINK, Bernhard (ed.). *Weimar*: a jurisprudence of crisis. Berkeley: University of California Press, 2002.

COHEN, David. *A fuga de Freud*. Tradução Clóvis Marques. Rio de Janeiro: Record, 2010.

CONOT, Robert E. *Justice at Nuremberg*. New York: Perseus Book, 2009.

CONZE, Werner; HENTSCHEL, Volker. *Deustsche Geschichte*. Freiburg: Verlag Ploetz, 1996.

DIGGINS, John Patrick. *Max Weber*: a política e o espírito da tragédia. Tradução para o português Liszt Vieira e Marcus Lessa. Rio de Janeiro: Record, 1999.

DUPEUX, Louis. *História cultural da Alemanha*. Tradução do francês para o português Elena Gaidano. Rio de Janeiro: Civilização Brasileira, 1992.

ELIAESON, Sven. Constitutional Caesarism: Weber's politics in their German context. *In*: TURNER, Stephen. *The Cambridge companion to Weber*. Cambridge: Cambridge University Press, 2000.

ELIAS, Norbert. *Mozart*: sociologia de um gênio. Tradução Sergio Goes de Paula. Rio de Janeiro: Zahar, 1995.

EVANS, Richard J. *The coming of the Third Reich*. London: Penguin Books, 2004.

FEBVRE, Lucien. *Martinho Lutero*: um destino. Tradução Dorothée de Bruchard. São Paulo: Três Estrelas, 2012.

FEST, Joachim. *Hitler*. Tradução do alemão para o inglês Richard e Clara Winstton. San Diego: Harvest Book, 1974.

FREUND, Julien. *Sociologia de Max Weber*. Tradução para o português Luís Cláudio de Castro e Costa. Rio de Janeiro: Forense Universitária, 2003.

FULBROOK, Mary. *A concise history of Germany*. Cambridge: Cambridge University Press, 2005.

GARCIA, Aprígio C. de Amorim. *A Constituição alemã de 11 de agosto de 1919*. Tradução e notas. Rio de Janeiro: [s. n.], 1924.

GAY, Peter. *Freud*: a life for our time. New York: W. W. Norton & Company, 1988.

GAY, Peter. *Mozart*. Tradução José Antonio Arantes. Rio de Janeiro: Objetiva, 1999.

GAY, Peter. *Weimar culture*: the outsider as insider. New York: W.W. Norton & Company, 2001.

GOLDENSOHN, Leon. *The Nuremberg interviews*. New York: Vintage Books, 2004.

GUETZÉVITCH, B. Mirkine. *As novas tendências do direito constitucional*. Tradução Cândido Motta Filho. São Paulo: Companhia Editora Nacional, 1933.

HAYMANN, Ronald. *Thomas Mann*. New York: Bloomsbury, 1995

HENIG, Ruth. *The Weimar Republic:* 1919-1933. London: Routledge, 1998.

HOBSBAWN, Eric. *Age of extremes*: the short twentieth century – 1914-1991. London: Abacus, 2000.

HERRERO, Montserrat. Estudio preliminar. *In:* SCHMITT, Carl. *Posiciones ante el derecho*. Tradução do alemão para o espanhol Montserrat Herrero. Madrid: Tecnos, 2012.

ISAACSON, Walter. *Einstein*: sua vida, seu universo. Tradução Celso Nogueira, Fernanda Ravagnani, Isa Mara Lando e Denise Pessoa. São Paulo: Companhia das Letras, 2007.

JONES, Ernest. *Vida e obra de Sigmund Freud*. Tradução Marco Aurélio de Moura Matos. Rio de Janeiro: Guanabara, 1979.

KÄSLER, Dirk. *Max Weber:* an introduction to his life and his work. Chicago: The University of Chicago Press, 1988.

KAUFMANN, Erich. On the problem of the people's will. *In:* JACOBSON, Arthur J.; SCHLINK, Bernhard (ed.). *Weimar*: a jurisprudence of crisis. Berkeley: University of California Press, 2002.

KELSEN, Hans. *Autobiografia*. Tradução Gabriel Nogueira Dias e de José Ignácio Coelho Mendes Neto. Rio de Janeiro: Forense Universitária, 2001.

KELSEN, Hans. *Jurisdição constitucional*. Tradução Alexandre Krug. São Paulo: Martins Fontes, 2003.

KENNEDY, Ellen. Introdução. *In*: SCHMITT, Carl. *The crisis of parliamentary democracy*. Tradução do alemão para o inglês Ellen Kennedy. Cambridge: The MIT Press, 1988.

KERSHAW, Ian. *Hitler*. Tradução Pedro Maia Soares. São Paulo: Companhia das Letras, 2010.

KERVÉGAN, Jean-François. *Qué hacemos con Carl Schmitt*. Tradução do francês para o espanhol Alejandro García Mayo. Madrid: Escolar y Mayo, 2013.

KITCHEN, Martin. *História da Alemanha moderna*: de 1800 aos dias de hoje. Tradução Cláudia Gerpe Duarte. São Paulo: Cultrix, 2013.

KITCHEN, Martin. *O Terceiro* Reich: carisma e comunidade. Tradução para o português Marcos Malvezzi. São Paulo: Madras, 2009.

KUEHN, Manfred. *Kant*: a biography. Cambridge: Cambridge University Press, 2002.

LESSA, Vicente Themudo. *Lutero*. Rio de Janeiro: Pallas, 1976.

LEVENSON, Thomas. *Einstein em Berlim*. Tradução S. Duarte. Rio de Janeiro: Objetiva, 2003.

LOMBARDI, Giorgio. *La polémica Schmitt-Kelsen*. Madrid: Tecnos, 2009.

LÖWY, Michael. *Franz Kafka*: sonhador insubmisso. Rio de Janeiro: Azougue, 2005.

MACEDO JR., Ronaldo Porto. *Carl Schmitt e a fundamentação do direito*. São Paulo: Saraiva, 2011.

MANN, Thomas. *Carlota em Weimar*. Tradução de *Lotte in Weimar* por Vera Mourão. Rio de Janeiro: Nova Fronteira, 2000.

MANN, Thomas. *Discursos contra Hitler*: ouvintes alemães!. Tradução Antonio Carlos dos Santos e Renato Zwick. Rio de Janeiro: Zahar, 2009.

MATOS, Olgária C. F. *Os arcanos do inteiramente outro*: a Escola de Frankfurt, a melancolia e a revolução. São Paulo: Brasiliense, 1989.

MARX, Karl. *O Dezoito Brumário de Louis Bonaparte*. Tradução Silvio Donizete Chagas. São Paulo: Centauro, 2000.

MOMMSEN, Theodor. *Disegno del diritto pubblico romano*. Tradução do alemão para o italiano P. Bonfante. Milano: CELUC, 1973.

MOTTA FILHO, Cândido. *Contagem regressiva*. Rio de Janeiro: José Olympio, 1972.

MOUFFE, Chantal (ed.). *The chalenge of Carl Schmitt*. London: Verso, 1999.

PAUCK, Wilhem; PAUCK, Marion. *Paul Tillich:* his life & thought. New York: Harper & Row. v. 1: Life.

PAULY, Walter. Gerhard Anschütz. *In:* JACOBSON, Arthur J.; SCHLINK, Bernhard (ed.). *Weimar*: a jurisprudence of crisis. Berkeley: University of California Press, 2002.

PERSICO, Joseph E. *Nuremberg*: infamy on trial. London: Penguin Books, 1994.

PINKARD, Terry. *German philosophy*: 1760-1860. The legacy of idealism. Cambridge: Cambridge University Press, 2002.

PINKARD, Terry. *Hegel*: a biography. Cambridge: Cambridge University Press, 2001.

POGGI, Gianfranco. *Weber:* a short introduction. Cambridge: Polity Press, 2006.

POLETTI, Ronaldo. *Constituições Brasileiras*. Brasília: Senado Federal, 2012. v. III: 1934.

POPPER, Karl R. *Búsqueda sin término*. Tradução do inglês para o espanhol Cármen Garcia Trevijano. Madrid: Tecnos, 2002.

POSCHER, Ralf. Heinrich Triepel. *In:* JACOBSON, Arthur J.; SCHLINK, Bernhard (ed.). *Weimar:* a jurisprudence of crisis. Berkeley: University of California Press, 2002.

PRATER, Donald. *Thomas Mann*: uma biografia. Tradução Luciano Trigo. Rio de Janeiro: Nova Fronteira, 2000.

PRIESTLAND, David. *A bandeira vermelha*: a história do comunismo. Tradução do inglês para o português Luis Gil Reyes. São Paulo: Leya, 2012.

RADKAU, Joachim. *Max Weber*: a biography. Cambridge, Polity Press, 2009.

RICHARD, Leonel. *A República de Weimar (1919-1933)*. Tradução do francês para o português Jônatas Batista Machado. São Paulo: Companhia das Letras: Círculo do Livro, 1988.

ROLLAND, Romain. *Vida de Beethoven*. São Paulo: Atena, 1957.

RÜTHERS, Bernd. *Carl Schmitt en el Tercer Reich*. Tradução Luis Villar Borda. Bogotá: Universidad Externado de Colombia, 2004.

RÜTHERS, Bernd. *Carl Schmitt im Dritten Reich*. München: Verlag C. H. Beck, 1990.

RÜTHERS, Bernd. *Entartetes Recht*: Rechtslehren und Kronjuristen im Dritten Reich. München: Verlag C. H. Beck, 1989.

SAFRANSKI, Rüdiger. *Martin Heidegger*: between good and evil. Tradução do alemão para o inglês Ewald Osers. Cambridge: Harvard University Press, 1999.

SAFRANSKI, Rüdiger. *Schopenhauer e os anos mais selvagens da filosofia.* Tradução do alemão para o português William Lagos. São Paulo: Geração Editorial, 2011.

SCHEUERMAN, William. *Carl Schmitt:* the end of law. Boulder: Rowman & Littlefield Publishers, 1999.

SCHMITT, Carl. *La dictatura:* desde los comienzos del pensamiento moderno de la soberanía hasta la lucha de clases proletaria. Tradução do alemão para o espanhol José Díaz García. Madrid: Alianza Editorial, 2007.

SCHMITT, Carl. *O guardião da Constituição.* Tradução Geraldo de Carvalho. Belo Horizonte: Del Rey, 2006.

SCHMITT, Carl. *Respuestas em Núremberg.* Madrid: Escolar y Mayo, 2016.

SCHMITT, Carl. *Teologia política.* Tradução Elisete Antoniuk. Belo Horizonte: Del Rey, 2006.

SCHMITT, Carl. *Teoría de la Constitución.* Tradução do alemão para o espanhol Francisco Ayala. Madrid: Alianza Editorial, 2011.

SCHMITT, Carl. *The crisis of parliamentary democracy.* Tradução do alemão para o inglês Ellen Kennedy. Cambridge: The MIT Press, 1988.

SCHOENBERGER, Cristoph. Hugo Preuss: introduction. *In:* JACOBSON, Arthur J.; SCHLINK, Bernhard (ed.). *Weimar*: a jurisprudence of crisis. Berkeley: University of California Press, 2002.

SHIRER, William L. *The rise and fall of the Third Reich.* Greenwich: Fawcett Crest Book, 1960.

SILVA, José Afonso da. *Curso de direito constitucional positivo.* São Paulo: RT, 1976.

SMEND, Rudolf. Constitution and constitutional law. *In:* JACOBSON, Arthur J.; SCHLINK, Bernhard (ed.). *Weimar:* a jurisprudence of crisis. Berkeley: University of California Press, 2002.

SOLOMON, Maynard. *Beethoven*: vida e obra. Tradução Álvaro Cabral. Rio de Janeiro: Jorge Zahar Editor, 1987.

SOSA WAGNER, Francisco. *Carl Schmitt y Ernst Forsthoff*: coincidencias y confidencias. Madrid: Marcial Pons, 2008.

SOSA WAGNER, Francisco. *Maestros alemanes del derecho público.* Madrid: Marcial Pons, 2005.

SPENGLER, Oswald. *A decadência do Ocidente*. Tradução Herbert Caro. Rio de Janeiro: Zahar, 1964.

SPIELVOGEL, Jackson J. *Hitler and Nazi Germany:* a history. New Jersey: Pearson, 2004.

STOLLEIS, Michael. *A history of public law in Germany:* 1914-1945. Oxford University Press, 2004.

STOLLEIS, Michael (ed.). *Juristen*: Ein Biographisches Lexikon von der Antike bis zum 20. Jahrhundert. München: Beck, 2001.

TAYLOR, A. J. P. *The course of German history*: a survey of the development of German history since 1815. London Routledge, 2001.

TAYLOR, Telford. *The anatomy of Nuremberg trials*. New York: Skyhorse, 2013.

THALMANN, Rita. *A República de Weimar.* Tradução Álvaro Cabral. Rio de Janeiro: Jorge Zahar Editor, 1988.

THOMA, Richard. On the ideology of parliamentarism. *In:* SCHMITT, Carl. *The crisis of parliamentary democracy.* Tradução do alemão para o inglês Ellen Kennedy. Cambridge: The MIT Press, 1988.

TOLAND, John. *Adolf Hitler.* New York: Anchor Books, 1992.

TURNER, Stephen. *The Cambridge companion to Weber.* Cambridge: Cambridge University Press, 2000.

VASCONCELOS, Arnaldo. *Teoria da norma jurídica.* São Paulo: Malheiros, 2002.

VON MISES, Ludwig. *Burocracy,* Indianapolis: Liberty Fund, 2007.

WAGNER, Richard. *Beethoven.* Tradução Hanna Hartmann Cavalcanti. Rio de Janeiro: Zahar, 2010.

WATSON, Peter. *The German genius*: Europe's Third Renaissance, the second scientific revolution and the twentieth century. London: Simon & Schuster, 2010.

WEBER, Marianne. *Max Weber:* a biography. Tradução do alemão para o inglês Harry Zohn. New Brunswick: Transaction Publishers, 2003.

WEBER, Max. *Economia e sociedade.* Tradução do alemão para o português Regis Barbosa e Karen Elsabe Barbosa. Brasília: Editora da UnB, 2000. v. 1.

WIGGERSHAUS, Rolf. *The Frankfurt School*: its history, theories, and political significance. Tradução do alemão para o inglês Michael Robertson. Cambridge: The MIT Press, 1998.

WISTRICH, Robert S. *Who's who in Nazi Germany.* London: Routledge, 2002.

WITTE, Bernd. *Walter Benjamin*: an intelectual biography. Tradução do alemão para o inglês James Rolleston. Detroit: Wayne, 1997.

A crise da democracia na época de Weimar e no século XXI*

FRANCISCO BALAGUER CALLEJÓN**

1. Introdução

No ano de 2019 celebramos o centenário da Constituição de Weimar, um texto constitucional, e também uma época histórica, que marcaram profundamente o desenvolvimento do constitucionalismo que hoje conhecemos. No período entre as guerras mundiais foram definidas as linha teóricas que dariam lugar à transição do Estado legal de Direito ao Estado constitucional de Direito, consolidado após a Segunda Guerra, singularmente com a Lei Fundamental de Bonn (que também aniversariou, completando setenta anos) e com a Constituição italiana de 1948 (cujo septuagésimo aniversário celebramos junto com o quadragésimo aniversário da Constituição espanhola de 1978 e o trigésimo aniversário da Constituição brasileira de 1988). Os grandes nomes que construíram a teoria constitucional do Estado na Alemanha e na Itália durante a época de Weimar engendrariam novos paradigmas, como a normatividade da Constituição ou o Estado Social, que se encontram na base dos grandes pactos que iluminaram o constitucionalismo, e nos quais se inspiram

---

* Traduzido do castelhano por Hugo César Araújo de Gusmão.
** Catedrático de Direito Constitucional da Universidade de Granada e Catedrático Jean Monnet *ad personam*.

muitos sistemas constitucionais na Europa e no mundo como um todo. Figuras como Hans Kelsen ou Hermann Heller, mas também Rudolf Smend, Santi Romano ou Costantino Mortati, abririam espaços de debate e reflexão sobre o profundo sentido da Constituição e sobre a própria essência da democracia[1].

Foram tempos nos quais a tensão política manifestou-se como luta pela soberania, para obter o poder absoluto do Estado a fim de impor o domínio ilimitado da maioria. Essa peculiaridade da época é o que permite caracterizá-la, do ponto de vista constitucional, como um período de "constitucionalismo antagônico". A abertura do processo político, com ampliação do sufrágio, superando as limitações de sua manifestação censitária, típica do primeiro constitucionalismo, expressar-se-á por meio de uma confrontação radical entre setores que percebem a democracia como um modo de galgar o poder a fim de impor seu ideário sobre o conjunto da sociedade. As consequências dessa forma de entender a política são conhecidas e o retrocesso civilizatório, marcado pelo advento do facismo e do nazismo e sua chegada ao poder, continua sendo hoje uma advertência para aqueles grupos que concebem a política como a vontade incondicional da maioria governante. Por essa razão, para além da celebração do significado da Constituição de Weimar para o avanço do constitucionalismo (em muitos âmbitos, porém especialmente no dos direitos sociais), o período de Weimar continua figurando na memória como uma oportunidade perdida devido à incapacidade da Constituição e da sociedade, em seu conjunto, de fazer frente à barbárie.

2. As condições históricas da Constituição de Weimar

A Constituição de Weimar representou a consequência não desejada de uma derrota inesperada na Guerra e, portanto, a necessidade de reconfigurar um regime político em condições muito

---

1 Cf., sobre essas questões, Francisco Balaguer Callejón, La teoria delle fonti del diritto nello Stato costituzionale, no prelo nos *Scritti in onore di Antonio Ruggeri*.

desfaforáveis[2]. As pressões internacionais determinaram algumas opções constituintes e produziram um entorno hostil à própria Constituição, o que se agravou com as crises econômicas que se abateram sobre a sociedade alemã durante aquele período com o pagamento das reparações da Primeira Guerra.

Apesar disso, a Constituição contém contribuições interessantes que atendem à tentativa de dar resposta aos problemas da época. No contexto alemão, a Constituição de Weimar incorpora uma combinação de poderes que almeja o equilíbrio, compensando as amplas potestades do Parlamento com a atribuição de poderes especiais ao presidente da República[3], assim como com mecanismos de democracia direta. Ao mesmo tempo inclui uma vertente social que atende a uma específica tradição germânica, contendo, porém, novos desdobramentos, na trilha da Constituição do México de 2017. No contexto europeu, a Constituição contribui com esse conteúdo social e laboral em relação aos direitos, e incorpora ao constitucionalismo europeu o germe do que depois seria compreendido como Estado social e democrático de Direito.

Não obstante, a crise de Weimar ver-se-ia impulsionada por diversos fatores. Em primeiro lugar, fatores exógenos, como o fato de a Constituição ter um competidor muito importante no Tratado de Versalhes, repleto de disposições concretas que afetavam diretamente o povo alemão, muito mais do que as próprias disposições

---

2   Conforme indica A. Wirsching, a derrota veio de improviso, sem que tivesse existido previamente, na Alemanha, uma convicção estendida de que a guerra fosse ser perdida, o que gerou na cultura política da Alemanha um déficit de consciência da realidade. O resultado é que à República de Weimar foi atribuído o peso da derrota enquanto no campo conservador mantinha-se a lembrança da Alemanha imperial no esplendor de sua grandeza nacional. Cf. WIRSCHING, Andreas. *Die Weimarer Republik*: Politik und Gesellschaft, versão italiana, *Weimar, cent'anni dopo*: la storia e l'eredità. Bilancio di un'esperienza controversa. Roma: Donzelli Editore, 2019. p. 19-20.

3   Cf. ESTEVE PARDO, José. *El pensamiento antiparlamentario y la formación del derecho público en Europa*. Madrid: Marcial Pons, 2019. p. 15 e 31.

constitucionais de Weimar[4]. O Tratado de Versalhes configurar-se-ia, assim, em grande medida, como a "antiConstituição" de Weimar, porém com uma dimensão mais prática, tangível e efetiva do que a própria Constituição. O Tratado seria o elemento propulsor do nacional-socialismo, e, como indica Andreas Wirsching, cada vez que se produzia alguma tensão na Alemanha, como consequência da aplicação do Tratado, aumentava a projeção dos nacionalistas radicais[5].

Também houve fatores endógenos que favoreceram a crise de Weimar. A própria organização interna do poder, por mais que em geral se possa valorar positivamente ao favorecer o equilíbrio de poderes, finalmente não resultou positiva na dinâmica política da época. Igualmente, teve sua importância a escassa relevância dos *Länder* na Constituição, com um federalismo débil[6], que impediu um contrapeso do poder como ocorre atualmente na República Federal.

Em todo caso, as tensões políticas e sociais da época decidiram o destino de uma Constituição que nada podia fazer ante os enfrentamentos radicais que converteram a Alemanha num campo de batalha, como consequência da sucessão de crises econômicas e da debilidade de um Estado que surgira de uma derrota bélica, e que não logrou adaptar suas estruturas à nova ordem constitucional.

3. AS SEMELHANÇAS COM A ÉPOCA ATUAL. CONTEXTO INTERNACIONAL E CRISE ECONÔMICA

As condições nas quais se desenvolvem os processos políticos atuais nos conduzem ao período de Weimar. Em primeiro lugar em razão da crise econômica de base e, em segundo lugar, em decorrência da fragmentação e radicalização progressiva da sociedade.

---

4 Cf. RÜRUP, Reinhard. *Génesis y fundamentos de la Constitución de Weimar. Ayer*, n. 5, 1992. p. 125.
5 Cf. WIRSCHING, Andreas. *Weimar, cent'anni dopo,* cit., p. 39.
6 Como indica José Esteve, na Constituição de Weimar deu-se uma acentuada tendência à concentração do poder em órgãos da Federação. Cf. ESTEVE Pardo, José. *El pensamiento antiparlamentario y la formación del derecho público en Europa,* cit., p. 30.

Hodiernamente já não se fala do Tratado de Versalhes, e sim de um desenvolvimento acelerado da globalização, aquilo que limita a ação estatal e incide de maneira muito intensa na ordenação econômica, provocando transformações importantes dos setores produtivos e um mal-estar social muito generalizado. De alguma maneira, a imagem do Tratado de Versalhes como "antiConstituição" poderia se trasladar, em parte, à globalização, na medida em que esta mina econômica, cultural e politicamente os pilares sobre os quais foram construídas as constituições normativas.

Essas condições de crise, unidas ao agravamento da tensão e radicalização, promovidas nos processos comunicativos pelas grandes companhias tecnológicas de alcance global, estão dando ensejo à gradual implantação de um conceito de democracia incompatível com a ideia de democracia pluralista e constitucional, o que implica um retrocesso em nossa cultura constitucional[7]. A ideia de uma democracia que atende à vontade única do "povo" monopolizada por determinados movimentos políticos, a expulsão simbólica da comunidade política daqueles que não defendem as mesmas ideias, a contradição que se faz entre democracia e direito, questionando qualquer limitação jurídica ao poder político e outras muitas características que vemos cotidianamente nos processos políticos de muitos países europeus, evidenciam que a democracia pluralista e constitucional está sofrendo um grave desgaste que pode dar lugar a um retrocesso democrático.

4. As diferenças em relação à época atual. Globalização, integração supranacional e normatividade da Constituição

Há muitas lições passíveis de serem extraídas de Weimar para nosso tempo, porém também cabe levar em consideração que as

---

[7] Cf. BALAGUER CALLEJÓN, Francisco. Redes sociales, compañías tecnológicas y democracia. *Revista de Derecho Constitucional Europeo*, n. 32, Julio-Diciembre de 2019. Disponível em: https://www.ugr.es/~redce/REDCE32/articulos/04_F_BALAGUER.htm. Versão portuguesa, no prelo atualmente no Brasil.

condições históricas diferem muito. Há, no mínimo, três fatores que distinguem essencialmente o contexto sobre o qual os novos movimentos reacionários atuam daquele verificado na época de Weimar. O primeiro deles tem a ver com a globalização e a debilidade crescente do Estado, cada vez mais submetido a agentes globais que não pode controlar e que acabam, em grande medida, determinando suas políticas. O segundo tem a ver com a integração supranacional (no caso dos países europeus), que incorpora limites à atividade estatal, protegendo os valores democráticos, por mais que essa proteção não tenha sido tão eficaz quanto seria desejável até o presente momento. O terceiro tem relação com a configuração interna da ordem constitucional por meio de constituições normativas que estabelecem limites jurisdicionais ao poder do Estado, limites estes que não existiam (embora estivessem surgindo em alguns países) na época de Weimar.

O primeiro dos fatores destacados indica que o Estado nacional perdeu grande parte de seu poder político neste tempo de globalização, o que determina que a conquista do poder do Estado não implica, agora, a possibilidade de estabelecer um regime totalitário. Os agentes financeiros globais limitam as grandes opções econômicas do Estado e, portanto, a ação dos governos. Do mesmo modo, as companhias tecnológicas globais incidem na comunicação política e nos processos democráticos, condicionando também as opções políticas do Estado[8]. Poderíamos afirmar que, enquanto o período de Weimar refletiu a crise do Estado liberal, a época atual reflete a crise do Estado como tal, do Estado *tout court* sem adjetivos. Essa é uma diferença importante em relação à época de Weimar porque as possibilidades de ação política por parte das maiorias no poder são, agora, mais limitadas.

As limitações não derivam apenas do avanço da globalização no plano externo, mas também dos processos de integração supranacional quando alcançam um nível importante de desenvolvi-

---

8 Cf. BALAGUER CALLEJÓN, Francisco. As duas grandes crises do constitucionalismo diante da globalização no século XXI. *Espaço Jurídico Journal of Law [EJJL]*, 19(3), p. 681-702, 2018. Disponível em: https://portalperiodicos.unoesc.edu.br/espacojuridico/article/view/20205.

mento, como é o caso da Europa. A integração europeia continua sendo, apesar de não lograr a efetividade necessária, uma garantia diante de retrocessos democráticos dos Estados membros[9]. Não é fruto do azar que os movimentos eurocéticos costumem ser, ao mesmo tempo, aqueles que representam mais fielmente estas tendências retrógradas do ponto de vista constitucional. Com todos os reparos que possam ser feitos à União Europeia, o projeto de integração tem sido historicamente um instrumento de limitação da soberania estatal, gerando um novo nível na divisão de poderes e no controle do poder. Esse nível supranacional de controle, apesar das deficiências demonstradas nos últimos anos em relação aos países com governos de tendência não liberal, inspira-se nos valores e princípios do patrimônio constitucional europeu, contra os quais tais tendências sempre lutaram por suscitar, tais valores e princípios, limites à vontade incondicionada da maioria parlamentar que defendem. Dessa perspectiva, preservar o projeto europeu contribui para preservar também o patrimônio constitucional europeu.

Porém, as limitações ao poder do Estado não procedem somente do exterior, mas também manifestam uma vertente interna derivada do desenvolvimento do constitucionalismo pós-Segunda Guerra Mundial, como consequência precisamente da experiência negativa do período de Weimar e da implantação das novas constituições normativas. As constituições normativas aprenderiam dessa trágica experiência histórica e refundariam o constitucionalismo sobre novas bases.

Esses limites externos e internos supõem um importante freio a um desenvolvimento no sentido totalitário da crise democrática. No entanto, não se pode deixar de destacar que têm um alcance e um valor muito distinto do ponto de vista da democracia e do constitucionalismo. Aqueles que derivam da globalização contribuem para debilitar também a própria Constituição e a democracia, ao mesmo

---

9   Cf. BALAGUER CALLEJÓN, Francisco. A divisão territorial do poder num contexto supranacional: o exemplo da Espanha na União Europeia. *In:* TAVARES, André Ramos; SARLET, Ingo Wolfgang; LEITE, George Salomão (ed.). *Estado constitucional e organização do poder*. São Paulo: Saraiva, 2010.

tempo que limitam o poder do Estado. Os que partem da integração supranacional contribuem para garantir a democracia interna dos Estados, porém a partir de uma estrutura institucional que, paradoxalmente, não é ainda plenamente democrática. Por seu turno, os derivados da normatividade da Constituição e da democracia constitucional, estabelecida nas constituições internas dos Estados, inserem-se, desafortunadamente, numa crescente tendência à marginalização da Constituição, derivada do processo de globalização e do crescente poder dos grandes agentes financeiros e tecnológicos globais.

5. A VERTENTE RETÓRICA DA CRISE DEMOCRÁTICA

Apesar de os limites antes enunciados dificultarem um retrocesso democrático estrutural que implique, como na época de Weimar, a implantação de regimes totalitários, os avanços sociais consolidados sob o regime constitucional encontram-se, agora, em risco em muitos países. Em alguns deles assim já figuravam antes do Brexit e das eleições presidenciais norte-americanas de 2016. Noutros, desenvolveram-se novas tendências não liberais com uma presença variável no espaço público. Países com uma tradição constitucional relevante estão governados atualmente por movimentos políticos que não respeitam os direitos das minorias, promovem atitudes xenófobas ou racistas, almejam reverter os avanços em matéria de igualdade, em especial igualdade de gênero, e se consideram legitimados pelo voto popular para impor seu programa político sem limitações jurídicas ou constitucionais. É justamente a pressão sobre o Poder Judiciário ou sobre a jurisdição constitucional o que resulta mais característico dessas tendências políticas. A apelação direta ao "povo" ou à "nação" e a confrontação permanente com o Estado de Direito de uma pretendida "democracia" que se justifica por meio desses referentes, inclusive quando nem sequer se tem a maioria do voto popular, é uma constante nesses movimentos[10].

---

10 No mais, conforme indica Alessandro Morelli, trata-se de um povo do qual se predica uma superioridade moral em relação a todos aqueles que, para os populistas, por diversas razões, não compõem o povo. Cf. MORELLI,

O olhar se volta, inevitavelmente, a Weimar quando testemunhamos tais tendências em voga no mundo inteiro com o reforço massivo e intencional de grandes agentes globais, através das redes sociais e por meio de falsificação de notícias e utilização de perfis falsos e de processos automatizados para gerar climas de opinião. Por outro lado, o contexto atual e o de Weimar são muito diferentes. A dificuldade que tais grupos experimentam para levar a cabo seus programas políticos tem a ver justamente com as transformações históricas ocorridas nos últimos cem anos. Os fascismos da época de Weimar pleiteavam a conquista do poder do Estado, que continuava sendo, àquela altura, um centro concreto de poder e ante o qual se apresentavam como alternativa global diante de outros movimentos sociais e políticos. As bandeiras, os hinos próprios, os uniformes inclusive, representavam a manifestação de uma vocação de ordenação total da vida social que era possível dentro de um Estado nacional concentrador do poder político, social e econômico.

Dentre os condicionantes globais, supranacionais e constitucionais que, conforme indicamos, limitam o poder estatal, talvez o mais importante seja a globalização. Os agentes globais e a dinâmica da globalização situam-se mais além das capacidades do Estado, e sugerem uma limitação estrutural de sua "soberania" que não é recuperável com sua mera vontade. Que a integração europeia representa um limite igualmente consistente é algo que o próprio "Brexit"[11] demonstra, o único exemplo até o momento de tentativa de recuperação da "soberania" estatal perante a União Europeia e que, até agora, só descortinou uma soma de calamidades a seus instigadores.

Alessandro. El reduccionismo populista y sus efectos en la representación política y en la jurisdicción. *Revista de Derecho Constitucional Europeo*, n. 31, enero-junio de 2019. Disponível em: https://www.ugr.es/~redce/REDCE31/articulos/05_MORELLI.htm.

11 Cf. BALAGUER CALLEJÓN, Francisco. La Unión Europea frente al Brexit y otros procesos disgregadores en el contexto global. *In*: BALAGUER CALLEJÓN, Francisco; TUDELA ARANDA, José (coord.). *Perspectivas actuales del proceso de integración europea*. Madrid: Marcial Pons, 2019.

No que tange aos limites internos derivados do desenvolvimento civilizatório representado pelas constituições normativas, a eficácia dependerá, em grande medida, da própria sociedade e do grau de consciência que tenha alcançado em relação à importância de preservar um modelo de convivência que possibilitou o bem-estar e a paz aos países europeus até o presente momento. Em última análise, da responsabilidade da coletividade depende que esses movimentos passem à história sem afetar os fundamentos do constitucionalismo ou que continuem se aprofundando.

Por agora, o desenvolvimento de tais tendências regressivas, do ponto de vista da democracia pluralista, parece muito condicionado pelas limitações globais e supranacionais, razão pela qual produz basicamente um discurso agressivo sem conteúdo concreto, que só enseja mal-estar e instabilidade. Com efeito, uma grande parte da tensão política de nossa época, à diferença da de Weimar, está artificialmente alimentada e se move muito mais num terreno retórico do que num contexto apto a provocar danos irreversíveis ao sistema democrático. Esses movimentos estão produzindo uma narrativa ofensiva e antidemocrática que, até o momento, é incapaz de articular, na prática, uma transformação estrutural retrógrada do sistema constitucional.

Contudo, tampouco se pode ignorar que se trate de movimentos alimentados por agentes globais, que se situam fora do controle do Estado e, inclusive, das instâncias supranacionais, o que enseja uma inevitável inquietação do ponto de vista constitucional. Essa retórica "retrógrada" não deve ser subestimada porquanto implica um retrocesso cultural e civilizatório em relação aos valores constitucionais, e também pelo impacto sobre os direitos das minorias e dos imigrantes, grupos nos quais se concentram seus ataques. É também relevante pela instabilidade que gera e porque contribui para debilitar o Estado perante os grandes agentes globais, financeiros e tecnológicos, bloqueando a política e dificultando o controle desses agentes. Em última análise, debilita também a legitimidade do constitucionalismo, contribuindo para a crise da democracia e da Constituição no século XXI em face dos grandes agentes de legitimação da globalização, o econômico e o tecnológico.

6. Crise de legitimidade na época de Weimar e no século XXI

A crise da época de Weimar manifestou-se no debate doutrinário, nascido na Alemanha e também na Itália, sobre a legitimidade da Constituição. Expressão dessa crise será a tentativa de encontrar a fonte última de legitimação do ordenamento, o que dará ensejo a distintas teorias. A crise do Estado liberal conduz à necessidade de buscar novos fundamentos para a ordem constitucional, e os grandes autores da época constroem sistemas conceituais a partir dos quais se pleiteia a reconstrução da unidade[12]. Entre ele os de Kelsen[13], Schmitt[14]

---

12 Como indica Leonardo Álvarez, "durante el constitucionalismo de Weimar comenzó a desarrollarse con fuerza un estudio metapositivo de la Constitución, intentando reconstruir teóricamente una unidad política que el resultado poliédrico final de la Constitución de Weimar no había permitido reflejar". ÁLVAREZ ÁLVAREZ, Leonardo. La Constituição de Weimar ¿Una república sin republicanos?. *Historia Constitucional*, n. 12, 2011. p. 454.

13 KELSEN, Hans. *Reine Rechtslehre*. 2. ed., de 1960. Wien: Verlag Franz Deuticke, reimpressão de 1967. Cf., sobre a relação entre Kelsen e Schmitt, DE MIGUEL BÁRCENA, Josu; TAJADURA TEJADA, Javier. *Kelsen versus Schmitt: política y derecho en la crisis del constitucionalismo*. Madrid: Guillermo Escolar Editor, 2018.

14 SCHMITT, Carl. *Verfassungslehre* (1928). Berlin: Duncker & Humblot, 2017. No que se refere a Schmitt, Francisco Ayala ressalta, na apresentação da tradução ao castelhano da *Verfassungslehre* que ele fez em 1934, essa tensão entre unidade e heterogeneidade que se dá entre as hipóteses do Estado nacional herdadas da Monarquia absoluta e o pluralismo ao qual se abre a democracia liberal: "El Estado constitucional necesita contar con los supuestos creados por la Monarquía para la Nación; pero, a consequencia del conjunto de derechos y libertades en que el régimen liberal consiste, ha de renunciar a toda clase de medios coactivos para mantener y restaurar aquellos supuestos; ha de consentir que crezcan y prosperen todas las tendencias dirigidas a quebrar la homogeneidad nacional", daí a teoria da *decisão política fundamental* de Schmitt, que não é outra coisa que não a incorporação ao Estado liberal democrático da vocação homogeneizadora da Monarquia absoluta: "Debajo del Estado de Derecho duerme, en efecto, la Monarquía" dirá Ayala. Cf. AYALA, Francisco. "Presentación" a Carl Schmitt *Teoría de la Constitución*. Cito pela edição de Alianza Editorial, Madrid, 1996, p. 14 e s.

ou Mortati[15] se destacaram especialmente. A norma fundamental, a decisão fundamental ou a Constituição material respondem a essa pretensão legitimadora e unitária, sendo o paradigma kelseniano aquele que inspirará as constituições normativas e o Estado constitucional de Direito.

No contexto da globalização também surgiram novos discursos relativos à maior densidade constitucional do direito internacional[16] ou à situação de pluralismo constitucional[17], própria do direito internacional da integração supranacional. Entre eles destaca-se especialmente a abordagem de Peter Häberle sobre as constituições parciais, que expressam uma realidade constitucional complexa, como aquela do processo de integração europeia. Uma teoria que se encontra na base de outros tantos desdobramentos doutrinários[18].

Certamente os problemas de legitimidade de nosso tempo não se limitam ao âmbito do Estado e aos conflitos produzidos em seu interior, como ocorreu na época de Weimar[19]. Não se trata agora de

---

Sobre Carl Schmitt, cf. GOMEZ ORFANEL, Germán. *Excepción y normalidad en el pensamiento de Carl Schmitt*. Madrid: CEPC, 1986.

15 MORTATI, Costantino. *La Costituzione in senso materiale* (1940). Milano: Giuffrè, 1998. Sobre la relación entre Mortati y Kelsen, cf. BALAGUER CALLEJÓN, Francisco. Potere costituente e limiti alla revisione costituzionale visti dalla Spagna. *In*: LACHESTER, Fulco (a cura di). *Costantino Mortati*: potere costituente e limiti alla revisione costituzionale. Padova: Cedam, 2017. p. 85-112.

16 Cf., sobre esse debate, HÄBERLE, Peter. El constitucionalismo universal desde las constituciones parciales nacionales e internacionales. Siete Tesis. *Direito Público*, n. 54. Nov.-Dic. 2013. Disponível em: https://www.portaldeperiodicos.idp.edu.br/direitopublico/article/view/2363/1219.

17 Cf. MacCORMIC, Neil. The Maastricht Urteil: sovereignty now. *European Law Journal*, v. I, n. 3, p. 259-266, November 1995.

18 Cf. HÄBERLE, Peter. Europa: eine Verfassungsgemeinschaft?. *In:* HÄBERLE, Peter. *Europäische Verfassungslehre in Einzelstudien*. Baden-Baden: Nomos Verlagsgesellschaft, 1999. p. 84 e s.

19 Na verdade, conforme bem afirma Eloy García referindo-se a Schmitt, "las preguntas que encierra la reflexión constitucional de Schmitt se sitúan en el contexto de la crisis que a lo largo de todo el siglo XX ha venido enfrentando a dos ideologías adversarias. Mientras el actual momento post-

reformular a ordem constitucional do Estado liberal, pois o que está em crise é o Estado como tal e não somente um modelo específico de Estado.

Nessas condições a crise de legitimidade está se estendendo para a própria Constituição, que se vê incapaz de afrontar, no limitado âmbito estatal no qual intervém, os grandes fatores de legitimação do século XXI, que têm alcance global: a economia e a tecnologia. Dois fatores de legitimação que se desvincularam de sua relação histórica com o constitucionalismo moderno e começaram a se colocar como alternativas de progresso em face da Constituição[20]. Esta se se vê marginalizada no espaço público, incapaz de responder à transformação das pautas culturais derivada dos impulsos tecnológicos e econômicos.

A possibilidade de estabelecer novos paradigmas que afrontem essa crescente perda de legitimidade se dificulta pelo fato de que a Constituição tem um âmbito natural, limitado às fronteiras estatais, que não corresponde à realidade dos fatores de poder que atuam agora no âmbito global. A mesma debilidade do Estado que faz com que os riscos para a democracia e a paz social sejam hoje muito menores que na época de Weimar provoca também, como faceta negativa, a debilidade da Constituição e o declínio da cultura constitucional. Nessas condições, a retórica populista[21] e radical que ora

---

histórico parece responder más bien a un proceso de declive, de decadencia de nuestros principios, nuestras técnicas sociales, y en definitiva de la manera de comprender el mundo que arranca de la Ilustración". GARCÍA, Eloy. Carl Schmitt y la cultura política post-histórica: una hipótesis acerca de la renaissance anglosajona de Schmitt. *Historia Constitucional*, n. 14, 2013. p. 532.

20   Cf. BALAGUER CALLEJÓN, Francisco. Constitution, démocratie et mondialisation: la légitimité de la Constitution face à la crise économique et aux réseaux sociaux. In: *Mélanges en l'honneur du Professeur Dominique Rousseau. Constitution, justice, démocratie*. Paris: LGDJ, 2020.

21   Em relação ao populismo tem toda razão Peter Häberle quando afirma: "Me niego a regalarle la palabra *populus* a los populistas. Pensemos en Cicerón y su *res publica, res populis*, en los romanos con su *senatus populus romanus*, en el no menos famoso *we the people*, en la inscripción del Rei-

se estende em muitos países juntamente com fenômenos como as *fake news*, a chamada "pós-verdade", e outros semelhantes, são expressão de um retrocesso democrático que conduz a uma democracia de baixíssima qualidade.

Revitalizar a democracia e a Constituição requer uma reconfiguração do constitucionalismo, já não em relação exclusivamente ao Estado, como na época de Weimar, e sim no plano do controle do poder que hoje se exercita pelos grandes agentes globais fora do Estado, porém sobre o Estado e a sociedade. Apesar de sua crescente debilidade, o Estado e a Constituição ainda têm muito que dizer em suas funções de mediadores entre as instâncias globais e a coletividade, especialmente ali onde não existam instâncias supranacionais ou não logrem estas complementar tal função de mediação.

7. Conclusões

A Constituição de Weimar, apesar de suas inegáveis qualidades, inaugurou um período convulsivo na história alemã e mundial, devido às condições históricas da época, com a crise do Estado liberal, que, na Alemanha, eram especialmente adversas em decorrência das crises econômicas sobrevindas no mesmo período, e a pressão internacional constante, como "antiConstituição", do Tratado de Versalhes. A estabilidade iniciada com as constituições normativas depois da Segunda Guerra Mundial manteve-se durante o meio século seguinte, evidenciando um progresso civilizatório. O constitucionalismo trará um modelo de convivência baseado no consenso fundamental em torno das variáveis democrática, social e normativa da Constituição. Os grandes pactos constitucionais possibilitaram que a Constituição cumprisse suas funções essenciais: a garantia dos direitos, o controle do poder e a

---

chstag'el pueblo alemán', en el hecho de que, en la mayoría de los Estados, se considere que el poder judicial se expresa 'en nombre del pueblo'" (HÄBERLE, Peter. El constitucionalismo como proyecto científico. *Revista de Derecho Constitucional Europeo*, n. 29, Enero-Junio de 2018. Disponível em: https://www.ugr.es/~redce/REDCE29/articulos/04_HABERLE.htm).

canalização dos conflitos sociais por meio do Direito. Superou-se assim o antagonismo radical do período de Weimar e a concepção da democracia baseada na vontade sem limites da maioria, sem controles jurídicos de natureza constitucional.

Porém, no século XXI esse antagonismo radical retornará com o desenvolvimento de movimentos populistas e antiliberais, que propugnam um retrocesso democrático baseado na vontade soberana da maioria. Tais movimentos consideram-se representativos do "povo", identificado novamente como coletividade homogênea à qual não pertencem os que não compartilham seu ideário. Essas tendências nos fazem voltar os olhos a Weimar, com a inevitável inquietação de que se replique, de alguma forma, a terrível conformação histórica que teve lugar na República Alemã. No entanto, as condições históricas mudaram essencialmente no contexto da globalização, com o avanço de grandes agentes globais que, no plano econômico ou no tecnológico, ocupam agora as principais posições de poder antes exercitadas pelo Estado, no contexto constitucional. Sob essas novas condições históricas, a lógica econômica e tecnológica, externa ao Estado, impõe-se sobre a política e determina a capacidade de ação das maiorias governantes.

Em comparação com a época de Weimar, os movimentos reacionários que hoje podem ocupar o poder enfrentam uma série de limites no plano interno, derivados do próprio desenvolvimento histórico do constitucionalismo, como a normatividade da Constituição e a jurisdição constitucional. A tais condicionantes internos unem-se, na Europa, os derivados da integração supranacional que suscitam uma nova dimensão da divisão de poderes e uma garantia adicional da democracia nos Estados membros (embora não esteja funcionando com a efetividade desejada). Por último, a globalização impõe sua própria lógica, gerando uma crescente debilidade do poder estatal ante os agentes globais. Todas essas novas condições históricas dão como resultado a constatação de que grande parte do perigo de retrocesso, que tais movimentos trazem consigo, dissolve-se numa retórica agressiva e antidemocrática incapaz de articular, na prática, uma transformação estrutural e regressiva do sistema constitucional.

Essa retórica retrógrada não deve ser subestimada, no entanto. Não somente por implicar retrocesso cultural e civilizatório em relação aos valores constitucionais, mas também pelo que possa produzir, e está produzindo, de impacto nos direitos das minorias e dos imigrantes, grupos nos quais se concentram seus ataques. É também importante pela instabilidade que enseja e porque contribui para debilitar o Estado em face dos grandes agentes globais, financeiros e tecnológicos, bloqueando a política e dificultando o controle de tais agentes. Em última análise, enfraquece também a legitimidade do constitucionalismo, contribuindo para a crise da democracia e da Constituição no século XXI perante os grandes agentes de legitimação da globalização: o econômico e o tecnológico.

Revitalizar a democracia e a Constituição requer uma reconfiguração do constitucionalismo, já não em relação exclusivamente ao Estado, como no período de Weimar, e sim em relação ao controle do poder que hoje é exercitado pelos grandes agentes globais fora do Estado, porém sobre este e a sociedade. Apesar de sua crescente debilidade, o Estado e a Constituição têm ainda muito que dizer em sua função de mediadores entre as instâncias globais e a coletividade, especialmente ali onde as instâncias supranacionais não existam ou não logrem complementar tal função mediadora.

Referências

ÁLVAREZ ÁLVAREZ, Leonardo. La Constituição de Weimar ¿Una república sin republicanos?. *Historia Constitucional*, n. 12, 2011.

BALAGUER CALLEJÓN, Francisco. A divisão territorial do poder num contexto supranacional: o exemplo da Espanha na União Europeia. *In*: TAVARES, André Ramos; SARLET, Ingo Wolfgang; LEITE, George Salomão (ed.). *Estado constitucional e organização do poder*. São Paulo: Saraiva, 2010.

BALAGUER CALLEJÓN, Francisco. As duas grandes crises do constitucionalismo diante da globalização no século XXI. *Espaço Jurídico Journal of Law [EJJL]*, 19(3), p. 681-702, 2018.

BALAGUER CALLEJÓN, Francisco. Constitution, démocratie et mondialisation: la légitimité de la Constitution face à la crise économique et aux réseaux sociaux.

In: *Mélanges en l'honneur du Professeur Dominique Rousseau. Constitution, justice, démocratie*. Paris: LGDJ, 2020.

BALAGUER CALLEJÓN, Francisco. La Unión Europea frente al Brexit y otros procesos disgregadores en el contexto global. *In:* BALAGUER CALLEJÓN, Francisco; TUDELA ARANDA, José (coord.). *Perspectivas actuales del proceso de integración europea*. Madrid: Marcial Pons, 2019.

BALAGUER CALLEJÓN, Francisco. Redes sociales, compañías tecnológicas y democracia. *Revista de Derecho Constitucional Europeo*, n. 32, Julio-Diciembre de 2019. Disponível em: https://www.ugr.es/~redce/REDCE32/articulos/04_F_BALAGUER.htm.

DE MIGUEL BÁRCENA, Josu; TAJADURA TEJADA, Javier. *Kelsen versus Schmitt*: política y derecho en la crisis del constitucionalismo. Madrid: Guillermo Escolar Editor, 2018.

ESTEVE Pardo, José. *El pensamiento antiparlamentario y la formación del derecho público en Europa*. Madrid: Marcial Pons, 2019.

GARCÍA, Eloy. Carl Schmitt y la cultura política post-histórica: una hipótesis acerca de la renaissance anglosajona de Schmitt. *Historia Constitucional*, n. 14, 2013.

GOMEZ ORFANEL, Germán. *Excepción y normalidad en el pensamiento de Carl Schmitt*. Madrid: CEPC, 1986.

HÄBERLE, Peter. El constitucionalismo como proyecto científico. *Revista de Derecho Constitucional Europeo*, n. 29, Enero-Junio de 2018. Disponível em: https://www.ugr.es/~redce/REDCE29/articulos/04_HABERLE.htm.

HÄBERLE, Peter. El constitucionalismo universal desde las constituciones parciales nacionales e internacionales. Siete Tesis. *Direito Público*, n. 54. Nov.-Dic. 2013. Disponível em: https://www.portaldeperiodicos.idp.edu.br/direitopublico/article/view/2363/1219.

HÄBERLE, Peter. Europa: eine Verfassungsgemeinschaft?. *In:* HÄBERLE, Peter. *Europäische Verfassungslehre in Einzelstudien*. Baden-Baden: Nomos Verlagsgesellschaft, 1999.

KELSEN, Hans. *Reine Rechtslehre*. 2. ed., de 1960. Wien: Verlag Franz Deuticke, reimpressão de 1967.

MacCORMIC, Neil. The Maastricht Urteil: sovereignty now. *European Law Journal*, v. I, n. 3, p. 259-266, November 1995.

MORELLI, Alessandro. El reduccionismo populista y sus efectos en la representación política y en la jurisdicción. *Revista de Derecho Constitucional Europeo*, n. 31, enero-junio de 2019. Disponível em: https://www.ugr.es/~redce/REDCE31/articulos/05_MORELLI.htm.

MORTATI, Costantino. *La Costituzione in senso materiale* (1940). Milano: Giuffrè, 1998.

RÜRUP, Reinhard. Génesis y fundamentos de la Constitución de Weimar. *Ayer*, n. 5, 1992.

SCHMITT, Carl. *Verfassungslehre* (1928). Berlin: Duncker & Humblot, 2017.

Wirsching, Andreas. *Weimar, cent'anni dopo*: la storia e l'eredità. Bilancio di un'esperienza controversa. Roma: Donzelli Editore, 2019.

O conceito da democracia na Constituição de Weimar*

GERTRUDE LÜBBE-WOLFF**

"O poder do estado emana do povo" (art. 1º, § 2º, WRV).

"Assim, o primeiro artigo da constituição proclama o que seus artigos subsequentes realmente organizam: a *democracia* e, por assim dizer, a *soberania do povo*" (Richard Thoma).

De acordo com o preâmbulo da lei constitucional, a Constituição do império alemão de 1871 foi decretado por"[...] Wilhelm, pela graça de Deus, imperador alemão, rei da Prússia", após aprovação do *Bundestag* e do *Reichstag*. Isso foi seguido por algo difícil de ler que não poderia cativar ninguém. Quão diferente a Constituição de Weimar:"O povo alemão [...] outorgou-se a presente constituição". Essas palavras no preâmbulo deixaram claro o que diferenciava sig-

---

* Traduzido por Michael Dietmar Donath.
** Doutorado em 1980, habilitação em 1987. Secretária de Meio Ambiente da Cidade de Bielefeld de 1988 a 1992. Professora de Direito Público na Universidade de Bielefeld desde 1992. Diretora-Geral do Centro de Pesquisa Interdisciplinar da Universidade de Bielefeld de 1996 a 2002. Presidente do Conselho de Peritos Ambientais de 2000 a 2002. Juíza do Tribunal Constitucional Federal (*Bundesverfassungsgericht*) de 2002 a 2014. Membro da Academia de Ciências e Humanidades de Berlim-Brandenburgo.

nificativamente a nova Constituição da de 1871. A nova viu sua base de legitimação no *demo*, nas pessoas. No texto constitucional, o artigo 1°, § 2°, foi seguido por: "O poder do estado emana do povo". Essa Constituição, como essas frases introdutórias deveriam expressar, tinha não apenas objetos, mas também um espírito, ou seja, um espírito democrático. A democracia deve ser a base e o padrão para tudo que segue.

1. Prelúdio à democracia de Weimar: o trabalho da Assembleia Nacional

Quando a Assembleia Nacional constituinte se reuniu em Weimar em 6 de fevereiro de 1919, uma das decisões mais importantes sobre a forma da Constituição de Weimar já havia sido tomada *de facto*: a decisão de que a ordem futura não seria um sistema de conselhos operários no estilo soviético (*soviete* = russo: conselho), quer dizer, não seria uma organização escalar de delegados sob instruções de uma nova classe dominante, mas uma democracia parlamentar. O Conselho de Representantes do Povo, o governo provisório, que emergiu do movimento de conselhos revolucionários após a queda da monarquia, ordenou a eleição de uma Assembleia Nacional constituinte por ordem de 30 de novembro de 1918. O Congresso Nacional de Conselhos de Trabalhadores e Soldados, que era dominado por apoiadores do Partido Social Democrata Maioritário (MSPD), aprovou isso em dezembro com uma grande maioria, rejeitou a solicitação para decidir que o sistema do conselho deveria ser adotado como base da futura Constituição em todas as circunstâncias e decidiu em uma data de eleição antecipada, 19 de janeiro de 1919. Com isso "o sistema de conselhos foi rejeitado pelos próprios conselhos"[1] e seu fim previsível foi selado.

A Assembleia Nacional não era apenas uma assembleia constituinte, mas também um órgão legislativo provisório. Ela se encar-

---

1 *Gerhard Anschütz*, Die Verfassung des Deutschen Reichs vom 11. August 1919. Ein Kommentar für Wissenschaft und Praxis, 14° ed., Berlin 1933, Einleitung p. 14.

regou de criar a futura Constituição, além de aprovar outras leis urgentes com a "Lei da Autoridade Provisória", de 10 de fevereiro de 1919, anunciada alguns dias após sua primeira reunião, e que agia como uma Constituição provisória rudimentar, prevendo em aspectos importantes aquela Constituição que ainda fosse elaborada. Além disso, de acordo com essa lei, ela teve de eleger o presidente. Friedrich Ebert, o primeiro presidente da República de Weimar, não foi, portanto, eleito pelo povo de acordo com as regras da Constituição de Weimar, mas pela Assembleia Nacional.

Já na Assembleia Nacional havia partidos que, no todo ou em parte, rejeitaram fundamentalmente a república como tal ou o caminho rumo a democracia parlamentar sem atender paralelamente a objetivos políticos socialistas na área econômica e militar. Além disso, o ceticismo foi generalizado em relação à democracia ou à maturidade do povo em relação à democracia, contra a política partidária em si e contra a transição de partidos de dignitários para partidos populares. Em grande parte do espectro de partidos centristas, a monarquia foi abandonada apenas relutantemente e com ressalvas internas. No entanto, o modo como a Assembleia Nacional funcionava, bem como os resultados de seu trabalho, não indicaram que não havia pré-condições para o processo democrático-parlamentar funcionar adequadamente. Na discussão conjunta de problemas factuais pelos deputados, esse processo desenvolveu inicialmente seu potencial integrador no parlamento. Nem reivindicações de representação exclusiva por soluções apodíticas, nem desvalorizações mútuas e polarização determinaram a vida cotidiana do trabalho da assembleia, mas sim cooperação e compromisso. Muita coisa, inclusive o que foi originalmente controverso, foi resolvida unanimemente; havia acordos de votação ultrapassando os limites entre governo e oposição, e também inúmeras expressões de vontade de colaborar, no interesse geral, para acordos sustentáveis; havia respeito e vínculos pessoais ou simpatia, independentemente da oposição política. O jurista constitucional Gerhard Anschütz afirmou, especificamente para o Comitê Constitucional, que seu trabalho era caracterizado por objetividade e rigor e por "um comportamento pacífico entre os partidos, que infelizmente se tornou cada vez mais raro na vida parlamentar". Gertrud Bäumer (DDP), que estava lá, lembrou que às vezes "algo como um grupo de trabalho sincero" havia surgido lá[2].

Mas já na primeira eleição do *Reichstag*, em 6 de junho de 1920, a miséria pós-guerra, termos catastróficos para a paz, disputas violentas e uma, ao longo do tempo, crescente polarização da discussão pública – acima de tudo sobre as questões de culpa pela guerra, prolongamento da guerra, a derrota e como lidar com o Tratado de Versalhes, que também haviam sido as mais controversas na Assembleia Nacional – foram refletidas em um movimento para as margens do espectro partidário. O MSDP perdeu consideráveis votos a favor do USPD e dos comunistas, enquanto o DVP da direita e o DNVP viram grandes aumentos, sobretudo à custa do DDP liberal-democrático. Tentativas para a resolução de conflitos e a normalização democrática foram repetidamente destruídas por condições muito desfavoráveis. Avanços na capacidade de cooperar no sistema partidário[3], alcançado nos primeiros anos da República de Weimar, terminaram com a grande inflação. Após um período de recuperação econômica, os resultados da eleição do *Reichstag* em maio de 1928 indicaram uma consolidação da democracia com uma maioria que estava disposta e capaz de cooperar. Esse vislumbre de esperança foi frustrado pela Grande Depressão que eclodiu em 1929.

A Constituição de Weimar fracassou na tarefa mais fundamental de qualquer Constituição, para a qual a democracia parece ser particularmente adaptada: a tarefa de integrar os cidadãos em uma unidade política pacífica. Isso aconteceu com muitas

---

2   *Anschütz*, Verfassung (Nota 1), Einleitung p. 27; *Gertrud Bäumer*, Lebensweg durch eine Zeitenwende, Tübingen 1933, p. 380. Sobre os métodos de trabalho predominantemente cooperativo da Assembleia Nacional, em detalhe, *Thomas Mergel*, Parlamentarische Kultur in der Weimarer Republik. Politische Kommunikation, symbolische Politik und Öffentlichkeit im Reichstag, Düsseldorf 2012, p. 47 et seq.

3   Cf. *Thomas Raithel*, Das schwierige Spiel des Parlamentarismus. Deutscher Reichstag und französische Chambre des Députés in den Inflationskrisen der 1920er Jahre, München 2005, p. 117 et seq.

constituições, especialmente muitas constituições europeias do período entre as guerras mundiais. "Weimar", no entanto, tornou-se o código para esse fracasso – mais precisamente, para o fracasso de uma ordem democrática básica digno a ser preservado –, porque o que veio depois foi insuperável e horrível. No entanto, não decorre daí que o conceito de democracia de Weimar fosse particularmente inadequado. Mas a questão é tão pertinente quanto inevitável: se, e até que ponto, o conceito contribuiu para o fato de que a primeira democracia alemã durou apenas um curto período de tempo.

2. A ORDEM DEMOCRÁTICA DA CONSTITUIÇÃO DE WEIMAR

2.1. Sufrágio democratizado

"O *Reichstag* é eleito por sufrágio universal e direto, por voto secreto." Pode-se pensar que essa frase vem da Constituição da primeira democracia alemã, ou seja, da Constituição de Weimar. No entanto, provém da Constituição Imperial de 1871 (art. 20, § 1, RV 1871), que assim retomou uma meia frase idêntica já contida na Constituição da Confederação do Norte da Alemanha de 1867. De acordo com a opinião predominante, o sufrágio universal das eleições para o *Reichstag* aqui previsto pretendia excluir dependências do direito de voto como *status*, bens, autonomia e afins, incluindo a ponderação de votos de acordo com o pagamento de impostos prevista no chamado sistema de votação em três classes para a Câmara dos Deputados Prussiana. Esse progresso foi, como os contemporâneos já o viram, um elemento de democratização. No entanto, naquela época, o sufrágio universal, previsto em 1871, com muita naturalidade, era entendido como apenas o sufrágio masculino; as mulheres não eram vistas como parte do povo cuja representação deveria ser eleita. Isso não mudou até a Revolução de Novembro de 1918. Seguindo o apelo anterior do Conselho de Representantes do Povo de 12 de novembro de 1918, o decreto sobre as eleições para a Assembleia Nacional Constituinte clarificou a mudança revolucionária no conceito do *demo*, declarando explicitamente "todos os homens e mulheres" aos vinte anos de idade como eleitores[4]. E foi assim que ficou, mesmo sob a Constituição de Weimar (art. 22, § 1º, WRV), inclusive a diminuição da idade mínima para o sufrágio, que era 25 anos na era imperial.

Outra mudança importante em relação à situação legal sob a Constituição anterior foi a estipulação constitucional de representação proporcional (art. 22, § 1, WRV). A Constituição Imperial de 1871 tinha-se calado sobre a questão de como os votos eleitorais eram transformados em cadeiras no parlamento. De fato, com base em uma lei simples, foi praticado um sistema eleitoral majoritário absoluto com segundo turno caso nenhum dos candidatos tivesse maioria absoluta (mais da metade) dos votos expressos no primeiro escrutínio. Pouco antes do fim da monarquia, em agosto de 1918, foi introduzida a representação proporcional para um pequeno número de cadeiras no parlamento, principalmente em grandes zonas eleitorais urbanas. No entanto, essa mudança na lei eleitoral já não se tornou prática. Após a revolução, a representação proporcional foi introduzida. O sistema eleitoral de Weimar fortaleceu os partidos e favoreceu a transformação do *Reichstag* em um parlamento de funcionários partidários – ainda mais depois a decisão a favor de listas rígidas por lei simples. Além disso, o sistema majoritário, mais do que o proporcional, tendeu a favorecer a formação de governos estáveis. Todas estas são razões para duvidar se a decisão constitucional de Weimar por um sistema proporcional que parece ser mais igualitário e, portanto, mais democrático foi benéfica à democracia de Weimar. Ao mesmo tempo, porém, a representação proporcional tende a ser a mais integradora, pelo menos em seu efeito direto. Os críticos também concederam e continuam a conceder à decisão do sistema eleitoral de Weimar um efeito atenuante de conflito, que dificilmente era dispensável na fase pós-revolucionária[5].

---

4   Verordnung über die Wahlen zur verfassunggebenden deutschen Nationalversammlung (Reichswahlgesetz). De 30 de novembro de 1918, RGBl. p. 1345, § 2.
5   Cf., sobre a disputa na Social-Democracia, *Axel Misch*, Das Wahlsystem zwischen Theorie und Taktik. Zur Frage der Mehrheitswahl und

2.2. Sistema de governo parcialmente parlamentar

2.2.1. Dependência do governo na confiança parlamentar

Nos últimos estágios do império, as chamadas reformas de outubro de 1918 mudaram a Constituição do Império de 1871, de modo que o chanceler, que ainda seria nomeado pelo imperador, precisava da confiança do *Reichstag* e deveria ser responsável perante o parlamento. Isso foi e é chamado de "parlamentarização". Esse termo não está errado. De facto, foi um passo essencial para reforçar o papel do Parlamento. Uma ocorrência como a de 1913, quando o *Reichstag* expressou por esmagadora maioria sua desconfiança em relação ao Chanceler Bethmann Hollweg, mas o chanceler continuou a exercer o cargo porque Wilhelm II permaneceu fiel a ele imperturbavelmente, agora não era mais possível. No entanto, ainda não era uma parlamentarização completa que daria ao parlamento o direito de determinar o governo ou seus líderes.

A maioria necessária para a etapa de parlamentarização de outubro de 1918 não ocorreu pela correspondente difusão de convicções democráticas além dos partidos que havia algum tempo vinham pedindo tal passo, mas pela previsível derrota da guerra, que exigia um governo apoiado pelo parlamento, especialmente para as devidas negociações de paz.

Entre aqueles que havia muito tempo vinham trabalhando para tal mudança constitucional – não apenas em vista da derrota da guerra – estava Hugo Preuß, que mais tarde deveria preparar o primeiro esboço da Constituição de Weimar a pedido de

---

Verhältniswahl in der Programmatik der Sozialdemokratie bis 1933, Berlin 1974, p. 129 et seq., 224 *passim*. Para a suposição de um efeito de polarização-amortecimento indispensável na fase pós-guerra, *Martin Martiny*, Parlamentarismus und innerparteiliche Demokratie: Die Diskussion um die Ausgestaltung des Wahlrechts, em: idem, Integration oder Konfrontation? Studien zur Geschichte der sozialdemokratischen Rechts- und Verfassungspolitik, Bonn–Bad Godesberg 1976, p. 13–53 (26 et seq.), com mais referências.

Friedrich Ebert. Na argumentação de Preuß sobre a necessidade de uma parlamentarização do sistema de governo, o aspecto da formação e seleção de líderes políticos adequados estava o foco: Um parlamento com uma função governamental traria políticos ao poder com qualidades de liderança treinados no parlamento em vez de funcionários incolores nomeados pelo imperador. Assim, o povo alemão deveria finalmente encontrar o seu "tão almejado e forte líder político"[6]. Isso correspondeu, na época, ao foco do interesse político em relação à "seleção de líderes" mesmo entre democratas, e correspondeu ao motivo de Preuß para a afirmação da igualdade democrática. Ele a defendeu porque ela ofereceria melhores oportunidades para que a desigualdade real dos indivíduos se desenvolvesse do que tentativas ultrapassadas de a atender por meio de diferenciações esquemáticas de acordo com *status* ou propriedade. Na verdade, "não é a igualdade ou equivalência política dos indivíduos que é o princípio democrático básico, mas o contrário, sua infinita desigualdade legal, diversidade e desigualdade política". Só com base na igualdade política é que "a verdadeira diversidade do valor político dos indivíduos poderia ser levada a cabo na livre competição da vida política"[7]. Em uma liderança que surgiu do parlamento, Preuß provavelmente também viu a melhor proteção contra uma tomada do poder pelos militares. Ao mesmo tempo, porém, negou que os alemães e sua classe política tivessem a maturidade política necessária para um sistema plenamente parlamentar – não por serem demasiado obedientes às autoridades, mas, pelo contrário, porque a relação positiva com a função de liderança do governo, necessária para um sistema parlamentar, e o sentido da necessidade de apoiar o governo nessa função ainda não tinham se de-

---

6 *Hugo Preuß*, Freiheit und Macht (1917), em: idem, Gesammelte Schriften, vol. 1, Politik und Gesellschaft im Kaiserreich, de ed. Lothar Albertin / Christoph Müller, Tübingen 2007, p. 675–678 (678).
7 *Hugo Preuß*, Reich und Länder. Bruchstücke eines Kommentars zur Verfassung des Deutschen Reiches (1928), em: idem, Gesammelte Schriften, vol. 3, Das Verfassungswerk von Weimar, de ed. Detlef Lehnert / Christoph Müller / Dian Schefold, Tübingen 2015, p. 299–476 (327 et seq.).

senvolvido suficientemente no caráter tradicional do parlamento como um antípoda para as autoridades governamentais[8].

No que diz respeito à forma jurídica da dependência do governo do parlamento, a Constituição de Weimar seguiu o exemplo de outubro de 1918 e as propostas de Hugo Preuß, na medida em que deu ao parlamento, como influência vinculativa, apenas a possibilidade de expressar sua desconfiança sobre o preenchimento de altos cargos governamentais. Uma decisão eleitoral parlamentar ou outra expressão positiva de confiança por parte do parlamento ainda não era necessária para a *instalação* de um governo (art. 53 WRV). A condição formulada no texto constitucional de que o governo precisava da confiança do *Reichstag* (art. 54, § 1º, WRV) ainda significava apenas que o *Reichstag* não expressasse sua desconfiança em relação ao governo. Isso permitiu governos minoritários frequentes e, finalmente, os gabinetes presidenciais da fase final da República, que foram criados ignorando o parlamento completamente.

Um voto de desconfiança que obrigasse o governo a renunciar não tinha de vir de uma maioria parlamentar que também fosse capaz de apoiar um governo com confiança positiva. Assim, em dezembro de 1926, o terceiro gabinete de Marx foi derrubado por uma oposição de social-democratas e nacionalistas alemães que estavam unidos apenas na desconfiança, mas não em nenhuma confiança positiva na qual um novo governo poderia ter se baseado[9].

Além da confiança parlamentar, que a Constituição de Weimar expressamente exigia, o governo também precisava da confiança do chefe de estado. Já a nomeação dependia disso e também a perma-

---

[8] Veja, por exemplo, explicando brevemente os motivos de seu conceito constitucional, *Hugo Preuß*, Deutschlands Republikanische Reichsverfassung (1923), em: idem, Gesammelte Schriften, vol. 4, Politik und Verfassung in der Weimarer Republik, de ed. Detlef Lehnert, Tübingen 2008, p. 307–363 (337 et seq.).

[9] Para a lição extraída para a Lei Básica, veja *Christian Waldhoff*, Folgen – Lehren – Rezeptionen: Zum Nachleben des Verfassungswerks von Weimar, em: Das Wagnis der Demokratie, de ed. Horst Dreier/Christian Waldhoff, München 2018, p. 301 et seq.

nência no cargo. Assim como o imperador sob a Constituição Imperial de 1871, o presidente sob a Constituição de Weimar poderia demitir chanceleres e ministros (art. 53 WRV). Isso aconteceu em 1932 com a demissão do Chanceler Brüning pelo presidente Hindenburg, que tinha anteriormente instalado esse chanceler mesmo sem o apoio positivo de uma maioria parlamentar. Em geral, os amplos poderes do presidente, que em alguns casos excederam mesmo os do imperador sob a Constituição de 1871, constituíram o limite mais significativo para o progresso na parlamentarização e democratização alcançado com a Constituição de Weimar. Por trás disso estava um conceito de parlamentarismo mais próximo da monarquia constitucional do que da democracia.

2.2.2. Direitos do parlamento

Em sua função *legislativa*, o *Reichstag* foi consideravelmente reforçado *prima facie* pela Constituição de Weimar. Hugo Preuß descreveu de forma breve e clara as mudanças positivas que eram essenciais nesse sentido:"Até agora, o envolvimento do *Reichstag* na determinação da política tem sido essencialmente limitado à crítica e à negação; tem sido capaz de prevenir, mas raramente tem sido capaz de criar positivamente. Mesmo no processo legislativo apenas as suas decisões negativas foram plenamente eficazes; a iniciativa formalmente atribuída a ele poderia ser tornada ineficaz não apenas por uma rejeição, mas já pelo silêncio do *Bundesrat*. [...] Agora o *Reichstag* é o legislador verdadeiro e, com exceção do referendo, o legislador da decisão final. O *Reichsrat* tem apenas um veto suspensivo sobre o *Reichstag*; o presidente e o governo podem apenas intervir por dissolução ou, sob certas condições, invocando um referendo"[10]. Contudo, a avaliação de que o presidente e o governo podiam intervir nos trabalhos do parlamento"apenas"com o direito à dissolução se mostrou errado mais tarde.

---

10 *Hugo Preuß*, Deutschlands Staatsumwälzung. Die verfassungsmäßigen Grundlagen der deutschen Republik (1919), em: idem, Gesammelte Schriften, vol. 4 (nota 8), p. 101–113 (107).

O presidente também tinha o direito, como antes o imperador, de promulgar e fazer publicar as leis (art. 70 WRV). Nos termos da Constituição de Weimar, isso incluía expressamente o direito – controverso em seu âmbito – de rever o processo constitucional, que foi usado repetidamente para negar às leis a assinatura e a promulgação presidencial[11]. A possibilidade mencionada por Preuß de apelar ao povo contra uma decisão legislativa por meio da convocação de um referendo (art. 73 § 1º, inciso 4º, WRV) não foi utilizada na prática. No entanto, isso ainda não diz nada sobre o efeito mais importante de qualquer poder – o pré-efeito sobre o comportamento dos atores potencialmente afetados. E, finalmente, o presidente podia ocupar o domínio do legislador com decretos de emergência.

O direito orçamentário já havia sido concedido ao parlamento sob a Constituição da Confederação da Alemanha do Norte de 1867 e a Constituição Imperial de 1871. Isso permaneceu sob a Constituição de Weimar, com algumas modificações, que, entre outras coisas, dizia respeito aos direitos de participação da representação dos estados, o *Reichsrat*, que foram truncados em relação às constituições anteriores (art. 85, §§ 2º, 4º, 5º em conexão com o art. 74 WRV). Contudo, esse direito parlamentar também foi severamente limitado pelo facto de, pelo menos na prática, não ser resguardado contra decretos presidenciais emergenciais. Foi controverso na literatura, se, e até que ponto, o presidente com os seus poderes de emergência também era autorizado a sobrepor-se aos direitos orçamentais do parlamento. Na verdade, especialmente nos últimos anos da República de Weimar, houve um regimento de emergência presidencial cada vez mais extenso também em matéria orçamental, até a substituição completa da lei orçamental[12].

A antiga dependência do *Reichstag* de uma convocação pelo monarca foi abolida durante a República de Weimar sem substituição, e o parlamento popular passou assim a ter o direito de realizar suas

---

11 Anschütz, Verfassung (nota 1), artigo 70 nota 2 (p. 367 et seq.).
12 Sobre isso, *Christoph Gusy*, Die Weimarer Reichsverfassung, Tübingen 1997, p. 250, com mais referências.

próprias assembleias. Ao *Reichstag* e suas comissões foi concedido o direito de interpelação – o direito de exigir a presença de membros do governo (art. 33 WRV) –, o que incluiu também o direito de exigir respostas a perguntas. Um avanço particularmente notável, que Max Weber em particular havia defendido, foi o direito, concebido como um direito minoritário, de criar comissões de inquérito, com os direitos associados de recolher provas (art. 34 WRV).

2.2.3. *Status* dos deputados

A Constituição de Weimar fixou o mandato livre dos representantes eleitos do povo em termos semelhantes aos da Constituição Imperial de 1871 e da Lei Básica de hoje: "Os deputados são representantes de todo o povo. Eles estão subordinados unicamente à sua consciência e independentes de quaisquer encargos" (art. 21 WRV). Assim, o mandato imperativo característico da democracia de conselhos foi descartado e a democracia de Weimar era definida a ser representativa. A parlamentarização parcial do sistema governamental, no entanto, criou uma necessidade de disciplina, que, por toda a sua independência legal, fez do deputado um pilar confiável do governo apoiado por seu grupo parlamentar. A necessária mudança da autoimagem dos parlamentares como oposição contra "aqueles que estão no topo", para uma autoimagem baseada no contraste entre a maioria do governo baseada em compromissos e a minoria da oposição, não foi bem-sucedida em um nível suficiente para condições estáveis. As coligações de apoio a um governo não foram feitas ou não tinham estabilidade suficiente já muito antes do surgimento de uma maioria parlamentar de partidos radicais, trabalhando em direções opostas para derrubar o governo, e tornando as coligações de apoio completamente impossíveis; a disciplina de voto dentro dos grupos parlamentares deixou muito a desejar.

Tudo isso foi, naturalmente, não só uma consequência de atitudes ultrapassadas que não eram adequadas a um sistema parlamentar, mas também uma consequência da decisão de o deixar numa mera parlamentarização parcial do sistema constitucional com referência a tal imaturidade política e de confiar mais nos recursos da liderança presidencial e governamental.

Como resultado, o parlamento ficou dispensado da necessidade de crescer com suas tarefas.

Durante o período de Weimar, o fato de o livre mandato dos membros do *Reichstag* ter sido comprometido de muitas maneiras contribuiu para o clima antiparlamentar generalizado. Alguns partidos que em qualquer caso se opõem, em princípio, a um mandato livre, como o partido comunista, contornaram o livre mandato, fazendo com que seus candidatos assinassem renúncias de mandato de antemão para o caso de qualquer desvio à linha de grupo parlamentar[13]. Muitos membros do parlamento não só receberam os subsídios a que tinham direito mas também estiveram ao serviço de grupos de interesse, muitas vezes como ocupação principal[14].

O modelo do parlamento honorário, composto por deputados que podiam exercer seu mandato sem remuneração, já tinha começado a ser abandonado durante a era imperial. De fato, já existia a tendência a que os deputados se tornassem políticos profissionais, exceto que, em vez de subsídios, os salários dos funcionários públicos ou os salários dos partidos, sindicatos e associações financiavam o trabalho dos membros do parlamento. A proibição de remuneração ou compensação aos membros do *Reichstag*, inicialmente contida na Constituição Imperial de 1871, foi alterada em 1906 para que a compensação fosse paga de acordo com uma lei simples. A Constituição de Weimar adotou isso e elevou o direito de viagens ferroviárias gratuitas para os parlamentares, anteriormente previstas por lei simples, à categoria constitucional (art. 40 WRV). Ainda não havia

---

13 Nikolaus Urban, Die Diätenfrage. Zum Abgeordnetenbild in Staatsrechtslehre und Politik 1900–1933, Tübingen 2003, p. 125 et seq., 161. Para a continuação esporádica dessa prática ainda sob a Lei Básica, veja *Thomas Saalfeld*, Parteisoldaten und Rebellen. Fraktionen im Deutschen Bundestag 1949–1990, Wiesbaden 2013, p. 46, nota de rotapé 31; *Klemens Kremer*, Der Abgeordnete. Zwischen Entscheidungsfreiheit und Parteidisziplin, München 1956, p. 50.
14 Urban, Diätenfrage (nota 13), p. 125 et seq.; *Mergel*, Parlamentarische Kultur (nota 2), p. 98 et seq. (101).

uma disposição constitucional explícita sobre o valor da compensação. No entanto, ficou claro, também pela evolução histórica da nova disposição constitucional, que o termo "compensação" não apontou mais ao antigo modelo do deputado, cuja subsistência financeira precisava ser assegurada por outros meios além do mandato. Assim, sob a Constituição de Weimar, a compensação para os membros do *Reichstag* foi consideravelmente aumentada, como já acontecia com os membros da Assembleia Nacional. Em 1923 foi introduzido um regulamento para automatizar o ajustamento dos subsídios à inflação, evitando assim o debate público sobre o egoísmo dos parlamentares que surgiu com cada reajuste. O subsídio parlamentar foi fixado em um quarto do salário básico de um ministro, o que, dada a dispersão dos salários na época, correspondia aproximadamente ao salário básico de um subsecretário. Comentários zombeteiros e até vingativos sobre a remuneração dos parlamentares permaneceram virulentos, e não apenas em círculos que eram fundamentalmente hostis ao republicanismo e ao parlamentarismo. Gerar apoio público para subsídios apropriados com o argumento de que esta era a única forma de dar aos deputados de todos os segmentos sociais da população acesso ao parlamento sem os tornar dependentes do pagamento por interessados era naturalmente difícil, tendo em conta o grande número de deputados que também serviam a todos os tipos de grupos de interesse. Em 1930, a ligação ao salário ministerial foi removida a favor da reintrodução de um subsídio mensal de despesas mais baixo determinado por lei. Como o *Reichstag* só se reunia esporadicamente desde então, isso não levou, contudo, ao fim do debate público crítico do subsídio e dos ataques populistas de dentro das fileiras do próprio parlamento[15].

Apesar do pagamento de subsídios, nos termos da Constituição de Weimar, a atividade de um deputado não era uma ati-

---

15 Hermann Butzer, Diäten und Freifahrt im Deutschen Reichstag. Der Weg zum Entschädigungsgesetz von 1906 und die Nachwirkungen dieser Regelung bis in die Zeit des Grundgesetzes, Düsseldorf 1999, p. 373 et seq., 391 et seq., 401 et seq.; Urban, Diätenfrage (nota 13), p. 93 et seq., 125 f., 131 f., 140 et seq., 147.

vidade que exigisse dedicação exclusiva e prioritária. Ainda durante muito tempo não foi reconhecida como tal sob a Lei Básica. Dar seguimento total às atividades profissionais anteriormente exercidas continuava sendo habitual para os membros do *Reichstag*, o que muitas vezes resultava em colisões resolvidas à custa do mandato. Outros pré-requisitos para que o parlamento funcionasse adequadamente também não foram atendidos. Walther Lambach, que era membro do *Reichstag* para o Partido Popular Nacional Alemão desde 1920, descreveu em 1926 a organização e os métodos de trabalho do *Reichstag* em seu livro *Die Herrschaft der Fünfhundert* [O poder dos 500], que acompanha o fictício e recém-chegado parlamentar Müller-Hinterwalden em suas tentativas de se orientar e encontrar seu papel. Müller-Hinterwalden percebeu que, além do ginásio e da barbearia, havia um arquivo parlamentar e uma biblioteca, e para os grupos parlamentares havia também um "gabinete do grupo parlamentar com várias senhoras", mas para os deputados não havia pessoal ou outros serviços de apoio além das secretárias e do serviço de mensageiro geral; na sala dos deputados, que ele teve de compartilhar com cinco colegas e as secretárias, havia muito menos locais de trabalho do que deputados[16].

Um dos direitos de *status* dos deputados era, não só desde a Constituição de Weimar, sua imunidade: com algumas exceções, os representantes do povo não podiam ser sujeitos a ações penais ou presos durante as sessões do *Reichstag* sem a aprovação do parlamento (art. 37 WRV). No entanto, essa disposição de proteção falhou uma e outra vez – mesmo no momento decisivo. A Lei de Concessão de Plenos Poderes de 24 de janeiro de 1933 foi aprovada no *Reichstag* depois de todos os deputados comunistas, a menos que eles já tivessem fugido ou sido raptados de qualquer forma, e vários deputados social-democratas tivessem sido presos em violação da sua imunidade.

---

16 *Walther Lambach*, Die Herrschaft der Fünfhundert, Hamburg–Berlin 1926, p. 87 et seq., 91 et seq., sobre os deveres conflituosos, ibidem, p. 94, 107 et seq.

2.2.4. Passos para um "exército parlamentar" e a democratização da violência estrangeira

A Constituição de Weimar deu vários passos rumo a um "exército parlamentar" – um chavão, sob a qual as questões do poder parlamentar sobre o exército e as forças armadas como um todo já tinham sido discutidas durante a era imperial. Um desses passos consistiu no facto de as disposições constitucionais sobre o tamanho do exército e o respetivo orçamento já não terem sido feitas e o antigo veto do imperador, contra alterações legislativas no sector militar ter sido retirado sem substituição. Assim, o parlamento permaneceu livre das restrições relevantes em sua legislação sobre a Constituição militar e o orçamento.

Um importante progresso na parlamentarização dizia respeito à decisão sobre a guerra e a paz e, assim, a um elemento central de controle sobre a utilização das forças armadas. A Constituição Imperial de 1871 exigia apenas o consentimento do *Bundesrat* para uma declaração de guerra em nome do Império e excluía disso o caso de um ataque ao território federal ou a suas costas litorais. Também aqui, a reforma começou já em outubro de 1918 e teve continuidade com a Lei do Poder Provisório. A formulação concisa dessa lei foi retomada pela Constituição de Weimar: "A declaração de guerra e a conclusão da paz será feita por lei" (art. 45, § 2°, WRV).

A competência para celebrar acordos de paz se tornou prática imediata. Mesmo antes de a Constituição de Weimar entrar em vigor, o Tratado de Versalhes precisava ser adotado como lei sob o regime da Lei do Poder Provisório. Já antes, a conclusão do tratado de paz não tinha sido um privilégio puro do imperador. Um tratado como o de Versalhes teria exigido aprovação parlamentar, mesmo sob a versão original da Constituição Imperial de 1871, porque dizia respeito a questões de legislação. Mas no Império não havia nenhum exemplo comparável ao Tratado de Versalhes. E era novo que agora já não precisava apenas da aprovação parlamentar do que tinha sido negociado pelo executivo, que o legislativo, como disse Gerhard Anschütz, "já não aparece como mera parte de aprovação, mas como o mestre do negócio"[17]. O facto de o progresso da democratização ter feito com que o parlamento fosse, em certa medida, o autor do desastroso tratado de paz foi e continuou a ser um fardo pesado para a democracia de Weimar.

Além de tratados sobre questões da legislação, a Constituição de Weimar, pela primeira vez, sujeitou a conclusão de alianças, ou seja, de promessas intergovernamentais de apoio em caso de guerra, ao requisito de aprovação pelo *Reichstag* (art. 45, § 3º, WRV).

A integração das forças armadas na estrutura democrática da República permaneceu legalmente incompleta – longe de criar um verdadeiro "exército parlamentar" – e, na prática, teve ainda menos sucesso. As forças armadas continuaram a ser um fator de potência central independente. A Constituição atribuiu o comando supremo ao presidente (art. 47 WRV). Ela expressamente admitiu que também "referente a *Wehrmacht*" todas as ordens e decretos do presidente deviam ser sujeitos a contra-assinatura (art. 50, § 1º, WRV). De acordo com essa disposição, os atos de comando, incluindo as nomeações para cargos que, nos termos da Constituição Imperial de 1871, tinham sido inicialmente considerados como não exigindo contra-assinatura, foram também declarados como objeto de responsabilidade governamental perante o parlamento. Esse progresso no sentido da parlamentarização, no entanto, teve apenas um significado limitado, fortemente dependendo das circunstâncias, porque o governo e mesmo o parlamento estavam dependentes do presidente, que tinha o direito de demitir o governo ou dissolver o parlamento.

A Constituição de Weimar não continha disposições para uma renovação organizacional e pessoal direcionada das forças armadas para além das exigências centralizadoras e algumas disposições relativas à jurisdição militar. Apesar da descontinuidade formal, não houve reformas radicais para a integração política do *Reichswehr* no Estado democrático. A Constituição garantia aos soldados profissionais a inviolabilidade de seus direitos adquiridos (art. 129, § 4º, WRV) e, a fim de garantir a lealdade à Constituição, era suficiente estipular

---

17 *Anschütz*, Verfassung (nota 1), artigo 45, nota 5.

que os membros da *Wehrmacht* tinham de fazer um juramento sobre a Constituição – ou mais precisamente sobre "essa" Constituição, como foi chamada a fim de evitar qualquer ambiguidade (art. 176 WRV). O facto de o direito de voto ter sido negado aos membros da *Wehrmacht*, por meio de uma lei simples, não contribuiu para sua integração na ordem democrática, mas reforçou provavelmente a autoimagem fatal dos militares como força acima da política.

Na verdade, não foi possível nem ganhar o *Reichswehr* de forma confiável para a república democrática, nem lidar com a desmobilização após o fim da guerra e a redução do exército para 100 mil homens prescrita pelo Tratado de Versalhes de forma compatível com a democracia. A demissão de tropas, incluindo centenas de milhares de soldados profissionais, muitos dos quais não puderam ser reintegrados sem problemas na vida civil, significou um influxo para os *Freikorps* e outras unidades paramilitares, que subsequentemente, "com a batalha no sangue"[18] e amargurado contra os "criminosos de novembro" que lhes tinham trazido a república e o Tratado de Versalhes, desestabilizaram a república com golpes de Estado e assassinatos. O governo revolucionário e os governos subsequentes estavam dependentes do *Reichswehr*, bem como dos *Freikorps* e de outras unidades armadas para combater as revoltas comunistas e outras revoltas revolucionárias da esquerda e para executar outras tarefas de ordem. Até mesmo a Assembleia Nacional foi protegida por um *Freikorps*. Também foram utilizadas unidades irregulares para a proteção das fronteiras no leste do país. Concessões à *Wehrmacht* não conseguiram assegurar sua lealdade. Quando se tratava de combater os ataques da direita à democracia, não se podia confiar no *Reichswehr*. A demissão do General Von Lüttwitz por insubordinação foi seguida pelo golpe de Kapp-Lüttwitz. O apoio militar do governo pelo *Reichswehr* não se concretizou. Apenas uma greve geral salvou – por enquanto – a república. Os governos entraram numa cumplicidade ilícita com a *Wehrmacht* por meio do armamento secreto que contornou o Tratado de Versalhes e seu financiamento secreto, que

---

18   *Ernst von Salomon*, Die Geächteten, Berlin 1931, p. 34.

desrespeitou os direitos orçamentais do *Reichstag*. Ao mesmo tempo, criaram assim o potencial de violência antidemocrática, que contribuiu significativamente para a presença permanente de formas de conflito incivil e antidemocráticas e ao final acabou por ajudar os nacional-socialistas a subir ao poder[19].

Em abril de 1932, o governo social-democrata prussiano de Braun finalmente conseguiu banir as organizações paramilitares do NSDAP por meio de um decreto de emergência presidencial contra a resistência de Hindenburg e seu Chanceler Brüning. Dois meses depois, sob o governo Papen-Schleicher, a proibição foi revogada novamente, como havia sido acordado entre o General Von Schleicher e Adolf Hitler, mesmo antes da mudança de Schleicher da *Wehrmacht* para o governo. Em julho, desencadeado pela marcha da SA e da SS em Hamburgo-Altona, seguiu-se o "Domingo Sangrento de Altona", que deu à facção Papen-Schleicher-Hindenburg o pretexto para remover o governo prussiano, que era apenas um governo minoritário, e substituí-lo por comissários federais. Uma das últimas, reconhecidamente já frágeis, barragens contra a maré marrom tinha assim sido puxada para baixo. Quando o *Reichstag* aprovou a Lei de Concessão de Plenos Poderes de março de 1933, as SA e SS deram ênfase às ameaças de Hitler com cânticos em frente ao teatro Kroll Oper, para a qual o parlamento tinha sido mudado após o incêndio do *Reichstag*, prometendo "botar fogo" no caso de a lei não ser aprovada, e providenciaram mais intimidação na sala do plenário com "guardas de proteção".

A boa intenção expressa no preâmbulo da Constituição de Weimar, em nome de todo o povo, de se afastar das tradições militaristas e belicistas ("inspirada pela vontade, [...] de servir a paz

---

19 Sobre o armamento secreto e o financiamento do armamento, que desrespeita os direitos orçamentais do parlamento, *Rüdiger Bergien*, Die bellizistische Republik. Wehrkonsens und «Wehrhaftmachung» in Deutschland 1918–1933, München 2012, p. 107 et seq., 112 et seq., 125 et seq., 175 et seq.; *Andreas Dietz*, Das Primat der Politik in kaiserlicher Armee, Reichswehr, Wehrmacht und Bundeswehr, Tübingen 2011, p. 272 et seq.; *Patrick Oliver Heinemann*, Rechtsgeschichte der Reichswehr 1918–1933, Paderborn 2018, p. 54 et seq.

interna e externa") permaneceu sem apoio institucional suficiente e, naturalmente, não pôde, por si só, tornar-se amplamente eficaz. A obrigação do Tratado de Versalhes de abolir o serviço militar obrigatório e de reduzir o *Reichswehr*, bem como todo o Tratado de Versalhes, que foi visto como humilhante, foi contraproducente em todos os aspectos. O mandato educacional do artigo 148, § 1, WRV, que obrigava todas as escolas a "ambicionar educação moral, civismo, competência pessoal e profissional no espírito do povo alemão e da reconciliação entre as nações", não podia fazer nada contra isso. Gerhard Anschütz, o comentarista mais proeminente da Constituição de Weimar, viu na penúltima edição de seu comentário sobre a Constituição de 1930 essa obrigação de proporcionar educação nas escolas no espírito de reconciliação entre as nações, como "uma compulsão de consciência contra toda pessoa de mentalidade nacional, seja ele professor ou aluno"[20].

2.3. Partidos e associações

Os partidos políticos são mencionados na Constituição de Weimar apenas numa disposição que obriga os funcionários públicos a serem "servidores da totalidade, não de um partido" (art. 130 WRV). Não se acha uma definição positiva da sua função, como aquela posteriormente incorporada à Lei Básica. Ainda não existiam os requisitos constitucionais para uma estrutura interna democrática dos partidos, para uma prestação de contas pública pela origem de seus fundos e para as condições de uma proibição partidária de hoje.

O fato de a Constituição de Weimar não prever uma proibição de partidos hostis à Constituição não significava que tal proibição não teria sido possível. Pelo contrário, isso significava que tal proibição não estava sujeita às restrições decorrentes do artigo 21 da Lei Básica. O NSDAP, por exemplo, foi, especialmente na fase inicial da República, por vezes proibido em vários estados, incluindo

---

20 Gerhard Anschütz, Die Verfassung des Deutschen Reichs vom 11. August 1919, 13° ed., Berlin 1930, artigo 148 nota 2 (p. 594). Somente na 14ª edição, de 1933 (nota 1), essa avaliação não é mais encontrada.

a Prússia. O golpe de Hitler de 1923 foi seguido por proibições nacionais, entre outros, do NSDAP, que não duraram muito tempo[21]. Em março de 1932, o governo prussiano de Braun tentou persuadir o governo federal a proibir o NSDAP e suas suborganizações, apresentando um memorando rico em material. No entanto, só conseguiu uma proibição das SA e SS, que foi levantada pouco depois. Ao contrário de uma percepção influenciada principalmente por Carl Schmitt, a democracia de Weimar não estava de forma alguma constitucionalmente indefesa contra seus inimigos. Em nível nacional, não eram os pré-requisitos legais, mas a vontade política para uma proibição permanente, incluindo todas as organizações nazistas, que estava faltando.

Não se pode falar de um conceito *explícito* da Constituição de Weimar que diga especificamente respeito ou inclua o papel dos partidos. No entanto, foi tomada uma decisão clara e consciente a favor de uma democracia baseada na competição entre diferentes partidos livremente formados. A Constituição de Weimar garantiu a liberdade de formar associações e sociedades (art. 124 WRV), e assim também a liberdade de fundar e operar partidos, bem como a liberdade de formar grupos de interesse. A liberdade de associação de sindicatos e associações patronais e à sua tarefa de regular os salários e as condições de trabalho foi reconhecida separadamente pela Constituição (arts. 159 e 165, § 1°, WRV), após as associações patronais e os sindicatos já terem ajustados no Acordo Stinnes-Legien em novembro de 1918 sobre o reconhecimento dos sindicatos e a regulação das condições de trabalho por acordos coletivos.

Com tudo isso, e com a garantia do sufrágio universal e igualitário, as ideias corporativistas, particularmente difundidas no meio burguês de direita, de construir uma representação popular e regular, as relações laborais e econômicas baseadas em representações de

---

21 Mais detalhes, *Walter Schön*, Grundlagen der Verbote politischer Parteien als politische Gestaltungsfaktoren in der Weimarer Republik und in der Bundesrepublik, dissertação Würzburg 1972, p. 26 et. seq., 50 et. seq.; *Christoph Gusy*, Die Lehre vom Parteienstaat in der Weimarer Republik, Baden-Baden 1993, p. 37 et. seq.

profissões, foram rejeitadas. Essa rejeição foi reforçada por uma concessão mínima a essas ideias de ordem, que ao mesmo tempo também ecoou verbalmente a ideia rejeitada de uma democracia de conselho: o mandato legislativo para a institucionalização de um Conselho Econômico do Império. Nele, uma classe trabalhadora organizada em conselhos de trabalhadores devia cooperar com os representantes das empresas e outros círculos econômicos "para o cumprimento de todas as tarefas econômicas e para a participação na execução das leis de socialização" (art. 165, n. 2-6, do WRV). Na prática, como era de esperar, o Conselho Econômico do Império permaneceu em grande parte irrelevante.

O que a Constituição de Weimar institucionalizou foi o que seus opositores chamaram de "democracia por quantidade de cabeças"[22], na qual os partidos se tornaram inevitavelmente o catalisador para a tomada de decisões políticas. O facto de a democracia partidária pluralista de Weimar ter encontrado uma rejeição generalizada deveu-se em parte, à orientação da Alemanha para o que é diretamente comunal e não o que é constituído por meio de formas de mediação de opostos que foram inicialmente libertados e respeitados, como é comum nas tradições de pensamentos e organização ocidental. Por parte dos partidos e ainda mais por parte do público, faltava também a habituação à orientação ao compromisso, que era inevitável como resultado da parlamentarização ocorrida, especialmente sob um sistema de representação proporcional, devido à necessidade de formar alianças interpartidárias para o apoio contínuo de um governo comum. Sob a Constituição Imperial de 1871, as partes tinham sido capazes, sem autodestruição demasiado óbvia, tanto de propagar princípios como de dispensar em grande medida o fechamento de questões em votações. Afinal, o governo, sem o qual quase nada no processo legislativo poderia ser feito, não dependia disso. Sob as novas circunstâncias, que exigiam tanto a vontade de compromisso como a disciplina na hora de votar questões fechadas, tanto o cumprimento como o não cumprimento dos novos requisitos foram

---

22 Veja *Edgar Tatarin-Tarnheyden*, Kopfzahldemokratie, organische Demokratie und Oberhausproblem, em: Zeitschrift für Politik 15 (1926), p. 97–122.

julgados depreciativamente – o primeiro como incomum e oportunista, o segundo como uma caótica falta de liderança, dependendo da preferência do observador ao conteúdo. Mesmo que se tenha habituado a isso, tais expectativas contraditórias acompanham a democracia partidária até aos dias de hoje.

A influência de grupos de interesse no *Reichstag* tinha diferentes formas. "Os síndicos de todos os grupos industriais estão entre os usuários constantes do tapete vermelho no foyer do *Reichstag*", escreveu Walther Lambach[23] em 1926, e permaneceu com isso na superfície. Não apenas as simples reuniões e a comunicação tinham um papel importante, mas também o financiamento dos partidos, dos membros individuais do parlamento e de outros políticos por grupos de interesse. Entre os membros do parlamento estavam, como mencionado, muitos funcionários de associações, especialmente representantes de associações comerciais, incluindo associações agrícolas, e sindicatos. As práticas incluíram: a influência direta das associações empresariais e de seus fundos eleitorais na colocação de seus representantes nas listas de candidatos e os contratos com deputados, nos quais estes se comprometeram a cumprir seu mandato atendendo aos interesses de seus doadores e a fornecer-lhes informações sobre assuntos de interesse[24]. Embora as associações durante o período de Weimar tenham dirigido mais fortemente suas atividades de influência para o *Reichstag*, o Executivo continuou a ser o principal destinatário da representação organizada de interesses. Isso incluiu o presidente. A doação da fazenda Neudeck para Hindenburg em seu octogésimo aniversário em 1927 foi notória e financiada pelos círculos industriais e latifundiários do leste do rio Elba. Na recepção de aniversário do Hindenburg, a escritura de doação foi apresentada por Carl Duisberg, presidente da Associação da Indústria Alemã[25].

---

23   *Lambach*, Herrschaft (nota 16), p. 78.
24   *Karl-Heinz Adams*, Parteienfinanzierung in Deutschland. Entwicklung der Einnahmestrukturen politischer Parteien oder eine Sittengeschichte über Parteien, Geld und Macht, Marburg 2005, p. 24 et seq. (28 et seq.).
25   *Annika Klein*, Korruption und Korruptionsskandale in der Weimarer Republik, Göttingen 2014, p. 450 et seq. Zur Einwirkung organisierter Interessen

Max Weber descreveu-a como uma "grande tarefa da democracia" para quebrar a "influência política corruptora" que os "cavalheiros da indústria pesada" tinham tido sobre o antigo regime[26]. Isso não aconteceu. Além de estabelecer a independência dos membros do parlamento e de garantir o direito de petição (art. 126 WRV), a Constituição de Weimar não continha quaisquer disposições constitucionais para limitar, promover a igualdade de oportunidades ou pelo menos assegurar a transparência no que diz respeito a tais influências. É claro que a Lei Básica também não foi muito mais longe. Obrigava expressamente os partidos a contabilizar publicamente a origem de seus fundos e de seus ativos (art. 21, § 1°, frase 2ª, da Lei Básica). No entanto, essa disposição ainda não foi interpretada e aplicada na prática de forma a evitar a evasão oculta. Também até hoje há falta de salvaguardas constitucionais de longo alcance para a transparência, para não mencionar as disposições constitucionais que contrariam especificamente a comunicação sistematicamente privilegiada e outras relações influentes com o parlamento e o governo.

2.4. Elementos de democracia direta

A democracia de Weimar é considerada fortemente influenciada por elementos "plebiscitários". Entende-se muitas vezes, e até mesmo principalmente, como parte desses elementos a forte posição do presidente "plebiscitário", que é eleito diretamente pelo povo. Por outro lado, o termo "plebiscito" é frequentemente – e sensatamente – usado de tal forma que se refere apenas a decisões sobre questões de substância tomadas diretamente pelo povo, mas não a decisões de eleição e de seleção relacionadas a indivíduos.

---

auf den Reichspräsidenten auch *Seog-Yun Song*, Politische Parteien und Verbände in der Verfassungsrechtslehre der Weimarer Republik, Berlin 1996, p. 102 et seq.

26 *Max Weber*, Deutschlands künftige Staatsform (1919), em: Wolfgang J. Mommsen / Wolfgang Schwentker (ed.), Max Weber, Zur Neuordnung Deutschlands. Schriften und Reden 1918–1920 (Max Weber-Gesamtausgabe Abt. I, vol. 16), Tübingen 1988, p. 98–146 (115).

Seja como for, aqui, de qualquer forma, a primeira coisa a ser considerada é a possibilidade de decisões diretas do povo, como consagrado na Constituição de Weimar.

A Constituição tornou possíveis tais decisões, combinando assim o sistema de legislação parlamentar democrática representativa com elementos de democracia direta. Isso dizia respeito, entre outras coisas, a reorganizações territoriais (art. 18 WRV). Somente para esse fim a Lei Básica prevê expressamente a realização de referendos. A Constituição de Weimar foi muito além disso. Não só previa a possibilidade de referendos iniciados por órgãos estatais, sobretudo pelo presidente, que poderia levar todas as leis aprovadas pelo *Reichstag* a um referendo (art. 73, § 1º, WRV)[27]. Existia também a possibilidade de iniciativa dos cidadãos com direito a voto. Isso poderia ser orientado para um referendo sobre as leis aprovadas pelo parlamento (arts. 73, § 2º, e 75 WRV). No entanto, também foi possível fazer um referendo sobre um projeto de lei elaborado pelos próprios iniciadores. A petição para um referendo teve de visar à apresentação do projeto de lei ao *Reichstag*, que requereu o apoio de um décimo dos eleitores e seria resolvida se o projeto de lei fosse aprovado sem alterações no *Reichstag*. Caso contrário, seria realizado um referendo (art. 73, § 3º, WRV). Para questões financeiras, no entanto, as pessoas foram apenas em certa medida consideradas capazes de exercer a prudência necessária. Não foram excluídos os referendos sobre o orçamento, leis fiscais e regulamentos salariais, como é em grande parte o caso nas atuais constituições dos estados alemães. No entanto, foi deixada ao presidente a tarefa de iniciá-los (art. 73, § 4º, WRV).

A revogação de uma resolução do *Reichstag* por referendo foi vinculada a um alto quórum de participação. Exigia que a maioria dos com direito a voto participasse no referendo (art. 75 WRV). De acordo com a interpretação dominante, isso também se aplicava aos casos em que o *Reichstag* tinha decidido, em resposta a uma petição

---

27 Ver também artigo 74, § 3, e artigo 76, § 2, da Constituição de Weimar para certos casos de conflito entre o *Reichstag* e o *Reichsrat*.

para um referendo, não dar efeito ao pedido e, portanto, a todos os casos de legislação popular. No caso de emendas constitucionais não só foi necessária a participação, mas também a *aprovação* da maioria dos com direito a voto (art. 76, § 1º, frase 4ª, WRV).

Ainda hoje é questionado se a combinação da democracia representativa parlamentar com a articulação democrática direta e as opções de decisão direta contribuíram para o fracasso da democracia de Weimar. Mais recentemente, tem havido um número crescente de vozes que o negam, ao contrário da visão que costumava prevalecer. O equilíbrio dos resultados imediatos do processo não se presta realmente a uma avaliação crítica nesse sentido. Na maioria dos casos, os décimos do quórum para um referendo já não foram alcançados. Em nenhum caso a iniciativa popular acabou por ser bem-sucedida. Os resultados dos procedimentos relevantes não foram citados como prova dos efeitos negativos dos elementos democráticos diretos da Constituição de Weimar.

A crítica à mistura de Weimar de elementos democráticos representativos e "plebiscitários" muitas vezes permaneceu inteiramente em abstrato ou, sem as diferenciações necessárias, também ou mesmo principalmente se referia ao papel do presidente, que foi qualificado como plebiscitário[28]. No que diz respeito aos procedimentos democráticos diretos em particular, o curso dos referendos sobre a expropriação de príncipes (1926) e o Plano Young (1929) foram criticados. Tinham sido caracterizados por argumentos demagogicamente conduzidos e contribuído para a polarização que levara os nacional-socialistas ao poder. Muitas vezes foi feita apenas referência ao referendo sobre o Plano Young relativo ao pagamento de compensação de guerra do Tratado de Versalhes, que tinha sido conduzido de forma particularmente agressiva pelo NSDAP e que lhe tinha oferecido uma plataforma para sua propaganda. Segundo Karl R. Newman, por exemplo, o "estímulo" aqui proporcionado contribuiu para que as massas apolíticas se voltassem para os nacio-

---

28 Assim, por exemplo, *Ernst Fraenkel, Deutschland und die westlichen Demokratien*, 4° ed., Stuttgart et al, 1968, p. 112 et seq.

nal-socialistas, que posteriormente conseguiram transformar até mesmo as eleições parlamentares em plebiscitos, que "começaram a se estender até mesmo às eleições nos estados, municípios e até nos sindicatos"[29]. Se o "plebiscito" se torna, assim, um termo coletivo para todos os processos de decisão com participação popular que se caracterizam pela polarização e radicalismo, a tese da tendência de polarização e radicalização dos procedimentos democráticos diretos certamente se torna uma tautologia.

Coloca-se a questão de saber se uma democracia mais direta não teria sido uma melhor proteção da Constituição democrática. Segundo o projeto de Constituição de Hugo Preuß, de 3 de janeiro de 1919, com poucos elementos de democracia direta, as alterações à Constituição só deveriam ser possíveis com confirmação por referendo, após um período transitório de cinco anos[30]. Na Assembleia Nacional, o SPD tinha também proposto um referendo constitucional obrigatório; de acordo com essa proposta, as

---

29 Karl R. Newman, Zerstörung und Selbstzerstörung der Demokratie. Europa 1918–1933, Köln–Berlin 1965, p. 159 et seq., citações literais p. 160, 162.

30 Veja rascunho preliminar I da Constituição de Weimar: Entwurf des allgemeinen Teils der künftigen Reichsverfassung (3 de janeiro de 1919), em: *Preuß*, Gesammelte Schriften, vol. 3 (nota 7), p. 533-540, § 45 para. 2. Sobre este e o uso restritivo de elementos democráticos diretos nesse projeto, ver *Hugo Preuß*, Denkschrift zum Verfassungsentwurf (3 e 20 de janeiro de 1919), ibid., p. 134-153 (149 et seq.). A mesma provisão estava também contida no Projeto II, de 20 de janeiro de 1919, ibidem, p. 541-548, § 51.1 p. 2; foi omitida no Projeto III, de 17 de fevereiro de 1919, ibidem. O primeiro projeto de lei do governo a ser apresentado à Assembleia Nacional foi o Projeto IV, de 21 de fevereiro de 1919, ibidem, p. 561-573, seguindo Walter Jellinek, geralmente referido como "Projeto de Governo II". Ver *Christoph Müller*, Erläuterungen, ibidem, p. 677-718 (700). Apenas o rascunho I, ao qual o memorando que o acompanhava originalmente se referia, foi então oficialmente publicado juntamente com o rascunho II – ver *Müller*, ibid., p. 716, com mais referências –, é um produto genuíno de Preuß, ver *Detlef Lehnert / Dian Schefold*, Einleitung, ibid., p. 1-78 (18). As modificações nos rascunhos II-IV são o resultado de processos de coordenação que precederam sua introdução.

emendas constitucionais deveriam exigir a aprovação de uma maioria de dois terços dos que têm direito a voto[31]. Contra tal disposição, a posterior anulação sucessiva da Constituição pelas leis parlamentares provavelmente teria enfrentado mais dificuldades. E, se as opções eficazes de tomada de decisão democrática direta são hoje, muitas vezes com um olhar crítico, atribuídas ao fato de que elas encorajaram a tendência dos partidos de conspirar para evitar referendos ("democracia consoladora"), deve-se concluir que obstáculos menores para uma legislação simples do que aqueles estabelecidos pelo alto quórum de participação poderiam ter contribuído para a pacificação tão amargamente necessária no período de Weimar.

A tendência prevalecente no período pós-guerra de tornar os elementos diretamente democráticos da Constituição de Weimar parcialmente responsáveis pela degeneração da democracia de Weimar em uma ditadura tem as marcas de uma tentativa das elites de se convencer de que o perigo para a democracia e para o Estado de direito estava, e ainda está, somente com o povo, e de forma alguma com eles. Como é sabido, Theodor Heuss, que mais tarde se tornou o primeiro presidente da República Federal, rejeitou petições para um referendo sobre um grande país como um "prêmio para cada demagogo" durante as deliberações sobre a Lei Básica. No entanto, os passos decisivos para a tomada do poder pelo maior demagogo a aparecer em cena na República de Weimar não foram dados pela democracia direta. Tinha sido Theodor Heuss quem, não na qualidade de membro do povo, mas na de membro do *Reichstag* – embora em condições que já não eram realmente democráticas –, tinha votado com seu grupo parlamentar, contra suas próprias objecções, a favor da Lei de Concessão de Plenos Poderes de 24 de março de 1933, contribuindo assim para a revogação de facto da Constituição de Weimar.

---

31   Cf. *Christopher Schwieger*, Volksgesetzgebung in Deutschland. Der wissenschaftliche Umgang mit plebiszitärer Gesetzgebung auf Reichs- und Bundesebene in Weimarer Republik, Drittem Reich und Bundesrepublik Deutschland (1919–2002), Berlin 2005, p. 37.

2.5. O presidente como "contrapeso" ao Parlamento

A construção mais peculiar e em seus efeitos menos prevista da Constituição de Weimar foi a instituição do presidente.

Segundo o conceito declarado por Preuß, a "nomeação do Chanceler e, de acordo com ele, a dos outros membros do governo [...] seria a função mais importante do Presidente". Que essa função deveria ser atribuída a um presidente em vez de deixar a determinação do governo ao parlamento foi derivada por Preuß a partir de uma consideração da situação na Suíça. Na Suíça, o sistema de eleição do governo pelo parlamento teve suas vantagens. Atenua a "regra do partido unilateral [...], porque o colégio governamental deve ser formado por compromisso entre os principais partidos, de acordo com seu equilíbrio aproximado de poder". Assim, toda a vida política flui de forma mais pacífica e silenciosa. Para as condições de "um país grande, que precisa de um governo que seja coerente pela homogeneidade política e, portanto, mais enérgico", essa vantagem é facilmente transformada em desvantagem.

Um presidente eleito pelo povo também poderia, "sem dúvida, avaliar melhor os 'múltiplos' aspectos políticos e técnicos a serem considerados na nomeação de um governo e tomar, baseado nisso, uma decisão melhor do que seria possível por meio de eleições parlamentares diretas". Uma eleição parlamentar do presidente, como na França daquela época, não era compatível com o "verdadeiro parlamentarismo". Isso exigiu a eleição diretamente pelo povo, pois exigiu "dois órgãos supremos do estado que eram essencialmente iguais um ao outro". O que se pretendia era a igualdade do parlamento e do presidente, que só poderia ser alcançada por meio da eleição popular de ambos. O que distingue o verdadeiro parlamentarismo do "dualismo" entre parlamento e presidente que caracteriza a Constituição americana é que não é o parlamento e o governo de um presidente que "estão lado a lado na oposição um contra o outro, mas sim o governo parlamentar que forma o elo flexível entre eles".

No caso de conflitos entre presidente e parlamento que não possam ser equilibrados de outra forma, já que ambos derivam seu poder político do povo, a decisão deve, por sua vez, recair sobre o povo. Portanto, o presidente tinha de ter o direito de "apelar da representação do povo para o próprio povo", dissolvendo o parlamento ou, no caso de um conflito relativo a uma única lei, apelar para o povo para votar. Por outro lado, em casos particularmente graves de conflito, o *Reichstag* devia também ter o poder de iniciar um referendo sobre a continuação da presidência. Isso expressaria a "responsabilidade política do *Reichstag*"[32].

A própria ideia de usar a eleição da liderança executiva pelo parlamento como explicação pela tendência de formar governos por meio de alianças desnecessárias – ou seja, de incluir um partido minoritário sem a necessidade de formar uma maioria, como era comum na Suíça – é, *do ponto de vista de hoje*, estranho. Em vista do material comparativo disponível hoje, parece mais lógico considerar os direitos democráticos diretos do povo – reforçados em 1874 e 1891 – como a causa, o que criou um motivo para a maioria política se armar contra o uso desses direitos, incluindo potenciais opositores no governo.

Parece mais desconcertante que Preuß, sem qualquer diferenciação, tenha equiparado a busca por compromissos que ele viu na vontade suíça de incluir partidos desnecessários para formar a maioria governamental com falta de vigor, e que, assumindo que para a Alemanha era, portanto, uma questão de escolher entre uma vida política mais pacífica e um governo mais enérgico, ele optou com a maior naturalidade pelo maior vigor, sem qualquer argumento de peso. A avaliação de Preuß de que o parlamento era menos capaz do que o presidente de considerar adequadamente aspectos "múltiplos" na eleição de um governo levanta a questão de sua confiança na capacidade do parlamento de legislar, na qual não menos numerosos aspectos técnicos e políticos têm de ser tidos em conta. Na verdade, Preuß tinha dado ao presidente um papel ainda maior para a legislação regular do que o que lhe foi finalmente concedido. Sua versão original da Constituição previa o veto do presidente contra leis parlamentares na forma de um

---

32 Preuß, Denkschrift zum Verfassungsentwurf (nota 30), p. 146, 148 et seq.

direito de reenvio ao parlamento, embora isso pudesse ser superado por uma nova decisão do *Reichstag*. A versão preliminar subsequente, que foi adaptada à opinião maioritária, já não continha o direito de recurso[33].

Preuß não parece ter previsto que o poder de formar um governo, que ele tinha reservado ao presidente, teria pouca utilidade sob o sistema previsto de representação proporcional, desde que o parlamento estivesse preparado para formar uma maioria, ou seja, desde que partes substanciais do espectro partidário não preferissem contar com a ditadura do presidente. Ele e o seu partido, o DDP, ficaram particularmente irritados com o facto de os grupos partidários construtoras da coligação e os partidos por trás delas terem tomado as rédeas do poder, e de sua vontade de formar uma coligação depender não só de chegar a acordo sobre um programa comum, mas – quem teria pensado nisso! – também da consideração de suas ideias sobre os cargos ministeriais que iriam preencher. Para Hugo Preuß, isso foi uma usurpação do poder de formar um governo que a Constituição tinha dado ao presidente e à pessoa que ele tinha confiado à formação do governo: o necessário contato do presidente com o *Reichstag* para determinar quem teria a confiança do *Reichstag* deveria "não degenerar em uma situação em que os grupos parlamentares distribuíssem realmente as pastas entre si e elegerem os ministros, [...] Isto não é parlamentarismo, mas a sua caricatura"[34]. Friedrich Ebert sentiu o mesmo quando viu seus planos interrompidos. Tentativas, sobretudo do grupo parlamentar de seu próprio partido, de influenciar a formação do gabinete de Wilhelm Cuno, que foi encarregado por Ebert de formar o governo, foram condenados por ele como ameaça ao parlamentarismo; concordando nesse ponto com representantes de outros grupos parlamentares, ele conseguiu

---

33   Entwurf II (nota 30), v. art. 60; antes Entwurf I (nota 30), art. 55 para. 2.
34   *Preuß*, Republikanische Reichsverfassung (nota 8), p. 342; v. t. *idem*, Staatsumwälzung (nota 10), p. 110. Crítico em palavras semelhantes, *Theodor Heuss*, Demokratie und Parlamentarismus, ihre Geschichte, ihre Gegner und ihre Zukunft, em: Anton Erkelenz (ed.), Zehn Jahre deutsche Republik. Ein Handbuch für republikanische Politik, Berlin 1928, p. 98–117 (111).

que Cuno escolhesse sozinho sua equipe de governo[35]. Que tal horizonte de expectativas não era propício a facilitar a formação de governos estáveis num sistema de governo parcialmente parlamentar estava aparentemente fora de vista.

O horizonte no qual a interferência parlamentar na formação do governo se mostrou contrária ao parlamentarismo foi definido pelo entendimento do parlamentarismo do alsaciano e especialista em direito internacional Robert Redslob. Sua concepção de parlamentarismo moldou a concepção de Hugo Preuß sobre a Constituição de Weimar e, portanto, moldou a própria Constituição de Weimar. Baseado em uma má interpretação, Redslob considerou a ordem de "equilíbrio" entre o legislativo e o executivo desenvolvido na Inglaterra como o "verdadeiro" sistema parlamentar, no qual o parlamento não podia "impor sua vontade ao governo", mas apenas tinha o "direito de crítica". A precaução apropriada contra as tendências mútuas de dominação dos dois poderes reside no direito de dissolver o parlamento, e assim chamar o povo como árbitro. O chefe de Estado deve ter esse direito como guardião do equilíbrio. No entanto, a única competência "verdadeiramente própria" do chefe de Estado seria a formação de um governo. De acordo com Redslob, a soberania do povo está em seu papel de árbitro. Além disso, e "[...] porque o eleitorado regula a política apenas nas linhas gerais e em intervalos mais longos [...]", no conceito de parlamentarismo de Redslob, "os poderes do estado desenvolvem iniciativa de longo alcance, sujeitam o povo à sua influência, formam-no de acordo com as suas próprias ideias" e impedem assim a transformação do sistema em despotismo. Em tudo isto, especialmente em relação ao parlamento, que corre o risco de se perder, acredita-se que o presidente tem um

---

35 Mais detalhes, *Raithel*, Parlamentarismus (nota 3), p. 180 et seq. Em formações governamentais anteriores, porém, o parlamento certamente tinha exercido uma influência mais intensa, já que o equilíbrio de poder entre os órgãos constitucionais dependia fortemente da maioria no parlamento. Sobre a prática de formar governos, ver *Hans Dietrich Krause-Harder*, Die Praxis der Regierungsbildung im Reich, Diss. jur. Königsberg 1931, p. 20 et seq., 46 et seq.

sentido superior do que é objetivamente correto: é seu dever, entre outras coisas, fortalecer o governo "dissolvendo o Parlamento, se este se desviar do caminho certo"[36].

Mesmo considerando essa teoria, que é justamente esquecida em grande parte, a concentração do memorando de Preuß em – aliás, muito seletivamente justificadas – considerações de simetria e igualdade na relação entre o parlamento e o presidente, e a classificação do governo como mero "elo" entre os dois, não é bem compreensível. Era precisamente o vigor do governo que devia ser tão decisivo que, segundo Preuß, um governo eleito pelo parlamento e formando o chefe do Executivo estava fora de questão. A questão de como se desenvolveria a relação entre o presidente e o governo e, sobretudo, se o presidente seria instruído pelo governo para contra-assinar seus atos oficiais, e se isso faria da nomeação dos membros do governo sua "função mais importante" – ou seja, assegurar que outras funções dependentes da contra-assinatura do governo em exercício seriam correspondentemente menos importantes –, ficou por discutir no memorando. Teria havido todos os motivos para discutir isso, pois já desde o primeiro rascunho de Preuß ficou claro, embora não explicitamente, mas por uma continuidade de formulação que perpetuou a situação constitucional anterior, que o presidente deveria ter o direito de demitir o governo, além do direito de nomeação. Isso limitou o efeito de transferência de poder pela exigência de contra-assinatura, afinal esse requisito só poderia ser entendido de forma significativa que não estava relacionado com a demissão do chanceler, ou pelo menos não no sentido de que a pessoa a ser demitida em particular tinha de contra-assinar sua própria perda de cargo.

---

36 *Robert Redslob*, Die parlamentarische Regierung in ihrer wahren und in ihrer unechten Form. Eine vergleichende Studie über die Verfassungen von England, Belgien, Ungarn, Schweden und Frankreich, Tübingen 1918, p. 1–8, e, sobre a soberania do povo como árbitro, p. 180 et seq. Para uma revisão, veja *Armel Le Divellec*, Robert Redslobs Theorie des Parlamentarismus. Eine einflussreiche verfassungsvergleichende «Irrlehre»?, em: Detlef Lehnert (ed.), Verfassungsdenker. Deutschland und Österreich 1870–1970, Berlin 2017, p. 107–138, com mais referências.

Já Bismarck tinha sido dispensado sem sua própria contra-assinatura. Havia, portanto, poucos motivos para supor que, segundo a construção de Preuß, o poder do presidente estaria essencialmente esgotado pelo fato de que ele estava encarregado de nomear o governo. Naturalmente, era preciso compreender algo do direito constitucional e ter uma visão global das muitas e variadas relações de dependência previstas, e ficar de olho nelas para reconhecer isso.

A tentativa de apresentar o assunto como se o direito do presidente de dissolver o parlamento, por um lado, e o direito do parlamento de convocar um referendo sobre a permanência do presidente no cargo, por outro, manteve uma espécie de simetria, porque em ambos os casos era uma questão de "apelo ao povo", era uma apresentação retórica sem substância. Em seu projeto, Preuß tinha vinculado a iniciativa parlamentar de um referendo sobre o presidente a uma maioria de dois terços, como no caso das emendas constitucionais; isso foi assim também incorporado à Constituição. O presidente, por outro lado, poderia decidir sobre a dissolução do parlamento sem um obstáculo comparável. Embora tenha exigido a contra-assinatura do governo, este deveria ter sido demitido e nomeado um novo governo disposto a contra-assinar em caso de recusa. Acima de tudo, porém, o presidente conseguiu dissolver o parlamento sem qualquer participação do povo e assim terminar prematuramente a legislatura. Sua decisão negativa sobre a atual composição do parlamento não foi, portanto, sujeita a referendo, enquanto o parlamento não podia terminar o atual mandato do próprio presidente, podendo apenas convocar um referendo sobre o assunto por uma maioria de dois terços. Sob a Constituição de Weimar, que nesse caso seguiu o esboço de Preuß em sua totalidade, o presidente nunca foi deposto, mas o *Reichstag* foi dissolvido sete vezes, até seu desaparecimento definitivo, com a Lei de Concessão de Plenos Poderes de março de 1933.

O memorando não fazia qualquer menção aos poderes presidenciais de emergência previstos no projeto e que mais tarde sufocaram a democracia.

Nas negociações anteriores no Ministério do Interior, porém, a questão dos riscos de uma posição forte do presidente foi levantada.

De acordo com os registros das negociações preparatórias no Ministério do Interior, Max Weber em particular, que não devia sua fama primeiramente a sua habilidade diplomática, articulou de forma bastante aberta o que era importante para ele e provavelmente também para os outros defensores de uma posição forte do presidente: "Os parlamentos, também, tinham entrado em um grave descrédito. Confiar-lhes todo o poder seria preocupante. Ele queria um contrapeso contra o parlamento, como podia ser encontrado no presidente nomeado pelo povo"[37]. Hugo Preuß, que foi mais astuto em suas tácticas de negociação, contrariou a preocupação expressa em seguida pelos social-democratas independentes de que havia o perigo de a eleição popular "dar ao presidente a vantagem sobre o parlamento"[38] com considerações que pretendiam deixar claro que seu conceito de um presidente popularmente eleito e correspondentemente forte não era, de forma alguma, um conceito antidemocrático burguês, mas, pelo contrário, era de facto democrático: que o *Reichstag* determina direta ou indiretamente o órgão supremo do Império é "repreensível, especialmente de um ponto de vista democrático. Os partidos conservadores têm muito mais probabilidades de aceitar isto do que os partidos estritamente democráticos"[39]. Essa foi mais uma fala simpática – provavelmente dirigida principalmente à social-democracia maioritária – do que um argumento objetivo. Mas, evidentemente, provou ser uma forma objetiva de lidar com a preocupação de que o presidente pudesse se tornar predominante, e por isso foi nessa troca de palavras que Preuß aprendeu a apresentar seu conceito do cargo de presidente no memorando como um que visava a um equilíbrio na relação entre dois órgãos igualmente "democráticos", uma vez que eles foram eleitos diretamente pelo povo. Não

---

37 Registros das negociações no Ministério do Interior sobre os contornos do projeto de Constituição a ser submetido à Assembleia Nacional (9-12 de dezembro de 1918), em: *Preuß*, Gesammelte Schriften, vol. 3 (nota 7), p. 111–134 (130); ver também *Max Weber*, Der Reichspräsident (1919), em: Max Weber-Gesamtausgabe Abt. I, vol. 16 (nota 26), p. 75–77 (76).

38 Essa é a declaração de *Joseph Herzfeld*, reproduzida nas notas (nota 37), p. 130.

39 Aufzeichnungen (nota 37), p. 130.

há nada a ser discernido nisso a não ser a tentativa de usar o cargo de presidente como um baluarte no caso de o parlamento cair no bolchevismo ou se desviar de outra forma[40].

Em seus pontos essenciais, a organização do cargo de presidente na Constituição de Weimar permaneceu próxima do conceito do primeiro rascunho de Preuß. Embora o direito do presidente de remeter as leis aprovadas pelo parlamento tenha sido abolido antes da apresentação do projeto de lei à Assembleia Nacional, e o mandato do presidente não tenha sido, como proposto originalmente por Preuß, fixado em dez anos – o dobro da duração proposta para a legislatura parlamentar –, mas em pelo menos sete anos (art. 43, § 1º, frase 1ª, WRV), enquanto a duração da legislatura foi fixada em quatro anos em vez dos cinco anos previstos por Preuß (art. 23, § 1º, frase 1ª, WRV). Mas elementos essenciais da construção de Preuß permaneceram: eleição do presidente pelo povo (artigo 41 WRV), reeleição ilimitada (art. 43, § 1º, frase 2ª, WRV), a necessidade de contra-assinatura de suas ordens e decretos (art. 50, frase 1ª, WRV), o direito de nomear e demitir o chanceler e, sob sua proposta, os ministros (art. 53 WRV), o direito de dissolver o parlamento, conceitualmente não repetido na mesma ocasião – e, como previsto por Preuß, sem a exigência anterior de uma resolução da Câmara dos Estados, para que o presidente pudesse agir mais livremente do que o imperador antes (art. 25 WRV), o comando supremo das forças armadas (art. 47 WRV) e, por último, mas não menos importante, amplos direitos de emergência (art. 48 WRV).

Os direitos de emergência incluíam o poder de forçar, com a ajuda das forças armadas, um estado do império a cumprir suas obrigações constitucionais e legais, se este não assim fizesse (a chamada execução imperial), o poder de intervir militarmente em caso de graves perturbações ou ameaças à segurança e ordem públicas e o poder de tomar "as medidas necessárias para restaurar a segurança e ordem públicas" em caso de tais ameaças – o chamado direito de decretos emergenciais.

---

40 Ver também *Heinrich August Winkler*, Weimar 1918–1933. Die Geschichte der ersten deutschen Demokratie, 4° ed., München 2005, p. 100.

Mesmo a autoridade para a execução imperial foi muito além do que o imperador tinha concedido sob a Constituição imperial de 1871. Sua questão só tinha sido a *realização* de uma execução, que o Conselho Imperial poderia ter tido decretado no caso de não cumprimento das obrigações federais por um estado (art. 19 da Constituição Imperial de 1871).

As outras disposições do artigo 48 da Constituição de Weimar para emergências foram um substituto para a autoridade do imperador para impor um estado de guerra sob a Constituição Imperial de 1871, que não foi restringida por nenhum direito parlamentar. Contudo, devido à Lei Prussiana sobre o estado de sítio, que foi decisiva na ausência de quaisquer disposições específicas do direito imperial, a competência, na altura, estava claramente limitada a casos de guerra e motim e não incluía o direito de emitir portarias representando a lei. Em contraste, o artigo 48 da Constituição da Weimar não só tinha um âmbito muito mais amplo como também foi interpretado de forma extremamente ampla[41]. A Lei Imperial prevista no n. 5 do artigo 48, que deveria ter regulamentado mais detalhes e poderia ter posto um fim ao desenvolvimento do direito de decretos emergenciais num meio comum de combate a problemas por meio de legislação substituta, nunca chegou a existir. Mesmo sob o primeiro presidente, Friedrich Ebert (SPD), que nos primeiros anos de sua presidência também presidiu as reuniões do gabinete, o direito de decretos emergenciais foi usado mais de 130 vezes entre 1919 e 1925.

As consequências potencialmente ruinosas da interpretação e aplicação extensiva do poder presidencial de emergência, caso sua utilização fosse um dia determinada pelos menos fiéis à Constituição, não eram aparentemente previsíveis nem para os atores nem para o

---

41 Para o direito de emitir decretos de acordo com o artigo 48, § 2, da Constituição de Weimar, v. *Julius Hatschek*, Deutsches und Preußisches Staatsrecht, vol. 2, 2° ed., Berlin 1930, p. 184 et seq., 187 ("Apenas a responsabilidade ministerial cria uma garantia contra abusos"). Por uma discrição incontrolável do Presidente quanto à necessidade das suas medidas, RGSt (decisões do Supremo Tribunal Alemão) 57, 384 (385); 65, 364 (365).

público – um exemplo da fatal falta de entendimento institucional que andava de mãos dadas com a autoimagem alemã de ser moldado pela cultura em vez da civilização, pelos valores interiores em vez das condições externas[42]. Após uma pausa nos anos de relativa consolidação econômica e política que seguiram, Hindenburg e seus gabinetes presidenciais utilizaram o poder dos decretos de emergência, que haviam sido moldados pela prática de Ebert, como instrumento de uma ditadura presidencial não mais dependente do parlamento na fase final da república.

Os poderes de emergência da Constituição de Weimar foram ainda mais longe em aspectos importantes do que Preuß havia inicialmente previsto em seu esboço inicial: no texto da Constituição, o decreto de emergência foi expressamente combinado com o poder de suspender temporariamente, no todo ou em parte, direitos básicos essenciais. Além disso, a exigência prevista por Preuß de obter a *aprovação* imediata do *Reichstag* para as medidas tomadas para restaurar a segurança e a ordem pública foi abandonada. Em vez disso, tudo o que restava era o dever do presidente de informar imediatamente o *Reichstag* sobre as medidas tomadas e de as revogar a seu pedido.

À primeira vista, essa renúncia à aprovação parlamentar parece ser sábia e previdentemente adaptada à constelação de que o Parlamento está bloqueado pelo domínio de alas extremas não dispostas a transigir e, portanto, deixaria de estar em condições de evitar de forma fiável emergências e possivelmente até de emitir de forma fiável as aprovações necessárias. Ao avaliar o impacto das normas legais, no entanto, um segundo olhar é geralmente ainda mais importante do que o primeiro. O segundo olhar vai além das consequências legais que a norma vincula a factos mais bem definidos para casos concretos de aplicação. Centra-se na forma como os destinatários da norma e os afetados pela norma baseiam seu comporta-

---

42 Sobre essa autoimagem, v. *Gertrude Lübbe-Wolff*, Die Aktualität der Hegelschen Rechtsphilosophie, em: Birgit Sandkaulen /Volker Gerhardt (ed.), Gestalten des Bewusstseins, Genealogisches Denken im Kontext Hegels, Hamburg 2009, p. 328–349 (343 et seq.).

mento na existência da norma. Nesse sentido, a eliminação da exigência de aprovação teve de ter um efeito desfavorável, pois favoreceu o surgimento precisamente da constelação de emergência da qual se pretendia liderar, aliviando os grupos parlamentares da pressão de se reunirem para formar maiorias capazes de tomar decisões. Acima de tudo, aqueles que esperavam uma ditadura do presidente para promover seus objetivos políticos poderiam, com confiança, recusar-se a aceitar compromissos parlamentares. Afinal de contas, as coisas iriam na direção deles de qualquer maneira.

O direito do *Reichstag* de exigir a revogação de decretos de emergência também se revelou uma espada romba, porque o direito presidencial de dissolver o *Reichstag* foi interpretado no sentido de que ainda poderia ser exercido após tal exigência de revogação ou para evitar tal exigência[43]. Essa também era a prática. Mesmo a primeira dissolução do *Reichstag* em março de 1924 pelo Presidente Ebert foi ligada a debates interparlamentares sobre uma exigência de dissolução do *Reichstag* em relação aos decretos de emergência, que o chanceler e o presidente ainda consideravam necessários[44]. Após o *Reichstag* exigir a revogação de dois decretos de emergência em 18 de julho de 1930, o Presidente Hindenburg dissolveu o *Reichstag* por decreto do mesmo dia, a pedido do Chanceler Brüning[45].

---

43 Ver, para o primeiro caso, *Anschütz*, Verfassung (nota 1), art. 48 nota 18 b), c); *Richard Thoma*, Die Notverordnung des Reichspräsidenten vom 26. Juli 1930, em: Zeitschrift für öffentliches Recht 11 (1931), p. 12–33 (14 et seq.).
44 Verordnung des Reichspräsidenten, betreffend die Auflösung des Reichstags. De 13 de março de 1924, RGBl. I p. 173. O motivo da dissolução também foi claramente indicado no Regulamento.
45 Verordnung des Reichspräsidenten über die Auflösung des Reichtags. De 18 de julho de 1930, RGBl. I p. 299. A dissolução do *Reichstag* tinha sido também uma resposta à resistência deste aos decretos governamentais emitidos com base nas Leis de Concessão de Plenos Poderes de 13 de outubro e 8 de dezembro de 1923, para os quais, análogo ao disposto no artigo 48°, n. 3, da Constituição de Weimar, a obrigação de revogação a pedido do governo tinha sido prevista por lei simples. V. Verordnung des Reichspräsidenten, betreffend die Auflösung des Reichstags. De 13 de março de 1924, RGBl. I p. 173.

A política, que o *Reichstag* queria frustrar com seu pedido de anulação, foi prosseguida com um novo decreto de emergência. O *Reichstag* foi dissolvido por decreto de 4 de junho de 1932, porque havia "o perigo" de que o *Reichstag* revogasse um decreto de emergência presidencial emitido alguns dias antes[46].

2.6. As possibilidades das Leis de Concessão de Plenos Poderes

O *Reichstag* foi afastado de seu papel de legislador não apenas por decretos de emergência presidenciais emitidos em cooperação entre o presidente e o governo. Em grande medida, tal como a Assembleia Nacional que a precedeu, o *Reichstag* saiu do jogo em maior ou menor grau nos primeiros anos da República, por meio de Leis de Concessão de Plenos Poderes, seguindo o exemplo dado em 1914, no início da guerra. A notória Lei de Concessão de Plenos Poderes de 24 de março de 1933 foi apenas a última lei que quebrou a Constituição por meio de concessão – sem emenda constitucional textual sob a forma de uma lei que altera a Constituição –, mas era em seu escopo sem precedentes[47].

2.7. Federalismo, autoadministração e cláusula de homogeneidade para as Constituições dos estados

Federalismo e autoadministração local ainda não são considerados elementos essenciais de uma estrutura estatal democrática. No entanto, sua ligação com o princípio da democracia é óbvia. São formas de organização que podem otimizar a autodeterminação democrática de acordo com os aspectos de pertencer a e ser afetado

---

46 Verordnung des Reichspräsidenten über die Auflösung des Reichstags. De 4 de junho de 1932, RGBl. I p. 441.

47 Mais detalhes, *Michael Frehse*, Ermächtigungsgesetzgebung im Deutschen Reich, Pfaffenweiler 1985; *Christoph Gusy*, Ermächtigungsgesetzgebung in Deutschland zwischen Verfassungsgefährdung, Verfassungserhaltung und Verfassungszerstörung, em: Zeitschrift für Neuere Rechtsgeschichte 39 (2017), p. 246–273. Sobre as consequências tomadas na Lei Básica *Horst Dreier*, em: idem (ed.), Grundgesetz-Kommentar, vol. II, 3° ed., Tübingen 2015, art. 79 I nota 3, 17 et seq.

por ela, estabelecendo direitos de autodeterminação política em diferentes níveis organizacionais.

A Constituição de Weimar previa uma organização federal e garantia a autoadministração dos municípios e regiões. A referência dessas descentralizações ao princípio da democracia esteve certamente presente na elaboração da Constituição. No entanto, ao decidir sobre a estrutura federal do Império e seu posterior desenvolvimento, o foco principal não foi nos aspectos democráticos, mas na percepção de que esta era a única forma de preservar a unidade nacional e na questão de como lidar com o problema da predominância territorial e populacional da Prússia e a ameaça resultante da hegemonia prussiana. Não só no memorando constitucional de Hugo Preuß essa questão ocupava o maior espaço. O próprio Preuß e seu partido, o liberal-democrata DDP, não estavam entre aqueles que atribuíam importância ao ganho em autodeterminação por meio da federalização. Como os partidos social-democratas, eles na verdade teriam preferido uma organização unitária do Império. O resultado da necessidade de acomodar os estados e os partidos de orientação federal foi uma Constituição com um federalismo bastante fraco.

A própria Constituição de Weimar destacou seus principais elementos na norma que tenta garantir a compatibilidade da estrutura constitucional dos estados com a estrutura federal: cada estado tinha de ser um "Estado livre" e ter uma Constituição republicana, uma representação do povo eleito por sufrágio universal, igual, direto e secreto por todos os homens e mulheres alemães, de acordo com os princípios da representação proporcional, e um governo estadual dependente do parlamento eleito (art. 17 WRV). Isso excluiu não só um retorno à monarquia, mas também um sistema de conselhos para os estados, bem como representações do povo com base em formas profissionais ou outras formas de demarcação entre as classes da população.

Essa cláusula de homogeneidade tinha de parecer importante, sobretudo tendo em conta a Prússia, de longe o maior dos estados da república, que ocupava mais de metade do território e representava mais de metade da população. Na verdade, porém, não era a

Prússia que deveria provar ser uma ameaça para a estabilidade da democracia de Weimar. Pelo contrário, a "Coligação Weimar" do SPD, Centro e DDP, à qual a Constituição de Weimar devia suas origens, governou ali por longos períodos de tempo e desde 1925 de forma contínua. Em vez disso, um governo nacional que já tinha resvalado para o paraconstitucionalismo matou a independência do Estado livre da Prússia com o "*Preußenschlag* (golpe a Prússia)" – a nomeação do Chanceler Papen como Comissário do Império e com o uso imediato de seu poder para afastar os membros do governo prussiano em exercício –, e assim abriu o caminho para a tomada do poder pelos nacional-socialistas.

2.8. Tentativas de assegurar as condições da ordem democrática

A democracia é baseada na igualdade de direitos de todos os cidadãos. Como autodeterminação política coletiva, só é possível com base na autodeterminação individual. Também só é possível com base em e por meio de regras legais. A democracia inclui, portanto, a igualdade de direitos, a liberdade e o Estado de direito.

Tudo isso fazia parte do conceito de democracia de Weimar. Disposições de direitos fundamentais, que não eram, de forma alguma, apenas o carácter de conjuntos programáticos, garantia de igualdade jurídica e de liberdades para os cidadãos[48]. A Constituição institucionalizou a separação de poderes, estabeleceu disposições para a independência dos tribunais comuns, proibiu tribunais excepcionais, obrigou à abolição da jurisdição militar, exceto em tempo de guerra e a bordo de navios de guerra, e prescreveu tribunais administrativos em nível estadual e nacional para a proteção dos direitos individuais contra ordens e decretos das autoridades administrativas.

Na prática, porém, o Estado de direito garantido no papel não funcionou em aspectos cruciais. Essa foi uma das grandes hipotecas

---

[48] Mais detalhes, *Horst Dreier*, Grundrechtsrepublik Weimar, em: Das Wagnis der Demokratie, de ed. Horst Dreier / Christian Waldhoff, München 2018, p. 175 et seq.

sobre a Constituição de Weimar. A não execução ou a clemência completamente irracional em sancionar os numerosos assassinatos políticos da direita foi apenas a manifestação mais óbvia de uma administração da justiça não meramente sobrecarregada, mas em grande medida unilateral e partidária, cujas atividades e inatividades foram durante muito tempo um programa de apoio à ilegalidade radical da direita. Isso está impressionantemente documentado nos escritos contemporâneos de Emil Julius Gumbel.

A Revolução de Novembro tinha produzido "uma nova constituição, mas não um novo sistema judicial"[49]. Nem uma nova administração. É característico da situação que a Associação dos Juízes alemães tenha sido presidida por um homem para quem as "leis por meio de compromissos" da democracia parlamentar eram "híbridos, cruzamentos dos interesses dos partidos no poder, [...] direito de bastardo" e que ele não precisava de ter o cuidado de falar isto em público[50].

Os tribunais mistos de arbitragem, que nos termos do Tratado de Versalhes eram responsáveis pelos processos de resolução de dívidas privadas, não eram alemães, mas tribunais internacionais. No entanto, seu trabalho também afetou muitos cidadãos. Aqui, o problema não era político-partidário, mas sim um enorme viés político-nacional em detrimento do respectivo partido alemão. Isso não só aumentou o azedume sobre o tratado de paz, que era tudo menos orientado para o futuro e para o estabelecimento da paz, como também contribuiu para a experiência generalizada da ilegalidade prevalecente[51].

---

49 *Christoph Gusy*, Weimar – die wehrlose Republik? Verfassungsschutzrecht und Verfassungsschutz in der Weimarer Republik, Tübingen 1991, p. 309. Sobre a continuidade das elites, v. *Monika Wienfort*, Alte Eliten in der neuen Republik, em: Das Wagnis der Demokratie, de ed. Horst Dreier / Christian Waldhoff, München 2018, p. 241 et seq., 254 et seq.
50 *Johannes Leeb*, Dreierlei, em: Deutsche Richterzeitung 13 (1921), p. 130–131 (131).
51 Ver *Arthur Nussbaum*, Das Ausgleichsverfahren. Ein Beitrag zur Kritik des Versailler Vertrages und seiner Durchführung, Tübingen 1923, p. 28 et seq.

Uma jurisdição constitucional que teria colocado as regras da democracia sob proteção abrangente não existia sob a Constituição de Weimar. Em particular, não existia um tribunal constitucional especializado com competência explícita para examinar a constitucionalidade das leis e outros atos legais contra o padrão da Constituição. As funções individuais típicas do Tribunal Constitucional foram, contudo, desempenhadas em diferentes pontos do sistema judicial. Assim, os Tribunais do Império, tais como os tribunais supremos de outros países antes deles, concederam aos tribunais e, portanto, também a eles próprios a competência, não expressamente prevista no texto da Constituição, de rever as leis contra a bitola da Constituição – uma competência que, na altura, era defendida mais pelos opositores do que pelos defensores da democracia[52]. Contudo, essa função foi exercida com muito cuidado, como é característico na fase inicial dos tribunais com competência autodescoberta para rever leis.

Um Tribunal de Revisão Eleitoral a ser formado "no *Reichstag*", composto por membros do *Reichstag* e do Tribunal Administrativo do Império, ou, como sua criação não aconteceu, do Tribunal Imperial (arts. 31 WRV e 166 WRV)[53], corrigiu com sucesso o mal dos atrasos, se não mesmo das dilações, que tinham sido comuns no procedimento de revisão eleitoral puramente parlamentar da era imperial.

---

52 *Gertrude Lübbe-Wolff*, Der Schutz verfassungsrechtlich verbürgter Individualrechte: Die Rolle des Reichsgerichts, em: Hermann Wellenreuther / Claudia Schnurmann (ed.), Die amerikanische Verfassung und deutsch-amerikanisches Verfassungsdenken, New York – Oxford 1990, p. 411–434; *Horst Dreier*, Verfassungsgerichtsbarkeit in der Weimarer Republik, em: idem, Staatsrecht in Demokratie und Diktatur, de ed. Matthias Jestaedt / Stanley L. Paulson, Tübingen 2016, p. 59–123 (76 et seq.). Para o tribunal eleitoral, *Stephan Meyer*, Das justizförmige Wahlprüfungsgericht beim Reichstag der Weimarer Republik. Institution, Verfahren, Leistung, Berlin 2010, p. 45. Para o apoio principalmente em círculos antidemocráticos, ver, em vez de muitos, *Wolfgang Wehler*, Der Staatsgerichtshof für das Deutsche Reich. Die politische Rolle der Verfassungsgerichtsbarkeit in der Zeit der Weimarer Republik, Diss. jur. Bonn 1979, p. 102 et seq., com mais referências.
53 Mais detalhes sobre esse tribunal, *Meyer*, Wahlprüfungsgericht (nota 52).

Havia também o Tribunal do Estado para o Império alemão. Esse Tribunal não deve ser confundido com o Tribunal do Estado de Proteção da República, um tribunal especial criado em 1922 e abolido em 1927, que devia julgar crimes sob a Lei de Proteção da República, que foi promulgada em resposta ao assassinato de Walther Rathenau para combater as atividades anticonstitucionais, mas que cumpriu essa tarefa de forma inadequada, com uma orientação em grande parte unilateral anticomunista[54]. O Tribunal de Estado do Império alemão, por outro lado, era um tribunal previsto na Constituição, com competência principalmente para disputas de supervisão entre o Império e os estados, disputas em caso de reorganização do território do Império, disputas entre os estados e – subsidiariamente – disputas constitucionais dentro de um estado, bem como em caso de acusação de um presidente, chanceler ou ministro. Onde o presidente tinha direitos excepcionais, o tribunal afirmou seu poder de controle em princípio, mas exerceu grande contenção no que diz respeito ao seu conteúdo. Quase não estabeleceu limites eficazes para o uso excessivo do chamado direito de decretos emergenciais. Ele desvalorizou o direito do *Reichstag* de exigir a revogação de decretos de emergência, confirmando que a dissolução do *Reichstag* por Hindenburg em 1930, justificada por tal exigência de revogação, estava em total conformidade com a Constituição.

O tribunal aprovou o ataque mortal ao governo prussiano e à independência do Estado prussiano de 22 de julho de 1932, não como medida de execução imperial, mas apenas como decreto de emergência, com a única restrição de que o direito de voto da Prússia no Conselho do Império não poderia ser transferido para o Comissário[55]. Assim, o Tribunal do Estado também tinha cavado sua própria sepultura.

---

54 *Gotthard Jasper*, Der Schutz der Republik. Studien zur staatlichen Sicherung der Demokratie in der Weimarer Republik, Tübingen 1963, p. 106 et seq., 288 et seq.; *Gusy*, Weimar (nota 49), p. 345 et seq.; *Ingo J. Hueck*, Der Staatsgerichtshof zum Schutz der Republik, Tübingen 1996, p. 134 et seq., 188 et seq., 249 et seq.
55 Mais detalhes sobre competências e judicatura, *Wehler*, Staatsgerichtshof (nota 52); *Dreier*, Verfassungsgerichtsbarkeit (nota 52), p. 91 et seq.; *Gusy*, Weimar (nota 49), p. 325 et seq.

Com a decisão do Tribunal de Estado nas mãos, os nacional-socialistas puderam ir para a sincronização dos estados restantes ainda capazes de agir depois de Adolf Hitler ter sido nomeado chanceler. Uma vez concluído o processo de alinhamento dos restantes estados, a base para o exercício de seus poderes tinha desaparecido em grande parte.

3. FINAL

A Constituição de Weimar foi concebida como democrática. No entanto, o conceito era – no que diz respeito ao modo de formação do governo e ao papel do presidente – caracterizado por reservas sobre o *demo* real e sua representação, o Parlamento. Foi interpretado e aplicado na teoria e na prática com reservas ainda maiores. A doutrina do direito constitucional, mesmo na medida em que apoiava a democracia, estava, em sua maioria, ainda bastante distante das ideias modernas de democracia. Provavelmente a maior fraqueza do conceito de democracia de Weimar estava no *design* do gabinete do presidente. A doutrina errada da separação de poderes, livre de qualquer consideração funcional razoável da relação entre os poderes legislativo e executivo, na qual se baseou, só poderia ter o efeito desejado em conexão com a falta não programática de implementação de legislação sobre o direito do presidente de emitir decretos de emergência e interpretações que reforçassem os problemas. Aqui, como em alguns outros aspectos, as decisões constitucionais e interpretativas alternativas poderiam possivelmente ter evitado o pior. Não há certeza sobre isso. O valor de lidar com o conceito de democracia de Weimar e as razões de seu fracasso reside menos nas ambiguidades que dele se podem tirar do que no facto de aguçar o sentido da complexidade dos contextos legais e extralegais.

REFERÊNCIAS

Dreier, Horst: Die drei gängigsten Irrtümer über die Weimarer Reichsverfassung, em: Merkur 63 (2009), S. 1151–1156.

Grimm, Dieter: Mißglückt oder glücklos? Die Weimarer Reichsverfassung im Widerstreit der Meinungen, em: Heinrich August Winkler (ed.), Weimar im

Widerstreit. Deutungen der ersten deutschen Republik im geteilten Deutschland, München 2002, p. 151–161.

Gusy, Christoph: Die Weimarer Reichsverfassung, Tübingen 1997.

Huber, Ernst-Rudolf: Deutsche Verfassungsgeschichte seit 1789, vol. VI: Die Weimarer Reichsverfassung, reimpressão revista da 1ª edição, Stuttgart– Berlin – Köln 1993.

Le Divellec, Armel: Robert Redslobs Theorie des Parlamentarismus. Eine einflussreiche verfassungsvergleichende «Irrlehre»?, em: Detlef Lehnert (ed.), Verfassungsdenker. Deutschland und Österreich 1870–1970, Berlin 2017, p. 107–138.

Lehnert, Detlef: Die Weimarer Staatsrechtsdebatte zwischen Legendenbildung und Neubesinnung, em: Aus Politik und Zeitgeschichte 51 (1996), p. 3–14.

Mergel, Thomas: Parlamentarische Kultur in der Weimarer Republik. Politische Kommunikation, symbolische Politik und Öffentlichkeit im Reichstag, Düsseldorf 2012.

Preuß, Hugo: Denkschrift zum Verfassungsentwurf (3. /20. Januar 1919), em: idem, Gesammelte Schriften, vol. 3, Das Verfassungswerk von Weimar, Detlef Lehnert / Christoph Müller / Dian Schefold (ed.), Tübingen 2015, p. 533–540.

Raithel, Thomas: Das schwierige Spiel des Parlamentarismus. Deutscher Reichstag und französische Chambre des Députés in den Inflationskrisen der 1920er Jahre (Quellen und Darstellungen zur Zeitgeschichte, vol. 62), München 2005

Publicações selecionadas:

Das Dilemma des Rechts. Über Härte, Milde und Fortschritt im Recht, Basel 2017.

Demokratie als Weiberkram, em: Festschrift für Renate Jaeger, Kehl a. Rh. 2011, p. 225–243.

Die Aktualität der Hegelschen Rechtsphilosophie, em: Birgit Sandkaulen / Volker Gerhardt (ed.), Gestalten des Bewusstseins. Genealogisches Denken im Kontext Hegels, Hamburg 2009, p. 328–349.

Die Rechtsprechung des Bundesverfassungsgerichts zum Strafvollzug und Untersuchungshaftvollzug, Baden-Baden 2016.

Wie funktioniert das Bundesverfassungsgericht?, Göttingen 2015.

Lista de abreviações:

DDP – Deutsche Demokratische Partei (Partido Democrata Alemão)

DNVP – Deutschnationale Volkspartei (Partido Popular Nacional Alemão)

DVP – Deutsche Volkspartei (Partido Popular Alemão)

MSDP – Mehrheitssozialdemokratische Partei Deutschlands (Partido Social--Democrata Maioritário)

NSDAP – Nationalsozialistische Deutsche Arbeiterpartei (Partido Nacional--Socialista dos Trabalhadores Alemães)

RGBl – Reichsgesetzblatt (Diário Oficial Nacional da Alemanha até 1945)

RV – Reichsverfassung (Constituição Imperial)

SPD – Sozialdemokratische Partei Deutschlands (Partido Social-Democrata da Alemanha)

USPD – Unabhängige Sozialdemokratische Partei Deutschlands (Partido Social-Democrata Independente)

WRV – Weimarer Reichsverfassung (Constituição de Weimar)

O aprendizado da Lei Fundamental de Bonn com a Constituição de Weimar e os seus reflexos no constitucionalismo brasileiro

GILMAR FERREIRA MENDES[*]

1. Introdução

A história republicana alemã foi marcada por diferentes e significativos episódios para o desenvolvimento do estudo do direito constitucional. A análise dos contextos socioeconômicos que viviam a sociedade à época dos triunfos das constituições é essencial para que se possa entender as virtudes da Constituição de Weimar, bem como as suas falhas, que ocasionaram severas consequências, como a ascensão da ditadura de Adolf Hitler.

No início do século XX, a Alemanha vivia o conturbado período de pós-primeira Guerra Mundial, da qual saíra derrotada e tentava se recompor economicamente. O *Tratado de Versalhes* havia imposto

---

[*] Ministro do Supremo Tribunal Federal. Professor de Direito Constitucional nos cursos de graduação e pós-graduação do Instituto Brasiliense de Direito Público (IDP). Doutor em Direito pela Universidade de Münster, Alemanha.

duras penalidades aos alemães, como a perda de terras e a exigência de indenizações pelas reparações da guerra. A irresignação social se intensificava e vários movimentos políticos e conflitos internos surgiam pelo país. Nesse cenário, em 11 de agosto de 1919, a Assembleia Constituinte alemã promulgou a Constituição de Weimar (*Weimarer Reichsverfassung*), um texto que buscava reproduzir um compromisso com os direitos sociais de todos os seus cidadãos[1].

Apesar das várias críticas, fato é que a Constituição de Weimar contemplava um "rol sistematizado de direitos" e as suas garantias de liberdades públicas serviram de exemplo para os textos constitucionais dos demais países, a exemplo da Constituição brasileira de 1934[2].

Todavia, os 165 artigos previstos no texto weimariano não foram suficientes para conter o avanço nazista e a implementação de um regime totalitário, que perdurou por mais de dez anos. Após alguns anos de relativa estabilidade política e econômica, a República de Weimar passou a enfrentar fortes crises econômicas. A grande crise de 1929 impactou a Alemanha, ocasionando inúmeros desempregos e fazendo, uma vez mais, reacender os embates institucionais naquele país. Em meio aos conflitos entre nazistas e comunistas, apoiado pelos capitalistas industriais, Hitler se torna o chanceler da Alemanha em 1933.

No pós-guerra, a necessidade de uma nova Constituição para a Alemanha (então dividida) gerou um esforço de tentar evitar os erros cometidos no texto de Weimar[3]. Embora não seja possível

---

1 CURY, Carlos Roberto Jamil. A Constituição de Weimar: um capítulo para a educação. *Educação & Sociedade*, 1998.
2 PINHEIRO, Maria Cláudia Bucchianeri. A Constituição de Weimar e os direitos fundamentais sociais: a preponderância da Constituição da República Alemã de 1919 na inauguração do constitucionalismo social à luz da Constituição mexicana de 1917. *Revista de Informação Legislativa*, v. 43, n. 169, p. 101-126, 2006. p. 116.
3 CALDWELL, Peter. *Popular sovereignty and the crisis of German constitutional law*: the theory and practice of Weimar constitutionalism. Durham: Duke University Press, 1997. p. 1.

atribuir a ela unicamente a crise política que levou à ascensão do nazismo, dada a complexa situação social e econômica vivida à época[4], fato é que a Constituição não conseguiu controlar as disputas políticas, a escalada do autoritarismo e o arrefecimento das liberdades individuais.

Sobre o tema, Herta Däubler-Gmelin afirma as limitações da Constituição de Weimar para lidar com os complexos problemas existentes à época:

> Por melhor que fosse o seu conteúdo, ela não foi capaz de evitar o fracasso da primeira democracia alemã. Sabemos hoje que este fracasso se deve, em última análise, à existência de poucos democratas na Alemanha e de um número excessivo de pessoas, sobretudo da burguesia, que em suas mentes ainda não tinham superado o império e a antiga ordem com seus privilégios e sua estrutura social injusta. Além disso, havia mais um fator: a Constituição de Weimar não oferecia estruturas estabilizadoras que pudessem ser úteis nas crises dessa república marcada pela pobreza das massas, pela miséria e por conflitos cada vez mais violentos entre os extremistas da direita e da esquerda. Faltava-lhe a prioridade do Direito Constitucional. Apesar de conter os direitos fundamentais, estes não podiam ser cobrados na justiça. O governo podia agir sem se importar com o parlamento, e – o que se revelou especialmente desastroso – o presidente podia decidir as questões mais importantes por meio de decretos emergenciais[5].

Nesse sentido, na Lei Fundamental de Bonn (1949), buscou-se corrigir as limitações da Constituição de Weimar. Esforços foram feitos para limitar os poderes conferidos ao presidente, trazer maior responsabilidade ao Parlamento na condução da agenda de Estado

---

4 JACOBSON, Arthur J.; SCHLINK, Bernhard. Constitutional crisis: the German an the American experience. *In*: JACOBSON, Arthur J.; SCHLINK, Bernhard (ed.). *Weimar:* a jurisprudence of crisis. Berkeley: University of California Press, 2000. p. 11.

5 DÄUBLER-GMELIN, Herta. 50 anos da Lei Fundamental. *In*: CARNEIRO, José Mario Brasiliense; FERREIRA, Ivette Senise (org.). *50 anos da Lei Fundamental*. São Paulo: Edusp, 2001. p. 13.

e, em especial, reforçar o papel dos direitos fundamentais em face dos atos administrativos, judiciais e legislativos[6].

De fato, até mesmo pela gravidade dos atos descobertos à época do nacional-socialismo, na qual direitos fundamentais foram deliberadamente violados com a chancela dos poderes constituídos, os debates que culminaram na edição da Lei Fundamental de Bonn tiveram grande influência na doutrina e jurisprudência alemãs, com forte repercussão no Brasil.

No presente artigo, busca-se abordar como o aprendizado da Alemanha com as falhas da Constituição de Weimar repercutiu no Direito Constitucional brasileiro, em especial no âmbito da proteção aos direitos fundamentais. Na primeira parte do estudo, realiza-se uma breve comparação entre a estrutura da Constituição Federal de 1988 e a Lei Fundamental de Bonn. Posteriormente, são abordados dois pontos fundamentais da evolução do direito constitucional alemão que possuem grande importância na doutrina e jurisprudência brasileiras: a posição dos direitos e garantias fundamentais no arranjo constitucional e o desenvolvimento do nosso sistema de controle de constitucionalidade. Por fim, intenta-se demonstrar que a Lei Fundamental alemã, sendo a Constituição viva que é, ainda influencia positivamente o ordenamento jurídico brasileiro.

2. A NOVA CONSTITUIÇÃO ALEMÃ E SUA INFLUÊNCIA NA CONSTITUIÇÃO DE 1988

A Lei Fundamental de Bonn, de 1949, assim como a doutrina constitucional alemã que se desenvolveu baseada em seu texto, têm tido grande influência nas jovens democracias, que incorporaram importantes reflexões do amadurecimento do Direito Constitucional na Alemanha após o fim da Segunda Guerra Mundial. No mundo ibero-americano, não é difícil perceber a influência do texto constitucional alemão – e também da doutrina alemã – nas Constituições de Portugal (1976) e da Espanha (1978).

---

[6] CADWELL, Peter. *Popular sovereignty and the crisis of German constitutional law,* cit., p. 1.

A Constituição do Brasil, promulgada em 5 de outubro de 1988, também foi fortemente influenciada pela Lei Fundamental alemã de 1949. O texto constitucional de 1988 expressa o consenso político obtido para a superação do regime militar e consolida em seu texto as pretensões clássicas de proteção dos direitos fundamentais, buscando garantir também os direitos sociais, relevantes numa sociedade marcada por histórica desigualdade.

A Constituição de 1988 buscou responder à não efetividade tradicional dos direitos com o desenvolvimento de garantias constitucionais especiais de caráter judicial. Nesse contexto, destaca-se a peculiar preocupação com a omissão legislativa inconstitucional e com o desenvolvimento de instrumentos especiais para a sua superação (mandado de injunção e ação direta de inconstitucionalidade por omissão).

A independência judicial foi enfatizada como jamais havia sido nas Constituições anteriores. O texto assegura expressamente a autonomia administrativa e financeira dos órgãos judiciais. O Ministério Público, antes fundamentalmente voltado para a as questões criminais, assumiu papel de relevo na proteção dos interesses difusos e coletivos, especialmente na proteção do patrimônio público, da defesa do consumidor e do meio ambiente.

O modelo federativo, que passou por um amplo experimentalismo institucional desde a proclamação da República, sofreu mudanças significativas na Constituição de 1988. Digna de realce é a ênfase conferida à chamada competência concorrente da União e dos Estados, na qual se estabeleceu que, no exercício dessa competência, deverá a União limitar-se a editar normas gerais (art. 24, § 1º), ficando os Estados com a competência suplementar. Evidente, aqui, a inspiração na experiência constitucional alemã.

A influência da Lei Fundamental faz-se sentir, sobretudo, na ampla proteção oferecida aos direitos fundamentais, que, diferentemente do que ocorrera com todas as Constituições brasileiras, ganham lugar de destaque logo na abertura do texto constitucional. Nos termos do artigo 60, § 4º, revela-se inadmissível qualquer projeto de emenda constitucional que vise abolir direitos e garantias individuais, que assim são caracterizados como *cláusulas pétreas* ou *garantias de eternidade* contra o poder constituinte de reforma.

O controle abstrato de constitucionalidade evoluiu significativamente no Brasil após 1988. A Constituição ampliou a legitimação ativa para a propositura das ações diretas e deu nova conformação aos poderes do Supremo Tribunal Federal (STF) para o exercício da fiscalização concentrada da constitucionalidade das leis. O texto de 1988 e a jurisprudência do STF que sobre ele foi construída desde então também fazem transparecer a nítida influência do direito constitucional alemão sobre o sistema brasileiro de controle de constitucionalidade das normas.

3. Os sistemas de direitos fundamentais na Constituição do Brasil de 1988 e na Lei Fundamental de 1949

Talvez seja o campo dos direitos fundamentais o mais influenciado pelos debates oriundos do aprendizado pelo qual passou a Alemanha no pós-guerra, com a busca por superar possíveis erros da Constituição de Weimar por meio do estabelecimento da Lei Fundamental de Bonn. Não só a sistemática de positivação constitucional desses direitos busca inspiração no texto alemão de 1949 mas, sobretudo, a doutrina e a jurisprudência que foram desenvolvidas no Brasil sobre o tema.

De forma inicial, a própria disposição dos direitos e garantias fundamentais no texto constitucional revela essa inegável influência. No pós-guerra, houve um esforço de posicionar os direitos fundamentais logo nos primeiros artigos da Lei Fundamental de Bonn como forma de reforçar a sua importância e afastar argumentos de que estes possuíam apenas caráter declaratório, como defendido de forma corrente na Alemanha então sob a égide da Constituição de Weimar[7].

A mesma alteração pôde ser vista também no Brasil. Todas as Constituições brasileiras destinaram disposições ou capítulos específicos ao tratamento dos direitos e garantias fundamentais (Cons-

---

7   FRIEDRICH, Carl J. Rebuilding the German Constitution, II. *The American Political Science Review*, v. 43, n. 4, p. 707-720, 1949. p. 707.

tituição de 1824, arts. 179, I a XXXV; Constituição de 1891, art. 72, §§ 1º a 31; Constituição de 1934, art. 113, 1 a 38; Constituição de 1937, art. 122, 1 a 17, e art. 123; Constituição de 1946, art. 141, §§ 1º a 38, e arts. 142 a 144; Constituição de 1967/69, art. 153, §§ 1º a 36). A análise dessas Constituições passadas demonstra uma singela característica comum: a de que, em todas elas, as disposições sobre direitos fundamentais invariavelmente foram positivadas ao fim do texto, nos últimos capítulos, seções, títulos ou, em alguns casos, nas disposições gerais finais.

Certamente influenciada pela sistemática da Lei Fundamental alemã, a Constituição brasileira de 1988, mudando radicalmente a tendência observada nos demais textos constitucionais, consagrou um extenso catálogo de direitos logo em seus primeiros dispositivos (arts. 5º, incisos I a LXXVIII, §§ 1º a 4º, e arts. 6º a 17). A inserção dos direitos fundamentais no início do texto constitucional inegavelmente denota a intenção do constituinte de emprestar-lhes significado especial. A amplitude conferida ao texto, que se desdobra em 78 incisos e quatro parágrafos no artigo 5º, além dos artigos 6º a 17, reforça a impressão sobre a posição de destaque que o constituinte quis outorgar a esses direitos.

Outro fruto do amadurecimento dos debates na Alemanha no pós-guerra pode ser visto na previsão de imediata aplicação dos direitos fundamentais expressa na Carta de 1949. Sob a égide da Constituição de Weimar, era interpretação corrente o caráter meramente declaratório ou programático dos direitos fundamentais, os quais, no limite, poderiam ser opostos a atos do Poder Executivo ou Judiciário, mas não a normas legais, pois, segundo parte relevante da doutrina, caberia ao *Reichstag* definir o conteúdo de tais direitos[8].

Na formulação da Lei Fundamental de Bonn, estabeleceu-se logo ao início, no artigo 1º, que os direitos fundamentais vinculariam o Legislativo, o Executivo e o Judiciário, bem como seriam direta-

---

8 Sobre a interpretação dos direitos fundamentais à época da Constituição de Weimar, ver: CALDWELL, Peter. *Popular sovereignty and the crisis of German constitutional law*, cit., p. 73-78.

mente aplicáveis. No mesmo sentido, o artigo 5º, § 1º, da Constituição brasileira dispõe que "as normas definidoras de direitos e garantias fundamentais têm aplicação imediata".

A ideia de que os direitos individuais devem ter eficácia imediata ressalta a vinculação direta dos órgãos estatais a esses direitos e o seu dever de guardar-lhes estrita observância. Os direitos fundamentais são concebidos, originariamente, como direitos subjetivos públicos, isto é, como direitos do cidadão em face do Estado. Se se considerar que os direitos fundamentais são *prima facie* direitos contra o Estado, então parece correto concluir que todos os Poderes e exercentes de funções públicas estão diretamente vinculados aos preceitos consagrados pelos direitos e garantias fundamentais. Em outros termos, a exigência de que as normas definidoras dos direitos e garantias fundamentais tenham aplicação imediata traduz a pretensão do constituinte no sentido de instituir uma completa e integral vinculação dos entes estatais aos direitos fundamentais. Assim, na ordem constitucional brasileira, os direitos fundamentais obrigam a todos os Poderes do Estado, seja o Legislativo, Executivo ou o Judiciário, nos planos federal, estadual e municipal, tal como pode ser visto na Constituição alemã.

Vale destacar que não apenas as mudanças do texto da Lei Fundamental de Bonn foram incorporadas no Brasil, mas também os debates jurisprudenciais da Corte Constitucional alemã têm sido acompanhados pela doutrina e jurisprudência brasileiras.

Nesse contexto, assume relevo questão relativa ao grau de vinculação aos direitos e garantias fundamentais, especialmente à aplicação desses nas relações privadas. Essa questão tem sido discutida no Brasil sob a influência da doutrina alemã da *Drittwirkung der Grundrechte*. O Supremo Tribunal Federal do Brasil, inclusive, já possui jurisprudência sobre o tema, em decisão que busca fundamentação nas concepções dogmáticas alemãs e, principalmente, na conhecida decisão do Tribunal Constitucional no caso *Lüth-Urteil*[9].

---

9   RE 201.819, Relator Ministro Gilmar Mendes, julgado em 11.10.2005. A ementa do julgado tem o seguinte teor: "*SOCIEDADE CIVIL SEM FINS*

Outra questão relevante que possui importantes raízes na evolução da Constituição e da doutrina alemã refere-se à interpretação dos direitos fundamentais como cláusulas pétreas ou limites ao poder de revisão, especialmente no que concerne à proteção ao

---

LUCRATIVOS. UNIÃO BRASILEIRA DE COMPOSITORES. EXCLUSÃO DE SÓCIO SEM GARANTIA DA AMPLA DEFESA E DO CONTRADITÓRIO. EFICÁCIA DOS DIREITOS FUNDAMENTAIS NAS RELAÇÕES PRIVADAS. RECURSO DESPROVIDO. I. EFICÁCIA DOS DIREITOS FUNDAMENTAIS NAS RELAÇÕES PRIVADAS. As violações a direitos fundamentais não ocorrem somente no âmbito das relações entre o cidadão e o Estado, mas igualmente nas relações travadas entre pessoas físicas e jurídicas de direito privado. Assim, os direitos fundamentais assegurados pela Constituição vinculam diretamente não apenas os poderes públicos, estando direcionados também à proteção dos particulares em face dos poderes privados. *II. OS PRINCÍPIOS CONSTITUCIONAIS COMO LIMITES À AUTONOMIA PRIVADA DAS ASSOCIAÇÕES.* A ordem jurídico-constitucional brasileira não conferiu a qualquer associação civil a possibilidade de agir à revelia dos princípios inscritos nas leis e, em especial, dos postulados que têm por fundamento direto o próprio texto da Constituição da República, notadamente em tema de proteção às liberdades e garantias fundamentais. O espaço de autonomia privada garantido pela Constituição às associações não está imune à incidência dos princípios constitucionais que asseguram o respeito aos direitos fundamentais de seus associados. A autonomia privada, que encontra claras limitações de ordem jurídica, não pode ser exercida em detrimento ou com desrespeito aos direitos e garantias de terceiros, especialmente aqueles positivados em sede constitucional, pois a autonomia da vontade não confere aos particulares, no domínio de sua incidência e atuação, o poder de transgredir ou de ignorar as restrições postas e definidas pela própria Constituição, cuja eficácia e força normativa também se impõem, aos particulares, no âmbito de suas relações privadas, em tema de liberdades fundamentais. *III. SOCIEDADE CIVIL SEM FINS LUCRATIVOS. ENTIDADE QUE INTEGRA ESPAÇO PÚBLICO, AINDA QUE NÃO ESTATAL. ATIVIDADE DE CARÁTER PÚBLICO. EXCLUSÃO DE SÓCIO SEM GARANTIA DO DEVIDO PROCESSO LEGAL. APLICAÇÃO DIRETA DOS DIREITOS FUNDAMENTAIS À AMPLA DEFESA E AO CONTRADITÓRIO.* As associações privadas que exercem função predominante em determinado âmbito econômico e/ou social, mantendo seus associados em relações de dependência econômica e/ou social, integram o que se pode denominar de espaço público, ainda que não estatal. A União Brasileira de Compositores – UBC, sociedade civil sem fins lucrativos,

seu núcleo essencial, protegido de forma expressa no artigo 19, II, da Lei Fundamental.

Tal cláusula, que pode ser considerada uma reação contra os abusos cometidos pelo nacional-socialismo[10], configura uma tentativa de fornecer resposta ao poder quase ilimitado do legislador no âmbito dos direitos fundamentais, tal como amplamente defendido até o período da Constituição de Weimar. A proteção dos direitos individuais realizava-se mediante a aplicação do princípio da legalidade da Administração e dos postulados da reserva legal e da supremacia da lei[11]. Isso significava que os direitos fundamentais submetidos a uma reserva legal poderiam ter a sua eficácia completamente esvaziada pela ação legislativa[12].

Tentou-se contornar o perigo do esvaziamento dos direitos de liberdade pela ação do legislador democrático com a doutrina das *garantias institucionais (Institutgarantien)*, segundo a qual determinados direitos concebidos como instituições jurídicas deveriam ter o

---

integra a estrutura do ECAD e, portanto, assume posição privilegiada para determinar a extensão do gozo e fruição dos direitos autorais de seus associados. A exclusão de sócio do quadro social da UBC, sem qualquer garantia de ampla defesa, do contraditório, ou do devido processo constitucional, onera consideravelmente o recorrido, o qual fica impossibilitado de perceber os direitos autorais relativos à execução de suas obras. A vedação das garantias constitucionais do devido processo legal acaba por restringir a própria liberdade de exercício profissional do sócio. O caráter público da atividade exercida pela sociedade e a dependência do vínculo associativo para o exercício profissional de seus sócios legitimam, no caso concreto, a aplicação direta dos direitos fundamentais concernentes ao devido processo legal, ao contraditório e à ampla defesa (art. 5º, LIV e LV, CF/88). *IV. RECURSO EXTRAORDINÁRIO DESPROVIDO".*

10   VON MANGOLDT, Hermann. *Das Bonner Grundgesetz:* considerações sobre os direitos fundamentais. Berlin: F.Vahlen, 1953. p. 37.
11   Cf., a propósito, HERBERT, Georg. Der Wesensgehalt der Grundrechte. *EuGRZ*, 1985. p. 321.
12   THOMAS, Richard. Grundrechte und Polizeigewalt. *In: Festgabe zur Feier des fünfzigsjährigen Bestehens des Preussischen Oberverwaltungsgerichts*. [S. l.: s. n.], 1925. p. 191 e s.; ANSCHÜTZ, Gerhard. *Die Verfassung des Deutschen Reichs vom 11 August 1919*. 14. ed. Berlin: [s. n.], 1933. p. 517 e s.

mínimo de sua essência garantido constitucionalmente[13]. A falta de mecanismos efetivos de controle de constitucionalidade das leis – somente em 1925 reconheceu o *Reichsgericht* a possibilidade de se proceder ao controle de constitucionalidade do direito ordinário[14] – e a ausência de instrumentos asseguradores de efetividade dos direitos fundamentais em face dos atos administrativos contribuíam ainda mais para a onipotência do legislador.

A Lei Fundamental de Bonn, nesse contexto, declarou expressamente a vinculação do legislador aos direitos fundamentais (LF, art. 1, III), estabelecendo diversos graus de intervenção legislativa no âmbito de proteção desses direitos. No artigo 19, II, consagrou-se, por seu turno, a proteção do núcleo essencial (*In keinem Falle darf ein Grundrecht in seinem Wesengehalt angestatet werden*). Essa disposição atendia também aos reclamos da doutrina constitucional da época de Weimar, que, como visto, ansiava por impor limites à ação legislativa no âmbito dos direitos fundamentais[15].

Como é sabido, a definição do âmbito de proteção configura pressuposto primário para o desenvolvimento de qualquer direito fundamental[16]. O exercício dos direitos individuais pode dar ensejo, muitas vezes, a uma série de conflitos com outros direitos constitu-

---

13 WOLFF, Martin. Reichsverfassung und Eigentum. In: *Festgabe der Berliner Juristischen Fakultät für Wilhelm Kahl zum Doktorjubiläum am 19 April 1923.* [S. l.: s. n., s. d.]. p. IV; SCHMITT, Carl. *Verfassungslehre.* Berlin: Duncker & Humblot, 1954. p. 170 e s.; SCHMITT, Carl. Freiheitsrechte und institutionelle Garantien der Reichsverfassung (1931). In: *Verfassungsrechtliche Aufsätze aus den Jahren 1924/1954:* Materialien zu einer Verfassungslehre. [S. l.: s. n.], 1958. p. 140-173. Cf. também HERBERT, Der Wesensgehalt der Grundrechte, cit., p. 321.

14 RGZ 111, p. 320 e s.

15 WOLFF, Reichsverfassung und Eigentum, cit., p. IV; SCHMITT, *Verfassungslehre,* cit., p. 170 e s.; SCHMITT, Freiheitsrechte und institutionelle Garantien der Reichsverfassung (1931), cit., p. 140-173. Cf. também HERBERT, Der Wesensgehalt der Grundrechte, cit., p. 321; KREBS, Walter. No title. *In:* KUNIG, Philiip; VON MÜNCH, Ingo (org.). *Grundgesetz-Kommentar.* München: C. H. Beck, [s. d.].

16 LERCHE, Peter, Das Bundesverfassungsgericht und die Verfassungsdirektiven. Zu den "nicht erfulten Gesetzgebungsauftragen". *AöR,* n. 90. p. 739.

cionalmente protegidos. Daí fazer-se mister a definição do *âmbito ou núcleo de proteção* (*Schutzbereich*) e, se for o caso, a fixação precisa das restrições ou das limitações a esses direitos (*limitações ou restrições = Schranke oder Eingriff*)[17].

Cogita-se aqui dos chamados limites imanentes ou "limites dos limites" (*Schranken-Schranken*), que balizam a ação do legislador quando restringe direitos individuais[18]. Esses *limites*, que decorrem da própria Constituição, referem-se tanto à necessidade de proteção de um núcleo essencial do direito fundamental quanto à clareza, determinação, generalidade e proporcionalidade das restrições impostas[19].

Embora a ordem constitucional brasileira não tenha contemplado qualquer disciplina direta e expressa sobre a proteção do núcleo essencial de direitos fundamentais, é inequívoco que a sua aceitação se dá enquanto postulado constitucional imanente, o qual se destina a evitar o esvaziamento do conteúdo do direito fundamental decorrente de restrições descabidas, desmesuradas ou desproporcionais[20]. Afinal, a não admissão de um limite ao afazer legislativo tornaria inócua qualquer proteção fundamental, conforme já se colocara em debates sob a Constituição de 1967/69[21].

Assim, também na Constituição brasileira a complexidade do sistema de direitos fundamentais recomenda que se envidem esforços no sentido de precisar os elementos essenciais dessa categoria de direitos, em especial no que concerne à identificação dos âmbitos de proteção e à imposição de restrições ou limitações legais.

---

17 PIEROTH, Bodo; SCHLINK, Bernhard. *Grundrechte*. Heidelberg: [s. n.], 1998. p. 50; CANOTILHO, J. J. Gomes. *Direito constitucional.* Coimbra: Almedina, 1991. p. 602-603.
18 ALEXY, Robert. *Theorie der Grundrechte.* Frankfurt am Main: [s. n.], 1986. p. 65.
19 PIEROTH; SCHLINK, *Grundrechte,* cit., p. 65.
20 HESSE, Konrad. *Grundzüge des Verfassungsrechts, der Bundesrepublik Deutschland.* Heidelberg: C. F. Müller, 1995. p. 134.
21 Rp 930, Relator Ministro Rodrigues Alckmin, *DJ* de 02.09.1977.

Na ordem constitucional brasileira, os direitos fundamentais também cumprem múltiplas funções. Tais direitos são, a um só tempo, direitos subjetivos e elementos fundamentais da ordem constitucional objetiva. Enquanto direitos subjetivos, os direitos fundamentais outorgam aos titulares a possibilidade de impor os seus interesses em face dos órgãos obrigados[22]. Na sua dimensão como elemento fundamental da ordem constitucional objetiva, os direitos fundamentais – tanto aqueles que não asseguram, primariamente, um direito subjetivo quanto aqueloutros, concebidos como garantias individuais – formam a base do ordenamento jurídico de um Estado de Direito democrático.

É verdade consabida, desde que Jellinek desenvolveu a sua *Teoria dos quatro "status"*[23], que os direitos fundamentais cumprem diferentes funções na ordem jurídica.

Na sua concepção tradicional, os direitos fundamentais são *direitos de defesa (Abwehrrechte)*, destinados a proteger determinadas posições subjetivas contra a intervenção do Poder Público, seja pelo (a) não impedimento da prática de determinado ato, seja pela (b) não intervenção em situações subjetivas ou pela não eliminação de posições jurídicas[24].

Nessa dimensão, os direitos fundamentais contêm disposições definidoras de uma *competência negativa do Poder Público (negative Kompetenzbestimmung)*, que fica obrigado, assim, a respeitar o núcleo de liberdade constitucionalmente assegurado[25].

---

22 HESSE, *Grundzüge des Verfassungsrechts, der Bundesrepublik Deutschland*, cit., p. 112; KREBS, Walter. Freiheitsschutz durch Grundrechte. *JURA*, 1988. p. 617.
23 JELLINEK, Georg. *Sistema dei diritti pubblici subiettivi*. Milano: Giuffrè, 1912. p. 244. Sobre a crítica da Teoria de Jellinek, cf.: ALEXY, *Theorie der Grundrechte*, cit., p. 243 e s. Cf. também SARLET, Ingo. *A eficácia dos direitos fundamentais*. Porto Alegre: Livraria do Advogado, 1998. p. 153 e s.
24 ALEXY, *Theorie der Grundrechte*, cit., p. 174. Ver, também, CANOTILHO, *Direito constitucional*, p. 548.
25 HESSE, *Grundzüge des Verfassungsrechts, der Bundesrepublik Deutschland*, p. 133.

Outras normas consagram direitos a prestações de índole positiva (*Leistungsrechte*), que tanto podem referir-se a prestações fáticas de índole positiva (*faktische positive Handlungen*) quanto a prestações normativas de índole positiva (*normative Handlungen*)[26].

Todas essas concepções dogmáticas têm sido absorvidas pela jurisprudência do Supremo Tribunal Federal em matéria de direitos fundamentais.

O Tribunal tem julgado casos históricos, em que discutidas questões relacionadas ao racismo e ao antissemitismo[27], à progressão de regime prisional[28], à fidelidade partidária[29], ao direito da minoria de requerer a instalação de comissões parlamentares de inquéritos[30] e quanto à proibição de nepotismo na administração pública[31].

O Tribunal também tem analisado complexas questões quanto à demarcação de terras indígenas, tendo em vista que a Constituição de 1988 reconhece como direito dos índios as terras por eles tradicionalmente ocupadas, competindo ao Estado realizar sua demarcação, proteger e fazer respeitar todos os seus bens e valores culturais[32].

Em julgamento relevante, o Tribunal debateu a respeito da constitucionalidade das pesquisas científicas com células embrionárias humanas[33], no qual se discutiu o tema desde o prisma do princípio da proporcionalidade em sua dupla perspectiva, como proibição de excesso (*Ubermassverbot*) e como proibição de proteção insuficiente (*Untermassverbot*).

---

26 ALEXY, *Theorie der Grundrechte*, cit., p. 179. Ver, também, CANOTILHO, *Direito constitucional*, cit., p. 549.
27 STF-HC 82424/RS, Pleno, Relator Moreira Alves, redator para Acórdão Maurício Corrêa, *DJ* 19.03.2004.
28 STF-HC 82.959/SP, Relator Marco Aurélio, *DJ* 01.09.2006.
29 STF-MS 26.602/DF, Relator Eros Grau, *DJ* 17.10.2008.
30 STF-MS 24.831/DF, Relator Celso de Mello, *DJ* 04.08.2006.
31 STF-ADC 12/DF, Relator Carlos Britto, julg. 20.08.2008.
32 STF-PET 3.388/RR, Relator Carlos Britto, julg. em 19.03.2009.
33 STF-ADI 3.510/DF, Relator Ministro Carlos Britto, julg. 29.05.2008.

Assim, não há dúvida sobre a intensa influência do sistema de direitos fundamentais da Constituição alemã de 1949, da doutrina e jurisprudência que sobre ele se formaram, em relação ao que tem sido construído no Brasil, nessa temática, desde 1988.

4. A APROXIMAÇÃO ENTRE OS SISTEMAS DE CONTROLE ABSTRATO DE CONSTITUCIONALIDADE NO BRASIL E NA ALEMANHA

A questão do controle de constitucionalidade não era bem delimitada no âmbito da carta de Weimar, havendo intenso debate sobre a possibilidade da aferição, pelo *Reichsgericht*, da compatibilidade de leis perante a Constituição[34]. Foi com a Lei Fundamental de Bonn que se quebrou com a primazia da interpretação do parlamento quanto às normas constitucionais – em especial os direitos fundamentais – e outorgou-se expressamente ao Tribunal Constitucional Federal (*Bundesverfassunggericht*) tal poder[35].

No Brasil, o desenvolvimento da jurisdição constitucional possui clara influência da tradição alemã. Como se sabe, aqui se adota um sistema misto de controle de constitucionalidade. Se as influências do modelo difuso de origem norte-americana foram decisivas para a adoção inicial de um sistema de fiscalização judicial da constitucionalidade das leis e dos atos normativos em geral, o desenvolvimento das instituições democráticas acabou resultando num peculiar sistema de jurisdição constitucional, cujo desenho e organização reúnem, de forma híbrida, características marcantes de ambos os clássicos modelos de controle de constitucionalidade.

Assim, ao contrário do sistema alemão de controle de normas, no qual o monopólio de censura está concentrado no *Bundesverfassungsgericht*, qualquer juiz ou tribunal pode, no direito brasileiro, recusar a aplicação de uma lei, num caso concreto, por considerá-la inconstitucional.

---

34 CALDWELL, *Popular sovereignty and the crisis of German constitutional law*, cit., p. 153-155.
35 FRIEDRICH, Carl J. Rebuilding the German Constitution, II, cit., p. 708.

O modelo de controle difuso adotado pelo sistema brasileiro permite que qualquer juiz ou tribunal declare a inconstitucionalidade de leis ou atos normativos, não havendo restrição quanto ao tipo de processo. Tal como no modelo norte-americano, há um amplo poder conferido aos juízes para o exercício do controle da constitucionalidade dos atos do poder público.

Nesse sistema de caráter difuso, os diversos tipos de ações ou *writs* constitucionais destinados à proteção de direitos constituem um campo propício para o exercício da fiscalização da constitucionalidade das leis. Ao contrário de outros modelos do direito comparado, o sistema brasileiro não reserva a um único tipo de ação ou de recurso a função primordial de proteção de direitos fundamentais, estando a cargo desse mister, principalmente, as ações constitucionais do *mandado de segurança*, uma criação genuína do sistema constitucional brasileiro, o *habeas corpus*, o *habeas data*, o *mandado de injunção*, a *ação civil pública* e a *ação popular*.

Não obstante as diferenças entre os dois sistemas de controle de normas, pelo menos no tocante à conformação do sistema difuso no Brasil, são significativos os pontos em comum entre os modelos de controle abstrato de normas adotados no Brasil e na Alemanha.

A Lei Fundamental alemã instituiu processo destinado a aferir a compatibilidade do direito federal ou estadual com a Constituição ou do direito estadual com o direito federal, mediante provocação do Governo Federal, de um Governo Estadual ou de um terço dos membros do Parlamento Federal (LF, art. 93, I, n. 2). Esse mecanismo foi inspirado parcialmente no artigo 13, II, da Constituição de Weimar. Para esse processo, disciplinado nos §§ 13, n. 6, e 76 da Lei do *Bundesverfassungsgericht*, tornou-se usual a denominação "controle abstrato de normas"[36].

---

36 STERN, Klaus. *Bonner Kommentar*. [S. l.: s. n., s. d.]. p. 292; VON MUTIUS, Albert. Die abstrakte Normenkontrolle vor dem Bundesverfassungsgericht. *JURA*, p. 534 e s., 1987. p. 534. Stern (*Bonner Kommentar*, cit., art. 93, n. 189) ressalta que a expressão "controle abstrato de normas" foi utilizada pela primeira vez por Friesenhahn (*Handbuch des deutschen Staatsrechts*, 1932,

O legislador constituinte brasileiro introduziu, em 1965, ao lado do controle incidental de normas, o controle abstrato de normas perante o Supremo Tribunal Federal, para aferição da constitucionalidade de lei ou ato normativo federal ou estadual. O direito de propositura da ação foi outorgado exclusivamente ao Procurador--Geral da República.

A Constituição de 1988 rompeu com esse monopólio, outorgando o direito de propositura a significativo grupo de entes e órgãos (CF, art. 102). Se a intensa discussão sobre o monopólio da ação por parte do Procurador-Geral da República não levou a uma mudança na jurisprudência consolidada sobre o assunto, é fácil constatar que ela foi decisiva para a alteração introduzida pelo constituinte de 1988, com a significativa ampliação do direito de propositura da ação direta. O constituinte assegurou o direito do Procurador-Geral da República de propor a ação de inconstitucionalidade. Este é, todavia, apenas um dentre os diversos órgãos ou entes legitimados a propor a ação direta de inconstitucionalidade.

Nos termos do artigo 103 da Constituição de 1988, dispõem de legitimidade para propor a ação de inconstitucionalidade o Presidente da República, a Mesa do Senado Federal, a Mesa da Câmara dos Deputados, a Mesa da Assembleia Legislativa ou da Câmara Legislativa, o Governador de Estado ou do Distrito Federal, o Procurador-Geral da República, o Conselho Federal da Ordem dos Advogados do Brasil, partido político com representação no Congresso Nacional, as confederações sindicais ou entidades de classe de âmbito nacional[37].

---

v. 2, p. 523 e 526). Não se pode olvidar, porém, que já em 1925 vislumbrara Walter Jellinek a configuração de um controle abstrato no modelo instituído pelo art. 13, II, da Constituição de Weimar (JELLINEK, Georg. Der Schutz des öffentlichen Rechts. *VVDStRL*, v. 2, 1925. p. 41-42.). Também Flad cogitara então de uma aferição de constitucionalidade *in abstracto* (FLAD, Wolfgang. *Verfassungsgerichtsbarkeit und Reichsexekution*. Heidelberg: [s. n.], 1929. p. 42).

37 STERN, *Bonner Kommentar*, cit., p. 292; VON MUTIUS, Die abstrakte Normenkontrolle vor dem Bundesverfassungsgericht, cit., p. 534.

A ampla legitimação conferida ao controle abstrato, com a inevitável possibilidade de submeter qualquer questão constitucional ao Supremo Tribunal Federal, operou uma mudança substancial no modelo de controle de constitucionalidade até então vigente no Brasil.

O monopólio de ação outorgado ao Procurador-Geral da República no sistema de 1967/69 não provocou uma alteração profunda no modelo incidente ou difuso. Este continuou predominante, integrando-se a representação de inconstitucionalidade a ele como um elemento ancilar, que contribuía muito pouco para diferençá-lo dos demais sistemas "difusos" ou "incidentes" de controle de constitucionalidade.

A Constituição de 1988 reduziu o significado do controle de constitucionalidade incidental ou difuso, ao ampliar, de forma marcante, a legitimação para propositura da ação direta de inconstitucionalidade (art. 103), permitindo que, praticamente, todas as controvérsias constitucionais relevantes sejam submetidas ao Supremo Tribunal Federal mediante processo de controle abstrato de normas.

Convém assinalar que, tal como já observado por Anschütz ainda no regime de Weimar, toda vez que se outorga a um Tribunal especial atribuição para decidir questões constitucionais, limita-se, explícita ou implicitamente, a competência da jurisdição ordinária para apreciar tais controvérsias[38].

Portanto, parece quase intuitivo que, ao ampliar, de forma significativa, o círculo de entes e órgãos legitimados a provocar o Supremo Tribunal Federal, no processo de controle abstrato de normas, acabou o constituinte por restringir, de maneira radical, a amplitude do controle difuso de constitucionalidade.

Assim, se se cogitava de um *modelo misto* de controle de constitucionalidade, é certo que o forte acento residia, ainda, no amplo e dominante sistema difuso de controle. O controle direto continuava a ser algo acidental e episódico dentro do sistema difuso.

---

38 Gerhard Anschütz, Verhandlungen des 34, *Deutschen Juristentags*, Berlim e Leipzig, 1927, v. 2. p. 208.

A Constituição de 1988 alterou, de maneira radical, essa situação, conferindo ênfase não mais ao sistema *difuso* ou *incidente*, mas ao modelo *concentrado*, uma vez que as questões constitucionais passam a ser veiculadas, fundamentalmente, mediante ação direta de inconstitucionalidade perante o Supremo Tribunal Federal.

A ampla legitimação, a presteza e a celeridade desse modelo processual, dotado inclusive da possibilidade de suspender imediatamente a eficácia do ato normativo questionado, mediante pedido de medida cautelar, fazem com que as grandes questões constitucionais sejam solvidas, na sua maioria, mediante a utilização da ação direta, típico instrumento do controle concentrado.

Em sua particular conformação, também assumiu o controle abstrato de normas novo significado federativo, permitindo a aferição da constitucionalidade das leis federais mediante requerimento de um Governador de Estado e a aferição da constitucionalidade de leis estaduais, mediante requerimento do Presidente da República.

A propositura da ação pelos partidos políticos com representação no Congresso Nacional concretiza, por outro lado, a ideia de defesa das minorias, uma vez que se assegura até às frações parlamentares menos representativas a possibilidade de arguir a inconstitucionalidade de lei.

Ressalte-se que não são numericamente significativas as ações propostas pelas organizações partidárias. É verdade, porém, que muitos dos temas mais polêmicos submetidos ao Supremo Tribunal, no processo de controle abstrato, foram trazidos mediante iniciativa dos partidos políticos. Assim, a discussão sobre a constitucionalidade da Emenda Constitucional n. 2, de 1992, que antecipou o plebiscito sobre a forma e sistema de governo previsto no artigo 2º do ADCT[39], o questionamento da legitimidade da lei do salário mínimo[40], a controvérsia sobre a legitimidade do pagamento mediante precatório

---

39 Cf. ADI 829, 830 e 831, Relator Ministro Moreira Alves, *DJ* 20.04.1993, p. 6758.
40 ADI 737, proposta pelo Partido Democrático Trabalhista – PDT, Relator Ministro Moreira Alves, *DJ* 22.10.1993, p. 22252.

para os créditos de natureza alimentícia[41]. Isso para não falar das diversas ações propostas contra a política econômica do Governo[42].

Como mais recente evento no processo de evolução do controle abstrato de normas no Brasil, é importante ressaltar a aprovação de dois diplomas legais: as Leis n. 9.868 e 9.882, ambas de 1999. Trata-se de dois textos normativos que disciplinam instrumentos processuais destinados ao controle de constitucionalidade. A Lei n. 9.882 veio estabelecer os contornos normativos da chamada Arguição de Descumprimento de Preceito Fundamental (CF, art. 102, § 1º). Já a Lei n. 9.868 regulamenta o processamento e julgamento da Ação Direta de Inconstitucionalidade (ADI) e da Ação Declaratória de Constitucionalidade (ADC), exercendo agora um papel que era cumprido, em grande parte, pelo regimento interno ou por construções da jurisprudência do STF. Aliás, esse diploma legislativo teve, sem dúvida, a preocupação de recolher em seu conteúdo boa parte dessas construções jurisprudenciais, não renunciando, porém, à introdução de algumas importantes modificações em nosso sistema de controle.

O Supremo Tribunal Federal tem evoluído na adoção de novas técnicas de decisão no controle abstrato de constitucionalidade, campo em que a jurisprudência do Tribunal constitucional alemão tem exercido significativa influência. Além das muito conhecidas técnicas de interpretação conforme à Constituição, declaração de nulidade parcial sem redução de texto, ou da declaração de inconstitucionalidade sem a pronúncia da nulidade, aferição da "lei ainda constitucional" e do apelo ao legislador, são também muito utilizadas as técnicas de limitação ou restrição de efeitos da decisão, o que possibilita a declaração de inconstitucionalidade com efeitos *pro futuro* a partir da decisão ou de outro momento que venha a ser determinado pelo tribunal (ADI 2.240, ADI 3.682, ADI 1.351).

---

41 ADI 672, Relator Ministro Marco Aurélio, *DJ* 04.02.1992, p. 499.
42 Cf., v.g., ADI 357, Relator Ministro Carlos Velloso, *DJ* 23.11.1990, p. 13622; ADI 562, Relator Ministro Ilmar Galvão, *DJ* 10.10.1991, p. 12254; ADI 605, Relator Ministro Celso de Mello, *DJ* 05.03.1993; ADI 931, Relator Ministro Francisco Rezek, *DJ* 06.09.1993, p. 17973.

A legislação que regulamenta a ADI (Lei n. 9.868/99) prevê a possibilidade de o Plenário do Tribunal *modular os efeitos das decisões* no âmbito do controle abstrato de normas (art. 27).

A utilização dessa técnica de modulação de efeitos permite ao STF declarar a inconstitucionalidade da norma: a) a partir do trânsito em julgado da decisão (declaração de inconstitucionalidade *ex nunc*); b) a partir de algum momento posterior ao trânsito em julgado, a ser fixado pelo Tribunal (declaração de inconstitucionalidade com eficácia *pro futuro*); c) sem a pronúncia da nulidade da norma; e d) com efeitos retroativos, mas preservando determinadas situações.

Nesse contexto, a jurisprudência do Supremo Tribunal Federal tem evoluído significativamente nos últimos anos, sobretudo a partir do advento da Lei n. 9.868/99.

A prática tem demonstrado que essas novas técnicas de decisão têm guarida também no âmbito do controle difuso de constitucionalidade (RE 197.917, HC 82.959, MS 26.602).

Também no âmbito do controle abstrato de constitucionalidade, relevantes decisões têm sido produzidas nas ações diretas de inconstitucionalidade por omissão (ADO).

Inicialmente, o Supremo Tribunal Federal adotou o entendimento de que a decisão que declara a inconstitucionalidade por omissão autorizaria o Tribunal apenas a cientificar o órgão inadimplente para que este adotasse as providências necessárias à superação do estado de omissão inconstitucional.

Assim, reconhecida a procedência da ação, deveria o órgão legislativo competente ser informado da decisão, para as providências cabíveis.

Em julgado recente, o Tribunal passou a considerar a possibilidade de, em alguns casos específicos, indicar um prazo razoável para a atuação legislativa, ressaltando as consequências desastrosas para a ordem jurídica da inatividade do Legislador no caso concreto (ADI 3.682).

Também no âmbito da arguição de descumprimento de preceito fundamental é possível identificar decisões relevantes. Após o julgamento da ADPF 33, na qual o Tribunal fixou os contornos dessa nova ação constitucional, esse tipo de ação tem evoluído vertiginosamente na jurisprudência do STF. Nesse sentido, vale destacar que o Tribunal já discutiu alguns temas importantes pela via da ADPF, como a constitucionalidade da Lei de Imprensa (ADPF 130) e a questão da possibilidade de proibir a participação de candidatos em eleições com base em dados que desabonem sua vida pregressa (ADPF 144).

Vê-se, portanto, que a evolução do controle de constitucionalidade no Brasil demonstra a forte influência recebida da Lei Fundamental de 1949 e do direito constitucional alemão em todo esse processo.

5. Conclusão

Os cem anos da Constituição de Weimar e os setenta da Lei Fundamental de Bonn traduzem a história de uma doutrina e jurisprudência constitucional cuja força, cultivada a duras penas por toda a sociedade alemã, influenciou e ainda influencia a construção de outras ordens constitucionais fundadas nos princípios da democracia e da proteção dos direitos fundamentais. Pode-se assim dizer que a Lei Fundamental alemã é uma Constituição viva não apenas para o povo alemão, mas também para sociedades ibero-americanas que nela buscaram inspiração para a construção de um verdadeiro Estado Democrático de Direito.

As influências do amadurecimento constitucional na Alemanha pós-Segunda Guerra Mundial na Constituição de 1988 são nítidas, como se pode observar nas breves considerações feitas no presente ensaio. Com grande relevância para o período, o sistema de garantia e proteção dos direitos fundamentais e o modelo de controle abstrato de constitucionalidade são, inegavelmente, inspirados no texto constitucional alemão.

O desenvolvimento da doutrina e da jurisprudência constitucionais no Brasil também demonstra a forte influência do direito constitucional alemão. Atualmente, o constante e frutífero diálogo entre doutrina e jurisprudência tem resultado em decisões produzidas pelo Supremo Tribunal Federal que, ao fim e ao cabo, são inspiradas em institutos, conceitos e concepções formadas ou aperfeiçoadas no âmbito jurídico alemão.

A data, portanto, constitui uma data representativa não apenas na Alemanha, mas em todos os países cuja construção e consolidação do Estado Democrático de Direito buscaram inspiração na Lei Fundamental de 1949. Trata-se de um processo cuja história muito ensinou e ainda muito contribuirá para o fortalecimento, em diversos países, das instituições democráticas e da proteção dos direitos fundamentais.

Referências

ALEXY, Robert. *Theorie der Grundrechte*. Frankfurt am Main: [s. n.], 1986.

ANSCHÜTZ, Gerhard. *Die Verfassung des Deutschen Reichs vom 11 August 1919*. 14. ed. Berlin: [s. n.], 1933.

CALDWELL, Peter. *Popular sovereignty and the crisis of German constitutional law*: the theory and practice of Weimar constitutionalism. Durham: Duke University Press, 1997.

CANOTILHO, J. J. Gomes. *Direito constitucional*. Coimbra: Almedina, 1991.

CURY, Carlos Roberto Jamil. A Constituição de Weimar: um capítulo para a educação. *Educação & Sociedade*, 1998.

DÄUBLER-GMELIN, Herta. 50 anos da Lei Fundamental. *In*: CARNEIRO, José Mario Brasiliense; FERREIRA, Ivette Senise (org.). *50 anos da Lei Fundamental*. São Paulo: Edusp, 2001. p. 11-20.

FLAD, Wolfgang. *Verfassungsgerichtsbarkeit und Reichsexekution*. Heidelberg: [s. n.], 1929.

FRIEDRICH, Carl J. Rebuilding the German Constitution, II. *The American Political Science Review*, v. 43, n. 4, p. 707-720, 1949.

HERBERT, Georg. Der Wesensgehalt der Grundrechte. *EuGRZ*, 1985.

HESSE, Konrad. *Grundzüge des Verfassungsrechts, der Bundesrepublik Deutschland*. Heidelberg: C. F. Müller, 1995.

JACOBSON, Arthur J.; SCHLINK, Bernhard. Constitutional crisis: the German an the American experience. *In*: JACOBSON, Arthur J.; SCHLINK, Bernhard (ed.). *Weimar*: a jurisprudence of crisis. Berkeley: University of California Press, 2000. p. 1-40.

JELLINEK, Georg. Der Schutz des öffentlichen Rechts. *VVDStRL*, v. 2, 1925.

JELLINEK, Georg. *Sistema dei diritti pubblici subiettivi*. Milano: Giuffrè, 1912.

KREBS, Walter. Freiheitsschutz durch Grundrechte. *JURA*, 1988.

KREBS, Walter. No title. In: KUNIG, Philiip; VON MÜNCH, Ingo (org.). *Grundgesetz-Kommentar*. München: C. H. Beck, [s. d.].

LERCHE, Peter, Das Bundesverfassungsgericht und die Verfassungsdirektiven. Zu den "nicht erfulten Gesetzgebungsauftragen". *AöR*, n. 90.

PIEROTH, Bodo; SCHLINK, Bernhard. *Grundrechte*. Heidelberg: [s. n.], 1998.

PINHEIRO, Maria Cláudia Bucchianeri. A Constituição de Weimar e os direitos fundamentais sociais: a preponderância da Constituição da República Alemã de 1919 na inauguração do constitucionalismo social à luz da Constituição mexicana de 1917. *Revista de Informação Legislativa*, v. 43, n. 169, p. 101-126, 2006.

SARLET, Ingo. *A eficácia dos direitos fundamentais*. Porto Alegre: Livraria do Advogado, 1998.

SCHMITT, Carl. Freiheitsrechte und institutionelle Garantien der Reichsverfassung (1931). In: *Verfassungsrechtliche Aufsätze aus den Jahren 1924/1954*: Materialien zu einer Verfassungslehre. [S. l.: s. n.], 1958.

SCHMITT, Carl. *Verfassungslehre*. Berlin: Duncker & Humblot, 1954.

STERN, Klaus. *Bonner Kommentar*. [S. l.: s. n., s. d.].

THOMAS, Richard. Grundrechte und Polizeigewalt. In: *Festgabe zur Feier des fünfzigsjährigen Bestehens des Preussischen Oberverwaltungsgerichts*. [S. l.: s. n.], 1925. p. 183-223.

VON MANGOLDT, Hermann. *Das Bonner Grundgesetz:* considerações sobre os direitos fundamentais. Berlin: F. Vahlen, 1953.

VON MUTIUS, Albert. Die abstrakte Normenkontrolle vor dem Bundesverfassungsgericht. *JURA*, p. 534 e s., 1987.

WOLFF, Martin. Reichsverfassung und Eigentum. In: *Festgabe der Berliner Juristischen Fakultät für Wilhelm Kahl zum Doktorjubiläum am 19 April 1923*. [S. l.: s. n., s. d.].

Referendum y democracia representativa en la Constitución de Weimar

MARCO OLIVETTI*

1. INTRODUCCIÓN: WEIMAR CIEN AÑOS DESPUÉS

Cien años después de su aprobación, la experiencia constitucional de la República de Weimar sigue ofreciendo elementos útiles de reflexión para nuestro tiempo: su interés no se limita a la perspectiva de la historia constitucional. No solo, de hecho, reflexionar sobre Weimar en una perspectiva de genealogía de las Constituciones[1] significa interrogarse sobre el «antepasado» del tipo de Constitución actualmente vigente tanto en Italia como en Brasil, sino que muchas cuestiones constitucionales planteadas entonces siguen siendo actuales hoy en día, incluso en el escenario muy diferente de la era de globalización, en la que nos encontramos viviendo.

Uno de los temas sobre los cuales puede ser interesante intentar de reflexionar es el que es objeto de estas páginas: la inserción de técnicas de decisión popular directa en una democracia representa-

---

* Profesor catedrático de Derecho constitucional en la Universidad LUMSA, Sede di Roma.
1   C. Bornhak, *Genealogie der Verfassungen*, Marcus, Breslau, 1935.

tiva basada en partidos políticos. Sobre este tema, la experiencia weimariana presentaba fuertes elementos de novedad no solo respecto al legado de la Alemania bismarckiana (1871-1890) y wilhelmina (1890-1918), sino también respecto a las democracias representativas más consolidadas en la Europa de la posguerra, la francesa y la británica. En los institutos de democracia directa, Weimar está situada en un contexto, el del constitucionalismo europeo de posguerra, que intentó varios experimentos.

2. EL CONSTITUCIONALISMO DEL PRIMERO POSGUERRA EN EUROPA

De hecho, cualquier razonamiento sobre la Constitución de Weimar no puede dejar de comenzar con una observación: la Constitución alemana de 1919 es, sin duda, el punto más alto del constitucionalismo del primer posguerra, tanto por las soluciones técnicas adoptadas en el texto constitucional, como por el nivel del debate político y doctrinal[2], antes y después de la aprobación de la Constitución. Sin embargo, es cierto que no se trataba de un caso aislado: Weimar es parte de una serie de tendencias constitucionales que atravesaban a Europa y que justifican la opinión de aquellos que han visto en las numerosas Cartas constitucionales adoptadas después de 1918 en varios estados, antiguos y nuevos, un ciclo constitucional con algunos caracteres comunes claramente identificables. Se trata de características que se pueden ver también en el constitucionalismo latinoamericano de aquellos años, en el cual, sin embargo, con la excepción de la Constitución mexicana de Querétaro del 6 de febrero de 1917, se manifestaron principalmente unos años más tarde (especialmente en los años treinta del siglo XX). En mi opinión, las características comunes de las Constituciones (de muchas de ellas, aunque no de todas), adoptadas después de la Primera Guerra Mundial en Alemania, Estonia, Letonia, Lituania, Polonia, Austria, Checoslovaquia, Yugoslavia, Rumanía y Grecia (así como en las entidades federadas alemanas y

---

2 Se vean por ejemplo los textos publicados en Aa.Vv., *La Constitución de Weimar*, Tecnos, Madrid, 2010.

en algunas regiones autónomas) pueden agruparse en torno a tres nodos problemáticos principales.

a) En primer lugar, casi todas las Constituciones mencionadas anteriormente abandonaron el compromiso monárquico-constitucional que aún dominaba en las otras constituciones europeas entonces vigentes (al menos en su texto escrito) y adoptaron, con diferentes variantes, un modelo de *democracia radical*, en el cual la opción en favor de la soberanía popular era claro y distinto, especialmente en las repúblicas, pero también en los estados que mantenían un sistema monárquico[3]. El hecho de que en los años siguientes esta opción fundamental resultó ser muy frágil a la prueba de la experiencia, no contradice la radicalidad de la opción a favor de la soberanía popular lograda en la mayoría de estas constituciones, especialmente las republicanas.

Entre las consecuencias de la opción radical por la democracia, caracterizada por el sufragio universal masculino, obviamente estaba la introducción de la heterogeneidad social dentro de las instituciones democráticas y la apertura al papel clave que deberían haber tenido los sujetos delegados para transferir esta heterogeneidad social en las instituciones políticas: los partidos políticos.

b) El segundo elemento caracterizador puede verse en el *constitucionalismo social*, que marcó fuertemente la Constitución de Weimar, pero que también estaba presente en otras constituciones adoptadas después de la Primera Guerra Mundial. Incluso si solo la Constitución de Weimar contenía un catálogo orgánico de principios y derechos sociales, la cuestión social también estaba presente en otras cartas constitucionales adoptadas en esos años, que claramente iban más allá del modelo de declaraciones de derechos de corte liberal que habían caracterizado a casi todos las constituciones del siglo XIX.

c) El tercer elemento caracterizador consiste en la elección de un régimen de tipo parlamentario, pero con toda una serie de

---

[3] Entre los estados mencionados anteriormente, Grecia, Rumania y Yugoslavia mantuvieron órdenes monárquicas.

correcciones[4], que uno de los más brillantes observadores de las constituciones de esos años, el ruso-francés Boris Mirkine Guètzevich, definió como «*racionalización del parlamentarismo*»[5].

El tema tratado en estas páginas se sitúa tanto en el primer como en el tercero de los capítulos mencionados anteriormente: los referendums están configurados como técnicas destinadas a implementar y desarrollar el principio democrático y al mismo tiempo a corregir el régimen parlamentario y la democracia representativa[6].

3. La especificidad de Weimar

En el contexto general del primer posguerra europeo, la historia constitucional de la República de Weimar se destaca como un caso paradigmático por varias razones, algunas de las cuales dependen de la historia alemana, otras del tipo de constitución aprobada en 1919.

En primer lugar, deben recordarse las dimensiones geopolíticas, económicas, técnicas y culturales de la potencia alemana, que ya eran evidentes en las últimas décadas del siglo XIX y que la Primera Guerra Mundial había confirmado, independientemente de su resultado desfavorable para Alemania. Este poder se habría confirmado aún más en su perversión, es decir, en la trágica y criminal aventura del nazismo que culminó en la Segunda Guerra Mundial, unos años más tarde.

La segunda razón de la gran atención que los historiadores, politólogos, juristas y, en general, los científicos sociales dedican al

---

4   G. Burdeau, *Il regime parlamentare nelle Costituzioni europee del dopoguerra* (1932), tr. It. Edizioni di Comunità, Milán, 1950.

5   B. Mirkine Guétzevich, *L'echec du parlementarisme rationalisé*, en *Revue du Droit Public*, 1928, p. 5 ss.

6   Para la calificación de los referendums en la Constitución de Weimar como «correctivos contra la dominación unilateral del Parlamento y de los partidos» se v. ya R. Thoma, *Das Reich als Demokratie*, en G. Anschütz, R. Thoma (cur.), *Handbuch des Deutschen Staatsrechts*, vol. I, Mohr, Tübingen, 1930, p. 196.

asunto de Weimar se relaciona con el colapso de la democracia alemana en la década de 1930 y el drama de los efectos de este colapso, es decir, la llegada al poder régimen nazi, la Segunda Guerra Mundial y el exterminio de los judíos europeos: es una serie de eventos que todavía hoy se imprimen como una marca indeleble en el alma europea, no solo en Alemania.

Obviamente, los motivos de la atención para la experiencia weimariana se refieren también a la riqueza particular de la arquitectura constitucional, en cada uno de los grandes temas centrales del constitucionalismo de la posguerra, mencionados en el párrafo anterior, a los cuales hay que añadir cuestiones como el federalismo y el papel del Jefe del Estado, además de los desafíos que el nuevo tipo de constitución, que contenía muchas normas de principios, planteaba al método del análisis constitucional. El texto constitucional de Weimar, a su vez, ofreció la oportunidad para un replanteamiento radical de la *Staatslehre* de la Alemania bismarckiana y wilhelminiana, que en las últimas décadas del siglo XIX se había establecido como la más profunda tradición de estudios constitucionales de la época. A partir de las adquisiciones del positivismo jurídico que culminaron en las figuras de Carl Friedrich von Gerber[7], Paul Laband[8] y Georg Jellinek[9], los constitucionalistas ya activos en las últimas décadas del Imperio (en primer lugar, Gerhard Anschütz y Richard Thoma) y los de la siguiente generación, que alcanzó la madurez después del final de la Primera Guerra Mundial (sobre todo Carl Schmitt, Rudolf Smend, Hermann Heller y el austriaco Hans Kelsen) asumieron la tarea de reelaborar el legado del positivismo jurídico aplicado al estudio de un estado de derecho autoritario, como la Alemania imperial, a un naciente estado de derecho social y

---

7   C.F. von Gerber, *Grundzüge des deutschen Staatsrechts*, III ed., 1880, tr. It. *Lineamenti di diritto pubblico tedesco*, en C.F. von Gerber, *Diritto pubblico*, Giuffrè, Milán, 1971, p. 91-213.

8   P. Laband, *Das Staatsrecht des deutschen Reichs*, IV ed., Mohr Tübingen, 1876, y ediciones succesivas, la última de las cuales, en 4 volúmenes, es de 1911.

9   Se v. G. Jellinek, *Teoria general del Estado* (1905), Fondo de cultura económica, México, 2004.

democrático, en el contexto de una sociedad altamente pluralista y conflictiva, como el que surgió después de la derrota del Imperio alemán en la primera guerra mundial.

Las grandes innovaciones que traía consigo la Constitución de Weimar y la riqueza de la reflexión doctrinal que acompañó la *Verfassungsleben* de Weimar significaron que la Constitución de 1919 se configuró como un verdadero «modelo» de constitución, tanto en general (como un «tipo de constitución»), como sobre varios temas constitucionales específicos: entre estos, se puede sin duda mencionar el de la participación popular en la adopción de decisiones políticas generales, a través de diferentes tipos de referendums.

4. Las democracias constitucionales del primero posguerra: más allá de la representación

Uno de los principales desafíos que enfrentaron las instituciones democráticas cuando, con la desaparición de los imperios autoritarios en Rusia y Turquía y de los imperios semi-autoritarios en Alemania y Austria-Hungría, celebraron su triunfo como el único modelo político legítimo, fue la tensión entre los elementos representativos y los elementos plebiscitario del sistema democrático[10].

De hecho, la representación política era situada al centro del modelo de democracia adoptado en el primer posguerra europeo en general y en Weimar en particular, pero las técnicas clásicas de la representación política (un parlamento con al menos una cámara electiva, con representación política individualista) estaban por un lado sujetas a duras críticas y por otro lado fueron integradas con mecanismos que siempre se remontan al ideal democrático, entendido sin embargo en un sentido «plebiscitario», es decir, dirigido a permitir la expresión de formas de decisión popular directa

---

10 Sobre el *referendum* en las constituciones del primer posguerra europeo se v. H. *Klinghoffer, Die Verankerung des Referendums* in den *europäischen Nachkriegsverfassungen*, en *Archiv des öffentliches Rechts*, 53 (1928), p. 1 y ss.

y unificada sobre diversos temas. En este sentido, podemos recordar la crisis del mandato parlamentario libre (que el constituyente mantuvo y que sin embargo fue definido en los debates como «un legado fósil de épocas constitucionales anteriores») y la centralidad de los partidos políticos; la introdución de la elección directa del Presidente de la República y el reconocimiento a este órgano de una serie de poderes parcialmente independientes de la lógica británica del gobierno del gabinete, en particular con una nueva lectura del poder de disolución de la cámara baja (*Reichstag*). El pueblo y los partidos irrumpieron en la escena de una manera mucho más radical de lo que había sucedido en las últimas décadas del Imperio, durante el cual se había introducido y practicado el sufragio universal masculino para la elección de la cámara baja y eso había visto el desarrollo del Partido Socialdemócrata Alemán (SPD), arquétipo de todos los partidos de masas en la Europa del siglo XX. Y al pueblo la Constitución de Weimar le confió no solo un papel de arbitraje en los conflictos entre los órganos constitucionales (como en el caso de las elecciones anticipadas convocadas después de la disolución de la Cámara y en el caso del voto popular sobre una propuesta de revocación del Presidente que podía ser presentada por dos tercios de los miembros de la Cámara), sino también la facultad de tomar decisiones sustantivas, por referendum. No solo eso: en los procedimientos de referendum, al pueblo le pertenecía no solo la decisión (*Volksentscheid*), sino la misma iniciativa (*Volksbegehren*), que obviamente era atribuido no al pueblo en su conjunto (que tenía el poder de adoptar la decisión), sino a una minoría calificada de este.

En resumen, la Constitución de Weimar enriqueció la democracia representativa a través de instituciones que se remontan tanto al «gobierno semi-directo» como al «gobierno semi-représentatif», para utilizar las categorías que unos años más tarde habrían sido utilizadas por el constitucionalista francés Julién Laferrière[11].

---

11   A parecer de J. Laferriére, *Manuel de droit constitutionnel*, Montchrestien, Paris, 1947, p. 412 ss., el *gouvernement semi-représentatif* consistía en «systèmes qui maintiennent le principe que le peuple n'agit jamais que pour

Los institutos destinados a «dar una palabra» al pueblo eran, de hecho, muy variados y juntos componían un mosaico complejo y refinado, no sin contrapoderes y limitaciones, finalizados a equilibrarlo.

5. La disciplina del referendum en la Constitución de Weimar

La Constitución de Weimar contenía «el plan constitucional más elaborado y complejo» en materia de referendum y, en general, de mecanismos de participación popular[12]. Si algunas de las decisiones

---

représentants, dans les quelles par conséquent la loi sera toujours l'oeuvre exclusive des assemblées, mais qui admettent du moins le corps électoral à manifester sa volonté quant aux mésures à prendre par ses représentants et à exercer une influence sur leurs décisions»: la influencia de las elecciones, la disolución, el referendum preventivo y consultivo, el mandato imperativo y la revocación popular de las autoridades electivas se incluyeron en este esquema. Por *gouvernement semi-direct* se entendían unos «systèmes qui confèrent dans certains cas un pouvoir de décision au peuple lui-même, par l'initiative ou le referendum»: si trataba de los casos de veto popular, referendum y iniciativa popular.

12   G.M. Salerno, *Referendum*, en *Enciclopedia del Diritto*, vol. XXXIX, Giuffrè, Milán, 1988, p. 204. Acerca de los referendums en la República de Weimar, es posible consultar los manuales de derecho constitucional de la época y los comentarios sobre la Constitución. Para ensayos específicamente dedicados a estos temas, además de los trabajos citados a continuación, se vea J. Curtius, *Über die Einführung von Volksinitiative und Volksreferendum in die neuen Verfassungen der deutschen Staaten*, Dahl, Heidelberg, 1919; M. Fetzer, *Das Referendum in Deutsches Staatsrecht*, Kohlhammer, Stuttgart, 1923; G. Hempel, *Probleme der direkten Volksgesetzgebung im deutschen Staatsrecht*, Dissertation, Leipzig, 1927; A. Inhoffen, *Die Volksinitiative in den modernen Staatsverfassungen*, Volksverein Verlag, Mnchengladbach, 1922; H. Venator, *Volksentscheid und Volksbegehren im Reich und den Ländern*, in *Archiv des öffentlichen Rechts*, N.F. 4 (1922), p. 40–102; G.G. Hansen, *Probleme der Volksgesetzgebung nach Reichsrecht: art. 73 Absatz 3 RV*, Delmanzo, Stolp, 1930; W. Hartwig, *Volksbegehren und Volksentscheid im deutschen und sterreichischen Staatsrecht*, Bernard & Graefe, Knisberg, 1930; A. Stern, *Volksreferendum und*

populares no eran una novedad absoluta en el derecho constitucional comparado[13], sì era una novedad su utilización a nivel nacional en un Estado de grandes dimensiones.

Desde el punto de vista del objeto de la votación del referendum, es posible clasificar los referendums previstos en la Constitución de Weimar en cuatro categorías:

a) El referendum sobre las modificaciones territoriales de los *Länder* (art. 18);

b) El referendum legislativo (art. 73, 74 y 75);

c) El referendum sobre la modificación de la Constitución (art. 76);

d) El referendum sobre la revocación del Presidente de la República (art. 43).

Pero esta clasificación corre el riesgo de ocultar la variedad de técnicas de referendum que la Constitución de Weimar puso a disposición de los ciudadanos, especialmente porque el referendum que definimos como «legislativo» podría convocarse en formas muy diferentes, que en algunos casos pueden ser asimilados a los mecanismos de arbitraje, entre los cuales se debe incluir el referendum sobre la revocación del Presidente de la República.

La clasificación más acceptada[14] seguía el art. 1 de la ley ordinaria sobre los referendums, aprobada en 1921 (sobre la cual se vea el pár. 5.5), e identificó cinco tipos de voto popular, dejando de lado el primero ahora mencionado (relacionado con la modificación territorial de los *Länder*) y el último, que era regla-

---

Volksinitiative in den neueren Geschichte, en *Deutsche Rundschau,* vol. 56:2 (1930), p. 103 ss.

13   Los precedentes de algunos de los referendums previstos por la Constitución de Weimar pueden encontrarse principalmente en las Constituciones de unos Cantones suizos, en la Constitucion federal suiza de 1874 y en unas constituciones de algunos Estados miembros de los Estados Unidos de América.

14   Apoyada, por ej., por C. Schmitt, *Volksentscheid und Volksbegehren,* de Gruyter, Berlin-Leipzig, 1927, p. 8.

mentado por la ley sobre la elección del Presidente de la República. El resultado era una clasificación que identificó cinco tipos de votación popular:

a) Petición de referendum del Presidente de la República sobre una ley aprobada por la Cámara Baja (art. 73.1 de la Constitución);

b) Petición de referendum por el Presidente de la República a solicitud del Senado (*Reichsrat*) sobre una decisión de la Cámara (art. 74.3 de la Constitución);

c) Petición de referendum por el Senado sobre una resolución de revisión constitucional adoptada por la Cámara Baja (art. 76.2 de la Constitución);

d) Petición de referendum de un tercio de los miembros de la Cámara, respaldada por la firma de la vigésima parte de los votantes sobre un proyecto de ley ordinaria aprobado por la propia Cámara (art. 73.2 de la Constitución)

e) Iniciativa legislativa popular de una décima parte del cuerpo electoral para votar sobre un proyecto de ley ordinaria o de ley de revisión constitucional (art. 73.3 de la Constitución).

5.1. El referendum legislativo

En cualquier caso, es necesario proceder a un análisis más detallado de los diferentes tipos de referendums legislativos, incluidos entre ellos también aquellos sobre las leyes de revisión constitucional, ya que la Constitución de Weimar asignó al referendum constitucional una disciplina muy similar a la prevista para el referendum legislativo: el primero difería del segundo solo por las diferentes características formales previstas por la ley constitucional en comparación con la ley ordinaria y por el número de votos favorables necesarios para su aprobación.

A) El primer tipo de referendum legislativo podía tener como objeto una ley ordinaria aprobada por la cámara baja[15].

---

15 Art. 73 – "Una ley votada por la Cámara debe ser sometida a votación popular antes de su publicación si el Presidente de la República lo requie-

El referendum debía tener lugar antes de que se publicara la ley (y, por lo tanto, antes de su entrada en vigor). Tenía que ser convocado si (a) el Presidente de la República había presentado una solicitud o (b) por iniciativa de un tercio de los diputados de la Cámara (que podía solicitar su suspensión), al cual, sin embargo, debía añadirse una petición de un vigésimo de los votantes.

Por lo tanto, se trataba de un referendum con finalidad de oposición a un acto normativo expresión de la voluntad de la mayoría parlamentaria, al cual podían oponerse el Presidente de la República, pidiendo la intervención del cuerpo electoral a través de un referendum, (permaneciendo indefinido si el jefe del Estado podía solicitar el referendum por razones de oposición política a la mayoría o por razones constitucionales) o una minoría calificada del Parlamento. Sin embargo, en este segundo caso, la iniciativa de un tercio de los miembros de la Cámara no producía automaticamente la convocatoria de una decisión popular, sino que activaba un procedimiento más complejo para solicitar el referendum, que se completaría solo con la firma de la solicitud por una vigésima parte de los miembros del cuerpo electoral.

Por lo tanto, este método de activación del procedimiento de referendum también tenía la función de activar una oposición a la entrada en vigor de un proyecto de ley aprobado por la mayoría de la Cámara, para preservar el orden legal preexistente y frenar la innovación legislativa. Por lo tanto, el referendum se configuraba como una fase eventual del procedimiento de formación de la ley.

B) La configuración del segundo tipo de referendum legislativo, previsto por la Constitución de Weimar[16], era muy diferente. En este

---

re dentro de un mes de su aprobación. Una ley cuya publicación ha sido suspendida a pedido de al menos un tercio de la Cámara debe ser sometida a votación popular si así lo solicita una vigésima parte de los electores. [...]".

16 Art. 73 [...]: «Finalmente, debe celebrarse una votación popular si una décima parte de los electores lo solicita, sobre la base de un proyecto de ley concreto. El proyecto sometido a consulta popular debe ser detallado. Debe ser presentado por el gobierno a la Cámara con una indicación de

segundo caso, de hecho, el proyecto de ley nacía completamente fuera del Parlamento y era producto de una iniciativa popular, que podía ser presentada por una décima parte de los electores (por lo tanto, el doble del número de electores necesarios para apoyar el referendum opositor mencionado anteriormente).

El proyecto de ley, una vez que se había recogido el número requerido de suscripciones, debía ser enviado al Gobierno, que tenía que presentarlo a la Cámara baja, adjuntando su opinión. La Cámara tenía varias posibilidades: podía aprobar el proyecto de ley, en el texto original y en este caso habría evitado el referendum; también podía rechazar el proyecto de ley o aprobar enmiendas, y en ese caso el gobierno tenía que convocar un voto popular sobre el proyecto de ley de iniciativa popular[17].

La Constitución de Weimar preveía límites materiales para ambos referendums legislativos, excluyendo la posibilidad de recurrir a ellos en el caso del presupuesto, las leyes de gastos y de las leyes sobre salarios. Sin embargo, el referendum por iniciativa del Presidente de la República no estaba sujeto a estos límites[18]. Además, para la validez de estos votos populares (así como de cualquier otro voto popular deliberativo), era necesaria la participación en el voto de la mitad de los titulares de los derechos[19], más el voto favorable de la mayoría de los votantes. El quórum de participación estaba justificado por la necesidad de evitar que «una decisión tomada en el Parlamento por los representantes de una mayoría pudiera ser cambiada por un voto popular de una minoría del pueblo»[20] y era un

---

su opinión sobre el asunto. La votación no se lleva a cabo si el proyecto es aceptado por la Cámara sin cambios».
17 Ver abajo par. 5.5. para más detalles.
18 Art. 73, último párrafo: «Solo el presidente puede provocar una decisión popular sobre la ley de presupuesto, las leyes fiscales o los salarios [...]».
19 Art. 75 - «Un voto popular puede hacer que una decisión de la Cámara sea ineficaz si la mayoría de los electores participa en ella».
20 G. Kaisenberg, *Insbesonders: Die formelle Ordnung des Volksbegehren und des Volksentscheid in Reich und Ländern*, en G. Anschütz, R. Thoma (cur.), *Handbuch des Deutschen Staatsrechts*, vol. II, Mohr, Tübingen, 1932, p. 216.

prerrequisito para la decisión de la misma manera en que lo eran para la Cámara los quórums que regían las resoluciones parlamentarias. En cualquier caso, ya los observadores contemporáneos remarcaron que el «momento principal, que dificulta la aplicación de la legislación popular» estaba en el quórum, ya que este daba a los opositores de la iniciativa la ventaja indudable de poder invitar a la abstención, para evitar su transformación en ley[21].

Si se había alcanzado el quórum de participación requerido y los votos a favor eran más altos que los que estaban en contra – una hipótesis que nunca ocurrió en la experiencia de Weimar a nivel nacional (ver párrafo 6) – el proyecto de ley debía ser promulgado por el Presidente de la República y publicado. Además, en este caso habría habido una negación evidente de una decisión de la Cámara por parte del cuerpo electoral, pero, a diferencia de lo que la Constitución establecía para el caso del rechazo de una propuesta de la Cámara de destituir al Presidente, no había obligación disolver la Cámara, aunque esta eventualidad es jurídicamente posible[22].

C) Un proyecto de ley también podía ser objeto de un referendum para resolver, por iniciativa del Presidente de la República, cualquier desacuerdo entre la Cámara y el Senado (art. 74). También en este caso el referendum era una fase eventual del procedimiento legislativo[23]. Sin embargo, se diferenciaba de las dos primeras tipo-

---

21   G. Kaisenberg, *Insbesondere*, cit., p. 216.
22   G. Kaisenberg, *Insbesondere*, cit., p. 218.
23   Art. 74 – «El Senado puede levantar oposición contra las leyes aprobadas por la Cámara. El gobierno debe señalar a la oposición al Senado dentro de las dos semanas posteriores a su formulación y, a más tardar, otras dos semanas deben integrarse con los motivos. En caso de oposición, la ley se presenta a la Cámara para su posterior deliberación. Si no se llega a un acuerdo entre la Cámara y el Senado, el Presidente de la República puede, dentro de tres meses, promover una decisión popular sobre el tema del conflicto. Si el presidente no hace uso de este derecho, la ley se considera inexistente. Si la Cámara, con una mayoría de dos tercios, se ha declarado en contra de la oposición del Senado, el Presidente debe, dentro de tres meses, publicar la ley en la formulación dada por la Cámara o provocar un voto popular».

logías porqué ponía en primer plano el contraste entre dos órganos políticos, y por esta razón tenía unos rasgos similares al otro ejemplo de referendum arbitral, el que podía ser solicitado por dos tercios de los miembros de la Cámara, para obtener con voto popular la destitución del Presidente de la República.

D) Bajo el art. 76 de la Constitución, los procedimientos previstos para el referendum legislativo se aplicaban también al referendum constitucional, aunque con algunas variaciones y correcciones. Además, el procedimiento de formación de la ley de revisión constitucional previsto por el art. 76 de la Constitución de Weimar estaba configurado como una variante del procedimiento de formación de las leyes ordinarias[24]. Y aunque algunos académicos[25] habían apoyado la tesis según la cual algunas leyes de revisión constitucional, aquellas destinadas a restringir los espacios de decisión popular directa, deberían haber estado sujetas a un referendum constitucional obligatorio, esta tesis no tenía base en el texto constitucional y fue rechazada por la doctrina dominante[26].

El referendum constitucional podía asumir dos formas completamente diferentes: por un lado, podía funcionar como un referendum de oposición, que podía ser activado por el Senado contra un proyecto de ley de revisión constitucional aprobado por la Cámara, mediante una solicitud presentada dentro de las dos semanas posteriores a la aprobación del proyecto de ley[27].

---

24 En este sentido W. Jellinek, *Das verfassungsändernde Reichsgesetz*, en G. Anschütz, R. Thoma, *Handbuch*, II, cit., p. 182.
25 E. Jacobi, *Reichsverfassungsänderung*, en O. Schreiber (cur.), *Die Reichsgerichtspraxis im deutschen Rechtsleben*, I, de Gruyter, Berlin, 1929, p. 257 ss.
26 W. Jellinek, *Das verfassungsändernde Reichsgesetz*, cit., p. 185.
27 Art. 76 – «La constitución puede ser modificada a través de la legislación. Sin embargo, las modificaciones solo son posibles si dos tercios de los miembros asignados por ley a la Cámara están presentes y si votan a favor dos tercios de los presentes. Las decisiones del Senado destinadas a cambiar la constitución también requieren una mayoría de dos tercios de los votos. Si, por iniciativa popular, se debe realizar un cambio constitucional por referendum, se debe alcanzar el consenso de la mayoría de los electores. Si la Cámara ha aprobado una ley que modifica la constitución contra

Además, el referendum de iniciativa popular podía activarse para modificar la Constitución con una ley de revisión constitucional, siguiendo el mismo procedimiento previsto para el referendum legislativo de iniciativa popular. La diferencia más importante en este caso era que al quórum de validez de la mitad más uno de los electores previsto en general por todas las votaciones populares, se añadía un segundo quórum: el proyecto sometido a referendum se consideraba aprobado solo si había obtenido el voto favorable de la mitad más uno no de los votantes sino de los electores.

5.2 La distribución del poder de iniciativa en los procedimientos de decisión popular

En ningún caso las votaciones populares previstas en la Constitución de Weimar tenía naturaleza obligatoria: el referendum siempre era facultativo, en el sentido que la necesidad jurídica de la votación no dependía nunca de la Constitución o de la ley y era siempre la consecuencia de un cierto factor reglamentado por la Constitución[28]. En otras palabras, siempre la activación de un referendum dependìa del ejercicio de un poder de iniciativa. Esta estaba distribuída entre diferentes sujetos, cada uno de ellos en diferentes casos y condiciones. La iniciativa para los diferentes procedimientos de referendum pertenecía, según corresponda:

a) al Presidente de la República;

b) a una minoría de la Cámara: en particular, una minoría calificada, igual a un tercio de los miembros de la Cámara, pero esta iniciativa necesitaba el apoyo de una vigésima parte del cuerpo electoral;

c) al Senado, que era compuesto por representantes de los gobiernos de los *Länder* y, por lo tanto, no era necesariamente

---

la oposición del Senado, el presidente no podrá publicarla si el Senado, dentro de dos semanas, solicita la decisión popular al respecto».

28 G. Anschütz, *Die Verfassung des Deutschen Reichs vom 11. August 1919*, Stilke, Berlin, 1930, p. 336.

homogéneo con la mayoría de la Cámara baja, elegida por sufragio universal;

d) a una minoría calificada del cuerpo electoral, consistente en la décima parte del cuerpo electoral. Era un número muy alto de electores, igual a aproximadamente cuatro millones de electores respectivamente (el número total de los cuales era poco menos de 40 millones).

El elemento que unía a los diferentes titulares de la iniciativa era representado por la posición potencialmente antitética del titular de la iniciativa del referendum con respecto al sujeto habilitado a tomar la decisión, que en general era representado por la Cámara baja. Por lo tanto, el referendum se configuraba como un contrapoder respecto a la mayoría parlamentaria y al gobierno apoyado por esta.

Obviamente, respecto a la iniciativa del Presidente de la República, el razonamiento podía cambiar, teniendo en cuenta que, después de 1930, la forma de gobierno weimariana comenzó a funcionar de manera distorsionada respecto al esquema constitucional, que describía al Presidente como un contrapoder y como el garante de la unidad nacional: en los últimos tres años de la vida de la Constitución, el Jefe del Estado se transformó en un óorgano de dirección política, que apoyó a gobiernos independientes del Parlamento, que se fundaban en la iniciativa política directa del mismo Presidente de la República.

5.3. La decisión popular sobre una iniciativa popular: ¿un procedimiento legislativo extraordinario?

Entre los procedimientos que podían conducir a una decisión popular sobre un proyecto de ley, el de la iniciativa popular seguida de un voto popular (artículo 73.3 de la Constitución) presentaba algunas peculiaridades. En ese caso, de hecho, a propuesta de 5000 electores, la vigésima parte del cuerpo electoral estaba autorizada a presentar un proyecto de ley que, si se declaraba admisible (véase el párrafo 5.5), debía ser presentado por el Gobierno a la Cámara. Esta última, como se ha dicho, podía aprobarlo sin modificaciones, aprobarlo con modificaciones o rechazarlo. En los últimos dos casos, el proyecto original debía ser sometido a votación popular (y, de acuerdo con la ley ordinaria sobre el referendum, el proyecto de ley modificado por la Cámara baja también era sometido a la votación: ver pár. 5.5) en una fecha determinada elegida por el Gobierno.

Uno de los juristas weimarianos más autorizados, Carl Schmitt, había subrayado con mucha énfasis la peculiaridad de este procedimiento. Según Schmitt, el procedimiento a que se refiere el tercer párrafo del art. 73 de la Constitución de Weimar se distingue claramente de los demás casos, en los cuales el voto popular se activaba por iniciativa de un órgano estatal para hacer que el cuerpo electoral desempeñase una función de veto o de control sobre una decisión preexistente del Parlamento, con la consecuencia que se trataba de formas de referendum[29]. En cambio, el caso en que el voto popular se activase por iniciativa de una parte del cuerpo electoral, independientemente de una decisión parlamentaria previa, daba lugar a un verdadero procedimiento legislativo popular (*Volksgesetzgebungsverfahren*)[30], distinto del ordinario. En este caso, según Schmitt, el papel del Parlamento era meramente eventual y, dado que no había una decisión parlamentaria para ser verificada o confirmada[31], no se trataba de un ejemplo de referendum, sino que se configuraba un mecanismo radicalmente innovador en el derecho constitucional alemán, que constituía un intento de acercarse al modelo de democracia directa, en el cual el pueblo no se limita a elegir, controlar y revocar a los titulares de cargos públicos[32], sino que está facultado a decidir sin ellos.

El comentario de Schmitt nos parece correcto, pero quizás el énfasis puesto en la diferencia con los demás procedimientos que conducían a una decisión popular es excesivo y esto por dos razones.

---

29 C. Schmitt, *Volksentscheid und Volksbegehren*, de Gruyter, Berlin-Leipzig, 1927, p. 8-9.
30 C. Schmitt, *Volksentscheid und Volksbegehren*, cit., p. 14.
31 En cambio, según G. Kaisenberg, *Insbondere*, cit., p. 215, a pesar de la existencia de dos procedimientos legislativos (uno parlamentario y otro plebiscitario), «la decisión popular siempre aparece como un control o corrección de las decisiones de la Cámara».
32 Schmitt habla de una dialéctica entre *populus* y *magistratus*, retomando el lenguaje del derecho público romano.

En primer lugar, la decisión de la Cámara, si bien no podía evitar la convocación de una votación popular sobre el proyecto de ley de iniciativa popular, era un paso necesario y constituía una decisión en el sentido del art. 75 de la Constitución, con la consecuencia que solo podía ser privada de fuera con la participación en la votación popular de la mitad más uno de los titulares del derecho de voto[33].

En segundo lugar, los diferentes procedimientos de decisión popular tenían en común la apertura del proceso de toma de decisiones más allá de la mayoría parlamentaria, por un lado en función de oposición (con la activación del control popular a través de una solicitud de referendum), por el otro abriendo la iniciativa legislativa y la facultad de provocar la deliberación popular a las minorías organizadas existentes fuera del Parlamento. En ambos casos, la activación del cuerpo electoral debía ser colocada en el contexto de un pluralismo social y político muy acentuado: y precisamente la necesidad de organizar la iniciativa popular y el papel necesario de los partidos políticos, que eran el elemento común de estos diferentes procedimientos, quizás fue subestimado por Schmitt. Además, la iniciativa popular seguida de una decisión popular era asimilada al referendum previsto por la Constitución de Weimar por su función de oposición respecto a las resoluciones de la mayoría parlamentaria: en todos estos casos se trataba de referendums *bottom-up* y no *top-down*, es decir de procedimientos de toma de decisiones activados no por las autoridades gubernamentales, sino por una parte de los gobernados[34], organizados en partidos o en asociaciones.

5.4. Los referendums de arbitraje

Si bien algunos de los referendums legislativos podían desempeñar *también* una función de arbitraje en conflictos entre algunos

---

33 Para la discusión de este problema se v. G. Anschütz, *Die Verfassung*, cit., p. 346-347.

34 Sobre la clasificación en de los referendums legislativos en estas dos grandes formas (*Recht der Gesetzeverwerfung* o *Recht der Gesetzesvorschlag*) se v. G. Anschütz, *Die Verfassung*, cit., p. 336.

órganos constitucionales[35], el referendum sobre la revocación del Presidente de la República, previsto en el art. 43 de la Constitución de Weimar tenía *exclusivamente* una función de arbitraje.

El Presidente de la República – quien sobre la base del art. 43 era elegido por sufragio universal y directo, para independizarlo de la mayoría parlamentaria y convertirlo en un poder independiente del Parlamento – podía ser revocado de su cargo antes del final de su mandato, que según la Constitución tenía una duración de siete años. La revocación, sin embargo, no era responsabilidad del Parlamento, sino del cuerpo electoral, a través de una *Volksabstimmung*. La decisión popular tenía que ser convocada solo si la Cámara lo pedía, por una mayoría de dos tercios. Si el cuerpo electoral aceptaba la propuesta de revocar al Presidente, el Presidente terminaba su mandato con anticipación y debía convocarse a una nueva elección para elegir a su sucesor. Si, por otro lado, la propuesta de revocación era rechazada por el cuerpo electoral, este rechazo producía también el efecto de la reelección del Presidente para un nuevo mandato y provocaba la disolución de la Cámara, después de la cual era necesario convocar nuevas elecciones parlamentarias.

5.5. La ley ordinaria sobre los referendums y el control de admisibilidad

Sobre la base de lo dispuesto en la última frase del art. 73 de la Constitución de Weimar[36], la disciplina constitucional sobre los referendums se complementaba con una ley general sobre los referendums, que fue aprobada en 1921 (*Gesetz über den Volksentscheid vom 27 Juni 1921*)[37], a la que se añadía un reglamento (*Reichsstimmordnung vom 14 März 1924*).

---

35 Este es el caso del referendum solicitado por el Presidente de la República sobre una ley aprobada por la Cámara y del referendum contrario que podría ser activado por el Senado en un proyecto de ley de revisión constitucional aprobada por la Cámara, mediante una solicitud presentada dentro de las dos semanas posteriores a la aprobación del proyecto de ley.
36 «Una ley regulará el referendum y el proceso de iniciativa popular».
37 Sobre la elaboración de esta ley se v. B. Schiffers, *Elemente direkter Demokratie im Weimarer Regierungsystem*, Droste, Düsseldorf, 1971, p. 195 ss. Para

La ley de referendum identificaba los casos en los cuales iba a tener lugar un *Volksentscheid* y extendía a estas votaciones varias reglas contenidas en la ley electoral de la Cámara. También contenía algunas adiciones a las normas constitucionales, de importancia no marginal.

En particular, para los dos casos en los cuales se preveía la iniciativa popular, los art. 26 y siguientes de la ley preveían un control sobre la admisibilidad de las iniciativas, con el objetivo de verificar que no afectaran los asuntos de los cuales la Constitución los excluía: leyes de gastos, presupuesto, leyes sobre salarios; el control también debía verificar que el proyecto de ley de iniciativa popular fuera redactado en artículos y que no se volviera a proponer en el año siguiente a su rechazo por parte del pueblo.

La delicada tarea de llevar a cabo este control de admisibilidad de la iniciativa popular fue atribuida al Ministerio del Interior (después de haber oído el parecer del Consejo de Ministros[38]), contra cuya decisión no estaba previsto ningun recurso jurisdiccional[39].

El control sobre la admisibilidad de una iniciativa tuenía lugar sobre la base de una solicitud firmada por 5000 electores (art. 27, primer pár., de la ley de referendum), pero las solicitudes de una asociación que afirmara de manera creíble que 100,000 de sus miembros (que tuvieran el estado de electores) apoyaran la iniciativa estaba exente de este requisito.

Si el Ministro de Interior declaraba que la iniciativa era admisible, también tenía que dar un nombre a la iniciativa y establecer un plazo para la recogida de las firmas, que debía tener lugar no antes de dos semanas después de la publicación de la decisión de admisibilidad y que debía tener lugar en un breve período de solo 14 días (art.31.2). La ley también regulaba en los detalles el procedimiento

---

un comentario se v. G. Kaisenberg, *Volksentscheid und Volksbegehren. Reichsgesetz über den Volksentscheid nebst Ausführungsbestimmungen*, II ed., Heymann, Berlin, 1926.

38 G. Kaisenberg, *Insbesondere*, cit., p. 208.

39 G. Kaisenberg, *Insbesondere*, cit., p. 208.

para recoger las firmas de los votantes que apoyaban la iniciativa y que se llevaba a cabo mediante el registro de los votantes en listas especiales preparadas por los promotores y guardadas por las autoridades municipales[40].

Si la iniciativa había alcanzado el número prescrito de firmas, tenía que ser presentada por el Gobierno a la Cámara baja y si ésta la aprobaba con modificaciones, tanto el texto objeto de la iniciativa como el texto aprobado por la Cámara tenían que ser sometidos a votación popular.

6. La práctica de los referendums en la experiencia weimariana a nivel federal

La amplia gama de posibilidades que la Constitución de Weimar abría a la utilización del referendum no se quedò como una facultad abstracta: no fue solo *law on the paper*, sino también *law in action*.

Sin embargo, el número de votaciones populares a nivel nacional no fue muy alto. Además, el único mecanismo realmente utilizado fue la iniciativa popular mencionada en el art. 73.3 de la Constitución.

Hubo en total ocho iniciativas populares (*Volksbegehren*) presentadas entre 1921 y 1933, pero una de ellas no fue cultivada por los presentadores, tres fueron declaradas inadmisibles porqué afectaban a asuntos presupuestarios o de gastos y una se quedò sin objeto por ser derogado por el Gobierno el texto que la iniciativa intentaba de derogar. Por lo tanto, la recolección de firmas se llevó a cabo solo en tres iniciativas, dos de las cuales alcanzaron el quórum prescrito para la convocatoria del voto popular. En ninguno de los casos el voto popular alcanzó el quórum prescrito para su validez. Más específicamente[41]:

---

40 Sobre este procedimiento y sobre las alternativas en el derecho comparado se v. G. Kaisenberg, *Insbesonders*, cit., p. 206 y p. 209-11.
41 Sobre las primeras seis iniciativas se v. la reconstrucción de F. Poetzsch-Hefften, *Vom Staatsleben unter der Weimarer Republik*, en *Jahrbuch des*

a) En 1922 el *Reichsbund für Siedlung und Pachtung* presentó una primera iniciativa para proponer una reforma agraria, que fue declarada admisible por el Ministro de Interior el 22 de diciembre de 1922, pero los proponentes no enviaron a los municipios las listas en las cuales las firmas debían ser recogidas y así la recolección de las firmas no fue posible.

b) En 1923 el mismo *Reichsbund für Siedlung und Pachtung* presentó una segunda iniciativa parecida a la del año anterior, pero añadiendole unas medidas en materia de contribuciones en favor de las personas que habían sufrido daños de guerra, con la consecuencia que la iniciativa fue declarada inadmisible por ser calificada como una ley de gastos[42].

c) La tercera iniciativa fue presentada en 1926 por el Partido Comunista (KPD) y el Partido Socialdemócrata (SPD) con el nombre de *Enteignung der Fürstenvermögen* y se realizó una votación popular sobre ella: por lo tanto, volveremos a ella más adelante (ver par. 6.1).

d) También en 1926, el *Sparerbund*, dirigido por el diputado Georg Best, presentó una iniciativa, casi al mismo tiempo que la anterior, con respecto a la revisión de la ley de revaluación de la moneda, que había penalizado principalmente a los pequeños ahorradores. Pero la iniciativa fue declarada inad-

---

öffentlichen Rechts, 1929, p. 131-137, y G. Kaisenberg, *Die Volksgesetzgebung nach Reichsrecht*, en *Zeitschrift für öffentliches Recht*, 1927, p. 169 ss. Para una análisis de conjunto se v. R. Schiffers, *Elemente direkter Demokratie*, cit.; E.R. Huber, *Deutsche Verfassungsgeschichte seit 1789*, vol.VII - *Ausbau, Schutz und Untergang der Weimarer Republik*, Kohlhammer, Stuttgart, 1984; T. Evers, *Direkte Demokratie in der Weimarer Republik*, Evangelische Akedemie, Hofgeismar, 1988; O. Jung, *Direkte Demokratie in der Weimarer Republik*, Campus, Frankfurt am Main/New York, 1989; H.-P. Hufschlag (cur.), *Einfügung plebiszitärer Komponenten in das Grundgesetz?*, Nomos, Baden-Baden, 1999; J. Rux, *Direkte Demokratie in der Weimarer Republik*, en *Kritische Vierteljahresschrift für Gesetzgebung und Rechtswissenschaft*, 85 (2002), p. 273-297; H.-J. Wiegand, *Direktdemokratische Elemente in der deutschen Verfassungsgeschichte*, Berliner Wissenschaftsverlag, Berlin, 2006.

42 W. Hartwig, *Volksbegehren*, cit., p. 112.

misible por el Ministro del Interior el 18 de agosto de 1926, con el argumento de que la materia del «plan de presupuesto» incluía todas las leyes que influían directamente en la situación general del plan presupuestario para modificarlo[43].

e) En 1927, el *Reichsarbeitsgemeinschaft der Aufwertungsgeschädigten* presentó una iniciativa sobre el mismo tema que la anterior, y el Ministro del Interior también la declaró inadmisible.

f) La sexta iniciativa fue presentada por el Partido Comunista en 1928 para prohibir la construcción de nuevos cañoneros (*Panzerkreuzverbot*) planificada por el IV gobierno Marx; esta iniciativa fue declarada admisible y se inició la recolección de firmas, pero sin alcanzar el número de firmas requerido por la Constitución (ver párrafo 6.2 más abajo).

g) La séptima iniciativa fue presentada por el una alianza de partidos y asociaciones de la derecha nacional-conservadora

---

43 En este sentido, G. Kaisenberg, *Insbesondere*, cit., p. 207. Sobre este asunto, ver también H.-P. Hufschlag, *Einfügung plebizitären Komponenten*, cit., p. 151-152. En esa circunstancia tuvo lugar un debate en profundidad sobre el alcance de los tres temas excluidos de la iniciativa y la decisión popular: leyes de gasto, salarios y leyes de presupuesto. Mientras que algunos (especialmente H. Triepel, *Das Volksbegehren zur Aufwertung und Anleiheablosung*, en *Deutsche Juristenzeitung*, 1926, p. 848 ss.) Apoyaron una interpretación restrictiva de los tres sujetos excluidos, otros enfatizaron que la mención del balance (literalmente *Haushaltplan*) en lugar de la ley de presupuesto, debería haber llevado a la exclusión del referendum de todas las leyes que afectan el equilibrio entre ingresos y gastos, las llamadas «Geld- oder Finanzgesetze» (asì C. Schmitt, *Volksentscheid und Volksbegehren*, cit., p. 23; se v. en generala las p. 14-31 de este ensayo para un análisis general del problema y para la discusión del caso de la iniciativa de la *Sparerbund*). Una tesis intermedia fue apoyada por W. Jellinek, *Das einfache Reichsgesetz*, en G. Anschütz, R. Thoma (editado por), *Handbuch*, II, p. 169, según el cual las propuestas sobre asuntos que caen dentro de la competencia administrativa del Ministro de Hacienda fueron eliminadas por iniciativa y decisión popular. Más en general sobre este tema ver O. Jung, *Das Finanztabù bei der Volksgesetzgebung. Die Staatsrechtslehre und Staatspraxis der Weimarer Zeit*, en *Der Staat*, 38:1 (1999), p. 41 ss.

sobre el llamado Plan Young y fue declarada admisible y sometida a votación, por lo que se volverá sobre ella en breve (ver más abajo el pár. 6.2).

h) La octava y última iniciativa propuso la abolición de una ordenanza de necesidad del gobierno (*Streichung des 2. Teils der Notverordnung vom 4.9.1932*): la iniciativa fue presentada por el SPD el 12 de septiembre de 1932 para proponer la derogación de la parte social de la ordenanza. Pero antes de que concluyera el examen sobre la admisibilidad de la iniciativa, el Gobierno canceló la parte en disputa de la ordenanza, haciendo que desapareciera el objeto de la iniciativa.

Por lo tanto, solo hubo tres iniciativas populares en las cuales se inició realmente la recolección de firmas. Mientras que, como hemos visto, en la iniciativa de ley para prohibir la construcción de nuevos cañoneros no se alcanzó el número de firmas requeridas por la Constitución, las otras dos iniciativas alcanzaron el número prescrito de suscripciones, con la consecuencia de que se celebraron dos referendums populares.

6.1. La expropiación sin compensación de las antiguas familias reinantes

La cuestión de los bienes de los príncipes de los estados miembros de la federación alemana antes de 1918, removidos de sus roles constitucionales con la revolución que suprimió la monarquía y transformó a Alemania en una República, había permanecido indefinida en el momento de la Asamblea Constituyente. La Constitución de Weimar reconoció la propiedad privada, permitiendo la expropiación solo con compensación, pero los activos de las antiguas familias gobernantes incluían bienes personales y estatales, que requerían reglamentaciones complejas. El caso era difícil de resolver, pero el Partido Comunista el tema era «un material extraordinario de agitación, y también podría explotarse para crear problemas para la socialdemocracia»[44].

---

44   E. Eyck, *Storia della Repubblica di Weimar (1919-1933)*, Einaudi, Torino, 1966, p. 416.

Por lo tanto, fue el Partido Comunista quien promovió la iniciativa popular sobre la expropiación sin compensación de las familias reinantes del período pre-republicano (*Enteignung der früheren Fürstenhäuser*), pero el Partido Socialdemócrata, que en ese momento estaba en la oposición se sumó a la iniciativa y involucró a los sindicatos. La iniciativa fue declarada admisible por el Gobierno el 15 de febrero de 1926. El gobierno federal, una coalición moderara compuesta por el *Zentrum*, Partido Democrático (DDP), Partido Popular (DVP) y Partido Popular de Baviera (BVP) y dirigida por el Primer ministro Hans Luther, se pronunció en contra de la iniciativa, pero se comprometió a garantizar su desempeño regular de conformidad con las normas constitucionales y legislativas. Entre el 4 y el 17 de marzo, 12 millones y medio de electores apoyaron a la iniciativa, lo que equivale al 31,77 por ciento de los electores: se trataba, entonces, de un apoyo popular muy ampio, que iba más allá del electorado de los dos grandes partidos de izquierda.

La iniciativa fue presentada por el Gobierno Federal a la Cámara el 28 de abril de 1926 y fue rechazada el 6 de mayo de 1926. Como resultado, se convocó una votación popular para el 20 de junio de 1926. La campaña tuvo lugar en una atmósfera de extrema polarización (que casi parecía reproducir la cuestión de la alternativa entre la monarquía y la República), aunque la posibilidad de alcanzar el quórum requerido por la Constitución era poco probable[45]. En la votación popular, 14 millones y medio de votantes votaron a favor de la iniciativa y solo 586 mil en contra, con 560 mil votos nulos.

A pesar de la gran mayoría favorable, la iniciativa no logró el objetivo: de hecho, resultó nula, considerado que la participación de los electores se limitó al 39,26% del electorado, sin alcanzar el quórum prescrito constitucionalmente, que consistía en la

---

45 H. Mommsen, *Austieg und Untergang der Republik von Weimar 1918-1933*, II ed., Ullstein, Berlin, 2004, p. 298, quien señala que uno de los signos de esta polarización fue también el uso de argumentos antisemitas por parte de la DNVP. Sobre este asunto se v. también D. Lehnert, *Die Weimarer Republik*, II ed., Reclam, Stuttgart, 2009, p. 194-202.

mitad más uno de los titulares del derecho de voto. Obviamente no se trató de una abstención casual, o motivada por el desinterés en el tema sometido a votación, dado que los partidos de centro y de derecha habían invocado claramente la abstención[46], mientras que el propio presidente Hindenburg había hablado en contra de la iniciativa[47].

6.2. La prohibición de la construcción de nuevos cañoneros

La iniciativa comunista dirigida a prohibir la construcción de nuevos cañoneros[48], también unió argumentos demagógicos con recursos tácticos, tratando de detonar las contradicciones internas dentro del Partido Socialdemócrata. De hecho, tanto el KPD como el SPD se habían opuesto al programa de construcción de nuevos cañoneros decidido por el IV gobierno de Marx, del cual ninguno de los dos partidos era parte.

Pero después de las elecciones de 1928 y la formación de un gobierno de gran coalición, liderado por el socialdemócrata Hermann Müller, el SPD se vio obligado a aceptar la decisión del Gobierno, a propuesta del ministro de guerra Groener, de proceder con la construcción de 4 cañoneras (dentro de los límites impuestos por el Tratado de Versalles): el Primer ministro y los ministros socialdemócratas votaron en la Cámara en contra de la propuesta del gobierno al cual pertenecían, que sin embargo fue aprobada[49].

A este punto, el Partido Comunista solicitó que el asunto se presentara urgentemente a la Cámara, pero la solicitud fue rechazada. Por lo tanto, el KPD presentó una iniciativa popular que el 17 de septiembre de 1928 fue declarada admisible bajo el nombre de *Panzerkreuzverbot*, a pesar de que la tesis según la cual el proyecto de ley

---

46 G. Kaisenberg, *Insbesondere*, cit., p. 216-217.
47 E. Eyck, *Storia*, cit., p. 417.
48 Este proyecto de ley estaba compuesto por una única disposición, que establecía que «está prohibida la construcción de buques blindados y cañoneras de todo tipo».
49 H. Mommsen, *Aufstieg und Untergang*, cit., p. 310

carecía del carácter normativo y, por lo tanto, no podía considerarse un proyecto «de ley»[50] no pareciera del todo infundada.

Sin embargo, la recolección de firmas no tuvo éxito: los promotores lograron recolectar solo 1 millón y 200 mil firmas, muchas menos de los 3.9 millones necesarios (e incluso menos de los 3 millones y 200 mil votos obtenidos por el KPD en las elecciones parlamentarias pocos meses antes), también debido a la oposición del SPD, que había invitado a sus miembros a oponerse a esta acción, que creía que estaba dirigida contra el partido.

6.3. El plan Young

Si las dos iniciativas que acabamos de mencionar habían sido promovidas por la extrema izquierda, la tercera vio la extrema derecha en primer plano: estaba dirigida contra el plan Young, relativo a la regulación de la espinosa cuestión de las reparaciones debidas por Alemania en virtud del Tratado de Versalles como consecuencia de la derrota en la Primera Guerra Mundial.

El 9 de julio de 1929, se formó el *Reichsauschuss für die deutsche Volksbegehren*, al que participaron el Partido nacional popular alemán (DNVP) dirigido por Alfred Hugenberg, los nazis del NSDAP y una serie de organizaciones nacionalistas, que el 28 de septiembre presentaron una iniciativa de proyecto de ley «contra la esclavitud del pueblo alemán», que se dirigía tanto contra la atribución a Alemania de la culpa por la Primera Guerra Mundial, como contra las reparaciones. El art. 1 exigía al Gobierno que informara solemnemente a las potencias extranjeras que el reconocimiento forzado de la culpa por la guerra en el Tratado de Versalles era contrario a la verdad histórica, mientras que el art. 2 pedía al gobierno que operara porque el reconocimiento de la culpa por la guerra en el art. 231 del Tratado de Versalles fuera derogado, así como el art. 429 y el art. 430 del mismo tratado. El art. 2 también vinculaba al gobierno a comprome-

---

50   Esta fue la posición de Finger, *Das Volksbegehren «Panzerkreuzer-Verbot»*, en *Deutsche Juristenzeitung*, 1928, p. 1369 ss. Se vea la crítica de G. Kaiserberg, *Insbesondere*, cit., p. 208, nota 9.

terse contra el Plan Young, mientras que el art. 3 prohibía a los ministros de asumir nuevas obligaciones con las potencias extranjeras basadas en el reconocimiento de la culpa por la guerra y el art. 4 preveía un delito de traición de la patria para el Primer ministro, los ministros y sus plenipotenciarios que violaran esta prohibición.

La iniciativa fue declarada admisible el 30 de septiembre de 1929 a pesar de que podría tener efectos en el presupuesto y sus promotores recolectaron 4 milliones y 100 mil firmas entre el 16 y el 29 de octubre, lo que equivalía al 10.02 por ciento de los electores, es decir poco más que el mínimo requerido.

Después del rechazo por la Cámara al proyecto de ley de iniciativa popular, se convocó el voto popular para el 22 de diciembre de 1929: participaron menos de seis millones de electores, lo que equivalía al 13.81 por ciento, por lo que se mantuvo en gran medida debajo del umbral de validez prescrito por la Constitución (y también de los votos obtenidos por la derecha en las elecciones parlamentarias anteriores).

El contenido demagógico de esta iniciativa era aún más evidente que los dos anteriores, considerado que su contenido normativo era dudoso y era esencialmente una iniciativa de propaganda sobre uno de los temas queridos por la derecha nacionalista, que fue utilizado como pretexto para una campaña popular de agitaciones contra el gobierno, que también continuó después del fracaso del referendum[51]. Sin embargo, la ley del plan Young fue aprobada por la Cámara unos meses más tarde, el 12 de marzo de 1930.

7. LOS REFERENDUMS EN LOS *LÄNDER*

El arsenal de instituciones de democracia directa era aún más rico en las constituciones de los *Länder* alemanes aprobadas

---

51 La iniciativa además favoreció el Nsdap más que el partido tradicional de derecha nacional, la Dnvp de Hugenberg (H. Mommsen, *Austieg und Untergang*, cit., p. 343), y fortaleció la imagen pública de Hitler, que hasta aquel tiempo era conocido como el golpista de 1923 y que desde 1929 apareció como un miembro respetable de la alianza nacional-conservadora (H.A. Winkler, *La Repubblica di Weimar* (1993), Donzelli, Roma, 1998, p. 406).

paralelamente o inmediatamente después de la Constitución federal de 1919.

En primer lugar, una de las constituciones estatales, la de Baden, fue aprobada por referendum (este fue el único caso de una constitución aprobada por el cuerpo electoral en la República de Weimar): y esta constitución era también la única en la cual el voto popular era previsto como una condición necesaria para una revisión constitucional[52].

Todas las constituciones, excepto la de Lübeck[53], preveían las votaciones populares activadas por iniciativas populares, de acuerdo con esquemas similares a los previstos a nivel federal. Y en algunos casos el espacio operativo de los referendums de iniciativa popular era muy extenso: se puede ver un ejemplo en la Constitución de Bremen de 1920[54], cuyo texto, después de las disposiciones de principio sobre la forma de estado, comenzaba precisamente con la regulación del *Volksentscheid* y reconocía un espacio general para esta institución, declarando que, aparte de algunos límites para la legislación presupuestaria, «todo asunto de competencia del Parlamento del Land (*Bürgerschaft*) puede someterse a un voto popular por decisión del mismo Parlamento».

En términos más generales, todas las Constituciones de los *Länder* preveían procedimientos para la toma de decisiones mediante referendum, a menudo similares a los previstos a nivel federal,

---

52 Se v. el art. 23 de la Constitución de Baden de 1919, en http://www.verfassungen.de/bw/baden/verf19.htm. Se trataba entonces del único caso de referendum obligatorio, al cual se debe quizá añadiro el referendum semi-obligatorio previsto en el art. 13 de la Constitución de Hessen de 1919.

53 F. Meerkamp, *Die Quorenfrage im Volksgesetzgebungsverfahren. Bedeutung und Entwicklung*, VS Verlag für Sozialwissenschaften, Wiesbaden, 2011, p. 280, quien subraya que otro *Land*, Meclemburgo-Strelitz nunca adoptó la ley reglamentaria de la Constitución para disciplinar los *Volksbegehren* y los *Volksentscheidungen*, así que este último *Land* se añade a el de Lübeck como caso en el cual los ciudadanos en el período de Weimar no tenían derecho de iniciativa popular.

54 Se v. el texto en http://www.verfassungen.de/hb/verf20-i.htm.

pero con variaciones de procedimiento interesantes[55]. La diferencia más notable fue, en algunos *Länder*, la iniciativa popular finalizada a obtener la disolución anticipada del Parlamento del *Land*, que no estaba prevista a nivel federal[56]. Para la iniciativa popular destinada a obtener la disolución del Parlamento subestatal, a menudo era previsto un número de adhesiones mayor que el número de firmas necesarias para la iniciativa legislativa popular, hasta el punto de llegar, por ejemplo, a un quinto del electorado en Prusia y en Baviera y un tercio a Mecklemburgo-Schwerin, Lippe y Oldenburg.

Este procedimiento se utilizó en varias ocasiones: entre 1919 y 1933 se registraron almenos 12 casos de *Volksbegehren* en varios *Länder* alemanes para la disolución del *Landtag*[57].

---

55 Por ejemplo el art. 10.3 de la Constitución de Baviera de 1919, el art. 6.2 de la Constitución de Bremen de 1920 y el art. 24 de la Constitución de Baden de 1919 requerían la participación de dos tercios del electorado para que un referendum de iniciativa popular sobre una ley de reforma constitucional fuera válido. El art. 8 de la Constitución de Bremen disponía que una ley aprobada por el cuerpo electoral con un referendum podía ser modificada por el Parlamento estatal solo después de nuevas elecciones parlamentarias. El art. 23 de la Constitución de Baden declaraba inadmisible el referendum sobre categorías de leyes diferentes de las que eran excluidas a nivel federal. El art. 64 de la Constitución de Württemberg de 1919 establecía la facultad general del gobierno de someter a referendum las resoluciones legislativas aprobadas por el Parlamento. El art. 65.2 de esta Constitución permitía al *Landtag* de sugerir al pueblo la aprobación o el rechazo de un proyecto de ley de iniciativa popular. El art. 3 de la Constitución sajona de 1920 disponía que los referendums se celebraran necesariamente los domingos o los días de descanso público. La Constitución de Baviera preveía un quórum de validez menor que el nacional (fijándolo en un quinto del electorado para las leyes ordinarias y dos quintos para las leyes constitucionales). En algunos *Länder* también había un recurso judicial contra la decisión de inadmisibilidad de una iniciativa popular (G. Kaisenberg, *Insbesondere*, cit., p. 219).

56 Se v. por ej. los art. 10.3 y 30.4 de la Constitución de Baviera de 1919, el art. 34 de la Const. de Württemberg de 1919 y el art. 6.3 de la Constitución prusiana de 1920.

57 F. Poetzsch-Heffter, C.H. Ule, K. Dornedde, J. Brennert, *Vom Staatsleben unter der Weimarer Republik III Teil*, en *Jahrbuch des öffentlichen Rechts*,

En un caso, el *Landtag* se disolvió por sí mismo (Braunschweig 1924), evitando así la consulta del referendum; en otro, el *Landtag* fue disuelto por *Volksentscheid* (Oldenburg 1932), mientras que en otros diez casos la propuesta de disolución no tuvo éxito, ya sea porque la iniciativa no alcanzó el número constitucional de firmas prescrito (Mecklenburg-Schwerin, 1926; Anhalt, 1931; Lippe, 1929 y 1931; Turingia, 1931; Sajonia, 1932, Bremen, 1932), ya sea por el resultado negativo del voto popular (Hesse, 1926) o por el fracaso en alcanzar el quórum de participación (Braunschweig, 1931, Prusia, 1931).

Entre estos casos, tuvieron especial importancia los de Prusia y Oldenburg, en los que se produjo, de diferentes maneras, una convergencia entre la extrema derecha y el Partido Comunista en la lucha contra las mayorías parlamentarias de centro o centro-izquierda. El caso prusiano tuvo particular relevancia para el tamaño de ese *Land*, que estaba compuesto por la mayoría de la población y del territorio del Estado alemán y que siguió siendo hasta 1932 un bastión socialdemócrata: entonces la iniciativa popular presentada por los partidos y organizaciones de derecha en la primavera de 1931 puede considerarse casi un caso nacional. Con aproximadamente 6 millones de firmas (equivalentes al 22,6 por ciento de los electores) recogidas entre el 8 y el 21 de abril, los proponentes obtuvieron la convocatoria del referendum sobre la disolución anticipada del Parlamento prusiano para el 9 de agosto de 1931, pero en la votación, a pesar del apoyo del Partido Comunista, los votantes solo llegaron al 36.8 por ciento, quedando así muy por debajo del quórum de la mitad más uno de los electores exigido por la Constitución prusiana (de manera similar a la federal).

El del *Land* de Oldenburg en 1932 fue, en cambio, el único caso de iniciativa popular (también en este caso para lograr la disolución del Parlamento de *Land*) que tuvo éxito en el voto popular durante todo el período de la República de Weimar[58] y además en las elec-

---

1933-34, p. 42-43. Si v. además W. Hartwig, *Volksbegehren und Volksentscheid*, cit., p. 120 ss.
58   En este sentido v. H.-P. Hufschlag, *Einfügung plebiszitären Komponente*, cit., p. 161.

ciones parlamentarias posteriores el partido nazi ganó por primera vez la mayoría de los escaños en un *Land*.

En el *Land* de Lübeck, el único cuya Constitución no preveía un referendum de iniciativa popular, sino solo un referendum *top-down*, por iniciativa de las autoridades políticas, se convocó un referendum arbitral para el 6 de enero de 1924: según el art. 14 de la Constitución de Lübeck de 1920, el voto del Parlamento estatal (*Bürgerschaft*) de censura al gobierno (*Senat*) solo podía expresarse por una mayoría de dos tercios o, sobre la base de una reforma constitucional aprobada en octubre de 1923, con un voto de censura a mayoría absoluta repetido dos veces. Después del segundo voto de censura, el gobierno podía apelar al pueblo[59], lo que hizo el gobierno de Lübeck a fines de 1923. En la votación del 6 de enero de 1924 el resultado fue favorable al gobierno y el voto de censura del *Bürgerschaft* se quedó sin efectos.

Un evento similar ocurrió en el *Land* de Bremen, donde el 9 de enero de 1921 una iniciativa parlamentaria dirigida a obtener la renuncia del gobierno (*Senat*), basada en el art. 53.3 de la Constitución del *Land* de 1920 fue rechazado en la votación popular.

En 1928, una iniciativa popular dirigida a obtener la renuncia de un ministro en Mecklemburgo-Schwerin no alcanzó el número prescrito de firmas.

Los referendums legislativos, que prevalecieron en la práctica a nivel federal en forma de iniciativa legislativa popular con votación popular (v. el pár. 6), fueron relativamente pocos en los *Länder*. En 1932, una iniciativa popular presentada en Turingia en materia de alquileres y falta de vivienda se convirtió en «carente de objeto» porque el parlamento estatal aprobó una ley al respecto. En 1928, una solicitud popular para modificar la ley de protección de los animales fue sometida a votación popular en el *Land* de Lippe, pero en el referendum no se alcanzó el quórum de participación.

---

59 Se v. el art. 14 de la Constitución de Lübeck de 1920, introducido en 1923 (se v. el texto en http://www.verfassungen.de/sh/luebeck/verf20-i.htm, consultato il 25.1.2020).

8. Conclusiones

Es frecuente una evaluación muy negativa sobre la práctica de los referendums en la experiencia constitucional de Weimar: las iniciaticas populares y las decisiones populares habrían sido instrumentos de los demagogos[60], es decir de ese tipo de operadores políticos cuya actuación contribuyó a la llegada del nazismo al poder y a la destrucción de la Constitución[61]. Sin embargo, este es una evaluación que, aunque se basa en algunos datos fácticos, parece excesivamente severo. Incluso si quisiéramos aceptar la idea de que las iniciativas populares se usaron demagógicamente, lo que ciertamente sucedió en el caso de los tres referendums declarados admisibles a nivel federal (cañoneras, expropiación de las antiguas familias nobles, plan Young), el hecho es que estas iniciativas fueron neutralizadas gracias al contrapoder interno al mecanismo de referendum que la Constitución de Weimar había previsto: estas tres iniciativas naufragaron en las rocas de los quórumes previstos para la activación del referendum o para su validez.

Además, se puede observar que en Weimar los demágogos pudieron actuar también en los órganos representativos y de gobierno y que, si sus intentos no prosperaron en las votaciones populares directas, sí prosperaron a través de otros mecanismos «plebiscitarios»

---

60 La opinión más autorizada es quizás la de Theodor Heuss, miembro del FDP y luego primer presidente de la República Federal (1949-59), citado por R. Schiffers, *Schlechte Weimarer Erfahrungen?*, en H.H. von Armin, *Direkte Demokratie*, cit., p. 51.

61 Se pueden considerar los casos de las iniciativas presentadas en Prusia (extrema derecha, apoyada por los comunistas, 1931), Sajonia (comunistas, 1932), Turingia (comunistas, 1931), Oldenburg (partidos de extrema derecha, 1932), Bremen (comunistas, 1932), a las cuales se puede agregar el caso de Anhalt en 1931, donde la iniciativa fue tomada por el Partido Popular, el Partido de la Economía y los propietarios de viviendas. También R. Thoma, *Das Reich als Demokratie*, cit., p. 196, había afirmado en 1930 que el uso de la iniciativa popular y el voto popular había sido hasta entonces «demagógico» y «sin resultados», pero había hipotizado que en un contexto diferente estas instituciones podrían ser instrumentos para una solución política de situaciones difíciles y al servicio de la libertad política.

previstos por la Constitución de Weimar, como la elección popular del Presidente (especialmente en conexión con su poder «dictatorial» previsto por el art. 48 de la Constitución) y el poder la disolución de la Cámara por el Presidente de la República, desempeñando un papel perturbador del funcionamiento regular del sistema de gobierno parlamentario de partidos, mucho más fuerte que el que se puede atribuir a los referendums. Por ejemplo, en el corto lapso de 14 años, entre 1919 y 1933, la Cámara fue disuelta siete veces antes del final de su mandato: dos veces en 1924, una en 1928, una en 1930, dos en 1932 y una en 1933. Si las disoluciones anteriores a 1930 pueden ser justificadas a la luz de la función de arbitraje del instituto de la disolución, no se puede decir lo mismo del ejercicio de este poder después de 1930: ciertamente esta no fue la causa principal de la crisis de la Constitución de Weimar, pero contribuyó significativamente a su desestabilización.

Los referendums, sin embargo, en general funcionaron al servicio del pluralismo social y político y fueron utilizados por minorías organizadas. Y precisamente en la dialéctica del pluralismo social y político, las iniciativas populares presentadas por las fuerzas extremistas fueron neutralizadas.

A nivel federal, por lo tanto, no parece que los referendums que realmente tuvieron lugar hayan desestabilizado en gran medida la vida política, aunque sin duda las tres iniciativas populares en las que se inició la recolección de firmas (y las dos de estas en las cuales tuvo lugar una votación popular) generaron situaciones de agitación popular y de extrema polarización.

La evaluación puede ser parcialmente diferente sobre el uso de los referendums en los *Länder*, acerca de los cuales se ha observado que fueron utilizados exclusivamente para fines «destructivos»[62]: de hecho, hubo varios casos de referendums destinados a obtener la disolución anticipada del Parlamento estatal, muchos de los cuales concentrados en los últimos años de Weimar y a menudo utilizados

---

62   En este sentido P. Krause, *Verfassungsrechtliche Möglichkeiten unmittelbarer Demokratie*, en J. Isensee, P. Kirchhof (cur.), *Handbuch des Staatsrechts der Bundesrepublik Deutschland*, C.F. Müller, Heidelberg, 1987, p. 319.

por las fuerzas anticonstitucionales de extrema derecha o de extrema izquierda, que finalmente destruyeron la Constitución.

Sin embargo, tampoco la experiencia a nivel de los Länder es suficiente para desmentir la posibilidad de la integración de los referendums de iniciativa popular en la dinámica de la democracia representativa, que puede ser difícil pero no es imposible. Es verdad que siempre existe el riesgo que los procedimientos de referendum *bottom-up*, como los previstos en la Constitución de Weimar, puedan conducir a una deslegitimación de la representación política, debido a la invocación instrumental del voto popular como la forma única y auténtica de democracia, contra el Parlamento, los partidos y la «clase política». Pero este riesgo puede evitarse o al menos reducirse mediante una serie de medidas – como los quórum, los límites de forma y de materia y los controles de admisibilidad – que intentan coordenar los espacios en los cuales se permite la decisión popular directa con la esfera de acción de la representación política.

El punto más impostante es que el referendum tiene que ser situado no tanto en la perspectiva rousseauviana de la búsqueda de la forma auténtica de democracia, considerando imperfecta o no efectiva la mera representación política, sino más bien en una perspectiva madisoniana o montesquieuviana, es decir, intentando una re-lectura del referendum como un contrapoder popular para integrar y controlar la acción de los representantes, en el marco de un sistema de pesos y contrapesos recíprocos. En esta perspectiva se orientaba la Constitución de Weimar. La renuncia por la Ley fundamental de Bonn de 1949 a los referendums previstos por la Constitución de Weimar no puede ser interpretada como una incompatibilidad absoluta entre el referendum y la representación política, y ni siquiera como una lección histórica derivada necesariamente de Weimar, de la cual se debería deducir que los referendums tuvieron un papel significativo en el colapso de la democracia alemana en 1933. Las causas de esa tragedia, como ya se mencionó, deben buscarse en otros factores: unos de naturaleza geopolítica, económica y cultural y otros relativos a mecanismos como la elección directa del Presidente de la República y los poderes de emergencia previstos por el art. 48 de la Constitución. Los referendums no salvaron a Weimar y no animaron particularmente su vida democrática, pero ciertamente no fueron decisivos para hundirla.

Weimar e o papel compromissório-constitucional: o que fica na história

LENIO LUIZ STRECK*

1. Notas introdutórias

Não são poucos os autores que, assim como Antonio Avelãs Nunes[1], posicionam o Estado Social não como ruptura ao modelo liberal, mas, sim, como sequência a esse paradigma, sobretudo, em seu viés econômico. Afinal, com as revoluções do século XVIII, como a Americana, de 1776, e a Francesa, de 1789 – marcos dessa nova forma de organização social e política que põe abaixo o Absolutismo –, as promessas de uma vida melhor, sem o *peso* do Estado, não se

---

* Pós-doutor em Direito Constitucional pela Universidade de Lisboa. Doutor em Direito do Estado pela Universidade Federal de Santa Catarina (UFSC). Professor Titular da Universidade do Vale do Rio dos Sinos (Unisinos) e da Universidade Estácio de Sá (Unesa). Professor Visitante da Universidade Javeriana de Bogotá (Colômbia) e de outras universidades internacionais. Presidente de Honra do Instituto de Hermenêutica Jurídica (IHJ). Membro catedrático da Academia Brasileira de Direito Constitucional (ABDConst).

1 AVELÃS NUNES, António José. *As voltas que o mundo dá...* Reflexões a propósito das aventuras e desventuras do estado social. Rio de Janeiro: Lumen Juris, 2011.

confirmam[2]. Ao contrário, com o advento da Revolução Industrial, que modifica sensivelmente a forma de reprodução da vida social, surgem contextos para, até então, inéditas tensões. E, nesse encadeamento de ideias, uma forma de acomodar essas mesmas tensões, fruto não apenas da industrialização crescente, mas, também, da urbanização que a acompanhou, foi o surgimento de programas de bem-estar. É por isso, por essa relação sequencial, que muitos acadêmicos não espelham, no Estado Social, uma ruptura ao liberalismo, mas, na verdade, uma "solução de compromisso" que, no limite, volta-se a perpetuá-lo.

 Embora esses programas acenem, nesse contexto, a um inaugural momento – em que as constituições não apenas dizem "o que é o Estado", destacando "quais são os seus limites", mas, inovadoramente, passem também a apontar "quais são os seus fins", delimitando, assim, "as finalidades a perseguir", em âmbito material –, sua estrutura representou, nessa corrente de pensamento, uma necessária adaptação da engrenagem da sociedade capitalista. Ou seja, seu *compromisso* foi, assim, com a estabilidade da ordem burguesa, ameaçada, em boa medida, pelas anteriormente mencionadas tensões por ela mesma produzidas. É a partir desse ponto de vista que o já referido jurista português vai, por todos, destacar esse modelo como, de fato, um "compromisso necessário para garantir a paz social". Afinal, para ele, "não faltam razões aos autores que põem em relevo a natureza ideológica e mistificatória do conceito de estado social,

---

2 "A vida mostraria não ser confirmada pela realidade a velha tese liberal de que a economia e a sociedade, se deixadas a si próprias, confiadas à mão invisível ou às leis naturais do mercado, proporcionariam a todos os indivíduos, em condições de liberdade igual para todos (a igualdade perante a lei), as melhores condições de vida, para além do justo e do injusto. Esse pressuposto liberal falhou em virtude de vários factores: progresso técnico; aumento da dimensão das empresas; concentração do capital; fortalecimento do movimento operário (no plano sindical e no plano político) e agravamento da luta de classes; aparecimento de ideologias negadoras do capitalismo, que começaram a afirmar-se como alternativas a ele." AVELÃS NUNES, António José. *As voltas que o mundo dá...*, cit., p. 29.

apontando-o como um 'ídolo para apresentar às classes não capitalistas com o objetivo de as anestesiar'"[3].

É nesse contexto que ele situa a Constituição de Weimar, considerada, entre outros fatores, como produto do aumento do peso político do operariado, organizado representativamente, e ciente de sua capacidade de influenciar os rumos do Estado. "Daí o compromisso weimariano, considerado pelas classes dominantes um mal menor, perante a ameaça de contágio da vitoriosa Revolução de Outubro". Ou seja, ao inserir a economia na política, "lançando deste modo as bases da passagem do estado de direito ao estado social" e construindo, na Alemanha, os alicerces do "direito público da economia", projetava, como fim último, "refrear as aspirações revolucionárias de uma parte do operariado alemão, que permaneciam mesmo depois da derrota do movimento spartakista em 1918"[4].

De outro lado, ainda que se compreenda como bem estruturada a crítica até aqui desvelada – e que é particularmente interessante para situar Weimar no global contexto de expansão do capitalismo industrial e das tensões que obstaculizavam o seu alargamento –, importa, também, projetar um distinto olhar à Constituição que, pioneiramente, objetivou conciliar, na Europa, o constitucionalismo à democracia, como bem vai frisar Gilberto Bercovici[5]. O que pretendo sublinhar – e é sempre bom registrar, como faço em meu *Hermenêutica jurídica e(m) crise*[6] – é que a República de Weimar, na "fase experimental" após a Primeira Grande Guerra, iniciou a implantação dos direitos sociais, também chamados de direitos de segunda geração, como o direito à habitação, à educação e à saúde, por exemplo. Eis a importância de Weimar nesse sentido: em outros países, vai

---

3 AVELÃS NUNES, António José. *As voltas que o mundo dá...*, cit., p. 30-31.
4 AVELÃS NUNES, António José. *As voltas que o mundo dá...*, cit., p. 37-39.
5 BERCOVICI, Gilberto. Constituição e política: uma relação difícil. *Lua Nova*, v. 61, p. 5-24, 2004.
6 STRECK, Lenio Luiz. *Hermenêutica jurídica e(m) crise*: uma exploração hermenêutica da construção do Direito. 11. ed. atual. e ampl. Porto Alegre: Livraria do Advogado, 2014.

explicar Capella[7], como Grã-Bretanha, França e Itália, foi preciso aguardar ainda um quarto de século. Do outro lado do Atlântico, nos anos 1930, nos EUA, mediante métodos não legislativos, também foi dado um passo para o reconhecimento dos direitos dos mais fracos. Contudo, apesar de ser a pátria do *New Deal*, os trabalhadores norte-americanos nunca tiveram a cobertura de direitos sociais dos trabalhadores da Europa ocidental (se aproximaram dos trabalhadores europeus por um brevíssimo momento, durante a administração Johnson, no final dos anos 1970).

Assim, sem perder de vista que, em contrapartida, outros aspectos das políticas keynesianas se iniciaram nos Estados Unidos nos anos 1930, enquanto na Europa os trabalhadores tiveram que esperar até o final da Segunda Guerra Mundial, o que se observa nesse brevíssimo escorço é o pioneirismo da Constituição de Weimar. Ao inaugurar, junto à Constituição do México, de 1917, aquilo que se chamou de constitucionalismo social, colocou o Estado como promovedor de políticas públicas. Do velho Estado regulador, passamos para o Estado promovedor. Daí seu caráter ruptural. Esse é o ponto. Mesmo reconhecendo, de fundo, as razões últimas projetadas por Avelãs Nunes como *solução de compromisso*, a inovação é, por isso, indiscutível: mais que garantir – como no Estado projetado a partir das Revoluções Liberais – a liberdade dos cidadãos, primando pela garantia da livre-iniciativa, sobretudo nas relações de mercado, a Constituição de Weimar projetou, também, a proteção do cidadão. A partir dela, "a propriedade obriga"[8], superando a velha – e liberal – noção da propriedade – que os revolucionários franceses tanto prezavam – como mercadoria.

O ineditismo de premissas como essa, claro, inspirou muitos documentos constitucionais pelo mundo. No Brasil, por exemplo, é

---

7 CAPELLA, Juan Ramón. *Fruta prohibida*: una aproximación histórico-teorética al estudio del derecho y del Estado. Madrid: Trotta, 1997. p. 172.
8 Conforme o § 3º do artigo 153: "A propriedade obriga. O seu uso deve estar ao serviço não só do interesse privado, mas também do bem comum". Ou seja, já não se tem um simples limite negativo, mas sim uma direção positiva em relação à utilização da propriedade.

possível citar a Carta de 1934, que vedava a utilização da propriedade contra o interesse social ou coletivo, mas, também, a de 1988, relacionando-se àquilo que chamo de *resgate das promessas da modernidade*. Explico: ao estabelecer o constitucionalismo social, Weimar centra-se "nas relações entre Estado, Constituição, política e realidade"[9], projetando, assim, um documento dirigente e compromissório, desvelando os elos que permitem o *resgate* mencionado anteriormente: no caso da Constituição de 1988, (re)situar a nação, tardiamente modernizada.

É nesse sentido que, destacando a expressão de Joseph Barthélemy, Weimar figura como uma espécie de "laboratório constitucional". A Constituição de 1988, ao também aproximar, enfim, o constitucionalismo da democracia no Brasil, é produto, sem dúvida, desse contexto[10]. Eis o ponto – e o objetivo que persegue este breve ensaio, em homenagem ao Centenário da Constituição de Weimar: se "não é possível a garantia de sobrevivência da democracia em um país em que imensas parcelas do povo não se reconhecem mais no Estado, pois foram por ele abandonadas", e, não por acaso, "a homogeneidade social é, assim, uma forma de integração política democrática"[11], importa compreender – a partir desse breve ensaio que introduz a Constituição de Weimar como referencial ponto de partida – os contextos que, na atualidade, nublam a efetivação de direitos sociais por aqui, não apenas enfraquecendo a própria Cons-

---

9   BERCOVICI, Gilberto. Constituição e política, cit., p. 7.
10 Entretanto, importante frisar, a despeito dessa influência dirigente, temos um "passo atrás" com a nossa Constituição, sistematicamente enfraquecida, a ponto de, hoje, como diria Gilberto Bercovici, termos uma "Constituição Dirigente Invertida". BERCOVICI, Gilberto. A Constituição invertida: a Suprema Corte Americana no combate à ampliação da democracia. *Lua Nova*, São Paulo. n. 89, p. 107-134, 2013. Disponível em: http://www.scielo.br/scielo.php?script=sci_arttext&pid=S0102--64452013000200005&lng=en&nrm=iso. Acesso em: 13 jul. 2019.
11 BERCOVICI, Gilberto. Constituição econômica e dignidade da pessoa humana. *Revista da Faculdade de Direito da Universidade de São Paulo*, v. 102, p. 457-467, 2007, p. 462. Disponível em: file:///C:/Users/acer/Downloads/67764-Texto%20do%20artigo-89194-1-10-20131125.pdf. Acesso em: 11 jul. 2019.

tituição como, ainda, retardando o regaste das promessas da modernidade, tardiamente projetadas em países periféricos, como o Brasil.

2. CEM ANOS DE WEIMAR: INSPIRAÇÃO À DEMOCRÁTICA CONSTITUIÇÃO BRASILEIRA DE 1988

Compreender os desdobramentos que permitem o surgimento da Constituição de Weimar impõe um retorno histórico para além das agitações que enfraqueceram toda a Europa por reflexo da Primeira Grande Guerra, sobretudo, diante do crescente número de desempregados – principalmente na indústria – e da galopante inflação a atingir países como Áustria, Hungria e Polônia, por exemplo, mas particularmente a Alemanha. É que, antes disso, há cerca de meio século, diante do êxito na Guerra Franco-Prussiana (1870), a Alemanha passou por um expressivo crescimento não apenas de suas indústrias, em típico movimento da Revolução Industrial na Europa, mas, também, de suas cidades, como consequência desse mesmo contexto. O resultado, se por um lado acenava a um momento de prosperidade a anteceder o primeiro conflito mundial e as enormes dificuldades impostas pelo Tratado de Versalhes[12], por outro apontava para o aumento do operariado alemão e, consequentemente, para o alargamento, também, das reivindicações desses grupos proletários. É esse cenário – em tese, de crescimento – que arremessa a Alemanha não apenas em busca de importantes fatias globais de mercado, mas, ainda e justamente, à Primeira Grande Guerra[13].

---

12 Pelo Tratado de Versalhes, assinado em 28 de junho de 1919, uma série de restrições foi imposta à Alemanha, sobretudo de ordem militar. Contudo, talvez mais grave, os alemães foram obrigados a pagar aos países vencedores uma indenização milionária, agravando a crise financeira do país, já devastado pela guerra.

13 PINHEIRO, Maria Claudia Bucchianeri. A Constituição de Weimar e os direitos fundamentais sociais: a preponderância da Constituição da República Alemã de 1919 na inauguração do constitucionalismo social à luz da Constituição mexicana de 1917. *Revista de Informação Legislativa*, Brasília: Senado Federal, 2006. Disponível em: http://www2.senado.leg.br/bdsf/bitstream/handle/id/496901/RIL169.pdf?sequence=1#page=100. Acesso em: 7 jul. 2019.

Disso tudo, o resultado, como se sabe, foi a derrota alemã, com o país mergulhado em uma crise de contundentes contornos, fazendo eclodir uma série de levantes internos, significativos e que, no limite, culminariam no movimento spartakista, que defendia "a instauração da ditadura do proletariado e a implementação do socialismo". O movimento revolucionário – também como se conhece o desdobramento desses acontecimentos – foi sufocado, fazendo suceder, em seu lugar, o dirigente e compromissário conteúdo da Constituição de Weimar. Ou seja, assim como a Revolução Russa (1917) acenava a uma radical alternativa ao capitalismo – já confrontado a significativas tensões, sobremaneira, sociais –, Weimar, a seu modo, também apontava a um caminho distinto, em um país capitalista e industrializado. Colocava-se, assim, como uma resposta à crise, mas rechaçando tanto o liberalismo econômico, de um lado, quanto o simples confisco da propriedade[14], como no modelo socialista, de outro.

Assim, nesse *tom*, projetando-se entre garantias liberais e prerrogativas de ordem social, a Constituição de Weimar inovou com as alternativas então dispostas. Com 165 artigos divididos em dois livros, não apenas disse *o que era* o Estado Alemão e como ele se organizava, mas, ainda, *estabeleceu finalidades* a ele, como bem exemplifica o artigo 151, que abre o capítulo *Das Wirtschaftsleben*, prescrevendo que "a vida econômica era fundada nos limites da justiça e da existência digna". Ou seja, como sublinha Gilberto Bercovici ao recordar a leitura de Hermann Heller e de Franz Neumann, Weimar projetava que, "apenas neste âmbito (de garantia de uma vida digna), eram assegurados os direitos liberais de liberdade contratual, de herança e de propriedade"[15], semelhantemente à leitura de Avelãs Nunes que introduz essa discussão, ao acenar a limites à autonomia do capitalismo:

> A Constituição de 1919 é o primeiro texto constitucional (num país capitalista industrializado) que põe abertamente em causa a tese liberal da *autonomia das forças económicas* (do "governo" da econo-

---

14 AVELÃS NUNES, António José. *As voltas que o mundo dá...*, cit., p. 36-38.
15 BERCOVICI, Gilberto. Constituição econômica e dignidade da pessoa humana, cit., p. 458-459.

mia por "leis naturais"), assumindo que a intervenção do estado na economia deve visar não apenas a *"racionalização" da economia*, mas também, a *"transformação" do sistema económico*, integrando a economia na esfera da política, fazendo da economia um *problema político*, lançando desse modo as bases da passagem do *estado de direito* ao *estado social*. A partir das soluções consagradas na Constituição de Weimar, acabaria por se construir na Alemanha a noção de direito público da economia[16].

Assim, não apenas o artigo 151 orienta-se nesse mesmo sentido, mas, também, o 153 e o 165 merecem destaque ao tentar assentar as projeções que caracterizam a Constituição de Weimar. Enquanto o primeiro, como já dito nas linhas que iniciam este ensaio, estabelecia a função social da propriedade, o último consagrava o princípio da cogestão do operariado nos rumos diretivos das empresas, impondo, a seu modo, também limites à liberdade absoluta do capital[17]. Mais que isso, projetava unidade entre aqueles que integravam o Estado alemão. E, em que pese tais dispositivos soassem aos movimentos sindicais da época como tentativas voltadas à instituição da colaboração entre classes, fazendo sugerir que a Constituição de Weimar acenasse, ainda, a um ideário estritamente liberal, parece clara a alternativa a esse viés, sobremaneira, com o artigo 151. Há, enfim, sobretudo com esse dispositivo, limites ao capital. E, dessa inovadora postura, percebe-se inspirador reflexo nas constituições

---

16   AVELÃS NUNES, António José. *As voltas que o mundo dá...*, cit., p. 37.
17   Contudo, é preciso dizer, é mesmo diante desse posicionamento que o jurista português vai projetar nas bases de Weimar uma espécie de sequência ao liberalismo. Afinal, para ele, "a Constituição de Weimar foi uma solução de compromisso, com o objectivo de refrear as aspirações revolucionárias de uma parte do operariado alemão, que permaneciam mesmo depois da derrota do movimento spartakista em 1918 [...]. O objectivo último da co-gestão era, manifestadamente, o de reduzir a conflituosidade social, 'anestesiar' o movimento sindical e as lutas operárias e, em última instância, diluir a luta de classes [...]. Esta era, aliás, uma 'técnica' com tradição na Europa, apoiada na consciência de uma parte das classes dominantes de que certas formas de participação dos trabalhadores nos lucros da empresa podem constituir um factor de *paz social* e de aumento da *produtividade* do trabalho em benefício dos empregadores capitalistas". AVELÃS NUNES, António José. *As voltas que o mundo dá...*, cit., p. 39.

brasileiras de 1934, 1946 e, mais ainda, na de 1988. Afinal, como no seminal momento do constitucionalismo social, bem demarcado por Weimar, nossa Constituição, ao propor a erradicação da pobreza e a diminuição da desigualdade social como objetivos da República[18], também procura, na "homogeneidade social", a seu modo, "uma forma de integração política democrática", voltada ao fortalecimento dos vínculos que formam a trama do tecido social. Sob inspiração da Constituição de Weimar, nossa Carta de 1988 traz o que de há muito venho chamando, por isso, de *novo*.

Mas, eis o ponto: de um lado, temos uma sociedade carente de realização de direitos e, de outro, uma Constituição Federal, o *novo*, que garante esses direitos da forma mais ampla possível. Daí a necessária indagação: qual é o papel do Direito e da dogmática jurídica nesse contexto? Segundo José Luis Bolzan de Morais, o Estado Democrático de Direito teria (tem?) a característica de ultrapassar não só a formulação do Estado Liberal de Direito, como também a do Estado Social de Direito – vinculado ao *Welfare State* neocapitalista –, impondo à ordem jurídica e à atividade estatal um conteúdo utópico de transformação da realidade. O Estado Democrático de Direito, ao lado do núcleo liberal agregado à questão social, teria como questão fundamental a incorporação efetiva da questão da igualdade como um conteúdo próprio a ser buscado. Ou seja, no Estado Democrático de Direito, a lei passa a ser, privilegiadamente, um instrumento de ação concreta do Estado, tendo como método assecuratório de sua efetividade a promoção de determinadas ações pretendidas pela ordem jurídica[19]. Entretanto, isso não foi ainda

---

18 Conforme o artigo 3º da Constituição Federal, "constituem objetivos fundamentais da República Federativa do Brasil", entre outros pontos, como "construir uma sociedade livre, justa e solidária, garantir o desenvolvimento nacional e promover o bem de todos, sem preconceitos de origem, raça, sexo, cor, idade e quaisquer outras formas de discriminação", também "erradicar a pobreza e a marginalização e reduzir as desigualdades sociais e regionais".

19 MORAIS, José Luis Bolzan de. *Do direito social aos interesses transindividuais*. Porto Alegre: Livraria do Advogado, 1996. p. 67 e s. (grifei).Ver, também, STRECK, Lenio Luiz; MORAIS, José Luis Bolzan de. *Ciência política e teoria do Estado*. 8. ed. rev. e atual. Porto Alegre: Livraria do Advogado, 2014.

suficientemente assimilado pelos juristas, como de resto parece muito claro a quem se dedica a observar nossa realidade social.

O Estado Democrático de Direito representa, assim, a vontade constitucional de realização do Estado Social. É nesse sentido que ele é um *plus* normativo em relação ao direito promovedor-intervencionista próprio do Estado Social de Direito. Registre-se que os direitos coletivos, transindividuais, por exemplo, surgem, no plano normativo, como consequência ou fazendo parte da própria crise do Estado Providência. Desse modo, se na Constituição se coloca o modo, é dizer, os instrumentos para buscar/resgatar os direitos de segunda e terceira dimensões, via institutos como substituição processual, ação civil pública, mandado de segurança coletivo, mandado de injunção (individual e coletivo) e tantas outras formas, é porque no contrato social – do qual a Constituição é a explicitação – há uma confissão de que as promessas da realização da função social do Estado não foram (ainda) cumpridas. É dizer: mesmo em face do documento constitucional de 1988, seu conteúdo dirigente e compromissório permanece, sobretudo às camadas mais carentes de nossa população, veladas. Por quê?

3. O "NOVO" NUBLADO POR VELHOS PARADIGMAS

O Estado Democrático de Direito é o *novo* modelo, como observado sucintamente até aqui, a remeter a um tipo de Estado em que se pretende precisamente a transformação em profundidade do modo de produção capitalista e sua substituição progressiva por uma organização social de características flexivamente sociais, para dar passagem, por vias pacíficas e de liberdade formal e real, a uma sociedade em que possam ser, efetivamente, implantados superiores níveis reais de igualdades e liberdades. Ou seja, assim como Weimar, o paradigma de Estado desvelado com a Constituição de 1988 também impõe limites à economia, por meio de *um Estado forte, intervencionista e regulador,* na esteira daquilo que, contemporaneamente, se entende como Estado Democrático de Direito. O Direito recupera, nesse sentido, sua especificidade e seu acentuado grau de autonomia. É por isso que o Direito, enquanto legado da modernidade – até porque temos uma Constituição democrática –, *deve ser visto, hoje, como um campo necessário de luta para implantação dessas mesmas promessas modernas.* Não por outro motivo, não há dúvidas de que, sob a ótica desse paradigma estatal, o Direito figura como instrumento de transformação social.

Entretanto, verifica-se uma disfuncionalidade não apenas dele – do Direito –, mas, ainda, das instituições encarregadas de aplicar a lei, como venho referindo, à saciedade em muitas de minhas obras, nublando a concretização de direitos em *terrae brasilis*. Quero dizer: o Direito brasileiro – e a dogmática jurídica[20] que o instrumentaliza – está assentado em um paradigma liberal-individualista que sustenta essa disfuncionalidade, que, paradoxalmente, vem a ser a sua própria funcionalidade, em boa medida, na contramão dos objetivos da República. Ou seja, não houve ainda, no plano hermenêutico, a devida filtragem – em face da emergência de um *novo* modo de produção de Direito representado pelo Estado Democrático de Direito – desse *velho* Direito, alicerçado nesse ultrapassado modelo. Repito: paradoxalmente em sentido contrário a ideários de igualdade tão bem delimitados nas finalidades constitucionalmente dispostas ao país, aqui se estabelece a crise de modelo (ou modo de produção) de Direito, dominante nas práticas jurídicas de nossos tribunais, fóruns e na doutrina.

No âmbito da magistratura – e creio que o raciocínio pode ser estendido às demais instâncias de administração da Justiça –, por exemplo, José Eduardo Faria[21] aponta dois fatores que contribuem para o agravamento dessa problemática que, em tese, prende-nos ao passado e impede o *novo* de – resgatando as promessas da modernidade – surgir. Trata-se do "excessivo individualismo e o formalismo na visão de mundo: esse individualismo, a despeito de não termos",

---

20 As críticas deste texto são dirigidas, à evidência, à dogmática jurídica não garantista, que não questiona as vicissitudes do sistema jurídico, reproduzindo essa injusta e desigual ordem social. Ou seja, as críticas aqui feitas ressalvam e reconhecem os importantes contributos críticos – e não são poucos – construídos/elaborados ao longo de décadas em nosso país.

21 FARIA, José Eduardo. *O Poder Judiciário no Brasil*: paradoxos, desafios, alternativas. Brasília: CJF, 1995. p. 14 e 15.

como destaca Gilberto Bercovici[22], uma Constituição liberal,"se traduz pela convicção de que a parte precede o todo, ou seja, de que os direitos do indivíduo estão acima dos direitos da comunidade".

Segue Faria, "como o que importa é o mercado, espaço onde as relações sociais e econômicas são travadas, o individualismo tende a transbordar em atomismo: a magistratura é treinada para lidar com as diferentes formas de ação, mas não consegue ter um entendimento preciso das estruturas socioeconômicas onde elas são travadas". Para além disso, tem-se, ainda, o formalismo, que "decorre do apego a um conjunto de ritos e procedimentos burocratizados e impessoais, justificados em nome da certeza jurídica e da *segurança do processo*". Precisamente é isso:

> Não preparada técnica e doutrinariamente para compreender os aspectos substantivos dos pleitos a ela submetidos, ela enfrenta dificuldades para interpretar os novos conceitos dos textos legais típicos da sociedade industrial, principalmente os que estabelecem direitos coletivos, protegem os direitos difusos e dispensam tratamento preferencial aos segmentos economicamente desfavorecidos.

4. Recepcionando o "novo": caminhos para o acontecer constitucional

Como procurei até aqui destacar, estou convencido de que há uma crise de paradigmas que obstaculiza a realização (o acontecer) da Constituição (e, portanto, dos objetivos da justiça social, da igualdade, da função social da propriedade etc.): trata-se das *crises dos paradigmas* objetivista aristotélico-tomista e da subjetividade (filosofia da consciência), bases da concepção liberal-individualista-

---

22 Como contundentemente afirma Gilberto Bercovici, "a Constituição, de 1988, para desespero ou fúria de nossos autointitulados 'liberais' (estariam melhor classificados como conservadores ou até reacionários), não é liberal, por maiores exercícios hermenêuticos que eles façam". BERCOVICI, Gilberto. Constituição econômica e dignidade da pessoa humana, cit., p. 462.

-normativista do Direito, *que se constitui, em outro nível, na crise de modelos de Direito*. Muito embora já tenhamos, desde 1988, um novo modelo de Direito, nosso modo-de-fazer-Direito continua sendo o mesmo de antanho, isto é, olhamos o novo com os olhos do velho, com a agravante de que o novo (ainda) não foi tornado visível. Este é o ponto fulcral de obras como meu *Hermenêutica jurídica e(m) crise* – e que considero também fundamental à discussão aqui proposta[23].

Para romper com essa *tradição inautêntica*, no interior da qual os textos jurídicos constitucionais são hierarquizados e tornados ineficazes, afigura-se necessário, antes de tudo, compreender o sentido de Constituição. Esse é, pois, o ponto. Mais do que isso, quero dizer, trata-se de compreender que a especificidade do campo jurídico implica, necessariamente, entendê-lo *como mecanismo prático que provoca (e pode provocar) mudanças na realidade.* No topo do ordenamento está a Constituição. Esta Lei Maior deve ser entendida como *algo que constitui a sociedade, é dizer, a Constituição do país é a sua Constituição.* Nesse sentido, como de resto já parece bastante claro, assumo uma postura *substancialista*[24], para a qual o Judiciário (e, portanto, o Direito) assume especial relevo.

Proponho, assim, o que Garcia Herrera magnificamente conceitua como *"resistência constitucional"*, entendida como o processo

---

23 STRECK, Lenio Luiz. *Hermenêutica jurídica e(m) crise*, cit.
24 Essa postura implica assumir a tese de que, no Estado Democrático de Direito, *o Direito tem uma função transformadora*. A tese substancialista parte da premissa de que a justiça constitucional deve assumir uma postura que, no contexto aqui exposto, pode ser entendida como intervencionista, longe, portanto, da postura absenteísta própria do modelo liberal, individualista e normativista que permeia a dogmática jurídica brasileira. Dialoga, pois, com o contexto de crise do Estado e do Direito. É preciso, contudo, advertir: quando estou falando de uma função intervencionista do Poder Judiciário, não estou propondo uma (simplista) judicialização da política e das relações sociais (e, tampouco, a morte da política, típico traço das formas de organização social, em que o poder é exercido de forma horizontal). Quando clamo por um "intervencionismo substancialista", refiro-me ao cumprimento dos preceitos e princípios ínsitos aos Direitos Fundamentais Sociais e ao núcleo político do Estado Social previsto na Constituição de 1988.

de identificação e detecção do conflito entre princípios constitucionais e a inspiração neoliberal que promove a implantação de novos valores que entram em contradição com aqueles: solidariedade perante o individualismo, programação perante a competitividade, igualdade substancial perante o mercado, direção pública perante procedimentos pluralistas[25].

Esse *novo modelo constitucional* supera o esquema da igualdade formal rumo à igualdade material, o que significa assumir uma posição de defesa e suporte da Constituição como fundamento do ordenamento jurídico. É ela também a expressão de uma ordem de convivência assentada em conteúdos materiais de vida e em um projeto de superação da realidade alcançável com a integração das novas necessidades e a resolução dos conflitos alinhados com os princípios e critérios de compensação constitucionais[26].

Isso tudo parece demodê? Talvez. Penso, todavia, que devemos resistir, até que as promessas de justiça social sejam cumpridas.

REFERÊNCIAS

AVELÃS NUNES. António José. *As voltas que o mundo dá...* Reflexões a propósito das aventuras e desventuras do estado social. Rio de Janeiro: Lumen Juris, 2011.

BERCOVICI, Gilberto. Constituição e política: uma relação difícil. *Lua Nova*, v. 61, p. 5-24, 2004.

BERCOVICI, Gilberto. A Constituição invertida: a Suprema Corte Americana no combate à ampliação da democracia. *Lua Nova*, São Paulo. n. 89, p. 107-134, 2013. Disponível em: http://www.scielo.br/scielo.php?script=sci_arttext&pid=S0102-64452013000200005&lng=en&nrm=iso. Acesso em: 13 jul. 2019.

---

25 Consultar GARCIA HERRERA, Miguel Angel. Poder Judicial y Estado Social: legalidad y resistencia constitucional. *In*: *Corrupción y Estado de Derecho:* el papel de la jurisdicción. Perfecto Andrés Ibáñes (editor). Madrid: Trotta, 1996. p. 83.
26 GARCIA HERRERA, Miguel Angel. Poder Judicial y Estado Social, cit., p. 83.

BERCOVICI, Gilberto. Constituição econômica e dignidade da pessoa humana. *Revista da Faculdade de Direito da Universidade de São Paulo*, v. 102, p. 457-467, 2007. Disponível em: file:///C:/Users/acer/Downloads/67764-Texto%20do%20artigo-89194-1-10-20131125.pdf. Acesso em: 11 jul. 2019.

CAPELLA, Juan Ramón. *Fruta prohibida*: una aproximación histórico-teorética al estudio del derecho y del Estado. Madrid: Trotta, 1997.

FARIA, José Eduardo. *O Poder Judiciário no Brasil*: paradoxos, desafios, alternativas. Brasília: CJF, 1995.

GARCIA HERRERA, Miguel Angel. Poder Judicial y Estado Social: legalidad y resistencia constitucional. In: *Corrupción y Estado de Derecho:* el papel de la jurisdicción. Perfecto Andrés Ibáñes (editor). Madrid: Trotta, 1996.

MORAIS, José Luis Bolzan de. *Do direito social aos interesses transindividuais*. Porto Alegre: Livraria do Advogado, 1996.

PINHEIRO, Maria Claudia Bucchianeri. A Constituição de Weimar e os direitos fundamentais sociais: a preponderância da Constituição da República Alemã de 1919 na inauguração do constitucionalismo social à luz da Constituição mexicana de 1917. *Revista de Informação Legislativa*, Brasília: Senado Federal, 2006. Disponível em: http://www2.senado.leg.br/bdsf/bitstream/handle/id/496901/RIL169.pdf?sequence=1#page=100. Acesso em: 7 jul. 2019.

STRECK, Lenio Luiz. *Hermenêutica jurídica e(m) crise:* uma exploração hermenêutica da construção do direito. 11. ed. atual. e ampl. Porto Alegre: Livraria do Advogado, 2014.

STRECK, Lenio Luiz; MORAIS, José Luis Bolzan de. *Ciência política e teoria do Estado*. 8. ed. rev. e atual. Porto Alegre: Livraria do Advogado, 2014.

Los grandes problemas jurídicos en la República desapacible de Weimar

FRANCISCO SOSA WAGNER*

En un libro como este es pertinente realizar un resumen o síntesis de los grandes problemas jurídicos que se trataron en los años de Weimar y las plumas que los abordaron.

Digamos de entrada que la gran mayoría de los profesores alemanes de derecho público, cualquiera que hubiera sido su grado de compromiso con el régimen guillermino, aceptó la nueva situación política con mayor o menor entusiasmo. Podemos emplear para algunos de ellos la expresión "republicanos de conveniencia " pues eran conservadores y personas muy moderadas (la"izquierda"estuvo representada por Preuß, de un lado, y Kelsen y Heller, de otro: ninguno temible precisamente) pero lo cierto es que, con la mejor intención y la más limpia disponibilidad histórica, se aprestan a ofrecer las armas de que disponen, es decir, las del razonamiento jurídico, para contribuir a la edificación del sistema, a apuntalarlo y a defenderlo de sus enemigos que ya agitaban todos los escenarios ("república asediada" fue llamada con exactitud). El ámbito de acuerdo, el punto de encuentro de todos ellos, es el régimen parlamentario y la

---

* Catedrático de Derecho Administrativo Universidad de León (España).

democracia entendida al modo occidental pues ninguno de ellos toma la pluma para defender el sistema de "soviets" o "consejos". En este punto la coincidencia era total siendo Erich Kaufmann quien mejor describe la situación al recordar que

> [...] tras la caída de la monarquía y en el remolino revolucionario no nos quedaba más que elegir entre el dominio de una mayoría parlamentaria o la dictadura del proletariado, por lo que el parlamentarismo se convirtió en el único suelo sobre el que habríamos de construir a menos que quisiéramos recetarnos el modelo ruso. De ahí la coincidencia de los partidos políticos, incluidos los socialistas mayoritarios... El parlamentarismo era así un tablón al que hubo de agarrarse el pueblo alemán para no ahogarse.

El producto fue la Constitución elaborada en Weimar caracterizada por ser el resultado de un acuerdo que no acabó de satisfacer en su integridad a nadie pues si para los revolucionarios constituía una traición a la revolución, para la extrema derecha suponía una rendición a las imposiciones de los aliados y la instauración de un modelo democrático aborrecido; por su parte, los partidarios de un Estado unitario abominaban de las claudicaciones ante las presiones de los viejos Estados federalistas y, quienes aún defendían a estos, por el refuerzo de las instituciones centrales... Un juguete pues controvertido y asumido porque no se veía otro remedio, al propio Richard Thoma se le atribuye la frase "es probable que todas las constituciones sean tontas, el problema es escoger el mal menor". Pero si la Constitución desataba estas polémicas, el Tratado de Versalles concitaba una poco deseable unanimidad pues solo fue aceptado a regañadientes por algunos, por casi todos íntimamente rechazado como abominable. Una combinación esta – la representada por ambos textos fundacionales – que hará peligrar el sistema en su conjunto y acabará hundiéndolo.

Pero los iuspublicistas, más allá de sus convicciones, de su entusiasmo o de su frialdad, de su respaldo o de su rechazo a esta o a aquella solución, lo cierto es que se ponen manos a la delicada obra de apuntalar con sus plumas la nueva estructura del Estado alemán. Este es el objetivo sinceramente asumido por ellos. Y de ahí nacen frutos entre los que se encuentran las obras primerizas, publicadas poco después de la entrada en vigor del nuevo texto, y entre las que me permito destacar la de Friedrich Giese (*Die Verfassung des Deutschen Reiches*, 1919), clara y práctica, propia de un positivista, como asimismo lo es la salida de la pluma del profesor y alto funcionario ministerial Fritz Poetzsch-Heffter (*Handausgabe der Reichsverfassung vom 11. August 1919*, 1919). Entre estas iniciales tomas de posición se halla también el libro de Gustav Adolf Arndt (*Die Verfassung des Deutschen Reiches vom 11. August 1919. Mit Einleitung und Kommentar*, 1919) y un manual, el de Stier-Somlo (*Die Verfassung des Deutschen Reiches vom 11. August 1919. Ein systematischer Überblick*, 1919). En tres tomos, y con frecuentes referencias al derecho comparado, está dividida la obra de Julius Hatschek *Institutionen des deutschen Staatsrechts* (aparecida entre los años 1923 y 1926). Un poco más tardío (1927) y más amplio en cuanto a los temas tratados es el libro de Walter Jellinek *Verfassung und Verwaltung des Reichs und der Länder*.

Sin embargo la obra que sería juzgada como la más relevante del primer período es la de Gerhard Anschütz *Die Verfassung des Deutschen Reiches. Kommentar* (1921), valorada incluso como una obra maestra tras la segunda guerra mundial por su claridad, precisión y agudeza en las fórmulas y en el decir. Obra invocada invariablemente como criterio de autoridad.

Son también destacables dos obras colectivas, aparecidas en el último tramo de la vida de la República, que han quedado como señeras en la doctrina alemana hasta hoy: Nipperdey, de un lado, y de nuevo Anschütz, ahora junto a su amigo Richard Thoma, sacan adelante dos libros en los que participan casi todos los autores de relevancia del momento. El primero, especialista en derecho civil y laboral, es el alma de *Die Grundrechte und Grundpflichten der Reichsverfassung* (1929) donde se analizan pormenorizadamente en el tomo primero la importancia de tales derechos fundamentales y los artículos 102 a 117, en el segundo los que van del 118 al 142, en fin, en el tercero desde el 143 al 165 más un análisis de la historia de las ideas a ellos conectadas. Un esfuerzo que sale adelante gracias a la pluma de catedráticos distinguidos (con las excepciones, porque no figuran como autores, de Kaufmann, Triepel, Smend, Schmitt y Kelsen) pero también de algunos magistrados y de altos funcionarios, todos ellos defensores del sistema de Weimar y del cobijo constitucional a los derechos fundamentales.

Los segundos (Anschütz y Thoma) ponen en pie el *Handbuch des deutschen Staatsrechts* (dos tomos, 1930 - 1932), un tratado completo, minucioso e indispensable para los estudiosos del derecho constitucional (aun los actuales) firmado por casi todos los profesores prestigiosos aunque faltan los del grupo antipositivista berlinés Triepel, Smend y Kaufmann así como aquellos considerados más "extremistas" como Hermann Heller y Axel von Freytagh-Loringhoven. Los dos tomos son impresionantes por su contenido pero también porque, si se observa la fecha de la aparición del segundo, se verá que estamos ya en plena convulsión constitucional: se ha dado el golpe de Estado prusiano y se está a dos pasos de la llegada de Hitler a la cancillería. El libro es por ello el canto de cisne del régimen republicano democrático. Triepel, que no figura entre los autores como acabo de señalar, le dedicó una recensión en la que asegura que se trata de una colección de pequeñas monografías que logran formar un conjunto armónico y metodológicamente unitario aunque los autores a veces sostengan tesis contrapuestas.

Muchos de estos profesores fueron todo menos personas alejadas de la vida política, aunque pocos estuvieron directamente implicados en ella. Sus preferencias partidarias: en la órbita moderada del DNVP, aunque no en posiciones coincidentes, estuvieron Triepel (al menos hasta el cambio hacia la extrema derecha dado por Alfred Hugenberg en 1928) y Smend; en la del DDP Anschütz, Thoma y por supuesto Preuß. En el nacionalsocialismo acabaron Koellreutter, Tatarin-Tarnheyden y Carl Schmitt, y en el mundo socialdemócrata se movieron Hermann Heller y Kelsen (aunque con muchas distancias). De ellos Preuß fue ministro, fugaz pero influyente; Carl Schmitt, asesor aúlico de los gobiernos "presidenciales" y colaborador nazi; casi todos ellos formaron parte de muchas comisiones legislativas y emitieron un número elevadísimo de dictámenes por encargo de las instituciones públicas (aunque también de empresas y personas particulares); Kelsen fue juez constitucional hasta que tuvo que abandonar Viena. En la disputa judicial entre el *Reich* y Prusia con motivo de la intervención en 1932 de este *Land* estuvieron todos los grandes aportando sus mejores saberes y sus más finos argumentos (a cambio por cierto de apreciables sumas de dinero). Lo mismo ocurrió en relación con el asesoramiento técnico en materia de "reordenación" de los Länder. Y los problemas jurídico-constitucionales como la reforma electoral o el voto de censura salen una y otra vez en los escritos de los juristas estudiados como igualmente se discute en términos teóricos (y pretendidamente asépticos) la salida constitucional de la dictadura (Schmitt, J. Heckel o Grau).

La seriedad con que afrontaban en sus trabajos estos profesores el elevado número de asuntos candentes que se les acumulaban en sus mesas de trabajo, más el deseo de tratar de forma adecuada cuestiones jurídicas alejadas de los escenarios políticos que inevitablemente muchos de ellos se veían más o menos obligados a pisar, propiciaron la creación de esa plataforma de debate estrictamente académica que fue la *Vereinigung der deutschen Staatsrechtslehrer*. Triepel fue la persona que tomó la iniciativa en el verano de 1922 y enseguida se celebra en Berlín un encuentro que acredita el respaldo de los profesores. Una ocasión esta para discutir acerca de la situación del derecho del Estado en los planes de estudio y para oír a Thoma disertar sobre el control judicial. En 1924, en Jena, se reúnen más de cuarenta profesores y allí se discute sobre el federalismo alemán, las relaciones entre Prusia y el *Reich*, destacando Anschütz con su embestida contra los particularismos (tipo Baviera) y enfrente, en tono más generoso con los Länder, Carl Bilfinger. Por su parte, Schmitt y Jacobi abordaron el tema de los poderes dictatoriales del Presidente propugnando una interpretación que, de un lado, los reforzaba pero, de otro, trataba de limitarlos en términos temporales y de contenido. La mayoría admitió que el artículo 48 de la Constitución no era más que una versión modernizada del viejo "estado de sitio".

En 1925, en Leipzig, se debatieron cuestiones de carácter jurídico-administrativo. En 1926, en Münster, se enfrentaron las corrientes positivista y antipositivista de manera educada pero contundente en las personas de Kaufmann y Nawiasky. Se discutía el principio de igualdad en el marco de las condiciones económicas y sociales propiciadas por la inflación alemana que había arruinado millones de economías modestas mientras que había enriquecido a otras (grandes deudores de la industria o de la agricultura), es decir ante la presencia de normas legales que habían creado una desigualdad enorme. Kaufmann arremetió contra el positivismo al que consideró propio de la tranquila sociedad anterior a la gran conmoción de la guerra declarándose partidario de un derecho natural cristiano-aristotélico y del pensamiento "institucional" de Maurice Hauriou. La igualdad ante la ley sería una especie de igualdad burguesa ante la ley democrática cerrada en sí misma, algo parecido a la igualdad ante un Dios personal. Kaufmann quería llegar a una relativización (políticamente calculada) de la legislación parlamentaria propiciando el control judicial de la misma, tesis rechazada por Nawiasky. En el debate posterior (intervinieron grandes nombres como Anschütz, Thoma, Kelsen, Walter Jellinek, Hermann Heller) y en él vuelven los asuntos anudados a este principio, la concepción "relativa" del mismo y la aceptación de que contenía un "suum cuique", no un "idem cuique" y por supuesto una prohibición explícita de la arbitrariedad.

En 1927 en Munich son ponentes Karl Rothenbücher y Smend siendo el tema de debate la libertad de opinión. Mientras el primero defendió una visión liberal que excluía la posibilidad de que a través de leyes generales pudiera llegarse a un "punto muerto" del derecho fundamental, Smend interpretaba tal libertad de forma supraindividual e institucional, como expresión de unos valores culturales y, en tal sentido, relativizó la superioridad de las leyes generales con la introducción de un criterio material de valor. Contrario a una delimitación del derecho puramente formal, defendió que solo una valoración adecuada de bienes jurídicos debe determinar cuál es el que ostenta la preferencia. Las discusiones se enredaron de tal modo que curiosamente, tras una intervención de Kaufmann, intervino Thoma para denunciar la complejidad y obscuridad de los conceptos que se estaban empleando: "me suenan a chino" llegó a decir, y señaló el peligro que suponía que, en un círculo tan pequeño y entre especialistas, el lenguaje de unos no fuera entendido fácilmente por los demás. En este año 1927 se debatió otros asunto no menos peliagudo, el concepto de ley, siendo ponentes Hermann Heller y Max Wenzel. Heller negó la distinción entre ley formal y ley material y defendió un concepto unitario que subrayara el valor de las proposiciones jurídicas (normas) emanadas del pueblo al tiempo que arremetió contra el positivismo formalista de Laband pero también de Kelsen (allí presente), que intervino de forma extensa en un parlamento donde repitió tesis conocidas suyas que se limitaron a escuchar educadamente Anschütz, Thoma, Triepel y Kaufmann (Schmitt no se hallaba en la sala).

En Viena ("la cueva del león" como la llama Stolleis) es la cita en 1928 donde se enfrentan Triepel y Kelsen en relación con el tema de la justicia y los actos del poder. Triepel negó que fuera posible una justicia constitucional administrada exclusivamente en términos jurídicos. La gran política no se puede dominar con los medios del derecho, más aún, la sustancia de la política se halla en contradicción con la existencia de una jurisdicción constitucional. Smend apoyó claramente a Triepel y Hermann Heller aprovechó de nuevo para distanciarse de Kelsen. No hace falta decir que la tesis de Kelsen circuló en sentido contrario, apelando a su experiencia en Austria donde él ejercía su tarea libre de los influjos de los partidos políticos (en su carne viviría pronto lo contrario). Para Kelsen las ideas de Triepel y Smend, especialmente las de este último, referidas a la "integración", eran pura "metafísica", objeto más bien de la teología. Otro tema se tocó en este encuentro, el del control de los actos administrativos (Max Layer y Ernst von Hippel).

En 1929, en Frankfurt, Fritz Fleiner se limitó a hacer un estudio comparado del federalismo en Suiza, Alemania y los Estados Unidos de América. Joseph Lukas completó el análisis con la experiencia de Austria. Al día siguiente fueron tratados cuestiones jurídico-administrativas, en concreto, el establecimiento público, Lutz Richter y Arnold Köttgen.

En 1931, en Halle, se abordaron asuntos vinculados con la crisis política alemana, el derecho electoral y el régimen de los funcionarios públicos. Sobre estos expusieron sus ponencias Hans Gerber y Adolf Merkl: una idea era coincidente en la doctrina alemana de la época, la de preservar al funcionariado de la influencia política y garantizar su neutralidad y estabilidad. Para este objetivo servían las técnicas de los derechos fundamentales y de la garantía institucional, mecanismo de defensa de lo que se consideraban fundamentos del orden social. El funcionariado era uno de ellas, inscrito claramente, en un largo proceso a lo largo del siglo XIX, en el ámbito del derecho público de manera que eran minoría en estos años del siglo XX quienes consideraban el derecho de los funcionarios como una parte del derecho del trabajo. De ahí el sólido cerco que quiere tejerse en torno a un tipo de funcionario que ha de ser cualificado técnicamente, inmune a los cambios propiciados por las mayorías parlamentarias y con inatacables "derechos adquiridos", tal como proclamaba el artículo 129. 3 de la Constitución. Por eso las reducciones salariales decretadas a través del mecanismo del art. 48 eran consideradas inconstitucionales. En cuanto al derecho electoral, también tratado en esta sesión de Halle, las ponencias estuvieron a cargo de Heinrich Pohl y Gerhard Leibholz. Estamos, el lector lo habrá advertido, en 1931: el Estado de Weimar se está deshaciendo a ojos vistas.

Como 1932 es aún peor pues los elementos que brinda la realidad son día a día más amargos, los catedráticos de la *Vereinigung* deciden suspender el encuentro que estaba previsto hasta abril de 1933 en la ciudad de Marburgo donde habían de exponer sus ponencias Willibalt Apelt y Heinrich Herrfahrdt siendo tema elegido el de la reforma del *Reich*. Herrfahrdt, a la vista de las circunstancias de 1933, decide ofrecer su trabajo a la editorial Mohr (Paul Siebeck) de Tübingen. Stolleis ofrece el texto, procedente del archivo de esta casa editorial, de lo ocurrido con el original de Herrfahrdt: el editor pidió un dictamen sobre él a Koellreutter (nazi confeso) quien contestó diciendo que "como dice Smend, Herrfahrdt es un hombre científicamente monotemático, que escribe constituciones y más constituciones sin que se saque de todo ello nada en claro. La ponencia por él escrita se ha quedado anticuada, ahora es necesario escribir algo nuevo, como yo ahora etc etc...". La situación era de una delicadeza extrema: Anschütz no veía ya en los trabajos de los profesores ningún sentido, Kelsen había sido desposeído de su cátedra, a otros colegas se les había obligado a "tomar vacaciones", el citado Koellreutter anuncia que es preciso buscar otra sede de encuentros pero solo entre profesores "políticamente activos", se entiende en favor del nuevo "Estado autoritario". Y, en efecto, convencido de que esta era la mejor solución, traslada la cuenta de la organización a una especial de un banco en Munich. Hay entonces un encuentro entre Carl Schmitt, Koellreutter y Carl Bilfinger para decidir la disolución formal de la *Vereinigung*, considerada muy "liberal", lo que comunican a Triepel y a Sartorius. Triepel se indigna porque, a su juicio, la *Vereinigung* no se ha esforzado en otro objetivo que en la búsqueda de la verdad, sin que puedan ponérsele etiquetas políticas concretas, abierta como ha estado a las diferentes opciones ideológicas de sus miembros. Una actitud que ha de ser mantenida en el Estado nacional-socialista "porque al fin y al cabo espero que sea un Estado de derecho y que disponga de una Constitución".

Pero los nazis tenían otros planes. Es el mismo Koellreutter quien el 19 de abril indica a Triepel que la *Vereinigung* va a quedar englobada en las actividades de la Alianza de juristas nacional-socialistas (BNSD) o en la *Akademie für deutsches Recht*. La contestación de Triepel (todas estas cartas se conocen una vez más gracias a la diligencia de Stolleis) es impresionante en su laconismo: "distinguido señor colega: por su carta, que le agradezco, constato lo que hasta ahora solo podía suponer. Veo ahora claro hacia donde se dirige el viaje pero le indico ya que no cuente conmigo. Un saludo, Triepel". Con esta actitud de quien era el alma de la *Vereinigung*, se disolvía esta de facto. Cada profesor habría de buscar su propio camino. En diciembre hay un forcejeo entre Koellreutter y Schmitt deseosos ambos de llevar el agua de la prestigiosa *Vereinigung* a su particular molino: Koellreutter a la por él dominada *Akademie für Deutsches Recht* y Schmitt a la Alianza de juristas nacional-socialistas (BNSD), que se hallaba bajo su control. La situación queda así sin definir hasta que llega, al hilo de la limpieza funcionarial (ministro: Hans Frank), la disolución en 1937 así como la decisión acerca del destino de su patrimonio. Pero la ejecución de las medidas dispuestas en realidad nunca se produjo de manera formal aunque cualquier actividad de los juristas debía realizarse en el marco de la citada *Akademie für Deutsches Recht* (tal como notificó Sartorius por carta – marzo de 1938 – a los miembros). La cuenta bancaria pasó a manos de Freytagh-Loringhoven y las escaramuzas entre Schmitt y los profesores nazis se saldaron en perjuicio del primero, caído en desgracia de manera definitiva a finales de 1936. La *Vereinigung der Deutschen Staatsrechtslehrer* había muerto. Habrá que esperar a la primavera de 1949 para ver su reaparición de la mano de un comité compuesto por Hans Helfritz, Erich Kaufmann y Walter Jellinek.

El problema fue, tras la guerra y la derrota de 1945, qué hacer con quienes se habían comprometido con Hitler y sus secuaces. Había que buscar un criterio de tratamiento objetivo de las situaciones. Así, los que fueron depuestos por los aliados hubieran quedado sin más también excluidos de la Asociación que renacía si no hubiera sido por la generosidad de estas personas ahora en la dirección (y ayer maltratados por sus colegas) que decidieron dejar fuera exclusivamente a quienes hubieran tenido una colaboración "por encima de la media" con los nazis o con los comunistas (entretanto había nacido la guerra fría). En aplicación de este criterio fueron excluidos Carl Schmitt, Ernst Rudolf Huber y Otto Koellreutter (más el caso especial de Höhn quien trataría de trabajar como ayudante de oculista hasta que fue descubierta su impostura por el colegio profesional, después montaría este sujeto una empresa privada de formación de directivos de empresa) quienes no fueron invitados a Heidelberg a la sesión que debía celebrarse los días 20 y 21 de octubre. Pero a Koelreutter le pareció una injusticia el trato recibido y de él hacía responsable a Walter Jellinek a quien negaba legitimidad para erigirse en juez. Una nueva decisión del comité de reorganización admitió pues a Koellreutter y a Huber pero el primero continuó una obstinada lucha contra quienes juzgaba sus perseguidores, especialmente contra Jellinek, lamentándose amargamente y de forma sonora de la dureza con la que se le acosaba, en contraste con el "relativamente suave trato que habían recibido los colegas no arios durante el régimen nazi". Y así, a Kaufmann le dice que fue jubilado con todos los honores, a Jellinek que había seguido cobrando una buena pensión, mientras que él, Koellreutter, había quedado sin sueldo desde noviembre de 1945 a marzo de 1949. Insultó a ambos después por escrito pero se impuso una cierta concordia y es el propio Jellinek quien pacificaría la situación e incluso llegaría a proponer (en 1954) la admisión de Tatarin-Tarnheyden (cuyo "caso" no había sido tratado antes pues hasta ese año estuvo en una prisión soviética), un personaje que había señalado a los Jellinek (padre e hijo) como propagandistas del nihilismo judío en su ponencia leída ante el Congreso sobre los judíos y la ciencia del derecho celebrado en 1936. Carl Schmitt fue excluido para siempre.

I.

El primero de los grandes problemas tratados por las más respetadas plumas del período fue siempre el de la unidad del Estado, asunto que tuvo dos perspectivas: una, referida a la situación de Alemania en el orden internacional a partir de la firma del Tratado de Versalles, y otra ya más interna afectante a las relaciones del conjunto (*Reich*) con las partes (*Länder*). Como subraya Stolleis, respecto de las pérdidas territoriales que Alemania sufrió por la derrota en los campos de batalla puede decirse que todos los profesores (incluso los pacifistas) pensaban en términos patriótico-nacionales. De otro lado, pocas divergencias existieron en relación con el problema de la soberanía desde el punto de vista interno ya que la inmensa mayoría de los especialistas aceptó el fortalecimiento de las instancias centrales sin que se respaldaran nunca los separatismos alimentados por Francia, temerosa del desarrollo de una Alemania unida.

Siguieron vivas las polémicas acerca de la posición de Prusia y de la reforma de los Länder pero quedó claro que las viejas discusiones acerca de si los Estados que integraban Alemania eran o no soberanos se consideraban caducas y la tesis de un Max von Seydel (patrocinador de la soberanía aplicada a los distintos territorios) pasó a formar parte de las antiguallas que ya pocos tomaban en serio. El axioma según el cual la soberanía pertenecía al *Reich* (otra cuestión era a qué órgano: Parlamento o Presidente en las coyunturas excepcionales) y no a los Länder era asumido por la doctrina más solvente.La única excepción que puede anotarse es la que protagoniza de una forma matizada Hans Nawiask. Los Länder están subordinados al *Reich*, lo cual no les impide ostentar la condición de "Estados", aunque perdieran esta denominación, Estados pues no soberanos, como se admitía también en el derecho internacional, Estados dependientes, condición que les permitía disponer de sus propias Constituciones, que habían de moverse dentro de la homogeneidad política del *Reich* (forma republicana, gobierno representativo y parlamentario...) e incluso con competencia en algunos casos para celebrar "acuerdos de Estado" con países extranjeros o concordatos con la Santa Sede. Pero el hincapié se pone en la condición del *Reich* como un producto de la decisión de la Asamblea constituyente nacional y no de un acuerdo entre los territorios. Probablemente fue Kelsen el más expeditivo al emplear la neutra expresión "descentralización" para englobar en ella todas las formas de Estado que no se correspondieran con la del Estado unitario propiamente dicho.

La mayor fractura de la "unidad" no venía de estas cuestiones, ya bastante pacificadas, sino más bien de otro frente bien peligroso, a saber, del formado por el progresivo alejamiento de las esferas de la sociedad y el Estado. Una preocupación de primer orden en el pensamiento alemán de la época condicionado por las distintas concepciones políticas y sociales, tan antagónicas, que se vieron obligadas a convivir. Esta realidad sería letal pues acabaría con las instituciones democráticas, amenazadas desde dos frentes: desde la derecha, por un pensamiento conservador procedente de los círculos monárquicos que no habían olvidado la humillación de la derrota y que se alimentó con elementos variados a lo largo del régimen de Weimar. Podríamos decir que es un conservadurismo que, cuando era fino e intelectual, cristalizaba en movimientos como el de la "revolución conservadora" y todo el pensamiento que quiso superar las limitaciones del "neokantismo" (en el que se había apoyado el positivismo de la era precedente); por el contrario, cuando era tosco y agreste, desembocaba en la violencia del nacionalsocialismo. Desde la izquierda, acampando también fuera de las fronteras del régimen, estaban los comunistas que soñaban con las fórmulas soviéticas. La superación de estos irreductibles antagonismos sociales fue vista por las mentes más lúcidas como la única receta para asegurar la continuidad del sistema en su conjunto, debilitado por la escasa fe de quienes estaban llamados en última instancia a sostenerlo. Pero el peligro era inmenso porque quienes tiraban de los extremos demostraron una determinación aniquiladora. Es en este contexto donde hay que situar las palabras y los argumentos de Carl Schmitt respecto de la destrucción del Estado por los egoísmos particulares y su defensa del presidente como "salvaguarda de la Constitución " (*Hüter der Verfassung*) así como su apuesta postrera por el sistema "presidencial" de los cancilleres Brüning, von Papen y Schleicher, una vez constatado el fracaso en la búsqueda de unas "premisas comunes" que sirvieran para unir lo que disperso estaba en el Estado de partidos políticos y es también en ese mismo contexto donde se inscriben algunas palabras de un Hermann Heller, en las antípodas políticas de Schmitt, que demuestran que los extremos estaban bien cerca cuando de diagnosticar la seriedad de la situación y de arbitrar tratamientos se trataba: "toda política descansa en la construcción y mantenimiento de la unidad interna. El ataque a la misma debe responderse en último término con la *exterminación física* del atacante" (el subrayado es mío). En fin, lo mismo cabe decir de la teoría de la "integración" patrocinada por Smend.

Búsqueda pues de un aglutinante para pegar trozos, peligrosos en su vida autónoma pues que cada uno de ellos tenía vocación de totalidad.

Y con ello entramos precisamente en la caracterización de la República de Weimar como un Estado "de partidos". Respecto de ella, la afirmación que más se ajusta a la realidad es la siguiente: los partidos políticos gozaron de mala imagen, de mala prensa entre los profesores (como entre amplias capas de la población instruida e intelectual). El tinglado político alemán se había fundamentado en la época guillermina en el Ejército, en la alta burocracia, el monarca, el gobierno que dependía de la voluntad real... se comprenderá que en tales circunstancias las formaciones políticas, que por lo demás estaban en su mayoría compuestas exclusivamente por notables sin apenas arraigo popular, tuvieran un peso más bien limitado en la gobernación del Estado. El siglo XX conoce el tránsito hacia la democracia de masas (y la conversión de la política en un oficio, en una profesión, Max Weber) y es en ella donde hay que encajar un sistema inédito de representación política. El hecho de que las organizaciones presentes en el Parlamento no se limitaran ya, como en la época guillermina, a votar el presupuesto, a controlar el gobierno y a votar las leyes (cuando las votaban), sino que pasaran a tener un protagonismo esencial en la formación de los propios gobiernos, contribuyó a realzar su papel. El sistema electoral proporcional permitía la presencia en el parlamento de muchos partidos, algunos realmente pequeños, lo que complicaba la búsqueda de fórmulas políticas estables, si bien las dificultades procedían de los grandes, auténticos responsables del mal funcionamiento del sistema político-parlamentario.

Desde el punto de vista doctrinal, seguían siendo vistos como organizaciones de derecho privado y, en tal sentido, es significativo que en el *Handbuch* de Anschütz-Thoma la redacción del capítulo dedicado a los partidos políticos se encomendara a Gustav Radbruch, un filósofo, penalista y él mismo político activo, varias veces ministro. Aunque Radbruch aborda asuntos eternos jurídico-políticos como el de la representación que cada diputado ostenta del pueblo en su conjunto y el sentido de la prohibición del mandato imperativo, entiende que el lugar de estas organizaciones no puede ser entendido sin alojarla en la ideología y en la sociología democrática para advertir a renglón seguido que las parcas referencias que a ellos se hicieron en Weimar resultaron insatisfactorias, probablemente porque las relaciones partidos – Estado se hallaban en una fase transitoria, atravesadas por mil problemas de encaje en un país que prácticamente no los conocía (y de los que en buena medida desconfiaba).

Preuß escribía en 1919 poco después de aprobada la Constitución, que esta descansaba en la unión de tres partidos, el de la democracia, el de la socialdemocracia, y el Zentrum. Una unión -aseguraba- que es de capital importancia para el presente y para el futuro porque garantiza una colaboración entre la burguesía y la clase trabajadora que habrá de practicarse en la común inteligencia de que ninguno de ellos podrá disponer del poder de forma que pueda imponer a los demás sus soluciones: se precisa el pacto y el entendimiento permanentes (palabras proféticas pues, cuando no se cumplieron, la República se vino abajo).

Hermann Heller, socialdemócrata, consideraba a los partidos como elementos extraconstitucionales pero indispensables para la formulación de las reglas jurídicas y para organizar la voluntad de los electores así como esa pieza tan delicada que es la soberanía popular, un principio general pero no una ficción. El hecho de que el mismo, capital para el reparto del poder, no se presente en la realidad de una forma absolutamente limpia solo puede defraudar a los doctrinarios que se deslizan así hacia la demagogia o abrazan sin más los dogmas autoritarios.

Muy crítico y muy anti-partidos se mostró Triepel en su opúsculo de 1928 (no llega a cuarenta páginas) *Die Staatsverfassung und die politischen Parteien* donde advierte claramente de la necesaria transformación de la democracia con sus irresponsables partidos y sus más irresponsables aún poderes anónimos en un sistema regido por "directores del Estado" (*Staatsleiter*). La hora de los partidos, concluye, ha sonado y nuevas fuerzas conducirán a una nueva estructura del pueblo que forme, desde la actual masa sin alma, una vital "unidad en la diversidad". Se puede considerar, añade, que estas afirmaciones son románticas "pero para mí ser romántico no es ningún insulto" (pág. 35). Peligrosas afirmaciones estas de Triepel si se tiene en cuenta que Carl Schmitt venía sosteniendo que el Estado alemán se había degradado a la condición de débil coalición de partidos (en su obra *Die geistesgeschichtliche Lage des heutigen Parlamentarismus*).

Es decir que tanto en la comunidad universitaria como en la opinión pública ilustrada, la "pelea partidaria" era vista con la máxima desconfianza y al cabo se echarían sobre ella las culpas del irregular funcionamiento de las instituciones (leyes "de habilitación", recurso al artículo 48 etc...). Había una bien difundida impresión acerca de la mediocridad de quienes ostentaban en estas organizaciones las funciones directivas como asimismo de la rigidez con que se defendía lo que se consideraba principios intocables. Por lo demás, la quiebra de los partidos fue total cuando se puso en funcionamiento el sistema de gobierno "presidencial" a partir de la cancillería de Brüning, momento en el que perdieron su seriedad institucional.

Con todo ello se estaban construyendo los fundamentos de un pensamiento jurídico y político que acabaría viendo en la existencia de "un partido único" el "movimiento" salvador que podría sacar a Alemania de la parálisis a la que la conducía su clase dirigente que, salvo excepciones, no estaba ni a la altura de las difíciles circunstancias internas e internacionales de Alemania ni tampoco acostumbrada a ceder con facilidad y flexibilidad en sus posiciones de principio.

II.

Las miles de páginas dedicadas a la consideración de la República como régimen político parlamentario y democrático fueron realmente impresionantes. En rigor sabemos ya que en Weimar se puso en pie un sistema que admitía varias fuentes de legitimación del poder político. Estaba evidentemente el parlamento directamente elegido de acuerdo con el modelo clásico democrático pero estaba además el presidente, también de procedencia estrictamente democrática, y unido a ellos, el pronunciamiento por el pueblo a través de las fórmulas de democracia directa (artículos 73 a 76 de la Constitución). La convivencia de estas formas a la hora de hacer funcionar el sistema democrático fue difícil y contribuyó claramente al debilitamiento del parlamento y a que le fueran sustraídas las decisiones más sustanciosas. En tal sentido hay que citar las formas extraordinarias de legislar alumbradas en el texto constitucional o admitidas por la práctica política. Entre las primeras estaba el artículo 48 y, entre las segundas, las "leyes de autorización".

Ya el 4 de agosto de 1914 (antes pues de la promulgación de la Constitución) se aprobó una de estas leyes que contenía una serie de subdelegaciones que siguieron vivas y bien lozanas, incluso tras la entrada en vigor de la Constitución de Weimar. La *Nationalversammlung*, es decir, el Parlamento provisional de los primeros momentos revolucionarios aprobó ya tres *Ermächtigungsgesetze* (ejecución del armisticio, previsiones sobre Alsacia-Lorena etc) y en el período 1920-1923 se promulgaron hasta cinco más que tenían un carácter cercano a la modificación constitucional, una especie de reforma constitucional "silenciosa".

Todas ellas autorizaban al Ejecutivo para dictar Reglamentos con valor de ley, a veces necesitados del acuerdo externo, a veces, directamente y sin más aprobadas por el Gobierno. Otras, la autorización al Ejecutivo estaba limitada materialmente pero no faltaban supuestos en que no existía acotación material alguna (*Blankvollmachten*).

La única limitación de estos instrumentos, cuyo número alcanzó varias centenas (solo entre 1919 y 1925 se aprobaron cuatrocientas), era su carácter temporal. Todas tenían un plazo y se extinguían con la disolución del Parlamento o con el gobierno que las había promovido de manera que los partidos que no gobernaban solían pedir su derogación como parte del juego parlamentario de la oposición.

Se comprenderá tras lo dicho que el parlamento y el debate normal en torno a las leyes no vivió un momento especialmente feliz en esta época. Es más, una de estas leyes acabó dinamitando el régimen mismo (la de 24 de marzo de 1933). Y en este contexto tan anómalo maravilla que todavía discutiera la doctrina jurídico-constitucional acerca del poder de la ley para cambiar la Constitución y si su reforma incluía la licitud de una alteración absoluta de valores constitucionales (por ejemplo, el paso de la república a la monarquía, el cambio del Estado parlamentario por un Estado de "soviets" o "consejos", el abandono del federalismo...) dándose la circunstancia de que los autores más liberales admitían la "revolución" o el "golpe de Estado" por medios legales mientras que los más conservadores defendieron la existencia de límites infranqueables para el legislador. Anschütz sostendría que "la Constitución no está sobre el legislativo por lo que el poder de modificar que el artículo 76 atribuye a las mayorías cualificadas del Reichstag, del Reichstag y del pueblo tiene un contenido ilimitado". No es extraño por ello que en 1933 cuando se publica la decimocuarta edición de su *Die Verfassung des Deutschen Reiches...* no haga la más mínima observación de ilegalidad a la ley de marzo que había entregado el Estado a Hitler (Triepel se dio cuenta de la gravedad de la medida legal pero la respaldó en términos equívocos jugando con la idea brillante del envío a la cama al legislador "sin que se sepa muy bien cuándo va a ser despertado"). La postura más mesurada fue la sostenida por Walter Jellinek al distinguir entre límites absolutos (inmodificables), límites heterónomos (externos a la constitución misma, la regla *Bundesrecht bricht Landesrecht* o las del derecho internacional) y por fin límites autónomos (cita el ejemplo de la igualdad de las tres lenguas en Suiza) en su libro de 1931 *Grenzen der Verfassungsgesetzgebung,* una doctrina esta que pasó en buena medida al artículo 79 de la Ley de Bonn (donde aparecen en su párrafo tercero como excluidos de cualquier reforma la división en Länder, su participación en las tareas legislativas federales o los derechos fundamentales de los artículos 1 a 20).

Es decir, leyes que rompieran sin modificarlo formalmente el texto constitucional (*Verfassungsdurchbrechung*) hubo en la práctica docenas. La doctrina se esforzó por ello en distinguir entre los supuestos de esta llamada *Verfassungsdurchbrechung* de aquellos otros de modificación constitucional o derogación propiamente dicha, así Jacobi y Schmitt en la sesión de la *Vereinigung* de 1924. Este último acuñaría la expresión de "acto apócrifo de soberanía" para designar tales prácticas. Por si todas estas manipulaciones de la delicada obra de Weimar se consideran pocas, todavía debe añadirse el debate acerca de la "mutación constitucional" (*Verfassungswandel*) formalizado por Georg Jellinek en el siglo anterior. Se trataba de la admisión de aquellas transformaciones que, aun no deliberadas ni aceptadas formalmente, podía sufrir el texto constitucional como consecuencia de las exigencias de la vida política o de la necesidad de adaptar lo escrito a las circunstancias cambiantes de un país en convulsa evolución. Curiosamente la pluma de Smend avalaría tales prácticas (paradójicamente podríamos decir) en la medida en que la Constitución ha de apoyarse en la "integración a través de valores objetivos" siempre en constante renovación, una forma distinta de expresar "el valor normativo de lo fáctico".

Agujeros peligrosos pues que se abrían en muchos frentes cuando más necesaria era la "integración" en torno a valores que debían haber sido firmemente defendidos, entre ellos el respaldo al propio Parlamento, y cuando más "desintegrador" era el papel de unos partidos políticos poco propensos a los compromisos y a los pactos, atrapados como estaban con dolorosa frecuencia en la defensa a ultranza de principios absolutos. De verdades, como si de religiones se tratara.

III.

Precisamente es el fracaso de los acuerdos entre las formaciones políticas lo que está detrás del abuso de las medidas presidenciales excepcionales contempladas en el artículo 48 de la Constitución, uno de los rasgos claves del constitucionalismo de Weimar que se explican por la especial posición del presidente de la República y por las variaciones que su función sufrió entre 1919 y 1933. Al ser elegido directamente por el pueblo, el jefe del Estado adquiriría una legitimación democrática que le dotaba de independencia frente al Parlamento y frente a los partidos políticos. En este sentido disponía de más poder que el atribuido por la Constitución al presidente de la república francesa. Pero, por otro lado, tampoco respondía al modelo americano en la medida en que no era jefe del gobierno sino que para formar el ejecutivo dependía de la confianza del parlamento. El jefe del Estado alemán era pues una figura mixta, alejada de los constitucionalismos republicanos más conocidos de la época. Ahora bien, las crisis que vivió el régimen, al principio de su andadura y mucho más al final, lo fortalecieron (y ello puede aplicarse tanto a Ebert como a Hindenburg) de una forma que los constituyentes no habían previsto. En los años treinta el presidente ya no es un órgano constitucional más: es el órgano constitucional por excelencia, paralizados todos los demás.

Personificaba la legitimidad republicana y democrática, basada en los principios de la libertad y de la igualdad, y también la unidad del Reich (de nuevo, la "integración" de Smend, en este caso, la integración que él llamaba personal), lo que se vio muy claro en el caso de Ebert que no llegó a ser elegido directamente por el pueblo pero que, sin embargo, actuó de forma independiente de su partido pues ejerció sus funciones de forma neutral, incluso en contra de los intereses de sus compañeros socialistas. Significaba un contrapoder al "absolutismo parlamentario" y, al mismo tiempo, un "sucedáneo" del mismo parlamento para los momentos de crisis, llamado pues a asegurar el funcionamiento de las instituciones, una figura "en la reserva", como en algún momento dijera Hugo Preuß, que estaría obligada a salir a escena en cuanto peligrara la estabilidad de la república. Solo que lo concebido para momentos transitorios y excepcionales se convirtió en habitual, especialmente a partir de 1930. Pierde así el presidente su condición de "poder neutral" para convertirse en un actor, o mejor, en "el" actor de la escena política. De él dependen las decisiones importantes, sus criterios, sus concepciones, las fórmulas políticas que se manejan, las soluciones que se fraguan en su entorno, todo ello deviene fundamental y sobre esta parlería se hacen cábalas, se especula, se fundan esperanzas o se entierran ilusiones... Se comprenderá que ya no estamos ante una figura propia de un sistema democrático sino más bien de un régimen autoritario, sobre todo si sabemos que llegó el momento en que fue él prácticamente quien ejerció la potestad legislativa a través del artículo 48.

Establecía este artículo en su párrafo primero lo que se llamaba la *Reichsexecution* y en el segundo las medidas para hacer frente a alteraciones graves del orden público y la seguridad. El primero era un mecanismo (*ultima ratio*) de llamada al orden del Land que infringiera sus obligaciones esenciales y constitucionales para con el *Reich*. Una infracción que habría de ser en principio "objetiva" pero que el *Reichsstaatsgerichtshof* en su conocida sentencia sobre Prusia – 25 de octubre de 1932 – entendió que debía ser "culpable" (lo que significaba que podía ser objeto de control judicial pues el juicio sobre la "culpabilidad" no podía quedar hurtado al juez). Los medios para obligar al Land a conducirse de manera respetuosa con el orden constitucional incluían el poder "armado", con lo que se admitían los demás más suaves, entre ellos la designación de un *comisario* que actuara en nombre del Land y que podía nombrar y destituir funcionarios o aprobar normas excepcionales. Se comprenderá que los supuestos de hecho de los párrafos primero y segundo del artículo 48, aquel referido a la *Reichsexecution*, este a la defensa del orden y la seguridad, estaban tan estrechamente unidos que en los cuatro casos en los cuales se echó mano de esta *Reischsexecution* (Thüringen, 1920; Gotha, 1920; Sajonia, 1923; Prusia, 1932) el jefe del Estado invocó conjuntamente los párrafos 1 y 2 del artículo 48 o el precepto en su conjunto sin mayores precisiones. El control sobre su aplicación lo ejercía el *Reischstag* en términos puramente políticos, concentrado sobre la necesidad o proporcionalidad del recurso a la medida excepcional. Y, lógicamente, el Land afectado que, por su parte, podía recurrir al *Staatsgerichtshof* como en el sonado caso de Prusia.

El segundo párrafo diseñaba una especie de dictadura comisarial cuyo único objetivo era la defensa de la misma Constitución por lo que los poderes derivados de ella podían ser utilizados para modificar las leyes ordinarias pero no para reformar el texto fundamental o para sustituirlo por otro o vaciarlo de su contenido esencial. Estaban destinados estrictamente a la defensa "de la seguridad pública" y del "orden" (incluido el orden económico, es decir, las condiciones en que se desenvolvía la vida de las relaciones sociales y productivas de la Nación) en caso de amenaza concreta pero podían ser utilizados también de forma preventiva como *ultima ratio* aunque el "ámbito discrecional de decisión" del presidente a la hora de valorar la importancia del peligro de alteración del orden fue considerado como un reducto infiscalizable por el *Staatsgerichtshof* en su sentencia *Reich* contra Prusia.

Los problemas interpretativos de mayor importancia se plantearon en torno al alcance de las "medidas" que podían ser tomadas y a los límites y control del poder de dictadura. La idea inicial de Carl Schmitt según la cual solo "actos" dirigidos a restaurar la normalidad conculcada y no normas jurídicas propiamente dichas podían entenderse bajo el cobijo del precepto (así en 1924 en su ponencia ante la *Vereinigung*), se reveló inexacta o al menos desbordada por la realidad. Las normas jurídicas eran moneda corriente como ya sabemos en estas Ordenanzas excepcionales. Límites no obstante a su disponibilidad era la organización fundamental del *Reich* contenida en la Constitución, lo que Schmitt llamó "mínimo intocable en la organización" (Parlamento, *Reichsrat*, tribunales, gobierno...), y lo mismo cabe decir respecto de la organización básica de los Länder, a respetar en todo caso, aunque se admitiera la figura del *comisario* que en rigor desbarataba el poder organizatorio del Land, cuyo gobierno quedaba convertido en una pura "apariencia" (el caso de Prusia fue bien claro). Es más: con toda normalidad se admitía (Grau, Nawiasky, Anschütz y, en general, la doctrina dominante) que el ejercicio de sus competencias por parte del Land quedara alterado de forma transitoria como consecuencia de la aplicación del artículo 48 pues ello era inmanente al ejercicio de los poderes de dictadura y así ocurrió además en la realidad política. Incluido estaba el nombramiento de un *comisario*, que podía ser un civil (lo fueron Severing y von Papen por poner dos ejemplos bien notorios) o un militar (el ministro de defensa o el general en jefe del Ejército) al que se dotaba de las atribuciones pertinentes tanto del *Reich* como del Land para que ejerciera un poder unitario y sin fisuras posibles que incluía el uso de los medios policiales y, en su caso, de los militares.

Fuera del artículo 48 y de su ámbito de influencia quedaba en principio todo aquello que estuviera sometido al principio de reserva formal de ley como era el caso de las relaciones internacionales. Pero no así las leyes relativas a garantías o créditos presupuestarios acerca de las que la doctrina hizo una interpretación amplia admitiendo sin mayores problemas en este tradicional sanctasanctórum parlamentario el ejercicio del poder de dictadura. Los siete derechos fundamentales citados en el precepto podían ser suspendidos y de hecho el uso habitual permitió la detención de personas, la incautación de objetos, la prohibición de asociaciones y reuniones, la persecución de periódicos y revistas, la reducción de precios y salarios, la limitación de derechos de propiedad o de los trabajadores, el endurecimiento de las normas penales y la erección de tribunales especiales (normalmente civiles en la práctica, solo excepcionalmente de carácter militar). Fuera, es decir, inmunes al poder de dictadura (*"Diktaturfest"*, según la conocida expresión de Anschütz) quedaban algunos fundamentos constitucionales como la igualdad de derechos y deberes de los ciudadanos, la protección de los alemanes frente a las potencias extranjeras, la garantía de su no extradición, la prohibición de leyes penales retroactivas, la libertad de creencias y de religión, la admisión a los empleos públicos...

El control de estos poderes excepcionales se ejercía por el parlamento: de una forma general pues, en la medida en que la Ordenanza presidencial exigía el refrendo ministerial, se podía desencadenar el poder parlamentario de la oposición contra el canciller o el ministro que hubiera asumido la responsabilidad política del uso del artículo 48. O a través de la petición expresa de su derogación de acuerdo con el párrafo tercero, frase segunda, del precepto, un instrumento este muy habitual por lo demás frente a los gobiernos débiles (la mayoría de los de Weimar). En fin, aprobando una ley formal que derogara las medidas excepcionales, lo que ocurrió en efecto en 1932 en el gobierno del canciller von Papen (Hindenburg sancionó así una ley que derogaba lo que él mismo había dicho por Ordenanza excepcional). Como se ve, los parlamentarios alemanes no desaprovechaban ni una sola de las posibilidades que ofrecía la Constitución para poner en práctica las más imaginativas cabriolas.

El control judicial era más complicado. Podía ejercerlo un Land cuando entendiera conculcadas sus concretas atribuciones constitucionales, caso de la demanda de Prusia contra el *Reich*. El "control abstracto de normas" solo era posible respecto de las adoptadas por los Länder para comprobar su adecuación al derecho del *Reich*. Una relativa incidencia práctica tuvo el control "incidental" (que, en todo caso, solo podía conducir a la inaplicación de la norma, no a la declaración de su inconstitucionalidad) en materias como el derecho penal y tributario.

Se impone recordar, antes de concluir este punto, la situación de bloqueo a que el parlamento había llegado, lo que explica la sustitución en la práctica de la legislación ordinaria por la excepcional. Un personaje tan influyente como Carl Schmitt estaba pidiendo, a finales de los años veinte, que el presidente, legitimado democráticamente por haber sido elegido en las urnas, se convirtiera en el "defensor de la Constitución", es decir, en tabla de salvación de un sistema que naturalmente no había sido concebido para ser salvado por el presidente al instaurarse en Weimar en 1919. Pero no debemos confundirnos: Schmitt en esos momentos no era nacional - socialista sino que aún se movía, aun con sus inclinaciones autoritarias, en el marco del pensamiento de muchos iuspublicistas, todos ellos personas moderadas que deseaban la conservación del régimen democrático (prácticamente el único nazi claro era a la sazón Koellreutter) y que para ello interpretaban ampliamente el derecho público o miraban para otro lado ante ciertos retorcimientos constitucionales. Con todo, el abuso en el empleo de las medidas del artículo 48, ostensible como nos consta, llevó a la mismísima *Vereinigung der Deutschen Staatsrechtslehrer* a aprobar una Resolución, que fue dada a la prensa, denunciando tal práctica y pidiendo mesura a los gobiernos, proclives, a juicio de los profesores, a tomar decisiones, con apoyo en este precepto, que nada tenían que ver con la defensa de la seguridad o el orden público (otoño de 1931).

IV.

Los derechos fundamentales y los posibles límites de la reforma constitucional fueron asuntos muy debatidos. En una primera época que va hasta 1924, la atención que la Constitución dedicó a los derechos fundamentales no fue respaldada por los autores que contemplaban esta parte del texto de Weimar con desconfianza o con indiferencia. A ello contribuía sin duda, como ha destacado Manfred Friedrich, el hecho de la heterogeneidad del catálogo constitucional con mezclas de derechos propiamente dichos y declaraciones de intenciones que poco tenían que ver con ellos. A partir de esa fecha empieza una nueva fase en la que los derechos fundamentales son ya objeto de análisis jurídico como derechos subjetivos públicos y así se pone de relieve en trabajos como el de Thoma *Das System der subjektiven öffentlichen Rechte und Pflichten* (publicado en el tomo II del *Handbuch* con Anschütz) o los debates en la *Vereinigung* de 1927 y 1928 donde, para discutir sobre el principio de igualdad y la libertad de opinión, se batieron el cobre profesores tan significados como Kaufmann y Nawiasky, Rothenbücher y Smend. Se empieza a poner en claro que tales derechos han de inspirar al legislador que no puede sin más vaciarlos de contenido y en tal sentido hay que ver los esfuerzos de la obra colectiva inspirada por Nipperdey que ya conocemos *Die Grundrechte und Grundpflichten der Reichsverfassung* y las páginas que a ello dedica Carl Schmitt en su *Verfassungslehre* y en su aportación al *Handbuch* de Anschütz y Thoma (*Inhalt und Bedeutung des zweiten Hauptteils der Reichsverfassung* donde defiende la distinción, que venía del siglo XIX, entre libertades, *Institutsgarantien* y garantías institucionales.

El comienzo de la tercera fase coincidiría con el inicio de la etapa presidencial, es decir, con el gobierno Brüning, momento este en el que los derechos fundamentales (constantemente violados y suspendidos) son utilizados como arma arrojadiza contra la legislación de emergencia, es decir, como fundamento de su inconstitucionalidad. Así señala Stolleis que "para los defensores de la República en los derechos fundamentales se concentraba el contenido esencial de la Constitución; para sus enemigos no pasaban de ser restos burgueses del siglo XIX que habrían de desaparecer en la sociedad futura". Pero Stolleis añade agudamente algo más paradójico y es que si tales derechos fueron concebidos como una barrera protectora contra el absolutismo en los momentos revolucionarios, también podían ser utilizados contra un Parlamento elegido por el pueblo y una Administración legitimada democráticamente.

Evolución pues delicada y llena de interrogantes. Triepel, en la reunión de 1927 de la *Vereinigung*, llamó la atención acerca de la importancia creciente que en el discurso de los iuspublicistas habían alcanzado tales derechos poniéndose él mismo como ejemplo pues reconoció que había tardado mucho en percibir su trascendencia jurídica. Y su conexión al propio tiempo con la polémica metodológica porque los antipositivistas descubrieron en ellos los "valores legalizados" que, al estar en la cumbre del Ordenamiento jurídico, podían ser utilizados contra el legislador ordinario y por supuesto contra el excepcional. Función antipositivista (y antiparlamentaria) que se reforzaba cuando determinadas lagunas en la protección de los derechos fundamentales podían ser llenadas a través del uso de "garantías objetivas" y en tal sentido el descubrimiento de instituciones jurídicas reforzadas de manera objetiva o personal venían a cumplir esta función. Cuando el matrimonio, la propiedad, la herencia o el funcionariado se cobijaban bajo el manto de las diversas formas de garantías institucionales esto significaba la salvaguardia del orden burgués (contra derechas e izquierdas) a través de la pretendida objetivación de unos valores comunes y compartidos. Alcanzaban así tales derechos tres significados: a) como arma liberal contra las fuerzas colectivistas; b) como arma conservadora a emplear contra las tendencias igualitarias de la sociedad de masas; c) como arma contra el parlamento y el gobierno, es decir, como instrumentos empleados en nombre de la libertad contra el sistema. En la obra de Smend (tanto en su *Verfassung und Verfassungsrecht* como en *Bürger und Bourgeois im deutschen Staatsrecht*) los derechos fundamentales son solemnes declaraciones de un canon de valores básicos para la "integración" objetiva.

Los antipositivistas buscaban ese "orden de valores" que trascendiera a las determinaciones del derecho positivo porque así era posible poner límites al legislador y enseñarle que no podía cambiar a capricho la Constitución. Ello conectaba a su vez con el asunto de los límites a la reforma constitucional (artículo 76 de la Constitución) donde de nuevo se enfrentaban algunas concepciones de una manera por cierto un tanto heterodoxa o sorprendente: así, Anschütz y Thoma defendieron que la Constitución, en cualquiera de sus partes, podía ser modificada como cualquier otra ley, en línea con lo que había defendido en el siglo anterior Laband para quien la Constitución "no era un poder místico". Triepel o Schmitt (este pese a su apuesta por el decisionismo) desarrollaron la idea de los límites inmanentes al poder de reforma constitucional partiendo este último de la distinción entre "constitución" y "ley constitucional", un trasunto de la distinción entre *pouvoir constituant* y *constituée*: a su juicio, la competencia para modificar o revisar la Constitución (poder constituyente) que puede albergar una ley constitucional (poder constituido) es limitada. En parte se puede advertir la paradoja de que aquellos que estaban por la defensa del orden republicano y democrático admitían la libertad de reforma de la obra de Weimar, mientras que quienes no la valoraban suficientemente o la despreciaban se pronunciaron a favor de la intangibilidad del texto constitucional. Claro que Hitler, cuando ascendió al poder, no tenía la cabeza hecha a estas sutilezas y su "reforma constitucional" la hizo de forma más expeditiva y sin dar demasiadas velas en el entierro del venerable texto a estos distinguidos e hiperestésicos profesores. Schmitt, por su parte, después de haberse esforzado tanto en forjar agudezas, acabaría saludando las leyes racistas como la "Constitución de la libertad".

Detrás de todo ello estaba la amplitud con que debía ser concebido el control de los jueces, un estamento que suscitaba las mayores reservas políticas porque entre ellos no existía la más mínima comunidad de valores, divididos en cuestiones básicas como dividida en cuestiones básicas estaba la sociedad toda. Las palabras de Richard Thoma, pronunciadas ante la *Vereinigung* en 1926, son bien reveladoras: "la anarquía externa se puede superar; la anarquía de los espíritus, nunca. Tiene que existir orden si queremos conservar nuestra cultura".

V.

En la Constitución de Weimar estaba previsto (art. 108) un *Staatsgerichtshof* que, en efecto, empezó a funcionar en julio de 1921 en el seno del *Reischsgericht*. En 1926, y en el marco de un congreso de juristas, se planteó el debate acerca de la extensión de sus competencias y, como ya sabemos, en 1928 discutió en Viena la *Vereinigung der Deutschen Staatsrechtslehrer* acerca de este asunto encontrándose las posiciones de Triepel, que defendió (de forma escéptica) la ampliación de las competencias del *Staatsgerichtshof* aunque no acertaba a ver a los jueces constitucionales libres de la influencia política, y la de Kelsen (y Merkl) que subrayaron el carácter estrictamente jurídico de los pronunciamientos de estos órganos judiciales a los que, de otro lado, deseaban ver con mayor número de atribuciones. Richard Thoma preguntó por el tipo de juez independiente que tal órgano judicial exigía y por el respeto de las fuerzas políticas a sus decisiones. Heller, en polémica con Kelsen, aceptaba la institución como tal pero sostenía que las cuestiones de "alta política" debían quedar excluidas de la mirada judicial. Carl Schmitt no estaba presente pero su pensamiento (su "concepto de lo político"), bien conocido, estaba lleno de reservas hacia una jurisdicción constitucional pues, según señala Stolleis, "pronto estaría claro a quien contemplaba él como defensor de la Constitución".

Detrás de todas estas voces son fáciles de detectar cuestiones de discrepancia política profunda y cuestiones que tenían mucho que ver con la polémica metodológica que tan característica es de la época de Weimar.

VI.

En ella es pues preciso entrar. La mayoría de los iuspublicistas que, maduros o viejos, escribían y enseñaban en los primeros años veinte venían de una tradición que ya conocemos: burguesa, moderada, monárquica, positivistas desde el punto de vista de su formación, sin duda hubieran preferido que los acontecimientos políticos no se hubieran llevado por delante a los soberanos y al emperador pero sin embargo dispuestos a colaborar con las nuevas estructuras políticas republicanas. El ejemplo de algunos representantes señeros de una generación que se extinguía como fue el caso de Otto Mayer es bien expresivo. Otros positivistas se vincularon a posiciones claramente liberales y entre ellos hay que citar a Gerhard Anschütz y a Richard Thoma. Dentro de ese mismo grupo, fieles pues al espíritu republicano aunque algo más sensibles a la perspectiva de Estado "social" que la Constitución abría, es posible citar a algunas personas que nos son familiares como Stier-Somlo o Walter Jellinek. Militando en la derecha del positivismo había varios profesores y el verbo "militar" está empleado de una forma consciente porque en verdad que actuaron como sirvientes de una milicia, la de la reacción monárquica. Entre ellos los casos que quiero traer a colación son los de Axel Frhr. v. Freytagh-Loringhoven (1878-1942) y Fritz Freiherr Marschall von Bieberstein (1883-1939). El primero era prusiano, enseñó en Breslau, fue antisemita confeso, y acabó actuando como experto internacionalista cerca de las autoridades nazis. Puso en duda la legalidad nacida en Weimar como producto que era de un "golpe de Estado", fue amonestado por el ministro en alguna ocasión y advertido para que expusiera "sus opiniones de forma que no dañaran la autoridad del Estado". Este hombre acabaría diseñando un programa de "limpieza antisemita" (1924) que más tarde inspiraría las leyes racistas de Nürnberg. Nunca quiso afiliarse a la *Vereinigung der Deutschen Staatsrechtslehrer*. Por su parte, von Bieberstein, profesor en su Friburgo natal, fue en cierta manera el hazmerreir de sus compañeros, calificaba como "usurpadores" a Ebert y al resto de los padres de la república, a la que odiaba y consideraba sencillamente ilegítima, un nido de reos de alta traición. Fue también sancionado (levemente) por el ministerio y su caso suscitó alguna discusión acerca de la amplitud con que había de ser considerado el derecho fundamental a la libertad de cátedra.

En Austria el positivismo cobró originalidad y renovados vuelos. Nawiasky fue demócrata y positivista pero no kelseniano. Un caso significativo es el del internacionalista Alfred Verdross quien se separó claramente del kelsenismo en 1923 para volver a posiciones idealistas e iusnaturalistas que desembocaron en una potente corriente jurídica antipositivista. A subrayar cómo entre los defensores del positivismo legal se encontraban posiciones políticas muy diversas e incluso enfrentadas: marxistas, fascistas, conservadores, liberales y socialdemócratas. Algunos acabaron en el "Estado corporativo" de inspiración cristiana. Por "Escuela de Viena" se entiende no obstante a la fundada por Kelsen en un momento de gran pujanza de la cultura vienesa (Musil, Mahler, Wittgenstein, Freud...). Kelsen es en el ámbito jurídico el impulsor de una nueva orientación metodológica antiiusnaturalista y antimetafísica, neokantiana.

Stolleis ha destacado, y su explicación es bien interesante, cómo la influencia de Kelsen hay que entenderla más allá de su propia y fuerte personalidad pues conecta con una tradición de la formación jurídica austriaca que venía de la época del absolutismo y de la era de Metternich cuando cualquier pregunta acerca del trasfondo político de las cuestiones jurídicas se consideraba "sospechosa". Es el *silete theologi in munere alieno* que se complacía en recordar Carl Schmitt para resumir la admonición de los juristas humanistas a finales del siglo XVI a los teólogos y cuyo objeto era crear una ciencia jurídica independiente. Por eso hasta 1848 la enseñanza del derecho público estaba reducida al análisis de los textos legales desconociéndose o estando incluso prohibida la Teoría general del Estado (*sileamus in munere alieno*), es decir que, cuando con la transición hacia el constitucionalismo se acabó con el control político de tantas instituciones, ya la tradición positivista estaba fuertemente arraigada, "lo que es aun hoy perceptible en la doctrina austriaca". A ello hay que unir los brillantes éxitos de las ciencias naturales que hacían pensar en la posibilidad de aplicar en la jurisprudencia un instrumental más preciso, pero sobre todo la particular situación de un Estado en el que hervían nacionalismos muy diversos y donde la Iglesia católica ejercía una influencia destacada (la *Kakania* de Robert Musil). La lucha de Kelsen y de sus seguidores (judíos muchos, demócratas, partidarios de los derechos fundamentales, todos ellos) contra el iusnaturalismo y contra una moral administrada por la jerarquía eclesiástica explicaría la dureza de las críticas a dichas posiciones jurídico-metodológicas en la Escuela de Viena. Para Stolleis esto aclararía por cierto también la difusión de la obra de Kelsen en los medios universitarios español e hispanoamericano, poblado de autores deseosos de marcar distancias con el iusnaturalismo franquista y el clero. La teoría "pura" de paso ayudaría también a buscar un orden normativo libre en la misma medida del "causalismo científico" y de la metafísica, lo que conduciría a una construcción jurídica inatacable desde la "facticidad" del Estado plurinacional. Por ello, concluye Stolleis, la rígida separación del Derecho de la historia, la política o la moral y la insistencia en la "limpieza", era a su vez una respuesta política a la crisis generalizada del sistema de los Habsburgos. Por mi parte quisiera añadir una pregunta provocadora: ¿no tiene en rigor el kelsenismo algo de enfermedad senil del positivismo?

Es lógico que en Alemania las tesis defendidas en Viena encontraran ciertas resistencias toda vez que los juristas alemanes despidieron al siglo XIX como sabemos alejándose del "pandectismo" y del "constructivismo", es decir, buscando nuevas formas para engarzar la dogmática jurídica con las ciencias sociales, una dirección esta en la que se inscribe, como obra de referencia, la *Teoría general del Estado* de Georg Jellinek. Se buscaba, no una teoría general del conocimiento, sino la respuesta a problemas como las relaciones entre Estado y Sociedad, el sistema de partidos, la formación de la voluntad política, el unitarismo o el federalismo, la titularidad del poder y su capacidad para decidir y conformar la realidad... Las palabras de Schmitt, escritas en los años cincuenta, en concreto en *Der Nomos der Erde*, son bien expresivas: "el positivismo legal referido al Estado, que dominaba a los juristas de aquella época, ya no era capaz de proveer los instrumentos conceptuales con los que hubiera sido posible transformar en instituciones convincentes la realidad de una mezcla semejante de soberanía estatal individual y economía libre supraestatal" (pág. 244). Se comprende que por ello no tuviera gran atractivo una teoría que careciera de contestación a estos interrogantes de gran calibre. Pero además las resistencias contra la "pureza" kelseniana venían de una recuperación del iusnaturalismo que se hizo más expresa con la revolución, un derecho natural que quería ser un "refugio de lo eterno" (Stolleis), una defensa frente a la práctica revolucionaria y a la precipitación de los acontecimientos, amenazas todas contra la seguridad del orden social. En este sentido es significativo el libro de 1921 de Erich Kaufmann contra el neokantismo (*Kritik der neukantischen Rechtsphilosophie*) y su confesión iusnaturalista de 1926.

Con todo, una aproximación entre los positivistas austríacos y alemanes se pone de manifiesto cuando, a partir de 1926, se incorporan Anschütz y Thoma a la dirección de la *Zeitschrift für öffentliches Recht* . No obstante, Austria vivió cambios en el final de la década que acabarían siendo dramáticos: en 1929 se produce la reforma de la Constitución en un sentido que poco gustó a Kelsen y se crea un clima político y social que acabaría expulsándolo de Viena.

En Alemania, los profesores "antipositivistas" controlaban el *Archiv* y en sus páginas se leerían plumas "iusnaturales", algunas por cierto (minoritarias) claramente embelesadas ante el fascismo, ya un ciclón en Italia. A estos "antipositivistas" los conocemos en buena medida. Son las personas que incluyen en los títulos de sus trabajos su dimensión "política": recordemos a Georg Jellinek y su libro de 1906 sobre la reforma constitucional o a Triepel y el suyo sobre el federalismo y el unitarismo. Tras esta toma de posición metodológica estaba, como recuerda Stolleis, la tradición que venía de la escuela histórica y la visión unitaria de las ciencias referidas al Estado que nunca quisieron olvidar los iuspublicistas, un lugar este donde se encontraban asimismo quienes se oponían a las analogías entre el derecho y las ciencias naturales o quienes orientaban su miraba hacia el "fin en el Derecho", también quienes se hallaban influidos por las nuevas tendencias de los estudios y las publicaciones sociológicas. Procede recordar que el positivismo predicado por la siempre citada pareja Gerber-Laband tuvo ya en el siglo anterior contradictores más o menos airados, algunos tan significativos como Gierke. El nuevo siglo es tiempo de cambios, de "secesiones" (la famosa *Sezession* vienesa), en las artes, en la literatura, en los movimientos juveniles, un movimiento que por su importancia había de influir necesariamente en el mundo jurídico, sensible a la profundidad de su mensaje cultural.

En este contexto hay que colocar a Triepel desde sus primeros trabajos hasta el famoso discurso rectoral *Staatsrecht und Politik* como igualmente es perceptible el vigor de sus inclinaciones metodológicas en sus frecuentes y largas intervenciones en el seno de la *Vereinigung der Deutschen Staatsrechtslehrer* ("nosotros trabajamos en nuestro ámbito con valores y resaltamos los juicios de valor contenidos en las leyes más que lo hizo la generación anterior", dirá en 1928). Lo mismo puede decirse de una persona bien alejada políticamente de Triepel como fue el caso de Otto Koellreutter intrigante, como nazi que fue de la primerísima hora, contra el "advenedizo", e intrigando con éxito pues al final será Schmitt expulsado de sus prebendas. El protestantismo (judíos y católicos constituyeron siempre la minoría) parece haber contribuido a lo que Stolleis llama la "dinamización de la imagen del Estado" pues esta era la confesión religiosa de personas muy influyentes como Smend, Leibholz, Kaufmann, Ernst Rudolf Huber o Forsthoff que llevaban en las alforjas de su formación las ideas de la libertad espiritual, del "idealismo" alemán, del sentimiento patriótico, posiciones todas ellas abiertas a la modernidad que solo se congelarían cuando en los postreros años de Weimar toda la sociedad entre en crisis y los valores tradicionales se hallen amenazados.

En esta dirección está el nombre de Rudolf Smend, enemigo cordial de Kelsen, porque el Estado debe ser algo más que Derecho, debe estar por delante del Derecho, fundado en algo más sólido que una simple norma imperativa. Es en este contexto, mezcla de ética protestante y de un conservadurismo político de carácter idealista, donde hay que alojar su teoría de la "integración" porque solo sobre aquello que se deja "integrar" puede fundarse un Estado, lo que pudo ser utilizada por los enemigos del sistema de Weimar y por ello encontró detractores (entre ellos Otto Hintze y Kelsen) pero también defensores pues Smend se preocupó de dejar bien clara su adhesión al modelo republicano aunque era claro que la idea de la *Volksgemeinschaft* patrocinada por los nazis podía encontrar en el integracionismo de Smend un buen puerto de refugio. Por su parte Erich Kaufmann, decidido belicista e imperialista, fue el crítico del neokantismo que pretendió trenzar su iusnaturalismo con sus convicciones nacionalistas y su concepción del Estado como "poder", lo que hizo compatible con su producción como internacionalista y sus actividades como asesor en estos asuntos, incluso, ya en su edad tardía, en el marco de la República de Bonn. Hay que tener en cuenta que la apelación a ideas como la "justicia", el "derecho natural" o el "derecho consuetudinario internacional" fueron claves para argumentar el rechazo al Tratado de Versalles, lo que explica el apartamiento de muchos estudiosos de las posiciones metodológicas de un Anschütz o de un Thoma. A ello hay que añadir la situación creada a finales de los años veinte por el bloqueo del parlamento. El Derecho y la forma de su producción se hallaban gravemente comprometidas, cuando no irreversiblemente desprestigiadas. Por eso, en este ambiente cada vez se oyen con más fuerza las voces que claman por el "Estado del pueblo", por la "verdadera democracia", por la "comunidad", por el *Führer*. Las mismas apelaciones de Kelsen, desde la "pureza" de su método, en favor de la democracia y advirtiendo en voz bien alta y clara acerca de los riesgos de la dictadura, caían en saco roto.

Profesores como Forsthoff o Huber, en aquellos años de su juventud, verían más bien al Estado como una institución por encima de los partidos, orientada al bien común y al mantenimiento del orden, por lo que no es extraño que acabaran donde acabaron, es decir, colaborando con el régimen de Hitler. A ese lugar llegaron también muchos de los que se nutrieron de las enseñanzas de la "revolución conservadora", teóricos de la "comunidad" como algo distinto de la "sociedad" (en la línea de Ferdinand Toennies y de su libro de 1878 *Gemeinschaft und Gesellschaft*), y aquí nos encontramos también a los citados Huber o Forsthoff. Y por supuesto al incalificable y brillante Carl Schmitt: su crítica al parlamentarismo, al pluralismo, su distinción amigo / enemigo, su teoría de la identidad entre gobernantes y gobernados por medio de la aclamación, su tesis acerca de quién debe erigirse en "defensor de la Constitución", sus análisis acerca de la dictadura y el estado de emergencia... Schmitt fue una referencia constante entre los iuspublicistas, que lo admiraban y lo criticaban, que se sentían inseguros ante sus doctrinas, que a menudo desconocían adónde quería llegar con sus cogitaciones. Schmitt, sus libros, sus constantes artículos, sus tomas de posición, los mismos lances de su vida, ocuparon sin duda muchísimas horas de las tertulias y conversaciones de los juristas de la época. Subrayo "de los juristas" porque, fuera del mundo por ellos protagonizado, no parece que Schmitt tuviera influencia intelectual relevante.

En buena medida un solitario, muerto además muy joven, fue Hermann Heller, socialdemócrata, no marxista, defensor del "Estado nacional" pero no del nacionalismo, para quien el Estado, parte de la cultura humana, debía evolucionar desde su concepción formal, es decir como Estado de derecho en el sentido explicado por la doctrina dominante hacia la fórmula del Estado social y democrático, fundado sobre contenidos materiales y éticos. Su "realidad" no podía entenderse desde la "pureza" de la norma sino desde una concepción sociológica a través de la comprensión de "estructuras", lo que emparenta con las ideas que desde la lingüística había difundido a principios de siglo Ferdinand de Saussure.

Stolleis resume bien: las fronteras metodológicas y políticas no coinciden por lo que el cuadro "queda difuso", un poco a la manera, añado yo, de buena parte de la pintura que entonces se hacía y estaba en boga. Los profesores de derecho público se sienten republicanos (aunque sean "de conveniencia"), no añoran la monarquía, salvo excepciones más bien pintorescas, defienden al Estado pero al existente le formulan graves reparos y, por esta vía, que busca la superación de una situación a todas luces insatisfactoria, se van ahondando las diferencias entre ellos, bien perceptibles en las discusiones de la *Vereinigung*, de manera que las posiciones moderadas y liberales serán puestas en cuestión (especialmente las de la corriente positivista) por voces claramente antidemocráticas, que culminarían en el período nazi.

VII.

Ahora es el momento de echar un vistazo a la producción jurídico-administrativa del momento, tan rica si se tiene en cuenta el escaso espacio temporal, y a la aparición de nuevas disciplinas que se van desgajando del tronco del derecho administrativo, tal como este había sido concebido en el siglo pasado por algunos de sus cultivadores, entre ellos destacadamente Georg Meyer y Otto Mayer. Estaban los libros generales de derecho administrativo, el más conocido, el de Walter Jellinek y desde Austria llegó la obra de Adolf Merkl, deseoso de llevar a este ámbito la teoría pura del derecho.

Encontramos asimismo la aceptación de la idea del contrato administrativo que había combatido el maestro Otto Mayer pero que, sin embargo, apadrina el trabajo de habilitación de Willibalt Apelt referido al análisis de esta figura. En Austria hace lo propio Max Layer con un libro anterior incluso al de Apelt (que es de 1920): *Zur Lehre vom öffentlich-rechtlichen Vertrag* (de 1916).

Los vicios del acto administrativo reclaman la atención de E. v. Hippel (*Untersuchungen zum Problem des fehlerhaften Staatsakts. Beitrag zur Methode einer teleologischen Rechtsauslegung,* 1924), un asunto este que ya había sido tratado por Walter Jellinek en 1908 *Der fehlerhafte Staatsakt und seine Wirkungen* (dedicado a Laband). Hippel maneja la doctrina francesa y la jurisprudencia del Consejo de Estado francés, lo que no hizo Jellinek en su investigación, basada en sentencias de los tribunales alemanes. Por su parte, Ipsen estudió en 1932 la revocación de los actos *Widerruf gültiger Verwaltungsakte,* una obra que es saludada en las revistas como ejemplar.

En relación con el dominio público es central el trabajo de habilitación de Theodor Maunz publicado en 1933 *Hauptprobleme des öffentlichen Sachenrechts,* un libro este cuyo recorrido por los autores alemanes (Otto Mayer, por supuesto, pero también Thoma, Kormann etc) demuestra que no se hallaba la doctrina alemana huérfana de aportaciones en esta materia. Con todo, y aunque el libro suena mucho a inspiración francesa (la afectación, las formas de uso, la policía...), Maunz abre la investigación con jugosas reflexiones acerca de la influencia de la ideología en el Derecho (polémica sobre todo con Kelsen) y sabe conectar la teoría de los bienes públicos con la general del derecho administrativo alemán al considerarla "un peldaño en el camino hacia la cumbre del orden jurídico ideal... que tiene al individuo en el centro" (pág. 315). Respecto de la deuda con los juristas franceses, el autor es muy claro al negar que la construcción alemana sea tributaria de la del vecino país "pues en él conviven muy diferentes pareceres en función de la ideología de quien los suscribe" (pág. 173).

En 1921, Lassar desvincula la reclamación de indemnización en el derecho público de la teoría jurídico-privada del enriquecimiento injusto en su trabajo de habilitación leído en Tübingen (*Der Erstattungsanspruch im Verwaltungs- und Finanzrecht*) (Lassar: un talento malogrado, expulsado por judío de su cátedra en 1933, murió muy joven en 1936).

La idea tradicional de la expropiación estalla ante las nuevas circunstancias económicas y sociales que vive Alemania y de ello da cuenta Holstein en su libro de 1921 *Die Lehre von der öffentlich-rechtlichen Eigentumsbeschränkung.* Por su parte, el desplome monetario de 1923 agudizará el debate y suscitará nuevas cuestiones, como demuestra, entre otros, el trabajo de Triepel *Goldbilanzenverordnung und Vorzugsaktien*. Y lo mismo hace Martin Wolff con la garantía de la propiedad en su contribución al homenaje a Wilhelm Kahl (1923) titulada precisamente *Reichsverfassung und Eigentum*.

Sobre las facultades discrecionales de la Administración ya habían escrito antes de la guerra Laun (*Privatdozent* a la sazón en Viena) y Walter Jellinek. El primero publica en 1910 su trabajo *Das freie Ermessen und seine Grenzen*, que no pasó desapercibido a Thoma que le dedicó una meticulosa reseña crítica (*Verwaltungsarchiv* 20, 444: la pluma ya reconocida ocupándose en detalle del esfuerzo que lleva a cabo el joven neófito). Del segundo es su conocido libro publicado en Tübingen en 1913 (reed. 1964) *Gesetz, Gesetzesanwendung und Zweckmäßigkitserwägung* donde se aborda el ámbito del control judicial y el respeto al mismo tiempo de las competencias propias de la Administración. Respecto de los conceptos jurídicos indeterminados, según señala en nuestros días Stolleis se defendió la ficción según la cual el juez podía definirlos sin incurrir en arbitrariedad con un claro objetivo: apoyar a los jueces jóvenes e inexpertos que ejercían sus funciones en la jurisdicción contencioso-administrativa. La posición especial vino como siempre de Kelsen (y de Merkl) para quienes el ejercicio de la discrecionalidad no era sino una aplicación legítima del orden jurídico escalonado por ellos defendido. La decisión discrecional, diferenciada solo en grado de otra decisión reglada, era asimismo una decisión querida por el Ordenamiento, es decir, un acto jurídico ya que una actuación administrativa "libre" del derecho no podía sencillamente existir, con lo que se derrumbaban las tradicionales dicotomías defendidas en la doctrina entre poder ejecutivo y poder judicial, entre libertad y vinculación.

Típico de este momento es la aparición de nuevas formas de organización administrativa, algo ya tratado por Otto Mayer, según vimos, y que se extiende en estos años, llegando hasta la utilización sin pudor del derecho privado para el ejercicio de actividades administrativas. La "empresa pública" se convierte en una estrella del firmamento jurídico-administrativo. Son significativas las páginas que a este asunto dedica Fleiner en las sucesivas ediciones de sus *Institutionen des deutschen Verwaltungsrechts* (no en la primera), así, el correo o los telégrafos (páginas 120 y sgs de la edición de 1928) y la tesis doctoral de Hans Bihl, *Neue Organisationsformen im Verwaltungsrecht* (1932) que contiene un análisis de los servicios citados más los ferrocarriles y además una atención especial a las empresas municipales (páginas 46 y sgs). En la sesión de la *Vereinigung* de 1929 Lutz Richter y Arnold Köttgen se atreven con la figura del "establecimiento público", necesitada de construcción, a la vista de las nuevas circunstancias y del recurso ya generalizado al derecho privado.

Por lo que se refiere a los derechos públicos subjetivos se trata de una construcción que procede del derecho privado donde el derecho subjetivo se concibió como el ámbito protegido del particular por el juez. El espacio público quedó sin tutela hasta que se fue construyendo y consolidando el Estado de derecho, en especial la justicia administrativa, un lugar este donde el ciudadano, que lentamente fue desplazando al "súbdito", podía impetrar justicia si se consideraba lesionado por el poder público, exigencia esta que se hizo más acuciante a medida que el Estado extendía sus funciones y sus tentáculos por los intersticios de la vida social. El hecho de que, incluso las potestades discrecionales, pudieran ser objeto de control, como hemos visto, coadyuvó a la protección de ese individuo que se sentía aislado ante unas estructuras administrativas ubicuas.

A partir de 1925, época en que empieza el proceso de juridificación (en parte de inspiración antiparlamentaria) de los "derechos fundamentales" se conectan ambos conceptos, el de los derechos públicos subjetivos y el de los derechos reconocidos en la Constitución. Estos, como mecanismos de defensa de los ciudadanos frente a invasiones en el núcleo de la vida política o económica por parte del Estado, aquellos como protección contra las actividades de prestación de la Administración. Es decir, los derechos fundamentales como escudo del ciudadano frente al legislador, los derechos subjetivos como escudo del ciudadano frente a la Administración, a su vez sometida a aquél. Aquellos como parte del derecho constitucional; estos como un capítulo del administrativo.

Estamos en la época que conoce una interna división de las antiguas ramas del derecho. El derecho social y el derecho del trabajo, cuya última justificación teórica viene de la obra de Georg

Beseler y de Otto von Gierke, se explican en algunas lecciones universitarias pero sobre todo se exponen en libros prácticos, indispensables para moverse en medio de la ingente legislación que arranca de Bismarck y se agranda con motivo de la crisis de los años de Weimar.

El derecho financiero recibe también una atención desconocida con anterioridad, acaso porque el *Reich* apenas disponía de fuentes propias de ingresos, pero sobre todo alcanza dignidad académica a partir especialmente de la obra de Albert Hensel (la primera edición de su *Steuerrecht* es de 1924), de Ottmar Bühler (el primer tomo de su *Lehrbuch des Steuerrechts* es de 1927) y del propio Willibalt Apelt a quien ya conocemos y director desde 1923 en Leipzig de un Instituto especializado en cuestiones tributarias.

Lo mismo ocurre con el derecho administrativo económico especialmente a partir de la obra de Ernst Rudolf Huber, cuyo pionero *Wirtschaftsverwaltungsrecht* es de 1932. El mismo Huber que ultimaría la enciclopédica *Deutsche* Verfassungsgeschichte es quien da a luz la primera obra completa sobre esta nueva rama del derecho administrativo en la que, partiendo de su concepción corporativa, defiende la existencia de un Estado fuerte respetuoso con unas fuerzas productivas privadas que, en todo caso, han de acomodar su actuación al "interés público" definido por el Estado. Huber, discípulo de Schmitt, defendía en aquellos años una vía intermedia entre el capitalismo y el bolchevismo (*Die Gestalt des deutschen Sozialismus*, 1934) que él entrocaba con las ideas del barón von Stein, del propio Profesor Lorenz von Stein, con Bismarck, una vía pues original y sobre todo alemana. Lástima que el viaje de sus cogitaciones terminara en Hitler. Pero ahí queda no obstante la obra ingente de Huber, admirable por tantas razones.

En fin, el derecho municipal como especialidad nueva ha de enfrentarse a la realidad de unos municipios amenazados en su autonomía por un proceso de absorción de sus competencias por las Administraciones superiores que podía no conocer límites pues era esta una cuestión dejada a la libre decisión de los legisladores. En este orden de preocupaciones se inscriben muchos trabajos de Hans Peters (*Grenzen der kommunalen Selbstverwaltung in Preußen. Ein*

Beitrag zur Lehre vom Verhältnis der Gemeinden zu Staat und Reich, 1926), de Arnold Köttgen (*Die Krise der kommunalen Selbstverwaltung*, 1931) y de Ernst Forsthoff (*Die Krise der Gemeindeverwaltung im heutigen Staat*, 1932). En todos ellos se trata de argumentar la protección de la *Selbstverwaltung* frente a la voracidad del legislador del *Reich* y de los Länder. Sin especiales frutos.

Si el lector tiene interés por un análisis más profundo de estas cuestiones puede consultar mis obras *Maestros alemanes del Derecho Público así como Juristas y enseñanzas alemanas I, 1945-1975* (todas en la editorial de Madrid Marcial Pons).

Direitos e deveres fundamentais: reflexões a partir da Constituição de Weimar

MARCO TÚLIO REIS MAGALHÃES*

1. INTRODUÇÃO

O período histórico da República de Weimar continua a despertar interesse e controvérsias, bem como a apresentar relevância e atualidade. Os seus aspectos políticos, sociais, econômicos, culturais e jurídicos são todos muito complexos, inter-relacionados e recheados de perplexidades e contradições. Por essa razão, o cenário do período da República de Weimar deve ser sempre pensado como um todo, ainda que tenhamos interesse em estudá-lo a partir de um enfoque mais específico – como o que aqui se pretende realizar.

Nesse sentido, este estudo se concentra na análise da centenária Constituição da República de Weimar de 1919, especialmente da sua Segunda Parte principal (*Zweiter Hauptteil*)[1], dedicada

---

* Doutor em Direito do Estado pela Universidade de São Paulo, Mestre em Direito, Estado e Constituição pela Universidade de Brasília. Procurador Federal da Advocacia-Geral da União.

1   Nas menções subsequentes, será utilizada apenas a expressão "segunda parte".

aos direitos e deveres fundamentais dos alemães (*Grundrechte und Grundpflichten der Deutschen*).

Em primeiro lugar, busca-se ressaltar a sua importante contribuição histórica para a crescente dimensão social e econômica nos textos constitucionais do pós-guerra. Mais do que isso, a sua contribuição para o fortalecimento do modelo de Estado Social como paradigma a ser observado no horizonte jurídico e político de países democráticos e assentados na premissa do Estado de Direito.

Em segundo lugar, busca-se analisar a sua contribuição para a discussão de possíveis fórmulas constitucionais de manutenção do equilíbrio entre liberdade individual e responsabilidade comunitária a partir do texto constitucional, que permitam o fortalecimento dos direitos fundamentais sem descurar da necessidade de equilíbrio entre as dimensões do indivíduo e do cidadão.

Nesse sentido, o destaque dos deveres fundamentais – ao lado dos direitos fundamentais e dos objetivos constitucionais – apresenta-se como um interessante ponto de reflexão constitucional que se remete, em certa medida, à segunda parte do texto da Constituição de Weimar. Ao mesmo tempo, esse ponto de reflexão se remete a alguns debates doutrinários ocorridos a partir da década de 1980 e voltados não só ao contexto de Estados constitucionais e democráticos de direito, mas também à análise de seus textos constitucionais.

Dessa forma, vale destacar que novos textos constitucionais de Estados constitucionais e democráticos de direito surgidos a partir da década de 1970 (e.g., Portugal em 1976, Espanha em 1978, Brasil em 1988) fazem menção a deveres constitucionais (qualificados ou não de fundamentais) dirigidos aos indivíduos, aos cidadãos e à coletividade, os quais, conforme bem conceitua Jorge Miranda, cumprem-se perante o Estado (ou perante outros homens, defronte do Estado)[2].

Basta lembrar, por exemplo, de deveres explícitos ou implícitos como o dever de pagar impostos, o dever de prestar serviços hono-

---

2 MIRANDA, Jorge. *Manual de direito constitucional*. 2. ed. Coimbra: Coimbra, 1998. t. IV: Direitos fundamentais. p. 72.

ríficos e militares, o dever de assistência e educação dos filhos pelos pais, o dever de cumprimento da função social da propriedade, o dever de votar em eleições políticas.

Esse recorte de análise parece ganhar mais pertinência ao se pensar sobre novos direitos e deveres ligados a interesses coletivos e difusos que se baseiam no princípio da solidariedade (ao lado dos princípios da liberdade e da igualdade) e que se apresentam como desafios a serem incorporados e geridos pelas constituições desde a segunda metade do século XX – a exemplo do direito-dever da coletividade em defender e preservar o meio ambiente ecologicamente equilibrado em prol das presentes e futuras gerações.

Portanto, é nesse contexto que se busca apresentar algumas questões e reflexões que têm na Constituição alemã de Weimar um interessante ponto de partida e referência para discussão de aspectos contemporâneos do constitucionalismo social e econômico.

2. A contribuição da Constituição de Weimar para o constitucionalismo social e econômico do pós-guerra e para o fortalecimento do modelo de Estado Social

No campo jurídico, ao se fazer referência à contribuição histórica da Constituição de Weimar, um dos temas mais destacados costuma ser o fato de ela ter lançado bases para um inovador tratamento constitucional de direitos sociais e da ordem econômica – o que veio a influenciar posteriormente constituições e legislações de diversos países, inclusive aquelas surgidas após o fim da Segunda Guerra Mundial e na segunda metade do século XX[3].

---

3 É de destacar que a Constituição de Weimar já influenciaria constituições e legislações de outros países nas décadas de 1920 e 1930. No Brasil, costuma-se identificar influências já na Constituição brasileira de 1934, tanto no Título IV, referente à ordem econômica e social, quanto no Título V, referente à família, à educação e à cultura. Isso também se faz sentir pela doutrina jurídica brasileira daquela época. Pontes de Miranda, por exemplo, no prefácio do seu livro de Comentários à Constituição de 1934, já desta-

Talvez de forma mais abrangente, outra destacada contribuição da Constituição de Weimar estaria em abrir portas para uma progressiva conscientização político-jurídica a favor da implementação de um novo modelo de Estado: o modelo do Estado Social.

Essa impressão se colhe mundo afora e também costuma estar presente em estudos doutrinários no Brasil, na América Latina, em Portugal e na Espanha[4]. Além da referência à Constituição de Weimar de 1919, é comum o destaque das contribuições decorrentes da Constituição mexicana de 1917[5]. Até porque muitos desses países expressamente reconhecem direitos econômicos, sociais e culturais

---

cava a novidade e os problemas decorrentes da chamada "parte programática das Constituições burguesas de após-guerra", contidas em "constituições de intenções teleológicas, que apenas atenuam o liberalismo sistemático do tipo constitucional do Século XIX e fim do Século XVIII", com referência ao art. 163 da Constituição de Weimar e a outras constituições. Ao mesmo tempo, ao tratar do Poder Executivo e do parlamentarismo, refere-se à Constituição de Weimar como "a principal Constituição europeia do nosso tempo". MIRANDA, Pontes de. *Comentários à Constituição da República dos E.U. do Brasil*. Rio de Janeiro: Guanabara, 1936-1937. t. I: artigos 1-103. p. 13-14 e p. 556-557. Sobre a influência em diversos países da América Latina até a década de 1950, *vide*: MARTÍNEZ, José. Daheim geschmäht: im Ausland geachtet. Die Rezeption der Weimarer Verfassung in Lateinamerika. *In*: FRIEDRICH-EBERT-STIFTUNG (Hrsg.). *Die Weimarer Verfassung*: Wert und Wirkung für die Demokratie. Erfurt: Friedrich-Ebert-Stiftung, Landesbüro Thüringen, 2009. p. 274 e s.

4   Em sentido semelhante: DIPPEL, Horst. What to celebrate: the place of the Weimar Constitution within the history of modern constitutionalism. *Giornale di Storia Costituzionale*, 38, p. 13, 2019. MARTÍNEZ, Daheim geschmäht, cit., p. 272-274.

5   Com adicional menção à influência do *Constitution Act* (1919) da Finlândia, ao lado da Constituição mexicana de 1917, *vide*: EICHENHOFER, Eberhard. Juristen und Sozialstaat in der Weimarer Republik. *Soziales Recht*, v. 7, n. 1, p. 5, 2017. Também mencionando a Constituição soviética de 10 de julho de 1918, ao lado da Constituição mexicana de 1917, *vide*: COMPARATO, Fábio Konder. *A afirmação histórica dos direitos humanos*. 5. ed. rev. e atual. São Paulo: Saraiva, 2007. p. 177-188; DIMOULIS, Dimitri; MARTINS, Leonardo. *Teoria geral dos direitos fundamentais*. 5. ed. rev., atual. e ampl. São Paulo: Atlas, 2014. p. 20-24.

(e normas abrangentes sobre a ordem social e econômica) nas suas constituições atuais, ainda que possam adotar regimes de aplicação diferenciados daqueles típicos direitos fundamentais individuais.

Curiosamente, essa impressão positiva no exterior (e no Brasil) sempre se contrastou com uma impressão marcadamente negativa no contexto alemão, seja no decorrer dos debates parlamentares para a criação da Lei Fundamental de Bonn de 1949, seja nos anos que a sucederam. Difundiram-se manifestações e imagens negativas (e.g., "No berço da Lei Fundamental rondavam os fantasmas de Weimar" e "Bonn não é Weimar") que, ao mesmo tempo em que buscavam ser peremptórias em sentido de contraposição à experiência de Weimar, guardavam também ambiguidades e visões reduzidas de um espectro de análise mais amplo[6].

De todo modo, em termos históricos, essa imagem foi se modificando, conforme acentua Christoph Gusy, em uma possível transição trifásica, que partiria de um declarado distanciamento, passando por uma dissociação seletiva e, mais recentemente, a favor de uma avaliação histórica mais compreensiva[7]. Essa visão mais positiva já se verificaria em estudos mais recentes (ainda que não ignorem problemas e limitações históricas). Em suma, haveria uma avaliação histórica mais positiva no contexto alemão (em aproximação à impressão verificada em outros países)[8].

---

6   Nesse sentido: ZYPRIES, Brigitte. Weimar: die unterschätzte Verfassung. *In*: FRIEDRICH-EBERT-STIFTUNG (Hrsg.). *Die Weimarer Verfassung*: Wert und Wirkung für die Demokratie. Erfurt: Friedrich-Ebert-Stiftung, Landesbüro Thüringen, 2009. p. 17-19; GUSY, Christoph. Die Weimarer Verfassung und ihre Wirkung auf das Grundgesetz. *In*: FRIEDRICH-EBERT-STIFTUNG (Hrsg.). *Die Weimarer Verfassung*: Wert und Wirkung für die Demokratie. Erfurt: Friedrich-Ebert-Stiftung, Landesbüro Thüringen, 2009. p. 30 e s.; EICHENHOFER, Juristen und Sozialstaat, cit., p. 2.
7   GUSY, Die Weimarer Verfassung und ihre Wirkung, cit., p. 49.
8   Nesse sentido: GUSY, Christoph. Die verdrängte Revolution. *In*: GUSY, Christoph *et al.* (Hrsg.). *100 Jahre Weimarer und Wiener Republik: Avantgarde der Pluralismustheorie*. Recht und Politik (Beiheft 3). Berlin: Duncker & Humblot, 2018. p. 9; ZYPRIES, Weimar, cit., p. 44 e s.

Esses elementos corroboram a relevância e o caráter inovador e propositivo da Constituição de Weimar. Contudo, em retrospectiva histórica, o nó da questão estaria em saber se o espírito da época, as forças políticas, sociais e econômicas existentes, a estrutura do novo regime político e jurídico-constitucional adotado e a capacidade de efetiva e duradoura adesão às suas novas bases fundantes (pelo povo alemão) estariam suficientemente amadurecidos e garantidos para superar toda a crise instalada.

2.1. O aspecto histórico e a turbulência política, econômica, social e cultural

Uma breve contextualização histórica ajuda a medir a temperatura e a dramaticidade daquele momento vivido na Alemanha. Deve-se lembrar que a Constituição de Weimar entrou em vigor em 11 de agosto de 1919[9]. Seu nome popular decorre da cidade na qual se instalou a Assembleia Nacional Constituinte que a aprovou, evitando-se, assim, o cenário de Berlim (que fora tornado alvo de tumultos e levantes)[10].

Ela buscou amalgamar uma série de questões, anseios, problemas e conflitos variados e complexos. Em primeiro lugar, reorganizar a Alemanha após a sua derrota na Primeira Guerra Mundial, observar as condições impostas pelo Tratado de Versalhes e seus pesa-

---

[9] Oficialmente denominada Constituição do Império Alemão de 11 de agosto de 2019 (*Die Verfassung des Deustchen Reichs vom 11. August 1919*). Também é referida como Constituição Imperial de Weimar (*Weimarer Reichsverfassung*), carregando em seu nome o termo "Império", ainda que instaurada uma República democrática parlamentar. Segundo Fábio Comparato: "A Constituição de Weimar foi votada ainda no rescaldo da derrota, apenas sete meses após o armistício, e sem que se divisassem com clareza os novos valores sociais. Ela não podia deixar, assim, de apresentar ambiguidades e imprecisões, a começar pela própria designação do novo Estado, que se quis reconstruir sobre as ruínas do antigo. A Carta política abre-se com a surpreendente declaração de que 'o império alemão (*das Deutsche Reich*) é uma República'!". COMPARATO, *A afirmação histórica dos direitos humanos*, cit., p. 189.

[10] EICHENHOFER, Juristen und Sozialstaat, cit., p. 4.

díssimos ônus morais e indenizatórios, além de perdas territoriais significativas, bem como lidar com as indeléveis marcas físicas e psicológicas da guerra[11]. Não bastasse isso, a derrota militar também levou ao descrédito do país e à derrota política da monarquia imperial, culminando com a adoção da República democrática, federativa e parlamentar – sem exatamente ter havido uma transição programada[12]. Além disso, uma série de demandas e convulsões sociais, econômicas e políticas se instaurava. Um relato mais detalhado desse cenário pode ser assim indicado:

> O poder passou aos social-democratas. Sua maioria se tinha distanciado, há muito tempo, das ideias revolucionárias de épocas passadas e considerava como sua tarefa principal a garantia da transição ordenada da velha para a nova forma de Estado. A propriedade privada na indústria e na agricultura permaneceu intocável, os magistrados e os funcionários públicos, em sua maioria de mentalidade antirrepublicana, permaneceram todos em suas

---

[11] Segundo Michael Stolleis: "Na política interna e no direito internacional, o complexo 'Versalhes' ocupava a posição central. Como um propositalmente humilhante 'Diktat' dos vencedores, o tratado deixava todos os ânimos exaltados. Além de haver proibido a unificação com a Áustria, ele excluíra a Alemanha da recém-criada Liga das Nações e submetera as perdas territoriais nas fronteiras com a Bélgica, a França, a Dinamarca, a Polônia e a Tchecoslováquia, o tratado também desmilitarizava o país, onerando-o com indenizações de valor indeterminado. Sua Cláusula 231 estabelecia expressamente, aliás, a responsabilidade alemã pela Primeira Guerra e pelos danos decorrentes do conflito". STOLLEIS, Michael. *O direito público na Alemanha*: uma introdução a sua história do século XVI ao XXI. Tradução Gercélia Mendes. São Paulo: Saraiva Educação, 2018. p. 113.

[12] Christophy Gusy também acentua esse aspecto de falta de transição programada, pois, apesar de a declaração da República confirmar o fim da monarquia (em lembrança à efusiva declaração de Philipp Scheidemann numa sacada do *Reichstag*), isso não necessariamente apontava, desde logo, um horizonte claro ou uma forma e modo definidos, nem mesmo planos e diretrizes prefixadas a dar base a uma fundação planejada de uma nova ordem republicana do ponto de vista estatal e do direito do Estado. O caminho para a República estava recheado de prévias decisões a serem tomadas. GUSY, Die verdrängte Revolution, cit., p. 15 e s.

funções e os oficiais do Império mantiveram o comando das tropas. As tentativas de forças revolucionárias de esquerda, que pretendiam orientar a revolução no sentido socialista, foram reprimidas com a força militar. A maioria da Assembleia Nacional, eleita em janeiro de 1919, e que se reunira em Weimar, para deliberar uma nova Constituição para o "Reich", estava nas mãos dos três partidos decididamente republicanos: O Partido Social Democrático, o Partido Democrata Alemão e o Partido do Centro. No decorrer da década de vinte, porém, tornaram-se cada vez mais fortes no seio do povo e no parlamento, as forças que tinham uma atitude mais ou menos reservada em relação ao Estado democrático. A República de Weimar foi uma "república sem republicanos", ferrenhamente combatida pelos seus adversários e defendida com pouco vigor pelos seus partidários. Sobretudo as dificuldades econômicas do período de pós-guerra e as condições sufocantes da paz imposta pelo Tratado de Versalhes, que a Alemanha foi obrigada a assinar em 1919, fizeram surgir um ceticismo profundo em relação à República. A consequência foi uma crescente instabilidade política interna[13].

Ainda do ponto de vista histórico, mesmo após certo abrandamento dos problemas vividos e certa estabilidade em meados dos anos 1920, a crise econômica instaurada a partir de 1929 (impulsionada pela quebra da bolsa de Nova York) desencadeou novas e fortes desestabilidades internas, que levaram ao fim do período republicano de Weimar e início de sua perversão e esvaziamento pelo regime ditatorial nazista:

> Em 1923, os distúrbios do período de pós-guerra alcançaram seu ponto culminante (inflação, ocupação da região do rio Ruhr, intento de golpe de Estado por Hitler, tentativas dos comunistas de tomar o poder). A seguir, com a recuperação econômica, estabeleceu-se uma certa calma política. A política exterior de Gustav Stresemann recupera, para a Alemanha derrotada, a igualdade de direitos através do Tratado de Locarno (1925) e o ingresso no país

---

13 KAPPLER, Arno (org.). *Perfil da Alemanha*. Redação Arno Kappler, Adriane Grevel. Tradução João A. Persch e Renán Olmos. Nova ed. ampl. e atual. Frankfurt am Main: Societäts-Verlag, 1993. p. 92-93.

na Liga das Nações (1926). A arte e as ciências atravessam uma breve fase de intenso florescimento nos "dourados anos vinte". Depois da morte do social-democrata Friedrich Ebert, o primeiro Presidente da República, foi eleito para chefe de Estado, em 1925, o candidato da direita, ex-marechal de campo Hindeburg. Se bem que observasse estritamente a Constituição, ele jamais teve um íntimo relacionamento com o Estado republicano. O ocaso da República de Weimar começa com a crise econômica mundial de 1929. Radicalismos de esquerda e de direita aproveitam-se do desemprego e da miséria geral. No Parlamento não se formam mais maiorias capazes de governar. Os gabinetes de ministros dependem do apoio do presidente da República, investido de grandes poderes pela Constituição. O movimento nazista de Adolf Hitler, até então insignificante e que reunia tendências extremamente antidemocráticas e um virulento antissemitismo com propaganda pseudorrevolucionária, começou a ganhar, assustadoramente, importância, a partir de 1930, tornando-se, em 1932, o partido mais forte. Em 30 de janeiro de 1933, Hitler é eleito primeiro-ministro. Além dos membros do seu partido, faziam parte do gabinete alguns políticos da direita e ministros sem vínculo partidário, de modo que ainda existiam esperanças de se impedir o domínio exclusivo dos nazistas[14].

Ao mesmo tempo, foi nesse mesmo caldeirão político, social e econômico (em permanente ebulição e com alta volatilidade) que se concebeu – ainda que brevemente e, de certa forma, também paradoxalmente – um fascinante período de efervescência cultural, artística, intelectual e científica.

No campo científico, o sucesso acadêmico brilhava forte mesmo diante de uma nação humilhada, dado que, entre 1919 e 1933, nada menos que um em cada três Prêmios Nobel em ciências físicas e naturais foi destinado a pesquisadores oriundos da República da Weimar[15].

---

14 KAPPLER, Arno (org.). *Perfil da Alemanha*, cit., p. 93.
15 São eles: Max Planck/química (1918), Fritz Haber/química (1918), Johannes Stark/física (1919), Walther Nernst/química (1920), Albert Einstein/física (1921) Otto Fritz Meyerhof/medicina (1922), James

No campo artístico, cultural e intelectual, destacavam-se diversos personagens, manifestações e tendências que marcariam época na literatura, na filosofia, na música, na pintura, na arquitetura, no cinema e no teatro[16]. Especialmente a cidade de Berlim era considerada uma metrópole mundial da liberdade cultural e da diversão irrestrita e intensa[17]. Mas é talvez por meio do cinema alemão do período da República de Weimar que a força imagética dessa efervescência toda possa ter tido mais nitidez e possa ter influenciado (quantitativamente) mais pessoas daquela época, projetando em suas mentes e corações muitos sentimentos, temo-

---

Franck/física (1925), Gustav Hertz/física (1925), Heinrich Otto Wieland/química (1927), Adolf Windaus/química (1928), Hans Fischer/química (1930), Otto Warburg/medicina (1931), Friedrich Bergius/química (1931), Carl Bosch/química (1931), Werner Heisenberg/física (1932). Cf. SCHAPER, Michael (Hrsg.); JÖRG-UWE, Albig (Mitwirkender). Die Weimarer Republik: die Geschichte der ersten deutschen Demokratie in historischen Fotos 1918-1933. *Geo Epoche Panorama*, Hamburg: Gruner + Jahr, n. 5, 2015. p. 62-63.

16   O destaque aqui é muito sucinto e meramente ilustrativo, sendo que um ou outro personagem destacado pode ser visto em diferentes campos de produção cultural, artística e intelectual. Na literatura, destacam-se as contribuições de Thomas Mann, Alfred Döblins, Kurt Tucholsky. No teatro, destacam-se Bertold Brecht e Erwin Piscator. Na pintura, destacam-se Max Beckmann, Max Liebemann, Otto Dix e George Grosz. Como tendências e movimentos com influência geral, destacam-se o Expressionismo, o Dadaísmo, a Nova Objetividade, a escola da Bauhaus. No campo intelectual, pensadores variados como Martin Heidegger, Edmund Husserl, Walter Benjamin. Cf. SCHAPER, Michael (Hrsg.); JÖRG-UWE, Albig (Mitwirkender). Die Weimarer Republik, cit. Conferir, ainda, a seguinte reportagem: VALLESPÍN, Fernando. Por que devemos recordar os anos da República de Weimar. *El País,* 27 jul. 2019. Disponível em: https://brasil.elpais.com/brasil/2019/07/26/cultura/1564148647_990100.html. Acesso em: 18 maio 2020.

17   A força atrativa de Berlim era intensa naquela época. Entre 1924 e 1929, ela poderia ser considerada a metrópole europeia do *Showbusinnes*, pois estariam abertos diariamente, à disposição do público, nada menos que 37 teatros, 119 clubes noturnos, 170 teatros de variedades (*Varieté*), 342 cinemas, 400 bares e 20 mil restaurantes. Cf. SCHAPER; JÖRG-UWE, Die Weimarer Republik, cit., p. 72-75.

res, dúvidas, anseios, expectativas e arquétipos de um tempo de intensas contradições e perplexidades[18].

2.2. O aspecto jurídico e o debate sobre os direitos fundamentais e o Estado Social

Para além desse cenário mais geral, do ponto de vista constitucional, político-jurídico e institucional, ainda que fosse bem-intencionada e desenvolvida para a época, a Constituição de Weimar não conseguiu responder a todos os problemas colocados[19]. Nesse sentido, vale destacar que:

> Nos poucos anos que durou a República de Weimar, a compreensão do sistema liberal-democrático não lançara raízes profundas na maioria dos alemães. Foram os distúrbios internos, as confrontações violentas, que chegaram até a sangrentas batalhas de rua entre adversários políticos, e o desemprego em massa provocado pela grande crise econômica mundial, os principais fatores que abalaram gravemente a confiança do povo nos poderes do Estado[20].

O próprio debate político, jurídico e doutrinário daquela época demonstrava as dificuldades de adesão e simpatia ao novo modelo constitucional. Conforme Gilberto Bercovici acentua, a Constituição de Weimar foi elaborada sem maiorias claras, não era homogênea, representava o embate de forças políticas, era vista como

---

18 As diversas tendências e manifestações culturais também acabam penetrando nos filmes alemães da época, inclusive as polarizações de pensamentos políticos. É uma das mais ricas épocas do cinema alemão, com destaque de importantes cineastas que obtiveram expressão mundial. Destacam-se filmes como: *O gabinete do Dr. Caligari* (Robert Wiene), *Metrópolis* (Fritz Lang), *Nosferatu* (Friedrich Murnau), *O anjo azul* (Josef von Sternberg). Cf. SCHAPER; JÖRG-UWE, Die Weimarer Republik, cit., p. 72-75. Conferir, ainda, a seguinte reportagem: VALLESPÍN, Por que devemos recordar os anos da República de Weimar, cit.

19 Christoph Gusy assevera que, em certa medida, a Constituição de Weimar foi uma boa Constituição em um tempo ruim e difícil. GUSY, Die Weimarer Verfassung und ihre Wirkung, cit., p. 47 e s.

20 KAPPLER, Arno (org.). *Perfil da Alemanha*, cit., p. 94.

espécie de "compromisso constitucional" ou "Constituição programática" – sobretudo quanto à sua segunda parte (que tratava de direitos e deveres fundamentais), a qual teria sido alvo de acirradas polêmicas por submeter "o individualismo a serviço da coletividade e protegendo os direitos individuais na medida em que cumpriam seu dever social"[21].

Michael Stolleis também relembra que a teoria do direito do Estado na Alemanha daquela época "não reivindicava o aumento de sua 'cientificidade', mas sim uma solidez interna em uma época turbulenta [...]", que se tentou buscar por meio de um sistema de valores plasmado especialmente na segunda parte da Constituição de Weimar[22].

Gilberto Bercovici ainda destaca, amparando-se nas lições de Michael Stolleis, que a nova formatação dada pela Constituição de Weimar adotava tamanha novidade, ao misturar diferentes abordagens normativas (liberais, socialistas, tarefas, garantias, direitos individuais e sociais), que a primeira reação da doutrina publicista teria sido de crítica, assinalando que muitos direitos e garantias não teriam valor jurídico, seriam assistemáticos e apenas expressariam intenções políticas. Em um segundo momento, seria possível identificar – especialmente na doutrina de Gerhard Anschütz e Richard Thoma – maior simpatia em prol de uma interpretação de otimização dos direitos fundamentais[23]. Em um terceiro momento, acentuaram-se novos embates, tendo os direitos fundamentais sido alvo de novas polêmicas, especialmente pelas críticas doutrinárias de Carl Schmitt, o qual entendia que a segunda parte da Constituição de Weimar seria uma proclamação política e incoerente, acentuada pela contradição intrínseca de disposição conjunta de direitos individuais ao lado de direitos sociais[24].

---

21 BERCOVICI, Gilberto. *Constituição e Estado de exceção permanente*: a atualidade de Weimar. Rio de Janeiro: Azougue, 2004. p. 26-27.
22 STOLLEIS, *O direito público na Alemanha*, cit., p. 122.
23 Em sentido semelhante: STOLLEIS, *O direito público na Alemanha*, cit., p. 123.
24 BERCOVICI, *Constituição e estado de exceção permanente*, cit., p. 28 e s.

Gilberto Bercovici também assevera que outros autores da época tinham posição crítica quanto à Constituição de Weimar, a exemplo da posição inicial de Otto Kirchheimer, que a veria como "uma Constituição sem decisão", sendo apenas "uma regra formal do jogo democrático, um instrumento das forças políticas mais poderosas"[25]. Em contraposição a essas ideias, ele acentua que haveria outros autores (Rudolf Smend, Herman Heller, Franz Neumann) que defendiam positivamente a nova Constituição de Weimar, discordando dos seus críticos acima referidos[26].

Nesse sentido, Rudolf Smend a defenderia como fator e instrumento de integração política (não sendo fruto de mera Constituição de interesses sociais), e seus direitos fundamentais deveriam refletir um sistema de valores e a afirmação do caráter nacional do sistema de direitos. Herman Heller a defenderia, ressaltando a adequação da conjugação de ideias liberais e democráticas já sedimentadas com novas ideias socialistas ainda não tão amadurecidas – o que justificaria seu caráter mais programático e responderia a anseios da época. Franz Neumann a defenderia, ressaltando a integração dos direitos fundamentais com a democracia e seu adequado redimensionamento em sintonia com o novo momento vivido[27].

Outro ponto de crescente discórdia doutrinária dos juspublicistas alemães da época estava na discussão do método a ser adotado e aplicado na interpretação constitucional, com o embate de visões mais ligadas à estrita separação entre moral e direito (entre ser e dever-ser), enquanto outros defendiam um contato mais estreito entre o direito constitucional e outras ciências sociais.[28]

Nesse sentido, Michael Stolleis acentua a formação de diferentes grupos de pensamento jurídico, destacando três vertentes: (i) aqueles favoráveis à República de Weimar como democracia parlamentar (a despeito das várias críticas) e chamados de "positivistas",

---

25 BERCOVICI, *Constituição e estado de exceção permanente*, cit., p. 34-35.
26 BERCOVICI, *Constituição e estado de exceção permanente*, cit., p. 34 e s.
27 BERCOVICI, *Constituição e estado de exceção permanente*, cit., p. 34-38.
28 STOLLEIS, *O direito público na Alemanha*, cit., p. 122-125.

a exemplo de Gerhard Anschütz, Richard Thoma, Hans Nawiasky; (ii) aqueles contrários ao entendimento do grupo anteriormente indicado, que se dissiparam em diferentes e heterogêneas visões, a exemplo de Rudolf Smend e Carl Schmitt; (iii) aqueles vinculados à Escola de Viena, a exemplo de Hans Kelsen, e que representavam posição entre os dois grupos anteriores, sendo por eles detestados[29].

Assim, do ponto de vista constitucional, político-jurídico e institucional, remanesceria um conjunto de desafios. Em primeiro lugar, atualizar a visão da doutrina juspublicista que ainda estava muito ligada ao modelo tradicional de Estado Liberal. Em segundo lugar, realizar essa transição mental e jurídico-dogmática sem se diluir totalmente em um embate meramente político, ideológico e social entre ideias liberais, socialistas, democráticas, religiosas etc. Adicionalmente, dotar a doutrina de novo conjunto de ferramentas analíticas capazes de dar sistematização e coerência a duas realidades aparentemente contrapostas: (i) segurança jurídica e previsibilidade, mais facilmente compreensíveis nos parâmetros dos direitos individuais clássicos, (ii) em contraposição ao tortuoso e inquietante caráter aberto, vago e programático – inclusive sem uma direção muito precisa – das normas de direitos sociais e atinentes à regulação constitucional da ordem econômica. Em síntese, mais do que a Constituição de Weimar em si, seriam a situação política da época e a interpretação dada pela ciência do direito à referida Constituição fatores decisivamente agravadores de maior sucesso constitucional, colocando a Constituição de Weimar em uma certa situação de sobrecarga[30].

De todo modo, em nossa compreensão atual, passados mais de cem anos de sua entrada em vigor e de estudos e reflexões a seu respeito, é natural identificarmos problemas diversos que colocaram a Constituição de Weimar à prova, tais como aqueles: (i) ligados à dinâmica do sistema parlamentar e político-partidário adotados, (ii) ligados à ausência de um mecanismo mais efetivo de equilíbrio

---

29 STOLLEIS, *O direito público na Alemanha*, cit., p. 125-128.
30 ZYPRIES, *Weimar*, cit., p. 21-23.

entre os Poderes e de maior vinculação deles à Constituição, (iii) ligados ao infortúnio de conferir excessivo poder ao presidente (*Reichspräsident*) em situações de excepcionalidade (com evidente prejuízo do parlamento e enfraquecimento dos direitos fundamentais), (iv) ligados à inexistência de sistemas fortes de compensação e controle do poder do presidente, especialmente em situações excepcionais (e.g., jurisdição constitucional forte e independente), (v) ligados a certo descrédito – pela quebra de tradição normativa, pela alta carga programática, pela excessiva abertura semântica e pela baixa eficácia – das novas normas definidoras de direitos sociais e econômicos e de ação interventora do Estado.

Não obstante essas dificuldades, inerentes à realidade alemã e também ao momento histórico vivido, não há dúvida de que o quadro constitucional da segunda parte da Constituição de Weimar projetou a imagem de um novo e possível catálogo normativo de direitos variados (tradicionais direitos e liberdades individuais ao lado de novos direitos sociais e econômicos), de deveres correlatos (autônomos ou vinculados a direitos) e de objetivos gerais no campo social e econômico.

A Constituição de Weimar era formalmente composta de duas grandes partes principais[31]. A Primeira Parte principal (arts. 1 a 108) constituiu a organização do poder estatal e de suas instituições, enquanto a Segunda Parte principal (arts. 109 a 165) estabeleceu os chamados direitos e deveres fundamentais dos alemães (*Grundrechte und Grundpflichten der Deutschen*), tendo sido essa última dividida em cinco capítulos[32]. É nessa última parte que surgem as inovações

---

31 A menção aos dispositivos constitucionais e respectivos conteúdos da Constituição de Weimar (referidos em seguida) decorre de consulta direta ao texto constitucional, bem como de tradução do autor do presente estudo, caso não haja outra indicação em sentido contrário. O texto constitucional se encontra na base de dados históricos *Documentarchiv.de*, disponível em: http://www.documentarchiv.de/wr/wrv.html. Acesso em: 26 maio 2020.

32 Houve, ainda, a previsão de normas constitucionais finais e transitórias (artigos 166 a 181), que merecem registro, embora não guardem interesse direto para o presente estudo.

constitucionais de previsão de diversos direitos sociais e de uma nova abordagem social da ordem econômica, a exigir um papel mais ativo do Estado em torno da concretização daqueles direitos e de maior igualdade material.

O primeiro capítulo tratou dos direitos, deveres e liberdades clássicos do indivíduo (arts. 109 a 118), ainda que algumas disposições tenham sofrido certo redimensionamento social de forma a mitigar uma visão exclusivamente liberal e individualista. Haveria, assim, disposições sobre a garantia de direitos de igualdade perante a lei, a igualdade de direitos e deveres entre homens e mulheres, a não discriminação por razões de origem ou classe social, direitos de nacionalidade, liberdades em sentido geral, a proteção do domicílio, o direito de privacidade em sentido geral etc.

O segundo capítulo (arts. 119 a 134) tratou da vida em sociedade e simbolizava avanços no sentido da integração constitucional da dimensão social que seria, em parte, regulada ou garantida pelo Estado em razão do bem comum (e não por mera proteção reflexa a direitos individuais). Haveria, assim, disposições sobre igualdade entre homem e mulher no campo do matrimônio e da vida familiar, a proteção de filhos constituídos fora do casamento, a proteção destacada à família e aos jovens, o direito e o dever de assistência aos filhos pelos pais, o direito de reunião para fins pacíficos e de associação para fins lícitos, a liberdade de voto com garantia de ser secreto, o direito de petição às autoridades, o direito de integrar o corpo de servidores públicos, o dever de prestar serviços ao Estado e à sociedade nos termos da lei – a exemplo de serviços honoríficos e serviços militares[33].

O terceiro capítulo (arts. 135 a 141) tratou da religião e das comunidades religiosas, ressaltando a laicidade do Estado, garantindo a liberdade individual religiosa e de credo, bem como a liberdade

---

[33] Quanto aos serviços militares, a despeito da sua previsão constitucional, haveria o impedimento de seu normal funcionamento e do alistamento obrigatório em razão das condições aceitas pela Alemanha no Tratado de Versalhes (especialmente nos artigos 159 a 213 – cláusulas militares, navais e aéreas).

e autonomia de atividades, cultos, reuniões e associações religiosas que se constituiriam em corporações de direito público e teriam autoadministração e auto-organização independentes do Estado, mas nos limites da lei[34].

O quarto capítulo (arts. 142 a 150) tratou da educação e da formação escolar, reconhecendo direitos sociais que deveriam ser supervisionados e implementados com a participação estatal. Ilustrativamente, garantiu-se que o ensino, a ciência e a cultura seriam livres, sendo protegidos e estimulados pelo Estado. Haveria, ainda, disposições sobre a garantia estatal de ensino gratuito em diferentes e orgânicas etapas de formação (até os oito anos, um ensino básico, e até os dezoito anos, um ensino complementar), sem prejuízo de instituições privadas de ensino autorizadas nos termos da lei, bem como o dever de frequentar a escola, garantindo-se gratuidade também do ensino e do material escolar necessário. Além disso, o artigo 150 estabeleceu proteção estatal dos monumentos culturais, históricos e naturais e da paisagem, bem como o impedimento de evasão de bens artísticos nacionais ao exterior. Nesse sentido, a primeira parte do artigo 150 se tornou uma referência constitucional e histórica importante para a questão da proteção jurídica da natureza, embora tal disposição, à época, representasse uma norma programática e uma visão muito estática e estética da natureza como paisagem e beleza cênica, em certa visão museológica da proteção da natureza, conforme afirma Michael Kloepfer, o que justificaria, do ponto de vista político-social, a sua integração a normas de educação e formação escolar[35].

---

34 Nesse ponto, é interessante notar a influência direta que teve a Constituição de Weimar em relação à Lei Fundamental alemã de 1949. O artigo 140 da Lei Fundamental de 1949, contido na parte das disposições finais e transitórias, ao tratar dos direitos das comunidades religiosas, adotou disposições em referência expressa à Constituição de Weimar, ao acentuar que o disposto nos artigos 136, 137, 138, 139 e 141 da Constituição alemã de 11.11.1919 seria parte integrante daquela Lei Fundamental.

35 KLOEPFER, Michael. *Umweltrecht*. 3. Aufl. München: C. H. Beck, 2004. p. 87.

O quinto capítulo (arts. 151 a 165), denominado "A vida econômica" (*Das Wirtschaftsleben*), tratou da ordem econômica com diretrizes para o equacionamento social das atividades e liberdades econômicas e a garantia constitucional de direitos trabalhistas e previdenciários. O artigo 151 merece destaque, pois estabeleceu que a ordem econômica deveria observar o princípio da justiça e os objetivos de proteção de uma existência humana digna, sendo que seria nos limites desse específico contexto que se garantiria a liberdade econômica dos indivíduos. Além disso, o artigo 153 garantiu o direito de propriedade privada, mas também exigiu o dever de cumprimento de sua função social em favor do bem comum, bem como a possibilidade de eventual expropriação, mediante indenização nos termos da lei e desde que voltada ao interesse social. Além disso, diversos direitos trabalhistas e previdenciários foram reconhecidos como direitos fundamentais na Constituição de Weimar, tratados com significativo detalhamento, inclusive no que se refere à saúde e à assistência dos trabalhadores, além da garantia de uma relação mais equilibrada entre patrões e empregados na condução das suas relações contratuais individuais e coletivas, com possibilidade de formação de associações e entidades representativas.

Como visto, um panorama da segunda parte da Constituição de Weimar evidencia um catálogo abrangente e multifacetado, que refletia o esforço de reconhecimento constitucional da proteção social e econômica de diversos segmentos sociais antes pouco considerados. Houve a tentativa de dar lugar e fôlego a uma democracia social e a um Estado comprometido com esse fim. Contudo, não se olvida o fato de que muitas dessas inovações teriam ainda uma feição normativa muito programática e com eficácia jurídica bastante variável e dependente de um ulterior desenvolvimento pelo Estado.

Essas dificuldades, como se sabe, em parte, seriam próprias da compreensão dos novos direitos sociais, econômicos e culturais à época e, desde então, sempre tomaram conta de boa parte do debate doutrinário jurídico do século XX, que buscou imprimir – ao lado do aspecto de sua eficácia – novos desenvolvimentos e aperfeiçoamentos em diferentes contextos jurídicos nacionais e internacionais[36]. Tanto que atualmente muitos países adotam expressamente a previsão constitucional de direitos sociais, econômicos e culturais.

Contudo, outros países assim não o fizeram, preferindo tratar do tema de forma mais principiológica e geral no plano constitucional, bem como de forma mais concreta e precisa no âmbito infraconstitucional.

Um exemplo emblemático seria o próprio modelo constitucional alemão vinculado à Lei Fundamental alemã de 1949, que, como regra, não discriminou detalhados direitos sociais em seu texto constitucional, em contraposição ao modelo constitucional de Weimar. Mesmo assim, a Lei Fundamental de Bonn reconheceu expressamente um princípio constitucional geral do Estado Social (art. 20, § 1, c/c art. 28, § 1), válido no nível nacional e subnacional, com eficácia vinculante e diretiva da atuação política estatal[37]. De um lado, não derivaria diretamente da sua previsão constitucional direitos sociais, mas uma determinação vinculante de ação estatal nesse campo (interpretada em sintonia com direitos fundamentais)[38]. De outro lado, o mero fato de a redação constitucional ter usado o termo "social" em forma de adjetivação do Estado não afastaria, de modo algum, o reconhecimento de um efetivo princípio do Estado Social (*Sozialstaatsprinzip*) que valeria como norma constitucional diretamente aplicável[39].

Em certa medida, o modelo alemão (desenhado na Lei Fundamental de Bonn) ilustraria a importância de fortes compromissos

---

36 Relembre-se, ilustrativamente, o Pacto Internacional sobre Direitos Econômicos, Sociais e Culturais adotado pela XXI Sessão da Assembleia Geral das Nações Unidas, em 19 de dezembro de 1966.
37 JARASS, Hans D.; PIEROTH, Bodo. *Grundgesetz für die Bundesrepublik Deutschland*. Kommentar. 12. Aufl. München: C. H. Beck, 2012. p. 542; EICHENHOFER, Juristen und Sozialstaat, cit., p. 2.
38 SODAN, Helge *et al. Grundgesetz*. 4. Auflage. München: C. H. Beck, 2018. p. 257-258.
39 JARASS; PIEROTH, *Grundgesetz für die Bundesrepublik Deutschland*, cit., p. 542.

político-partidários em torno da garantia de um mínimo social a ser garantido a todos, em vez de mera expectativa de seu cumprimento em razão exclusiva de uma determinação constitucional de observância de detalhados e diversos direitos sociais e econômicos[40].

Nesse sentido, Dieter Grimm afirma que foi a decisão política comum dos partidos políticos – em torno de um mínimo de bem-estar social – aliada a um positivo e (inesperado) crescimento econômico que teriam sido as chaves determinantes da implementação mais bem-sucedida do Estado Social na Alemanha (e não por consequência direta da mera previsão normativa na Lei Fundamental do princípio do Estado Social e de sua implementação pela Corte constitucional propriamente, embora esses elementos tenham tido decisivo papel corretivo dos rumos tomados)[41]. É uma advertência importante, embora não necessariamente anule outras formas de abordagens e compromissos constitucionais.

De todo modo, o que vale ser ressaltado é que todas essas disposições constitucionais surgidas na Constituição de Weimar não se reduziam a mera reforma jurídica de inserção de direitos no plano constitucional (nem se anulariam pelos problemas de efetividade normativa). Elas também refletiam uma contínua demanda por mudanças estruturais e progressivas – hoje mais facilmente sintetizadas e compreendidas na ideia de Estado Social. Na República de Weimar estaria uma pedra fundante do Estado Social moderno e desenvolvido mais visivelmente a partir de 1945. Além disso, a Constituição de Weimar teria contribuído para

---

40 Segundo Michael Stolleis,"O desenvolvimento do Estado Social [...], que consta na Lei Fundamental apenas de modo principiológico, ocorreu, porém, pontualmente por meio de uma legislação social que acompanhou todas as legislaturas. O sistema social foi continuamente ampliado ou reestruturado, limitado ou vinculado a pressupostos estritos, de modo a ser aperfeiçoado ou preservado como um dos mais eficazes, mas também mais caros sistemas do mundo". STOLLEIS, *O direito público na Alemanha*, cit., p. 206.

41 GRIMM, Dieter. Legitimation by Constitution and socioeconomic rights from German perspective. *Kritische Vierteljahresschrift für Gesetzgebung und Rechtswissenschaft*, v. 98, n. 3, 2015. p. 208.

reforçar a ideia da República, da Democracia e do contínuo desenvolvimento em direção ao Estado de direito social[42]. O desafio de seu reconhecimento e da forma de sua implementação é que se tornaram decisivos.

A República de Weimar deu conformação programática e diretiva ao Estado Social, ainda que não o tenha concretizado[43]. Essa constatação (inclusive) já seria visível (em maior ou menor medida) nas ideias e escritos de diversos autores e pensadores da época (juristas e não juristas), fossem eles mais favoráveis a elas e à República de Weimar (e.g., Gustav Radbruch, Hugo Sinzheimer, Eduard Heimann, Herman Heller, Hans Kelsen, Rudolf Smend), fossem eles críticos a elas (e.g., Karl Korsch, Carl Schmitt)[44].

3. A CONTRIBUIÇÃO DA CONSTITUIÇÃO DE WEIMAR PARA A DIMENSÃO DE RESPONSABILIDADE SOCIAL E ECONÔMICA DO INDIVÍDUO-CIDADÃO: O DESTAQUE DOS DEVERES FUNDAMENTAIS

A segunda parte da Constituição de Weimar teve o pioneirismo de buscar implementar fórmulas jurídicas de equilíbrio entre liberdade individual e responsabilidade comunitária no texto constitucional, buscando fortalecer direitos fundamentais e redimensionar as posições do indivíduo e do cidadão.

Nesse sentido, a democracia social buscaria reposicionar o excessivo individualismo no Estado Liberal sem descurar de garantias e liberdades básicas desse modelo estatal. Ao lado da estipulação de uma nova moldura de princípios e objetivos da ordem social e econômica, ao lado de uma releitura dos próprios direitos fundamentais individuais, bem como ao lado da garantia de direitos sociais e coletivos, houve ainda a adoção de alguns deveres constitucionais dirigidos ao indivíduo em geral (ou a um

---

42 ZYPRIES, *Weimar*, cit., p. 19-21.
43 EICHENHOFER, Juristen und Sozialstaat, cit., p. 2.
44 EICHENHOFER, Juristen und Sozialstaat, cit., p. 7 e s.

grupo de indivíduos) – denominados "deveres fundamentais" (*Grundpflichten*) na Constituição de Weimar.

A doutrina identifica variados exemplos dessa categoria jurídico-constitucional na Constituição de Weimar, embora ressalte que seu tratamento doutrinário e jurídico teria sido ainda incipiente, aberto e com predominante carga política, moral, ética e pedagógica, ainda que não descartada a sua possível dimensão jurídica em certos casos. Os deveres fundamentais buscariam acentuar a importância social do indivíduo (ou de alguns grupos de indivíduos) como membro da comunidade política e como partícipe na concretização de valores de alta relevância para bem comum.

O interesse em aprofundar a sua análise reside especialmente no fato de que se trata de relevante fórmula constitucional que serviu de referência a posteriores desenvolvimentos dessa categoria jurídica na doutrina e nas constituições de diversos países compromissados com o Estado constitucional e democrático de direito no decorrer da segunda metade do século XX.

Desse modo, ao lado de uma noção inicial de sua compreensão geral e de sua análise na experiência constitucional de Weimar, busca-se apontar alguns desdobramentos mais recentes no debate doutrinário do direito público e constitucional.

Desde logo, deve-se destacar que a ideia de deveres dos indivíduos inseridos em uma coletividade é antiga e permeia a discussão filosófica e política desde a Antiguidade. Em verdade, é uma ideia que sempre existirá enquanto vivermos em coletividade.

Contudo, a compreensão da categoria de deveres fundamentais (aqui analisada) tem sentido jurídico específico e limitado e não deve se confundir com outras possíveis abordagens. Em primeiro lugar, ela não se confunde com a errônea e inadequada ideia de que haveria deveres ou obrigações inerentes ao homem. Inerente ao homem é a sua liberdade e dignidade. Ela também não se confunde com a inadequada ideia de prevalência de deveres em face de direitos, nem mesmo de funcionalização de direitos em relação a deveres. Isso significaria um abuso da própria ideia de dever jurídico em sentido geral e específico (como dever fundamental aqui estudado), em total perversão de sua compreensão no contexto de um Estado de Direito e em prejuízo inaceitável à adequada garantia e primazia dos direitos fundamentais. Além disso, ela também não se confunde com a simples ideia de deveres legais ou exclusivamente correspondentes (reflexos) ao exercício de determinados direitos (a ideia comum de que, em regra, a todo direito corresponderia um dever).

Assim, a análise aqui empreendida tem interesse na especificação de pontuais deveres constitucionalmente estabelecidos, de forma explícita ou implícita, que se dirigem ao indivíduo (ou a um grupo qualificado de pessoas ou à coletividade), que expressam o seu papel de cidadão numa comunidade política, que marcam o interesse na preservação de valores de elevada relevância social no contexto de um Estado constitucional e democrático de direito e que reforçam o respeito à dignidade humana e aos direitos fundamentais. Podem ser eles diretamente cumpridos perante o Estado (e.g., dever de votar, dever de pagar impostos, dever de prestar serviços honoríficos e militares) ou perante a sociedade e sob supervisão do Estado (e.g., dever de assistência e cuidado dos filhos pelos pais, dever de frequentar a escola) ou mesmo eventualmente até em uma certa imbricação simultânea perante Estado e sociedade (e.g., dever de proteger o meio ambiente para as presentes e futuras gerações).

3.1. Os deveres fundamentais e a Constituição de Weimar de 1919

No contexto do estudo da Constituição de Weimar, é interessante notar que ela foi a primeira Constituição alemã a dispor expressamente (e com maior detalhamento) sobre alguns deveres constitucionais dirigidos aos alemães como parte do conjunto de fórmulas constitucionais utilizadas para acentuar o redimensionamento social da visão tradicional de individualismo do Estado Liberal – e para além da ideia de deveres cívicos tradicionais. Isso ficaria claro pelo uso da expressão "deveres fundamentais" ao lado de "direitos fundamentais" na segunda parte da Constituição de

Weimar. Ademais, foi a primeira vez que expressamente foi utilizada a terminologia "deveres fundamentais" numa Constituição de língua alemã[45].

Também é curioso notar que a previsão de deveres fundamentais não constou do primeiro projeto constitucional (*Entwurf I*, de 03.01.1919) que serviu de esboço inicial para os debates da Assembleia Nacional Constituinte e que teve decisiva influência do trabalho prévio e propositivo de Hugo Preuß[46]. Do mesmo modo, Hugo Preuß não defendia a apresentação de um catálogo apartado e específico para os direitos fundamentais – em contraposição ao modelo da Constituição prussiana (Título 2) e da Constituição da Igreja de São Paulo de 1849 (*Paulskirchenverfassung*)[47].

Gilberto Bercovici destaca que se teria adotado a estratégia de um esboço inicial menos polêmico politicamente, em face das diversas disputas ideológicas existentes à época em torno dos direitos fundamentais e de outros temas, ainda que Hugo Preuß fosse favorável à concepção social da democracia e à proteção dos direitos sociais[48]. Nesse sentido, teria sido "a Assembleia Constituinte de Weimar, com base na proposta de Friedrich Naumann, que acrescentou a segunda parte da Constituição, que dispunha sobre os direitos e deveres dos alemães"[49].

---

45 KLEY, Andreas. *Grundpflichten Privater im schweizerischen Verfassungsrecht*. St. Gallen: Schweizerisches Institut für Verwaltungskurse an der Hochschule St. Gallen, 1989. p. 41.
46 LUCHTERHANDT, Otto. *Grundpflichten als Verfassungsproblem in Deutschland*. Geschichtliche Entwicklung und Grundpflichten unter dem Grundgesetz. Berlin: Dunker & Humblot, 1988. p. 284.
47 LUCHTERHANDT, *Grundpflichten als Verfassungsproblem in Deutschland*, cit., p. 284. PREUß, Hugo. *Gesammelte Schriften*. 3. Band. Das Verfassungswerk von Weimar. Herausgegeben, eingeleitet und erläutert von Detlef Lehnert, Christoph Müller und Dian Schefold. Tübingen: Mohr Siebeck, 2015. p. 11-12.
48 BERCOVICI, *Constituição e estado de exceção permanente*, cit., p. 28
49 BERCOVICI, *Constituição e estado de exceção permanente*, cit., p. 28. Michael Stolleis o qualificou como "juspublicista liberal de esquerda". STOLLEIS, *O direito público na Alemanha*, cit., p. 110.

Contudo, a proposta de Friedrich Naumann não fez uso da expressão "deveres fundamentais", ainda que se pudesse haurir de suas ideias e opiniões a consideração de alguns deveres tradicionais (e.g., dever de pagar impostos, dever de prestar serviço militar) em correlação com o debate de direitos fundamentais[50].

Otto Luchterhandt ressalta que a primeira aparição formal dessa expressão teria surgido no âmbito dos trabalhos da Comissão constitucional (*Verfassungsausschuß*), a partir da proposta conciliadora de Konrad Beyerle, em contraposição à discussão das ideias de Hugo Preuß e Friedrich Naumann. Nesse sentido, teria sido proposto inicialmente o título "Direitos e deveres fundamentais do povo e do Estado alemães" (*Grundrechte und Grundpflichten des Deutschen Volkes und Staates*) para a segunda parte da Constituição, com repetição da expressão nos seus capítulos[51].

Além disso, Otto Luchterhandt destaca que não constariam maiores comentários e explicações sobre o motivo de adoção da expressão "deveres fundamentais" (*Grundpflichten*) nem na Comissão constitucional, nem posteriormente, ainda que Konrad Beyerle tenha afirmado que o destaque formal e expresso dos deveres tivesse decorrido de sugestão do deputado Katzenstein (SPD). Mesmo assim, o que se concluiria das ideias de Konrad Beyerle seria que seu conteúdo funcionaria como um contraponto (*Pendant*)

---

50 LUCHTERHANDT, *Grundpflichten als Verfassungsproblem in Deutschland*, cit., p. 291 e s. Em sentido semelhante, destacando que a ideia estaria implícita na proposta de Friedrich Naumann, *vide*: KLEY, *Grundpflichten Privater im schweizerischen Verfassungsrecht*, cit., p. 41.

51 De acordo com Otto Luchterhandt, essa proposta teria capítulos com os seguintes enunciados: (I) direitos e deveres fundamentais da pessoa (*Grundrechte und Grundpflichten der Person*), (II) fundamentos da vida em sociedade (*Grundlagen des Gemeinschaftslebens*), (III) direitos e deveres fundamentais em relação à religião, às corporações religiosas e à formação escolar (*Grundrechte und Grundpflichten in bezug auf Religion, Religionsgesellschaften, Schule*), (IV) direitos e deveres fundamentais no âmbito da vida econômica (*Grundrechte und Grundpflichten auf dem Gebiet des Wirtschaftslebens*). LUCHTERHANDT, *Grundpflichten als Verfassungsproblem in Deutschland*, cit., p. 295 e s.

aos direitos fundamentais, no sentido de um amplo compromisso com o bem comum do indivíduo, que englobaria tanto deveres independentes quanto vinculados a direitos fundamentais, bem como englobaria tanto deveres jurídicos quanto deveres éticos sociais e estatais[52]. De todo modo, posteriormente, houve a modificação de redação proposta, com simplificação dos enunciados do título sugerido para a segunda parte (e respectivos capítulos) da Constituição de Weimar[53].

No âmbito da discussão plenária da Assembleia Nacional Constituinte, não houve maior discussão específica sobre os deveres fundamentais, provavelmente por estarem compreendidos e entendidos no contexto de discussão mais abrangente de crítica ao excesso de disposições constitucionais propostas para a segunda parte da Constituição de Weimar, bem como na discussão crítica de seu caráter vago, aberto e impreciso e muitas vezes dispensável e excessivamente programático. Além disso, a falta de maior polêmica também poderia residir no fato de eles serem compreendidos como normas dependentes de interposição legislativa (reserva de lei) ou como normas de caráter moral, ético ou político[54].

De todo modo, o texto constitucional definitivo e aprovado teria apresentado uma lista não desprezível de pormenorizados deveres fundamentais na segunda parte da Constituição de Weimar, que se inserem não só no contexto da relação entre indivíduo e Estado, mas também no contexto da relação entre indivíduos (entre si) e no contexto da relação entre o indivíduo e a sociedade[55].

---

52 LUCHTERHANDT, *Grundpflichten als Verfassungsproblem in Deutschland*, cit., p. 298.
53 LUCHTERHANDT, *Grundpflichten als Verfassungsproblem in Deutschland*, cit., p. 303.
54 LUCHTERHANDT, *Grundpflichten als Verfassungsproblem in Deutschland*, cit., p. 303-305.
55 LUCHTERHANDT, *Grundpflichten als Verfassungsproblem in Deutschland*, cit., p. 306; SCHMIDT, Thorsten Ingo. *Grundpflichten*. Baden-Baden: Nomos-Verlagsgesellschaft, 1999. p. 53.

De forma geral, poderiam se enumerar – na Constituição de Weimar – os seguintes exemplos de deveres fundamentais dirigidos ao indivíduo (na sua qualidade de cidadão da comunidade política e de partícipe da coletividade social) e decorrentes de algumas normas constitucionais (expressa ou implicitamente): (i) o dever de exercer funções honoríficas nos termos da lei (art. 132); (ii) o dever de prestar serviços públicos obrigatórios ao Estado e à comunidade nos termos da lei (art. 133, § 1); (iii) o dever de prestar o serviço militar nos termos da lei (art. 133, § 2, alínea 1)[56]; (iv) o dever de pagar impostos (art. 134); (v) o dever geral de escolaridade, inclusive na forma do dever de frequência escolar (art. 145); (vi) o dever de assistência dos filhos pelos pais (art. 120); (vii) o dever de expropriação (art. 153, § 2); (viii) o dever de cumprimento da função social da propriedade (art. 153, § 3), especialmente da propriedade imobiliária; (ix) o "dever moral" (*"sittliche Pflicht"*) de direcionar seus esforços físicos e mentais em prol do bem comum (art. 163, § 1); (x) como desdobramento do princípio da igualdade, deveres cívicos igualitários para homens e mulheres no âmbito nacional (art. 109, § 2)[57] e para todos os alemães no âmbito dos estados federados (*Länder*) do país (art. 110, § 2), bem como o tratamento igualitário no cumprimento de deveres cívicos independentemente da convicção religiosa (art. 136, § 1)[58].

A despeito do variado desenvolvimento de exemplos de deveres fundamentais (acima mencionados) decorrentes do texto

---

56 No caso do dever de prestar serviço militar haveria, segundo Otto Luchterhandt, não só um impedimento de sua implementação em razão do artigo 173 do Tratado de Versalhes c/c o artigo 178, § 2, alínea 2, da própria Constituição de Weimar, mas também, segundo alguns entendimentos, em razão de lei de sua abolição, datada de 21.08.1920. LUCHTERHANDT, *Grundpflichten als Verfassungsproblem in Deutschland*, cit., p. 306. Thorsten Schmidt fala que haveria aqui uma suspensão da norma constitucional em face do Tratado de Versalhes. SCHMIDT, *Grundpflichten*, cit., p. 53.
57 Ao que parece, a remissão também seria possível em relação ao artigo 109, § 1, da Constituição de Weimar, que previu que homens e mulheres têm basicamente os mesmos direitos e deveres civis.
58 LUCHTERHANDT, *Grundpflichten als Verfassungsproblem in Deutschland*, cit., p. 306-307.

constitucional, Otto Luchterhandt acentua que eles teriam – comparativamente – baixo grau de intensidade normativa[59].

Além disso, em termos gerais, os deveres fundamentais tiveram pouca consideração por parte da doutrina juspublicista do período da República de Weimar – o que aparentaria certa contradição com o seu debate existente na Assembleia Constituinte e com a sua configuração constitucional explícita e variada[60]. Segundo Otto Luchterhandt, isso poderia ser justificado por algumas razões: (i) seria uma categoria tradicionalmente desconhecida no plano constitucional e que não encontraria parâmetros doutrinários semelhantes aos parâmetros de análise de direitos fundamentais; (ii) teria sua análise encoberta (tornada aparentemente dispensável) em razão da adoção (ainda muito frequente) de uma definição de direitos fundamentais ainda muito genérica e em forte sentido de direito objetivo; (iii) seu trato científico-doutrinário teria ficado muito na sombra da discussão mais candente da natureza e eficácia jurídicas dos direitos fundamentais, sendo praticamente desconsiderados (e.g., Richard Thoma, Gerhard Anschütz, Carl Schmitt) ou absorvidos em uma discussão mais ampla (e.g., Rudolf Smend); (iv) o problema da discussão do método no direito público e os dissensos doutrinários crescentes quanto aos rumos da teoria do direito do Estado não favoreceriam a sua maior consideração, o que era agravado pelo fato de ter havido muitas mudanças constitucionais significativas, em afastamento do individualismo típico do modelo de Estado Liberal, estando o ferramental doutrinário ainda marcado por uma visão jurídico-constitucional muito formalista[61]. Thorsten Schmidt também acentua que teria havido pouco tempo para um maior desenvolvimento doutrinário dos deveres funda-

---

59　LUCHTERHANDT, *Grundpflichten als Verfassungsproblem in Deutschland*, cit., p. 307. Em sentido semelhante: SCHMIDT, *Grundpflichten*, cit., p. 53.

60　Andreas Kley também destaca ter havido pouca consideração do tema pela doutrina juspublicista da época. Cf. KLEY, *Grundpflichten Privater im schweizerischen Verfassungsrecht*, cit., p. 41-42.

61　LUCHTERHANDT, *Grundpflichten als Verfassungsproblem in Deutschland*, cit., p. 310-311.

mentais em razão do preponderante debate acerca das dificuldades relativas ao tratamento dos direitos fundamentais[62].

De todo modo, seria possível encontrar considerações em manifestações de alguns autores, mesmo que (conforme a maioria da doutrina aparentaria demonstrar) fosse para tratá-los conjuntamente com os direitos fundamentais, para acentuar o caráter de normas programáticas, meramente dependentes de interposição legislativa e voltadas ao legislador e como referência para a interpretação judicial. Havia, contudo, exceções e certos casos em que seria possível identificar discussões sobre a natureza jurídica de certos deveres fundamentais[63].

Além disso, em avaliação geral sobre os deveres fundamentais na Constituição de Weimar (considerados os exemplos existentes, sua correlação com direitos e sua teleologia), Otto Luchterhandt destaca que seria possível identificá-los positivamente com dois elementos materiais centrais: o princípio democrático (em âmbito nacional) e a dimensão de responsabilidade social do indivíduo no seio da coletividade. Nesse sentido, os deveres fundamentais se aprumariam em prol de semelhantes objetivos (em sentido geral) dos direitos civis e sociais[64].

Thorsten Schmidt também ressalta que a Constituição de Weimar teria mantido certa tradição constitucional em reconhecer alguns deveres fundamentais (e.g., dever de pagar impostos, dever de prestar serviço militar), mas teria claramente inovado e trazido como principal contribuição – para o estudo e desenvolvimento posterior do tema – o reconhecimento constitucional de deveres fundamentais compreendidos no campo social e no campo econômico[65].

---

62 SCHMIDT, *Grundpflichten*, cit., p. 53-54.
63 LUCHTERHANDT, *Grundpflichten als Verfassungsproblem in Deutschland*, cit., p. 314 e s.
64 LUCHTERHANDT, *Grundpflichten als Verfassungsproblem in Deutschland*, cit., p. 308.
65 SCHMIDT, *Grundpflichten*, cit., p. 53.

3.2. Os deveres fundamentais e a Lei Fundamental alemã de 1949

A Lei Fundamental alemã de 1949 não fez referência à expressão "deveres fundamentais", tal como existia na segunda parte da Constituição de Weimar. Também não apresentou um catálogo amplo e variado de direitos sociais, deveres e normas programáticas no campo social e econômico, tal como havia na Constituição de Weimar. Essas opções estariam vinculadas ao fato de que, à época da adoção da Lei Fundamental de Bonn (e mesmo nos anos subsequentes), a Constituição de Weimar teria absorvido uma imagem preponderantemente negativa no contexto alemão – especialmente no debate político-parlamentar que fundou a nova ordem constitucional[66].

Em boa medida, essa imagem negativa da Constituição de Weimar se explicaria por razões históricas, políticas e jurídicas, especialmente em razão da Lei Fundamental de Bonn ter sido adotada no contexto do fim da Segunda Guerra Mundial. Era preciso dar uma clara resposta de reprimenda e vedação normativas às ilicitudes e abusos catastróficos cometidos no regime nazista. Além disso, era preciso evitar (ao máximo) um desenho constitucional, em termos comparativos, que pudesse trazer dificuldades e fragilidades normativas que seriam apontadas como existentes no plano da organização estatal e da dimensão programática da segunda parte da Constituição de Weimar.

Em síntese, era decisivo ressaltar uma Carta claramente compromissada com a primazia dos direitos fundamentais de herança liberal e que pudessem ter plena eficácia, garantia e justiciabilidade, afastando-se normas programáticas (e deveres explícitos) que pudessem trazer dubiedade, vagueza e dificuldade de cumprimento efetivo[67]. Isso não significaria, entretanto, a renúncia de uma dimensão social na Constituição, mas apenas o seu reconhecimento mais limitado, implícito e principiológico[68].

---

66 GUSY, Die Weimarer Verfassung und ihre Wirkung, cit., p. 30 e s.
67 GUSY, Die Weimarer Verfassung und ihre Wirkung, cit., p. 31-32.
68 Nesse sentido: GRIMM, Legitimation by Constitution and socioeconomic rights from German perspective, cit., p. 208.

Contudo, essa imagem negativa vem se modificado desde os anos 1980 na própria Alemanha, ao menos no sentido de melhor identificar a importância histórica e política da Constituição de Weimar como referência importante na história constitucional alemã, que deu impulsos relevantes no fomento da liberdade, da democracia, do republicanismo e da visão social[69].

De todo modo, para o que aqui interessa, vale destacar que parte da doutrina entende que existiriam exemplos pontuais de deveres fundamentais implícitos em algumas normas constitucionais da Lei Fundamental alemã (e suas posteriores atualizações)[70]. Além disso, haveria exemplos de deveres fundamentais em constituições dos estados federados alemães (*Länder*) do pós-guerra (pós-1945)[71].

O estudo dos deveres fundamentais, inclusive, ganhou maior atenção no fim da década de 1970 e no início da década de 1980 (século XX), especialmente a partir da conferência anual da Associação dos Professores Alemães de Direito Público, realizada em 1982, na cidade de Konstanz, cuja primeira sessão de debate teve o seguinte

---

69 GUSY, Die Weimarer Verfassung und ihre Wirkung, cit., p. 44 e s.

70 Em face da Lei Fundamental alemã de 1949, a análise e o desenvolvimento dogmático dos deveres fundamentais têm sido realizados por parte minoritária da doutrina, sobretudo quando comparados com o estudo dos direitos fundamentais. Isso é naturalmente esperado, considerado o contexto histórico já referido. Contudo, não diminui o interesse acadêmico e dogmático a seu respeito. Ademais, é importante registrar que, em face da Lei Fundamental alemã, há autores que não identificam deveres fundamentais, enquanto outros (como aqueles aqui estudados) identificam alguns exemplos implícitos a determinadas normas constitucionais. Parte possível dessa explicação estaria no fato de que muitos deveres fundamentais teriam previsão nas constituições dos estados federados (*Länder*), que teriam absorvido efetiva competência para sua regulamentação. A esse respeito, *vide*: STOBER, Rolf. *Grundpflichten und Grundgesetz*. Berlin: Duncker & Humblot, 1979. p. 15-22.

71 Para uma análise detalhada, *vide*: LUCHTERHANDT, *Grundpflichten als Verfassungsproblem in Deutschland*, cit., p. 365-394 (constituições dos *Länder* após 1946); KLEY, *Grundpflichten Privater im schweizerischen Verfassungsrecht*, cit., p. 42-43.

tema: deveres fundamentais como dimensão jurídico-constitucional[72].

Desde então, parte da doutrina vem discutindo com mais atenção a análise dos exemplos de deveres fundamentais na ordem constitucional alemã, destacando-se autores como Hasso Hofmann, Volkmar Götz, Rolf Stober, Otto Luchterhandt, Peter Badura, Josef Isensee, Klaus Stern, Thorsten Schmidt[73].

Além disso, na Alemanha, a literatura apresenta distintas classificações de tipos de deveres fundamentais, tomando como base tanto a Lei Fundamental alemã quanto as Constituições de alguns estados federados (*Länder*).

Rolf Stober defende, por exemplo, que, em face da Lei Fundamental alemã, seria possível identificar os seguintes deveres fundamentais (ainda que alguns possam extrapolar a noção mais restrita

---

[72] GÖTZ, Volkmar *et al*. Grundpflichten als verfassungsrechtliche Dimension (Erster Beratungsgegenstand). *VVDStRL 41* (1982). Redaktion: Prof. Dr. Walter Schmitt Glaeser. Berlin, New York: de Gruyter, 1983. p. 7-149. Além disso, em 1976 também houve discussão pontual sobre a ideia de deveres fundamentais no contexto da ordem constitucional econômica, na sessão de debate da conferência anual da Associação dos Professores Alemães de Direito Público, ocorrida na cidade de Heidelberg, em 1976, sobretudo em razão do relatório (parecer) do professor suíço Peter Saladin. *Vide*: SALADIN, Peter *et al.* Unternehmen und Unternehmer in der verfassungsrechtlichen Ordnung der Wirtschaft. *VVDStRL 35* (1976). Redaktion: Prof. Dr. Jochen Abr. Frowein. Berlin, New York: de Gruyter, 1977. p. 7-169.

[73] *Vide*, ilustrativamente: BADURA, Peter. Grundpflichten als verfassungsrechtlichen Dimension. *Deutsches Verwaltungsblatt* (DVBL). Heft, 18. Köln, Berlin, Bonn, München: Carl Heymanns Verlag, 1982. p. 861-872; HOFMANN, Hasso. § 195 Grundpflichten und Grundgesetz. *In*: ISENSEE, Josef; KIRCHHOF, Paul (Hrsg.). *Handbuch des Staatsrechts der Bundesrepublik Deutschland*. 3., völlig neubearbeitete und erweiterte Auflage. Band IX (Allgemeine Grundrechtslehren). Heidelberg, München, Landsberg, Frechen, Hamburg: C. F. Müller, 2011. p. 699-730; STERN, Klaus. *Das Staatsrecht der Bundesrepublik Deutschland*. Band 3 (Allgemeine Lehren der Grundrechte), Halbband 2 (Grundrechtstatbestand, Grundrechtsbeeinträchtigungen und Grundrechtsbegrenzungen, Grundrechtsverluste und Grundpflichten, Schutz der Grundrechte, Grundrechtskonkurrenzen, Grundrechtssystem), unter Mitwirkung von Michael Sachs. München: 1994, § 88. p. 985-1067.

de dever fundamental aqui analisada): o dever de obediência ao direito posto (*Rechtsgehorsamspflicht* – Art. 2 Abs. 1); o dever de fidelidade à Constituição pelos professores (*Treuebindung des Lehrenden* – Art. 5 Abs. 3 Satz 2); o dever de assistência e educação dos filhos pelos pais (*Pflege- und Erziehungspflicht* – Art. 6 Abs. 2); os deveres dos educadores privados (*Pflichten der Privatschulträger* – Art. 7 Abs. 4); o dever de omissão de associações quanto a atividades e finalidades ilícitas (*Unterlassungspflicht für Vereine* – Art. 9 Abs. 2); os deveres no âmbito de uma tradicional e geral prestação de serviços públicos obrigatórios, igual para todos (*Allgemeine Dienstleistungspflichten* – Art. 12 Abs. 2); o dever de serviço militar e serviço civil obrigatório (*Dienstleistungspflicht in den Streitkräften usw.* – Art. 12a); os deveres decorrentes da propriedade (*Verpflichtung des Eigentums* – Art. 14 Abs. 2, 3 und 15); o dever de não abusar do exercício de determinados direitos fundamentais (*Pflicht, bestimmte Grundrechte nicht zu mißbrauchen* – Art. 18); o dever de omissão de partidos políticos quanto a objetivos e atitudes de seus adeptos que tentarem prejudicar ou eliminar a ordem fundamental, livre e democrática, ou pôr em perigo a existência da República alemã (*Unterlassungspflicht für Parteien* – Art. 21 Abs. 2); os deveres fundamentais decorrentes do direito internacional (*Völkerrechtliche Grundpflichten* – Art. 25); o dever de zelar pela paz externa (*Unterlassungspflicht gegen ein friedliches Zusammenleben* – Art. 26 Abs. 1); o dever de fidelidade dos servidores públicos (*Treuepflicht des Beamten* – Art. 33 Abs. 4 und 5); o dever de não impedimento de ninguém para o exercício do cargo de deputado (*Pflicht zur Nichtbehinderung* – Art. 48 Abs. 2); o dever de prestar juramento pelo presidente da República Federal alemã, pelo chanceler federal e seus ministros (*Eidesleistungs- und Treuepflicht* – Art. 56 und 64); o dever de fidelidade dos juízes (*Treuepflicht des Richters* – Art. 92, 97 f)[74].

Além disso, seriam exemplos mais recentes de deveres fundamentais dirigidos aos cidadãos, no plano das Constituições dos estados federados (*Länder*), o dever de proteção do meio ambiente

---

74 STOBER, *Grundpflichten und Grundgesetz,* cit., p. 75.

(*Umweltschutzpflicht*) e o dever de proteção dos animais (*Tierschutzpflicht*)[75].

3.3. Os deveres fundamentais na discussão contemporânea da teoria do Estado e do direito constitucional

O debate em torno dos deveres fundamentais volta a receber atenção a partir do fim da década de 1970 e início da década de 1980, especialmente na Alemanha, inclusive em razão do surgimento de novos interesses coletivos e difusos (e dos chamados direitos de terceira geração) baseados no princípio da solidariedade[76]. Também se reconhece um maior impulso desse debate na literatura suíça, especialmente a partir do impulso de revisões de constituições dos Cantões suíços[77]. De certa forma, esse fenômeno é corroborado pelo fato de que muitas constituições surgidas a partir da segunda metade do século XX fizeram referência a deveres constitucionais dirigidos aos indivíduos em sentido geral (em semelhança ao modelo estudado na Constituição de Weimar, embora com aperfeiçoamentos e diferentes perspectivas), inclusive no contexto de normas constitucionais relativas à ordem social e econômica.

Além disso, a doutrina que tem se ocupado do tema reconhece a possibilidade de instituição de deveres fundamentais no contexto

---

75 SCHMIDT, *Grundpflichten*, cit., p. 325-326. No caso do dever fundamental de proteção dos animais, o referido autor acentua faltar competência legislativa dos entes estaduais (*Länder*) para tanto. Além disso, embora os termos *Umweltschutzpflicht* e *Tierschutzpflicht* (acima indicados) pudessem se confundir com o termo utilizado para tratar de deveres de proteção atribuídos apenas ao Estado (*Schutzpflichten des Staates*), Thorsten Schmidt efetivamente trata desses termos no sentido de deveres dirigidos ao indivíduo-cidadão. Ademais não se deve confundir essas previsões normativas das constituições subnacionais com o previsto no artigo 20a da Lei Fundamental alemã, o qual não conteria um dever fundamental, mas apenas norma constitucional dirigida exclusivamente ao Estado.
76 Cf. GÖTZ *et al.*, Grundpflichten als verfassungsrechtliche Dimension, cit., p. 7-149; SALADIN *et al.*, Unternehmen und Unternehmer in der verfassungsrechtlichen Ordnung der Wirtschaft, cit., p. 7-169.
77 KLEY, *Grundpflichten Privater im schweizerischen Verfassungsrecht*, cit., p. 337 e s.

de um Estado constitucional e democrático de direito[78]. Eles reforçariam a dignidade humana, os direitos fundamentais e o princípio da solidariedade, acentuando a dimensão de responsabilidade social do indivíduo no seio da coletividade – como cidadão que age tanto em prol do desenvolvimento cívico-político quanto em prol do bem comum e da convivência pacífica e solidária[79]. Haveria, assim, a constatação de deveres cívico-políticos e deveres de caráter econômico, social, cultural e ambiental. Um breve panorama de alguns textos constitucionais vigentes desde a década de 1970 ilustra bem essa abordagem.

Em Portugal, a doutrina do direito constitucional analisa o tema dos deveres fundamentais em conexão com o estudo da Constituição portuguesa de 1976 (e suas posteriores atualizações), destacando-se autores como José Joaquim Gomes Canotilho, Jorge Miranda, José Carlos Vieira de Andrade, José Casalta Nabais e Carla Amado Gomes[80]. A referida Constituição portuguesa adotou a expressão "deveres fundamentais" na sua Parte I ("Direitos e Deveres Fundamentais"), tendo ainda estipulado no seu Título III o enunciado de "Direitos e deveres económicos, sociais e culturais". Porém a expressão não consta do Título II, que trata dos "Direitos, liberdades e garantias"[81].

---

78 Em muitos países a discussão sobre deveres fundamentais é bem mais antiga. Contudo, o recorte temporal adotado neste trabalho busca enfatizar o estudo dogmático e constitucional no contexto do Estado constitucional e democrático de direito, a partir da segunda metade do século XX. Isso não impede, contudo, que se levem em consideração algumas referências e dados históricos anteriores e que possam ser relevantes para a análise em questão.

79 Em sentido semelhante, destacando que os deveres fundamentais, na atualidade, teriam importância renovada no debate político, acentuando as ideias de "autorresponsabilidade", "solidariedade" e "parceria" ("Selbstverantwortung", "Solidarität" oder "Partnerschaft"), vide: KLEY, *Grundpflichten Privater im schweizerischen Verfassungsrecht*, cit., p. 45.

80 Vide, ilustrativamente: NABAIS, José Casalta. *O dever fundamental de pagar impostos*: contributo para a compreensão constitucional do estado fiscal contemporâneo. Coimbra: Almedina, 1998. p. 15 e s.

81 MIRANDA, *Manual de direito constitucional*, cit., p. 71.

Ao analisar a Constituição portuguesa de 1976, José Joaquim Gomes Canotilho identificaria deveres fundamentais diversos, tais como: o dever cívico de votar, junto ao direito de voto (art. 49°/2); o dever de educar os filhos, junto ao direito de educação dos pais (art. 36°/5); o dever de defesa e promoção da saúde, junto ao direito à proteção da saúde (art. 64°/1); o dever de defender o ambiente, junto ao direito ao ambiente (art. 66°/1); o dever de escolaridade básica, junto ao direito ao ensino (art. 74°/3/a): o dever de defesa do patrimônio, junto ao direito de fruição e criação cultural (art. 78°/1), o dever de pagar impostos (art. 103°); o dever de recenseamento e colaboração na administração eleitoral (art. 113°/2); o dever de defender a pátria, o dever de prestar serviço militar e o dever de prestar serviço público (art. 276°); o dever de explorar a terra (art. 88°/2)[82].

Na Espanha, também há doutrina que analisa o tema dos deveres fundamentais em conexão com o estudo da Constituição espanhola de 1978 (e suas posteriores atualizações), com adicional uso de expressões como deveres constitucionais ou obrigações constitucionais, destacando-se autores como Gregorio Peces-Barba Martínez, Rubio Llorente, Rafael de Asís Roig, Francisco Revorio, Santiago Varela Díaz, Cristina Chulvi[83]. A referida Constituição espanhola também adotou, em seu Título I, a rubrica *"De los derechos y deberes fundamentales"*, bem como estipulou, dentro do seu Capítulo Segundo (*Derechos y libertades*), a rubrica *"De los derechos y deberes de los ciudadanos"* na Seção 2. Haveria, assim, remissões expressas e implícitas dirigidas ao indivíduo e à coletividade.

Ao analisar a Constituição espanhola de 1978, a doutrina identificaria deveres fundamentais diversos (embora tenham eles diferentes peculiaridades e alguns até possam extrapolar a compreensão jurídica mais restrita de dever fundamental aqui analisada), tais como: o dever de pagar impostos e de sustentar os gastos públicos (art. 31); o dever

---

82 CANOTILHO, José Joaquim Gomes. *Direito constitucional e teoria da Constituição*. 3. ed. Coimbra: Almedina, 1998. p. 519.
83 *Vide*, ilustrativamente: LLORENTE, Rubio. Los deberes constitucionales. *Revista Española de Derecho Constitucional*, Espanha: Centro de Estudios Políticos y Constitucionales, año 21, n. 62, p. 11-56, mayo/agosto de 2001.

de defender a Espanha, o dever de prestar serviços civis em favor do interesse geral e o dever de prestar o serviço militar (art. 30); o dever de escolaridade básica obrigatória (art. 27.4); o dever de obediência ao direito posto (*el deber de obediencia al Derecho*) dirigido aos cidadãos e aos governantes; o dever de conservar o meio ambiente (art. 45.1); o dever de assistência e cuidado dos filhos pelos pais (art. 39.3)[84].

Na Itália, a doutrina do direito constitucional também analisa o tema dos deveres fundamentais em conexão com o estudo da Constituição italiana de 1947 (e suas posteriores atualizações), com o uso mais corrente da expressão "deveres constitucionais", destacando-se autores como Giorgio Lombardi, Fulco Lanchester, Alessandro Pace, Augusto Barbera e Carlo Fusaro, Giancarlo Rolla e Federica Grandi. Em análise da referida Constituição, costuma-se enfatizar a previsão geral do artigo 2°, que trata do reconhecimento e da garantia dos direitos invioláveis do homem e também do cumprimento dos deveres inderrogáveis de solidariedade política, econômica e social[85].

Em sintonia com essa previsão geral, são destacados exemplos diversos de deveres constitucionais (ainda que alguns possam extrapolar a noção mais restrita de dever fundamental aqui analisada), tais como: o dever de observância da Constituição e o dever de observância das leis, o dever de fidelidade à República e o dever de defesa da pátria, o dever de prestar serviço militar, o dever de voto, o dever de pagar impostos e concorrer com as despesas públicas, o dever de instrução básica, e o dever de colaboração cívica, o dever (e o direito) dos pais de educar e dar assistência aos filhos[86].

---

84 PECES-BARBA MARTÍNEZ, Gregorio. Los deberes fundamentales. *Doxa – Cuadernos de Filosofía del Derecho*, n, 4, p. 332 e s., 1987; DÍAZ REVORIO, Francisco Javier. Derechos humanos y deberes fundamentales: sobre el concepto de deber constitucional y los deberes en la Constitución Española de 1978. *Revista del Instituto de Ciencias Jurídicas de Puebla* (IUS), México, ano V, n. 28, p. 291 e s., 2011.

85 *Vide*, ilustrativamente: GRANDI, Federica. *Doveri costituzionali e obiezione di coscienza*. Napoli: Editoriale Scientifica, 2014. p. 7-82.

86 LOMBARDI, Giorgio. *Contributo allo studio dei doveri costituzionali*. Milano: A. Giuffrè, 1967. p. 85 e s.; BARBERA, Augusto; FUSARO, Carlo. *Corso di diritto costituzionale*. 3. ed. Bologna: Il Mulino, 2016. p. 245 e s.

No Brasil, também há doutrina que analisa o tema dos deveres fundamentais em conexão com a Constituição brasileira de 1988 (e suas posteriores atualizações), com significativa influência da doutrina e dos textos constitucionais de Portugal e Espanha (ao lado de certa influência alemã), inclusive em face de novos direitos e deveres difusos (e.g., proteção do meio ambiente), destacando-se autores como Dimitri Dimoulis e Leonardo Martins, Ingo Sarlet, Tiago Fensterseifer, Fernanda Medeiros, Alessandro Cardoso, Antonio Herman Benjamin e Ney Bello Filho[87].

Uma primeira referência a destacar na Constituição brasileira de 1988 seria a enunciação do seu Capítulo I (Dos Direitos e deveres individuais e coletivos) do Título II (Dos Direitos e Garantias Fundamentais), no qual haveria a determinação de homens e mulheres serem iguais em direitos e obrigações nos termos da Constituição (art. 5º, I), a determinação de que a propriedade atenderá a sua função social – inclusive em conexão com a possibilidade de desapropriação por necessidade ou utilidade pública, ou interesse social, mediante justa e prévia indenização.

Além disso, uma interessante peculiaridade da estruturação de nossa atual Constituição brasileira de 1988 reside no fato de que boa parte dos exemplos de disposições constitucionais que podem ser interpretadas à luz do conceito de deveres fundamentais está situada fora do referido Capítulo I (embora devam ser interpretadas sistematicamente com ele) do Título II. Desse modo, seria possível identificá-los no Capítulo IV (Dos Direitos Políticos) do Título II, no Capítulo I (Do Sistema Tributário Nacional) do Título VI (Da Tributação e do Orçamento) e especialmente nos diversos capítulos que compõem o Título VIII (referente à Ordem Social).

De forma geral, a doutrina costuma destacar diversos exemplos de deveres fundamentais na Constituição brasileira de 1988 (ainda

---

87 Vide, ilustrativamente: SARLET, Ingo Wolfgang. Notas introdutórias ao sistema constitucional de direitos e deveres fundamentais. In: CANOTILHO, José Joaquim Gomes et al. (coord.). Comentários à Constituição do Brasil. São Paulo: Saraiva: Almedina, 2013. p. 184-185 e p. 208-210; DIMOULIS, Dimitri; MARTINS, Leonardo. Teoria geral dos direitos fundamentais, cit., p. 60-67.

que alguns possam extrapolar a noção mais restrita de dever fundamental aqui analisada), tais como: o dever de cumprimento da função social da propriedade (art. 5°, XXIII); o dever de alistamento e voto obrigatórios (art. 14, § 1°, I); o dever de prestar o serviço militar (art. 143); o dever de pagar impostos (implícito em normas diversas); a educação enquanto dever da família (art. 205); o dever de proteção do meio ambiente (art. 225); o dever da família e da sociedade (ao lado do Estado) tanto de cuidar das crianças, adolescentes e jovens, com absoluta prioridade (art. 227), quanto de amparar as pessoas idosas (art. 230); o dever de assistência, educação e cuidado dos filhos pelos pais, bem como o dever de assistência dos filhos maiores aos pais na velhice, carência ou enfermidade (art. 229 c/c art. 5°, LXVII)[88].

De todos os exemplos acima mencionados, um importante campo de debate (propiciador de uma revisita à ideia dos deveres fundamentais nos últimos anos) seria aquele ligado à temática da proteção constitucional do meio ambiente. Fulco Lanchester ressalta que, apesar de certo desinteresse doutrinário sobre os deveres fundamentais, é possível vislumbrar, mais recentemente, um crescimento no seu desenvolvimento e na sua investigação, inclusive na Europa, em razão de exigências ligadas ao desenvolvimento sustentável, em razão de uma mudança de alguns aspectos de cultura

---

88 DIMOULIS, Dimitri; MARTINS, Leonardo. Deveres fundamentais. *In*: LEITE, George Salomão; SARLET, Ingo Wolfgang; CARBONELL, Miguel. *Direitos, deveres e garantias fundamentais*. Salvador: Juspodivm, 2011. p. 327 e s.; SARLET, Notas introdutórias ao sistema constitucional de direitos e deveres fundamentais, cit., p. 208-210; CARDOSO, Alessandro Mendes. *O dever fundamental de recolher tributos no estado democrático de direito*. Porto Alegre: Livraria do Advogado, 2014. p. 142 e s.; MEDEIROS, Fernanda Luiza Fontoura de. *Meio ambiente*: direito e dever fundamental. Porto Alegre: Livraria do Advogado, 2004. p. 93 e s.; FARO, Júlio Pinheiro. Deveres fundamentais: uma revisão de literatura. *In*: CLÈVE, Clèmerson Merlin; FREIRE, Alexandre (org.). *Direitos fundamentais e jurisdição constitucional*. São Paulo: Thomson Reuters: Revista dos Tribunais, 2014. v. 1. p. 575-606; MARTINS, Carlos Eduardo Behrmann Rátis. *Introdução ao estudo sobre os deveres fundamentais*. Salvador: Juspodivm, 2011. p. 53-54.

política e jurídica na Europa, bem como em razão de deficiências do Estado Social[89].

Haveria aqui uma tentativa de revisão do tema em conexão com a concretização de um dever fundamental ambiental (ecológico) que redimensionaria os campos de liberdade e responsabilidade do indivíduo no contexto da proteção do meio ambiente pelo Estado e pela sociedade[90]. Essa abordagem ressaltaria a participação individual e coletiva dos cidadãos, a ação do Estado e dos agentes econômicos, ainda que de diferentes formas e graus de vinculação normativa e constitucional, para o alcance de uma proteção ambiental minimamente efetiva, em torno de um bem jurídico (em regra) público e indivisível, cuja preservação a todos interessa e cuja degradação a todos prejudica (individual e coletivamente). Nesse sentido, o apelo social e político de proteção ambiental se aproximaria das ideias de responsabilidade e solidariedade, em sentido de uma atuação comunitária em prol de um interesse público de significativo valor para a coletividade[91].

---

89   LANCHESTER, Fulco. Los deberes constitucionales en el derecho comparado. *Revista de Derecho Constitucional Europeo – Homenaje a Peter Häberle (III)*, año 7, n. 13, p. 67-68, enero-junio de 2010.

90   A esse respeito, consultar: FÜHR, Martin. Ökologische Grundpflichten als verfassungsrechtliche Dimension: Vom Grundrechtsindividualismus zur Verantwortungsgemeinschaft zwischen Bürger und Staat?. *Natur und Recht: Zeitschrift für das gesamte Recht zum Schutze der natürlichen Lebensgrundlagen und der Umwelt*, v. 20, n. 1, p. 6-13, 1998; HOFFMANN-RIEM, Wolfgang. Vom Staatsziel Umweltschutz zum Gesellschaftsziel Umweltschutz: zur Notwendigkeit hoheitlicher Regulierung gesellschaftlicher Selbstregulierung, illustriert an Beispielen aus der Energiewirtschaft. In: *Die Verwaltung: Zeitschrift für Verwaltungsrecht und Verwaltungswissenschaften*, v. 28, Berlin: Duncker & Humblot, 1995. p. 425-448.

91   Massimo Luciani relembra que a ideia de solidariedade favorece muito mais o reconhecimento de deveres em face de terceiros do que direitos em favor de seus interessados, pois se aproxima muito da ideia de comunidade e dos vínculos morais nela existentes. E, ainda que tais deveres e vínculos assumam forma jurídica, essa compreensão geral se mantém, quer dizer, a função específica desse princípio de produzir e legitimar deveres, com o fim de manter o funcionamento de mecanismos de integração social. Cf. LUCIANI, Massimo. Sui diritti sociali. *In*: PACE, Alessandro. *Studi in onore di Manlio Mazziotti di Celso*. Padova: CEDAM, 1995. v. II. p. 129-130.

Em boa medida, essa configuração se aproxima da ideia de dever fundamental como um corretivo de um individualismo exacerbado, em prol do estímulo e da concretização de um valor constitucional de grande relevância para a vida em sociedade – que é exatamente o meio ambiente ecologicamente equilibrado e a sadia qualidade de vida.

Mas essa abordagem deve ser pontual, prudente, cuidadosa e limitada, sempre submetida às garantias do Estado constitucional e democrático de direito, não podendo servir de subterfúgio para indevidas e inconstitucionais intervenções na esfera de liberdade dos indivíduos e dos cidadãos em geral. Os exemplos históricos (sobretudo as experiências autoritárias e ditatoriais do século XX) bem acentuam os perigos de uma interpretação descuidada, abusiva e ilimitada da ideia de dever e da ideia de poder do Estado[92].

Nesse contexto, a compreensão dos deveres fundamentais há que reforçar os direitos fundamentais e a dignidade humana – nunca o contrário, pois, como adverte o suíço Andreas Kley, a revisita dos deveres fundamentais nesse campo é oportuna, mas deve ser feita sempre com cuidado e apenas de forma pontual, na medida em que pudesse vir a se tornar propícia e útil para a solução de problemas existentes (o que seria evidente quanto ao exemplo da problemática da proteção ambiental)[93].

Além da identificação de exemplos colhidos de diversos textos constitucionais contemporâneos e referentes a países que se constituem como Estados constitucionais e democráticos de direitos, bem como além do realce do exemplo de interesse no desenvolvimento de deveres fundamentais ambientais, torna-se necessário ressaltar ainda que cabe à doutrina o melhor desenvolvimento do estudo teórico-dogmático dos deveres fundamentais em conexão com suas peculiaridades contextuais e culturais em cada país, as quais, em

---

92 Cf. STERN, Klaus. Idee und Herkunft des Grundpflichtendenkens. *In*: HAILBRONNER, Kay; RESS, Georg; STEIN, Torsten. *Staat und Völkerrechtsordnung*: Festschrift für Karl Doehring. Berlin: Springer, 1989. p. 979.

93 KLEY, *Grundpflichten Privater im schweizerischen Verfassungsrecht*, cit., p. 349.

certa medida, também permitem uma discussão mais abrangente e proveitosa do ponto de vista do direito constitucional comparado.

Assim, ao se investigar o tema dos deveres fundamentais no constitucionalismo contemporâneo, é possível questionar sobre a sua fundamentação (jurídico-positiva e jurídico-dogmática, sendo essa última a mais controvertida), sobre os seus aspectos normativos estruturais como categoria jurídico-constitucional, sobre a sua natureza jurídica, sobre o seu grau de eficácia e de vinculação como norma constitucional, sobre os tipos de condutas exigíveis (comissivas e omissivas), sobre os titulares e destinatários dos deveres etc.

De todo modo, um estudo teórico e jurídico-dogmático mais aprofundado (o que não significa necessariamente a busca de uma teoria dos deveres fundamentais) remete a necessários questionamentos – como os acima referidos – e que costumam ter caracterizações diversificadas a depender do tipo de dever fundamental considerado (cívico, social, econômico, cultural, ambiental) e do seu contexto histórico, político e jurídico, bem como da forma como ele é efetivamente disposto no texto constitucional. Mas certo é que tal advertência é aqui sugestiva e propositiva, servindo de estímulo e alerta sobre a sua relevância, visto que tal investigação já desbordaria dos objetivos do presente estudo.

4. Considerações finais

Este estudo buscou ressaltar a contribuição histórica da Constituição da República de Weimar para o constitucionalismo social e econômico do pós-guerra, para o fortalecimento do modelo de Estado Social e para pensar alguns desafios do próprio constitucionalismo contemporâneo. Para tanto, a análise se centrou na segunda parte da Constituição de Weimar, que estatuiu os direitos e deveres fundamentais dos alemães.

Embora seja possível identificar temas e lições de interesse atual, também não se deve olvidar que se trata de tempos históricos bastante distintos – o que sugere evitar raciocínios de comparação muito exata e direta com a realidade atual. Os aspectos históricos, políticos, econômicos, sociais, culturais e jurídico-constitucionais do período da República de Weimar, todos muito complexos, inter-relacionados e recheados de perplexidades e contradições, não devem ser desconsiderados nem tomados de forma excessivamente isolada.

O contexto histórico geral da República de Weimar é essencial para a compreensão do elemento textual e do elemento normativo da Constituição de Weimar e mostra o enorme desafio que qualquer nova Constituição teria para dimensioná-lo, geri-lo e vencê-lo. Daí por que tem razão Christoph Gusy, ao acentuar que a Constituição de Weimar foi uma boa Constituição em um tempo ruim e difícil[94]. Ela enfrentou pesadas dificuldades, tensões, divergências, impasses, resistências, hostilidades e antipatias declaradas de juristas e de setores sociais diversos na Alemanha desde a sua instituição e durante a sua vigência.

A Constituição de Weimar tinha fragilidades e imperfeições que refletiam a compreensão político-jurídica de um tempo de forte e rápida transformação social e econômica (carregado de contradições e perplexidades). Isso não deve ser desconsiderado, foi amplamente ressaltado na visão de seus críticos e, em boa medida, serve de lição e contribuição histórica para o constitucionalismo contemporâneo – ainda que seja discutível o quanto de "culpa" possa lhe ser imputada.

Entretanto, ela também teve méritos históricos, lançando bases para a ideia de um catálogo constitucional inovador e variado de direitos sociais e para a ideia de um novo tratamento social da ordem econômica, a pavimentar caminhos para a estruturação do Estado Social como horizonte possível e desejável. Ela estabeleceu novas fórmulas constitucionais de manutenção do equilíbrio entre liberdade individual e responsabilidade comunitária a partir do texto constitucional e pela via dos direitos e deveres fundamentais.

A Constituição de Weimar se comprometeu com o pluralismo e com o reconhecimento constitucional de direitos fundamentais variados (tradicionais direitos e liberdades individuais ao lado de novos direitos sociais e econômicos), de deveres fundamentais (autônomos ou vinculados a direitos) e de objetivos gerais no campo

---

94 GUSY, Die Weimarer Verfassung und ihre Wirkung, cit., p. 47 e s.

social e econômico – como bem se observou na análise dos cinco capítulos que integraram a sua segunda parte. Ela repercutiu internacionalmente (e de forma razoavelmente positiva) como uma referência histórica relevante para o constitucionalismo social e econômico.

Um símbolo marcante estaria na definição de que a ordem econômica deveria observar o princípio da justiça e os objetivos de proteção de uma existência humana digna, sendo que seria nos limites desse específico contexto que se garantiria a liberdade econômica dos indivíduos (art. 151) – como exemplo de uma nova conformação constitucional que buscou reposicionar (sem excluir) o individualismo de herança liberal e dar lugar e fôlego a uma democracia social, a despeito dos conhecidos problemas da feição normativa muito programática e com eficácia jurídica bastante variável.

Outro aspecto interessante foi a inovadora abordagem do tema dos deveres fundamentais na Constituição de Weimar, que foi além da disposição de deveres tradicionais cívico-políticos (e.g., o dever de pagar impostos, o dever de prestar o serviço militar), ao também prever deveres de solidariedade social, plasmados em deveres sociais, econômicos e culturais (e.g., o dever geral de escolaridade, inclusive na forma do dever de frequência escolar; o dever de assistência dos filhos pelos pais; o dever de cumprimento da função social da propriedade). Também aqui se pode ressaltar a contribuição histórica para o desenvolvimento de novas fórmulas jurídicas de equilíbrio entre liberdade individual e responsabilidade comunitária nos textos constitucionais.

A despeito de seu tratamento ainda muito incipiente (tanto em termos normativos quanto em termos teórico-dogmáticos), não há dúvida de que os deveres fundamentais tratados na Constituição de Weimar constituíram possível fonte inspiradora e referência histórica para desenvolvimentos posteriores – que encontramos até hoje em diversas constituições estrangeiras (e.g., Constituição portuguesa de 1976, Constituição espanhola de 1978, Constituição italiana de 1947), na Constituição brasileira de 1988, bem como na própria Lei Fundamental alemã de 1949 (ainda que de forma mais implícita). É o que se buscou demonstrar com a análise panorâmica realizada em cotejo com os textos constitucionais e com a doutrina jurídica desses diferentes países.

Na ordem constitucional de um Estado constitucional e democrático de direito, sempre deverá preponderar a primazia do reconhecimento e da garantia efetiva de direitos fundamentais. Trata-se da defesa firme e intransigente de uma ordem fundada na liberdade. De todo modo, a dimensão de responsabilidade social e cidadã também se faz presente como valor material e interesse coletivo de alta relevância, sem o que a vida em sociedade não se concretiza plenamente. Nesse sentido, a consideração de alguns deveres (constitucionais/fundamentais) torna-se uma fórmula jurídico-constitucional pertinente (mas não necessariamente obrigatória), que pode ser adotada de forma cuidadosa, pontual e limitada a acentuar o compromisso com certos valores e interesses constitucionais que busque resguardar e fortalecer, embora sempre submetida à finalidade de fortalecimento da dignidade humana, dos direitos fundamentais e dos princípios de liberdade, igualdade e solidariedade.

Nesse contexto, buscou-se ressaltar o interesse no estudo de pontuais deveres constitucionalmente estabelecidos, de forma explícita ou implícita, que podem se dirigir ao indivíduo (a um grupo qualificado de pessoas ou à coletividade), que expressam seu papel de cidadão numa comunidade política e o seu papel de partícipe da coletividade social e que reforçam o respeito à dignidade humana e aos direitos fundamentais – podendo ser deveres diretamente cumpridos perante o Estado (e.g., dever de votar, dever de pagar impostos, dever de prestar serviços honoríficos e militares), perante a sociedade e sob supervisão do Estado (e.g., dever de assistência e cuidado dos filhos pelos pais, dever de frequentar a escola) ou mesmo eventualmente até em certa imbricação simultânea perante Estado e sociedade (e.g., dever de proteger o meio ambiente para as presentes e futuras gerações).

O realce ao estudo dos deveres fundamentais buscou destacar que se trata de interessante problemática constitucional, que tem relevância e atualidade no contexto do Estado constitucional e democrático de direito. Isso se ilustraria especialmente pelo seu estudo em conexão com novos direitos e deveres ligados a interesses e direitos difusos, surgidos no decorrer da segunda metade do século XX, em que a dimensão do dever ganharia certo realce em favor do cumprimento de um interesse coletivo e de proteção de bens comuns a toda a coletividade, a depender de certa corresponsabilidade entre Estado, indivíduo e sociedade.

Nesse sentido, um bom exemplo seria o dever fundamental ambiental (ecológico), que, em termos constitucionais, redimensionaria os campos de liberdade e responsabilidade do indivíduo no contexto da proteção do meio ambiente pelo Estado e pela sociedade, ressaltando a responsabilidade e participação individual e coletiva dos cidadãos, a ação do Estado e dos agentes econômicos, ainda que de diferentes formas e graus de vinculação normativa e constitucional, para o alcance de uma proteção ambiental minimamente efetiva, em torno de bens jurídicos (o meio ambiente ecologicamente equilibrado e a sadia qualidade de vida) públicos e indivisíveis, cuja preservação a todos interessa e cuja degradação a todos prejudica (individual e coletivamente).

De todo modo, o caráter propositvo de maior estudo teórico-dogmático e jurídico-constitucional (o que não significa necessariamente a busca de uma teoria dos deveres fundamentais) remete a diversos questionamentos e deve observar variadas caracterizações a depender do tipo de dever fundamental considerado (cívico, social, econômico, cultural, ambiental), do seu contexto (histórico, político, social, econômico e jurídico) e da forma como ele é efetivamente disposto no texto constitucional. Seu estudo merece ser aprofundado, mas sempre sob as balizas acima referidas que constituem e dirigem o Estado constitucional e democrático de direito. Nesse sentido, a contribuição histórica da Constituição de Weimar parece ser uma referência importante.

Se houve razões (ou reações negativas) no passado para afirmar – talvez exageradamente – que "Bonn não é Weimar"[95], também pode haver razão para afirmar que a Lei Fundamental de Bonn de hoje

---

95 Expressão recorrentemente mencionada na doutrina alemã e também cunhada no título (*Bonn ist nicht Weimar*) do livro publicado em 1956 pelo suíço Fritz René Allemann.

não é necessariamente interpretada da mesma forma que o era à época de sua instituição. Isso não parece ser ruim, mas algo mesmo necessário e positivo, ao se considerar diversos novos desafios históricos vividos (e.g., queda do muro de Berlim e reunificação alemã, globalização, crescente integração regional na União Europeia), sendo inegável a força de renovação (e não de ruptura) que se conseguiu daí produzir (relembrando-se da recente comemoração de setenta anos da Lei Fundamental alemã). Mas o aprendizado sobre a República de Weimar, inclusive a partir da Constituição de Weimar, foi (e tem sido) importante nesse processo.

Um olhar reflexivo sobre o período histórico da primeira república alemã e sobre a Constituição de Weimar aponta para impressões positivas (ainda que não descuidadas ou acríticas) e para contribuições que enriqueçam o debate do constitucionalismo contemporâneo. Nesse sentido, o estudo no campo dos direitos fundamentais e dos deveres fundamentais no âmbito socioeconômico (inclusive pensados atualmente em face de novos direitos e deveres ligados a interesses coletivos e difusos) pode ainda contribuir positivamente para essa empreitada.

Referências

BADURA, Peter. Grundpflichten als verfassungsrechtlichen Dimension. *Deutsches Verwaltungsblatt* (DVBL). Heft, 18. Köln, Berlin, Bonn, München: Carl Heymanns Verlag, 1982. p. 861-872.

BARBERA, Augusto; FUSARO, Carlo. *Corso di diritto costituzionale*. 3. ed. Bologna: Il Mulino, 2016.

BERCOVICI, Gilberto. *Constituição e Estado de exceção permanente*: a atualidade de Weimar. Rio de Janeiro: Azougue, 2004.

CANOTILHO, José Joaquim Gomes. *Direito constitucional e teoria da Constituição*. 3. ed. Coimbra: Almedina, 1998.

CARDOSO, Alessandro Mendes. *O dever fundamental de recolher tributos no estado democrático de direito*. Porto Alegre: Livraria do Advogado, 2014.

COMPARATO, Fábio Konder. *A afirmação histórica dos direitos humanos*. 5. ed. rev. e atual. São Paulo: Saraiva, 2007.

DÍAZ REVORIO, Francisco Javier. Derechos humanos y deberes fundamentales: sobre el concepto de deber constitucional y los deberes en la Constitución Española de 1978. *Revista del Instituto de Ciencias Jurídicas de Puebla* (IUS), México, ano V, n. 28, p. 378-310, 2011.

DIMOULIS, Dimitri; MARTINS, Leonardo. Deveres fundamentais. *In*: LEITE, George Salomão; SARLET, Ingo Wolfgang; CARBONELL, Miguel. *Direitos, deveres e garantias fundamentais*. Salvador: Juspodivm, 2011. p. 325-345.

DIMOULIS, Dimitri; MARTINS, Leonardo. *Teoria geral dos direitos fundamentais*. 5. ed. rev., atual. e ampl. São Paulo: Atlas, 2014.

DIPPEL, Horst. What to celebrate: the place of the Weimar Constitution within the history of modern constitutionalism. *Giornale di Storia Costituzionale*, 38, 2019.

DOCUMENTARCHIV.DE. *Die Verfassung des Deutschen Reichs ["Weimarer Reichsverfassung"] vom 11. August 1919*. Disponível em: http://www.documentarchiv.de/wr/wrv.html. Acesso em: 26 maio .2020.

EICHENHOFER, Eberhard. Juristen und Sozialstaat in der Weimarer Republik. *Soziales Recht*, v. 7, n. 1, 2017.

FARO, Júlio Pinheiro. Deveres fundamentais: uma revisão de literatura. *In*: CLÈVE, Clèmerson Merlin; FREIRE, Alexandre (org.). *Direitos fundamentais e jurisdição constitucional*. São Paulo: Thomson Reuters: Revista dos Tribunais, 2014. v. 1. p. 575-606.

FÜHR, Martin. Ökologische Grundpflichten als verfassungsrechtliche Dimension: Vom Grundrechtsindividualismus zur Verantwortungsgemeinschaft zwischen Bürger und Staat?. *Natur und Recht: Zeitschrift für das gesamte Recht zum Schutze der natürlichen Lebensgrundlagen und der Umwelt*, v. 20, n. 1, p. 6-14, 1998.

GÖTZ, Volkmar *et al.* Grundpflichten als verfassungsrechtliche Dimension (Erster Beratungsgegenstand). *VVDStRL 41* (1982). Redaktion: Prof. Dr. Walter Schmitt Glaeser. Berlin, New York: de Gruyter, 1983.

GRANDI, Federica. *Doveri costituzionali e obiezione di coscienza*. Napoli: Editoriale Scientifica, 2014.

GRIMM, Dieter. Legitimation by Constitution and socioeconomic rights from German perspective. *Kritische Vierteljahresschrift für Gesetzgebung und Rechtswissenschaft*, v. 98, n. 3, p. 206-211, 2015.

GUSY, Christoph. Die verdrängte Revolution. *In*: GUSY, Christoph *et al.* (Hrsg.). *100 Jahre Weimarer und Wiener Republik: Avantgarde der Pluralismustheorie*. Recht und Politik (Beiheft 3). Berlin: Duncker & Humblot, 2018.

GUSY, Christoph. Die Weimarer Verfassung und ihre Wirkung auf das Grundgesetz. *In*: FRIEDRICH-EBERT-STIFTUNG (Hrsg.). *Die Weimarer Verfassung*: Wert und Wirkung für die Demokratie. Erfurt: Friedrich-Ebert-Stiftung, Landesbüro Thüringen, 2009. p. 27-50.

HOFFMANN-RIEM, Wolfgang. Vom Staatsziel Umweltschutz zum Gesellschaftsziel Umweltschutz: zur Notwendigkeit hoheitlicher Regulierung gesellschaftlicher Selbstregulierung, illustriert an Beispielen aus der Energiewirtschaft. *In: Die Verwaltung: Zeitschrift für Verwaltungsrecht und Verwaltungswissenschaften*, v. 28, Berlin: Duncker & Humblot, 1995. p. 425-448.

HOFMANN, Hasso. § 195 Grundpflichten und Grundgesetz. *In*: ISENSEE, Josef; KIRCHHOF, Paul (Hrsg.). *Handbuch des Staatsrechts der Bundesrepublik Deutschland*. 3., völlig neubearbeitete und erweiterte Auflage. Band IX (Allgemeine Grundrechtslehren). Heidelberg, München, Landsberg, Frechen, Hamburg: C. F. Müller, 2011. p. 699-730.

JARASS, Hans D.; PIEROTH, Bodo. *Grundgesetz für die Bundesrepublik Deutschland*. Kommentar. 12. Aufl. München: C. H. Beck, 2012.

KAPPLER, Arno (org.). *Perfil da Alemanha*. Redação Arno Kappler, Adriane Grevel. Tradução João A. Persch e Renán Olmos. Nova ed. ampl. e atual. Frankfurt am Main: Societäts-Verlag, 1993.

KLEY, Andreas. *Grundpflichten Privater im schweizerischen Verfassungsrecht*. St. Gallen: Schweizerisches Institut für Verwaltungskurse an der Hochschule St. Gallen, 1989.

KLOEPFER, Michael. *Umweltrecht*. 3. Aufl. München: C. H. Beck, 2004.

LANCHESTER, Fulco. Los deberes constitucionales en el derecho comparado. *Revista de Derecho Constitucional Europeo – Homenaje a Peter Häberle (III)*, año 7, n. 13, p. 67-81, enero-junio de 2010.

LLORENTE, Rubio. Los deberes constitucionales. *Revista Española de Derecho Constitucional*, Espanha: Centro de Estudios Políticos y Constitucionales, año 21, n. 62, p. 11-56, mayo/agosto de 2001.

LOMBARDI, Giorgio. *Contributo allo studio dei doveri costituzionali*. Milano: A. Giuffrè, 1967.

LUCHTERHANDT, Otto. *Grundpflichten als Verfassungsproblem in Deutschland*. Geschichtliche Entwicklung und Grundpflichten unter dem Grundgesetz. Berlin: Dunker & Humblot, 1988.

LUCIANI, Massimo. Sui diritti sociali. *In*: PACE, Alessandro. *Studi in onore di Manlio Mazziotti di Celso*. Padova: CEDAM, 1995. v. II. p. 97-134.

MARTÍNEZ, José. Daheim geschmäht: im Ausland geachtet. Die Rezeption der Weimarer Verfassung in Lateinamerika. *In*: FRIEDRICH-EBERT-STIFTUNG (Hrsg.). *Die Weimarer Verfassung*: Wert und Wirkung für die Demokratie. Erfurt: Friedrich-Ebert-Stiftung, Landesbüro Thüringen, 2009.

MARTINS, Carlos Eduardo Behrmann Rátis. *Introdução ao estudo sobre os deveres fundamentais*. Salvador: Juspodivm, 2011.

MEDEIROS, Fernanda Luiza Fontoura de. *Meio ambiente*: direito e dever fundamental. Porto Alegre: Livraria do Advogado, 2004.

MIRANDA, Jorge. *Manual de direito constitucional*. 2. ed. Coimbra: Coimbra, 1998. t. IV: Direitos fundamentais.

MIRANDA, Pontes de. *Comentários à Constituição da República dos E.U. do Brasil*. Rio de Janeiro: Guanabara, 1936-1937. t. I: artigos 1-103.

NABAIS, José Casalta. *O dever fundamental de pagar impostos*: contributo para a compreensão constitucional do estado fiscal contemporâneo. Coimbra: Almedina, 1998.

PECES-BARBA MARTÍNEZ, Gregorio. Los deberes fundamentales. *Doxa – Cuadernos de Filosofía del Derecho*, n, 4, p. 329-341, 1987.

PREUß, Hugo. *Gesammelte Schriften*. 3. Band. Das Verfassungswerk von Weimar. Herausgegeben, eingeleitet und erläutert von Detlef Lehnert, Christoph Müller und Dian Schefold. Tübingen: Mohr Siebeck, 2015.

SALADIN, Peter *et al*. Unternehmen und Unternehmer in der verfassungsrechtlichen Ordnung der Wirtschaft. *VVDStRL 35* (1976). Redaktion: Prof. Dr. Jochen Abr. Frowein. Berlin, New York: de Gruyter, 1977. p. 7-169.

SARLET, Ingo Wolfgang. Notas introdutórias ao sistema constitucional de direitos e deveres fundamentais. *In*: CANOTILHO, José Joaquim Gomes *et al*. (coord.). *Comentários à Constituição do Brasil*. São Paulo: Saraiva: Almedina, 2013. p. 183-212.

SCHAPER, Michael (Hrsg.); JÖRG-UWE, Albig (Mitwirkender). Die Weimarer Republik: die Geschichte der ersten deutschen Demokratie in historischen Fotos 1918-1933. *Geo Epoche Panorama*, Hamburg: Gruner + Jahr, n. 5, 2015.

SCHMIDT, Thorsten Ingo. *Grundpflichten*. Baden-Baden: Nomos-Verlagsgesellschaft, 1999.

SODAN, Helge *et al. Grundgesetz*. 4. Auflage. München: C. H. Beck, 2018.

STERN, Klaus. *Das Staatsrecht der Bundesrepublik Deutschland*. Band 3 (Allgemeine Lehren der Grundrechte), Halbband 2 (Grundrechtstatbestand, Grundrechtsbeeinträchtigungen und Grundrechtsbegrenzungen, Grundrechtsverluste und Grundpflichten, Schutz der Grundrechte, Grundrechtskonkurrenzen, Grundrechtssystem), unter Mitwirkung von Michael Sachs. München: 1994, § 88. p. 985-1067.

STERN, Klaus. Idee und Herkunft des Grundpflichtendenkens. *In*: HAILBRONNER, Kay; RESS, Georg; STEIN, Torsten. *Staat und Völkerrechtsordnung*: Festschrift für Karl Doehring. Berlin: Springer, 1989. p. 969-984.

STOBER, Rolf. *Grundpflichten und Grundgesetz*. Berlin: Duncker & Humblot, 1979.

STOLLEIS, Michael. *O direito público na Alemanha*: uma introdução a sua história do século XVI ao XXI. Tradução Gercélia Mendes. São Paulo: Saraiva Educação, 2018.

VALLESPÍN, Fernando. Por que devemos recordar os anos da República de Weimar. *El País*, 27 jul. 2019. Disponível em: https://brasil.elpais.com/brasil/2019/07/26/cultura/1564148647_990100.html. Acesso em: 18 maio 2020.

ZYPRIES, Brigitte. Weimar: die unterschätzte Verfassung. *In*: FRIEDRICH-EBERT--STIFTUNG (Hrsg.). *Die Weimarer Verfassung*: Wert und Wirkung für die Demokratie. Erfurt: Friedrich-Ebert-Stiftung, Landesbüro Thüringen, 2009. p. 17-26.

Crise da democracia liberal: reflexões por ocasião do centenário da Constituição de Weimar de 1919

ANDRÉ RUFINO DO VALE[*]

1. INTRODUÇÃO

Em 6 de fevereiro de 2019, a elite política alemã se reuniu no Teatro Nacional da cidade de Weimar em comemoração ao centenário da Assembleia Constituinte instituída exatamente no dia 6 de fevereiro de 1919, na mesma cidade, para dar forma à famosa Constituição da República de Weimar. O interessante diferencial do evento foram os discursos em uníssono das autoridades políticas presentes no sentido da necessidade da permanente defesa da democracia liberal"contra seus inimigos"[1]. Assim proclamou na ocasião

---

[*] Doutor em Direito pela Universidade de Alicante (Espanha) e pela Universidade de Brasília (UnB). Mestre em Direito pela Universidade de Brasília e Mestre em Argumentação Jurídica pela Universidad de Alicante. Professor do Instituto Brasileiro de Ensino, Desenvolvimento e Pesquisa (IDP). Líder do Grupo de Pesquisa Observatório Constitucional (IDP/CNPq). Procurador Federal da Advocacia-Geral da União.

[1] Alemania recuerda 100 años de Weimar con llamamiento a defender la democracia. *La Vanguardia*, edição de 06.02.2019.

o presidente alemão, Frank-Walter Steinmeier: "Nem a democracia que se criou há cem anos estava já condenada de antemão ao fracasso, nem a sobrevivência da nossa está necessariamente garantida".

As palavras utilizadas e os sentimentos expressados nos discursos são representativos de uma constatação cada vez mais clara nos dias atuais: as democracias liberais existentes neste início do século XXI passam por uma crise profunda e é necessário que algo se faça para que não tenham o mesmo destino de regimes democráticos como o de Weimar.

"A defesa da democracia é um dever de cada geração", afirmou eloquentemente a Chanceler alemã Angela Merkel no mesmo evento. A geração atual, porém, ainda não possui uma compreensão clara e completa do que realmente está se passando nos diversos países democráticos. Os pensadores da política (filósofos, juristas, jornalistas, economistas etc.) e os próprios políticos permanecem tentando diagnosticar e entender os fenômenos de desconsolidação democrática dos últimos anos. Avanços foram alcançados, pelo menos quanto à demonstração das evidências e a consequente constatação inequívoca da gravidade da crise. Mas ainda há muito o que ser desbravado nessa verdadeira selva dos acontecimentos políticos hodiernos que dificulta a visão compreensiva do cenário atual e impõe obstáculos à procura de possíveis caminhos institucionais para sua superação.

O centenário da Constituição de Weimar de 1919 oferece a todos os atuais teóricos da política e do direito uma importante oportunidade de estudo e de reflexão sobre os difíceis desafios da construção e da consolidação de um regime democrático em condições adversas de crise político-institucional. Um renovado olhar sobre a rica experiência política e cultural da República de Weimar pode auxiliar na tarefa teórica de melhor compreensão das características, das potencialidades e dos riscos de uma nova democracia e, desse modo, ajudar a clarear esse caminho de busca de respostas para a atual crise da democracia liberal.

O presente estudo pretende desenvolver essa linha de reflexão teórica, primeiro (1) identificando algumas das principais características da atual crise da democracia liberal, especialmente as feições peculiares que assume no Brasil e na Espanha – duas importantes democracias instituídas no último quarto do século XX –, e em seguida (2) analisando algumas das mais importantes experiências do funcionamento conturbado do regime democrático da República de Weimar, com enfoque em três principais aspectos que revelaram como as crises do Estado democrático (políticas e econômicas) podem se transformar em uma crise do constitucionalismo e da democracia: (2.1) o constitucionalismo social em tempos de crise econômica; (2.2) o sistema de governo e do sistema de partidos em tempos de crise de legitimidade da representação política; (2.3) a teoria do direito em tempos de crise constitucional.

2. A ATUAL CRISE DA DEMOCRACIA LIBERAL

As evidências da crise

A democracia liberal está em crise. Se há alguns anos havia apenas uma crescente preocupação com os seus primeiros indícios – ondas de indignação popular contra os regimes políticos de diferentes países democráticos atingidos pela crise econômica mundial iniciada em 2008 –, hoje os teóricos da política estão plenamente convictos a respeito das evidências concretas de uma atual crise da democracia liberal[2].

---

2   Nessa perspectiva de análise, são crescentes e cada vez mais detalhadas, nas teorias políticas, as narrativas distópicas sobre o futuro da democracia como regime de organização política predominante no mundo. As evidências concretas e bem diagnosticadas da atual *desconsolidação* democrática e a recente emergência de *democracias iliberais* tornaram-se motivo de preocupação e o principal objeto de investigação na ciência política e no direito constitucional do início de 2020. Entre os estudos mais aclamados, podem ser citados os seguintes: PRZEWORSKI, Adam. *Crises of democracy*. New York: Cambridge University Press, 2019; LEVITSKY, Steven; ZIBLATT, Daniel. *Como as democracias morrem*. São Paulo: Zahar, 2018; ALBRIGHT, Madeleine. *Fascismo*: um alerta. São Paulo: Crítica, 2018; RUNCIMAN, David. *Como a democracia chega ao fim*. São Paulo: Todavia, 2018; MOUNK, Yascha. *O povo contra a democracia*: por que nossa liberdade corre perigo e como salvá-la. São Paulo: Companhia das Letras, 2019; CASTELLS, Manuel. *Ruptura*: a crise da democracia liberal. São Paulo: Zahar, 2018; VALLESPÍN,

As evidências da crise podem ser observadas com características diferenciadas em distintos países, mas com traços comuns que podem ser verificados em processos político-sociais de fácil percepção, entre os quais se sobressaem: a falta de representatividade e perda constante da legitimidade democrática, constatadas, sobretudo, pelo declínio abrupto dos índices oficiais de confiança popular no regime; o recrudescimento na garantia e proteção das liberdades fundamentais (especialmente as de expressão e de consciência e religião), com o consequente aumento dos casos de intolerância; a incapacidade política dos sistemas democráticos de realização de suas promessas sociais, especialmente a redução das desigualdades; assim como, em alguns casos, a ascensão aos governos, pelas vias legais e democráticas, de figuras políticas demagógicas e de instintos autoritários.

A ruptura

A atual crise da democracia é, sobretudo, uma crise de representatividade. Os últimos anos têm sido marcados pelo abrupto crescimento do contingente de pessoas que, nos países democráticos, desacreditam não apenas seus atuais governantes e suas políticas governamentais, mas desconfiam das próprias instituições da democracia, fazendo transparecer um crescente fenômeno de deslegitimação de todo o sistema de representação político-democrática.

A *ruptura* da relação entre governantes e governados, como bem observa Manuel Castells[3], vem sendo demonstrada, faz algum tempo, em diversos países como a Espanha, o Brasil, os Estados Unidos e outros, nos quais ocorrem amplas mobilizações populares contra

---

Fernando; MARTÍNEZ-BASCUÑÁN, Máriam. *Populismos*. Madrid: Alianza, 2017. A recente literatura especializada sobre a crise democrática também envolve relevantes obras de direito constitucional, principalmente no ambiente norte-americano. Algumas adquiriram notória repercussão acadêmica: GRABER, Mark; LEVINSON, Sanford; TUSHNET, Mark (ed.). *Constitutional democracy in crisis?* New York: Oxford University Press, 2018; GINSBURG, Tom; HUQ, Aziz Z. *How to save a constitutional democracy?* Chicago: University of Chicago Press, 2018; SUSTEIN, Cass (ed.). *Can it happen here?* Authoritarianism in America. New York: HarperCollins, 2019.

3   CASTELLS, Manuel. *Ruptura,* cit.

o sistema de partidos políticos e a democracia parlamentar, todas com o conhecido lema:"Não nos representam!". Essa ruptura revela o colapso gradual do modelo político de representação e governança democráticas e, desse modo, evidencia uma crise mais profunda, da própria democracia liberal, cujas consequências podem ser devastadoras, pois coloca em xeque a capacidade dos regimes democráticos de lidar com as suas demais crises (econômicas, políticas, sociais etc.). Por isso, para Castells, a crise da democracia liberal constitui a "mãe de todas as crises"[4].

A imprevisibilidade do fenômeno

Há menos de três décadas, qualquer dos teóricos políticos que hoje se dizem convictos das evidências dessa crise dificilmente poderiam vislumbrar a sua atual ocorrência. No início da década de 1990, após a queda dos regimes comunistas da Europa Oriental, estavam todos absorvidos pela crença no triunfo inabalável da democracia liberal e na sua difusão e paulatina consolidação como regime político dominante em todo o mundo. A visão mais otimista sobre esse triunfo da democracia foi defendida no famoso (e controvertido) ensaio de Francis Fukuyama, no fim da década de 1980, no qual afirmava convictamente que o colapso do regime soviético e o fim da Guerra Fria levaria a uma evolução ideológica da humanidade e à universalização da democracia liberal como forma consolidada de governo humano. O ano de 1989 representaria, para Fukuyama, o "Fim da História"[5], com o êxito completo e universal da democracia liberal.

---

4   CASTELLS, Manuel. *Ruptura*, cit., p. 10.
5   Em obra mais recente (*Identity*, 2018), Francis Fukuyama esclareceu o sentido da expressão "o fim da história":"Desde que publiquei meu artigo 'O fim da história', em meados de 1989, e o livro 'O fim da história e o último homem', questionaram-me com frequência se o acontecimento X não teria invalidado minha tese. X poderia ser um golpe de Estado no Peru, a guerra nos Bálcãs, os ataques do 11 de setembro, a crise financeira mundial ou, mais recentemente, a eleição de Donald Trump e a onda nacional-populista já descrita. A maioria dessas críticas se baseou em um simples mal-entendido sobre a tese. Utilizei a palavra *história* no sentido hegeliano-

A desconsolidação democrática

A forte convicção sobre esse curso inabalável da história no sentido da estabilização dos regimes democráticos direcionou a teoria política para a análise dos processos políticos de *transição de regime* (de regimes ditatoriais ou autoritários para regimes democráticos) e especialmente para o estudo dos processos de *consolidação* das *novas democracias*[6], sobretudo as da América Latina e do Leste europeu. O pressuposto sempre foi o de que, idealmente, a evolução civilizatória das sociedades do final do século XX ocorreria pela superação de formas autoritárias de governo, estruturação das instituições básicas do regime democrático e consequente processo consolidação dessas instituições rumo à democracia plena. Pouco se acreditou na falibilidade das democracias e, portanto, pouco se estudou sobre quais fatores políticos podem levar ao recrudescimento dos atuais regimes democráticos.

Nos últimos anos, o que se observa em diversos países é mais um *processo de desconsolidação* do que de consolidação das democracias. Ao contrário do que se previa há uma década, as democracias estão andando para trás, sofrendo processos de contínua deslegitimação dos regimes. O mundo passa hoje por uma espécie de recessão democrática, comprovada pelas recentes pesquisas que revelam uma contínua queda nos índices sobre os fatores sempre reconhecidos pela teoria política como essenciais para a instituição e consolidação de uma democracia (governo

---

marxista, isto é, a história evolutiva a longo prazo das instituições humanas que, alternativamente, poderia ser denominada desenvolvimento ou modernização. A palavra *fim* não tinha um sentido de 'término', mas de 'meta' ou 'objetivo'. Karl Marx sugeriu que o fim da história seria uma utopia comunista, e eu me limitava a sugerir que parecia mais plausível a versão de Hegel, onde o desenvolvimento desembocava em um Estado liberal vinculado a uma economia de mercado". FUKUYAMA, Francis. *Identidad*. Tradução Antonio García Maldonado. Barcelona: Deusto, 2019. p. 14.

6   LINZ, Juan; STEPAN, Alfred. *A transição e consolidação da democracia*: a experiência do sul da Europa e da América do Sul. São Paulo: Paz e Terra, 1999.

representativo, proteção das liberdades básicas, redução das desigualdades, cidadania inclusiva etc.)[7].

Democracias consolidadas também estão em perigo

A atual recessão democrática não é um fenômeno exclusivo das novas democracias construídas no último quarto do século XX. Os cientistas políticos estão hoje extremamente preocupados com o estado da democracia em países como a França, a Itália, o Reino Unido e, sobretudo, os Estados Unidos da América. E essa constatação tem sido impactante, mesmo entre os que sempre se interessaram pelo estudo dos fracassos de democracias ao redor do mundo, como Steven Levitsky e Daniel Ziblatt, autores de uma das mais recentes e expressivas obras sobre o tema, intitulada de modo bem sugestivo "Como as democracias morrem". Na introdução do livro, reconhecem que, mesmo entre eles, levantar a questão sobre se a democracia norte-americana estaria em perigo sempre foi impensável, mas que agora, mais do que nunca, é preciso questionar: "Estamos vivendo o declínio e queda de uma das mais velhas e mais bem-sucedidas democracias do mundo?"[8].

Os dados sobre a qualidade da democracia nos Estados Unidos da América são realmente alarmantes. Quanto aos índices de confiança popular nas instituições democráticas, em 2014, por exemplo, apenas 30% dos norte-americanos afirmavam confiar na Suprema Corte e, na Presidência, somente 29%. O Congresso, que na década de 1970 contava com o respaldo de 40% dos cidadãos americanos, em 2014 tinha apenas 7% dessa confiança. E na Europa ocidental não é muito diferente. Como conclui Yascha Mounk, em um dos mais importantes e recentes estudos sobre o tema, "por toda a América

---

7   Os dados estatísticos do *Democracy Index-2018* da Revista *The Economist* demonstram a persistência desse fenômeno verificado há alguns anos: a crescente desconfiança popular na democracia (www.eiu.com/topic/democracy-index).
8   LEVITSKY, Steven; ZIBLATT, Daniel. *Como as democracias morrem*, cit., p. 14.

do Norte e a Europa Ocidental, um grande contingente de cidadãos está de fato dando as costas à democracia"[9].

O perigo não vem mais de generais, mas de políticos eleitos

Uma das principais características dos atuais processos de desconsolidação democrática está no distinto tipo de ameaça autoritária que sofrem os regimes de diversos países. Diferentemente da história da maioria das novas democracias, as quais vivenciaram no século XX a derrubada de governos democráticos por golpes militares, atualmente os maiores riscos aos regimes democráticos não vem mais dos generais e do possível uso da força de seus exércitos para a tomada do poder, mas de processos mais silenciosos de desestruturação das instituições básicas da democracia, desencadeados pelos líderes políticos que ascenderam ao governo pelos mecanismos legítimos das eleições livres, universais e periódicas.

Como enfaticamente constatam Steven Levitsky e Daniel Ziblatt, "o retrocesso democrático hoje começa nas urnas"[10]. É outra maneira de falecimento da democracia; menos dramática, porque levada a efeito pelo uso deturpado das próprias instituições, mas não menos destrutiva, pois no final o resultado é de igual gravidade. "O paradoxo trágico da via eleitoral para o autoritarismo é que os assassinos da democracia usam as próprias instituições da democracia – gradual, sutil e mesmo legalmente – para matá-la."[11] Enfim, hoje as democracias podem morrer não pelas mãos de generais, mas dos políticos eleitos, sejam presidentes (nos sistemas presidencialistas) ou primeiros ministros (em sistemas parlamentaristas), que podem subverter o próprio processo democrático que os levou ao poder.

---

9   MOUNK, Yascha. *O povo contra a democracia*, cit., p. 132.
10 LEVITSKY, Steven; ZIBLATT, Daniel. *Como as democracias morrem*, cit., p. 16.
11 LEVITSKY, Steven; ZIBLATT, Daniel. *Como as democracias morrem*, cit., p. 19.

A intolerância na política

As Constituições contemporâneas nunca foram completamente suficientes para sustentar a plenitude de um regime democrático e conter o potencial autoritário contido em toda comunidade política. Os mecanismos constitucionais de organização, controle e responsabilização dos poderes instituídos sempre dependeram de uma série de costumes e práticas político-institucionais para o funcionamento regular do regime democrático. Como lucidamente constatou Robert Dahl em um de seus principais estudos sobre as democracias contemporâneas:"De um ponto de vista democrático, não existe a Constituição perfeita"[12]. Constituições possuem desenhos e modelos que, em algum momento histórico, poderão favorecer ou não o desenvolvimento das instituições democráticas. Em qualquer caso, as disposições constitucionais têm pouco efeito sobre as instituições se não forem acompanhadas de *práticas* políticas que criem condições para a democracia. Em outros termos, as democracias não são construídas e nem são sustentadas apenas por meio das regras formais presentes no ordenamento jurídico-constitucional, mas também em *regras informais* que resultam das práticas políticas e são amplamente conhecidas e respeitadas por todos os importantes atores e forças políticas.

Duas dessas regras informais são destacadas por Steven Levitsky e Daniel Ziblatt, em seu recente estudo sobre"Como as democracias morrem"[13], como fundamentais para o regular funcionamento da democracia. A regra informal da *tolerância mútua* exige que as principais forças políticas adversárias aceitem a submissão às regras do jogo democrático e se reconheçam mutuamente como legítimos competidores pelo governo e pelo poder. A regra da *reserva institucional*, também crucial para a sobrevivência de uma democracia, diz respeito à necessidade de que os principais atores políticos exercitem cons-

---

12 DAHL, Robert. *Sobre a democracia*. Tradução Beatriz Sidou. Brasília: Ed. Universidade de Brasília, 2001. p. 157.
13 LEVITSKY, Steven; ZIBLATT, Daniel. *Como as democracias morrem*, cit., p. 103 e s.

tantemente o autocontrole e evitem ao máximo utilizar até o limite as prerrogativas institucionais que lhes são legalmente conferidas.

A observância espontânea dessas regras informais, que correspondem a uma espécie de *fair play* no jogo político, tem sido cada vez mais dificultada na prática política das diversas democracias contemporâneas. A análise mais recente do funcionamento concreto das democracias[14] tem revelado que o relacionamento entre as principais forças políticas vem sendo marcado pela intolerância mútua e pelo uso desenfreado dos mecanismos legais mais fortes e extraordinários com o objetivo da eliminação dos adversários políticos. Na verdade, adversários passaram a ser reconhecidos como inimigos políticos, que devem ser varridos com os meios mais duros previstos pelo sistema. O fato de o instituto do *impeachment* ter se tornado um instrumento comumente presente na linguagem da política dos atuais sistemas presidencialistas, seja como ameaça na disputa política, seja pelo seu efetivo uso como meio de eliminação de figuras políticas e de governos, é um exemplo claro de como o jogo político das democracias contemporâneas tem assumido contornos de um combate adversarial que não observa as exigências informais da tolerância mútua e da reserva institucional.

Democracia iliberal e liberalismo antidemocrático

O conceito de democracia liberal pressupõe a convivência harmônica entre as ideias aparentemente antagônicas do liberalismo e da democracia. A conjunção ideal entre o constitucionalismo liberal – a qual alberga fundamentalmente a necessária garantia das liberdades e direitos básicos – e a democracia – em sua noção mais essencial de autogoverno do povo, soberania popular e vontade da maioria – é o que sustenta a ideia de um governo do povo com proteção dos direitos de todos (maiorias e minorias). A tensão dialética entre esses dois valores, liberalismo e democracia, é imanente à democracia liberal.

---

14 LEVITSKY, Steven; ZIBLATT, Daniel. *Como as democracias morrem*, cit., p. 103 e s.

Para alguns cientistas políticos atentos ao acontecimentos mais atuais nas diversas democracias, essa mistura ideal deve ser revisitada, pois tem dado claros sinais de desvirtuamento em sentidos opostos: ora no sentido de que as democracias estão se tornando cada vez mais iliberais, com a prevalência da vontade da maioria sobre os direitos das minorias; ora realçando o aspecto mais liberal e antidemocrático de alguns governos, nos quais as decisões políticas são cada vez mais tomadas sem a consideração da vontade popular, cuja expressão tende a ficar restrita aos momentos eleitorais.

Um dos pensadores da política que mais tem dado atenção a esse fenômeno é Yascha Mounk, que em recente obra, intitulada *O povo contra a democracia*[15], esclarece que as democracias liberais têm se desvirtuado de duas formas: democracias estão se tornando iliberais, por um lado; e regimes liberais estão se tornando antidemocráticos, por outro. Ele observa, por exemplo, que as preferências do povo têm sido cada vez mais iliberais, isto é, os eleitores têm demostrado uma constante impaciência com as instituições democráticas e têm se demonstrado cada vez menos dispostos a tolerar os direitos de minorias étnicas e religiosas. Por outro lado, os poderes dominantes em diversos sistemas políticos estão mais insensíveis à opinião popular em diversos assuntos e, portanto, menos dispostos a ceder à vontade do povo. Assim, após analisar o funcionamento de diversos regimes democráticos na atualidade, ele conclui que

> [...] a democracia liberal, essa mistura única de direitos individuais e governo popular que há muito tem caracterizado a maioria dos governos na América do Norte e da Europa Ocidental, está se desmantelando. Em seu lugar, presenciamos a ascensão da democracia iliberal, ou democracia sem direitos, e do liberalismo antidemocrático, ou direitos sem democracia[16].

2.1. A crise no Brasil

Em junho de 2013, milhões de pessoas foram às ruas das principais cidades brasileiras para a realização de uma série de protestos

---

15 MOUNK, Yascha. *O povo contra a democracia*, cit.
16 MOUNK, Yascha. *O povo contra a democracia*, cit., p. 29-30.

com dimensões nunca antes vistas no país. A pauta de reivindicações dos manifestantes era variada, incluindo desde a redução dos preços cobrados no transporte público urbano, a melhor gestão dos gastos dos entes federativos com o campeonato mundial de futebol que se realizaria no ano seguinte, até a atuação política em geral do governo. Ao final, os protestos revelaram uma grande onda de indignação popular contra tudo e todos: o governo, o Congresso, os políticos, enfim, todo o sistema de instituições que formatam o regime democrático. O fenômeno demonstrava que o Brasil não ficaria de fora da tendência de protestos populares contra a democracia representativa observados em diversos países.

No ano de 2016, o avanço das investigações policiais da denominada operação Lava Jato, destinada a apurar crimes de corrupção envolvendo um espectro relevante de políticos, partidos, grandes empresas e os respectivos mecanismos de financiamento de eleições, coincidiu com o auge de uma das crises econômicas e financeiras mais graves da história do país, renovando o sentimento de indignação popular contra o sistema político como um todo. A pressão da opinião pública foi determinante para que os conflitos políticos, até então resolvidos pelas soluções mais comuns da própria política (diálogo e negociação), se transformassem em uma grave crise política marcada pelo clima de radical intolerância mútua entre as diversas forças políticas, as quais, ante a cobrança popular, acabaram levando a disputa para o processo de *impeachment* da então presidente da República, a forma mais drástica de resolução de conflitos políticos do sistema presidencialista da Constituição brasileira.

A partir de então, tornou-se perceptível que a democracia no Brasil vinha dando sinais de alerta quanto ao possível recrudescimento no processo de consolidação das suas próprias instituições. O cenário político apresentava muitos indícios de que a transição democrática iniciada na década de 1980 ainda não estava completa e que, a partir de 2016, caminhava em sentido contrário, o da desconsolidação.

Abra-se aqui um parêntese para recordar que, em importante texto do início da década de 1990, Guillermo O'Donnell atestava que algumas democracias latino-americanas (como Argentina, Brasil, Peru, Equador e Bolívia) poderiam ser consideradas democracias de acordo com os critérios de Robert Dahl para a definição de poliarquia[17], mas não deveriam ser encaradas como genuínas democracias representativas. Elas seriam, na visão de O'Donnell, *democracias delegativas*, que não são democracias consolidadas ou institucionalizadas e estão caracterizadas por terem que enfrentar, logo após a transição de regime (na década de 1980, no caso brasileiro), o legado negativo de seu passado autoritário e crises econômicas e sociais profundas, que causam a instabilidade institucional que fragiliza a democracia. A passagem das democracias delegativas para democracias consolidadas ou representativas dependeria, segundo O'Donnell, de uma segunda transição democrática, mais longa e complexa que a primeira transição (do regime)[18], cujo elemento

---

17　DAHL, Robert. *La democracia y sus críticos*. Tradução Leandro Wolfson. Barcelona: Paidós; 2002.

18　A característica marcante e comum às democracias ibero-americanas está no fato de que a ordem constitucional que hoje está em vigor nesses países começou a ser (re)construída após processos difíceis de transição de regimes autoritários para regimes democráticos, que geraram profundas reformas constitucionais ou textos constitucionais integralmente novos. Sobre as transições de regime na América Latina, *vide*: O'DONNELL, Guillermo; SCHMITTER, Philippe C.; WHITEHEAD, Laurence (ed.). Transições do regime autoritário: América Latina. Tradução Adail Sobral e Rolando Lazarte. São Paulo: RT:Vértice, 1988; O'DONNELL, Guillermo; SCHMITTER, Philippe. *Transições do regime autoritário*: primeiras conclusões. Tradução Adail Sobral. São Paulo: RT:Vértice, 1988; PRZEWORSKI, Adam. A escolha de instituições na transição para a democracia: uma abordagem da teoria dos jogos. *Dados – Revista de Ciências Sociais*, Rio de Janeiro, v. 35, n. 1, p. 5-48, 1992; PRZEWORSKI, Adam. Como e onde se bloqueiam as transições para a democracia?. *In*: MOISÉS, José Alvaro; ALBUQUERQUE, J. A. Guilhon. *Dilemas da consolidação da democracia*. São Paulo: Paz e Terra, 1988; O'DONNELL, Guillermo. Notas para el estudio de procesos de democratización política a partir del Estado burocrático-autoritario. *Desarrollo Económico – Revista de Ciencias Sociales*, v. 22, n. 86, p. 231-248, jul./sep. 1982; O'DONNELL, Guillermo. Another institutionalization: Latin America and elsewhere. Paper presented to the conference on "Consolidating Third Wave Democracies: Trends and Challenges", organized by the

decisivo seria o sucesso na construção de um conjunto de instituições democráticas que se tornem importantes pontos decisórios no fluxo do poder político[19].

Apesar dos notórios avanços institucionais observados nas últimas três décadas no Brasil, os recentes acontecimentos políticos oferecem um conjunto robusto de razões para crer que a segunda transição democrática de que falava O'Donnell ainda não está completamente realizada no Brasil. Se, num primeiro momento, o abalo estrutural causado pelo processo de *impeachment* de 2016 parecia se limitar ao campo político, preservando o regular funcionamento das instituições e, portanto, revelando um quadro fático limitado à crise política – porém, não crise institucional –, no ano de 2017 já não se poderia descartar que, na perspectiva do desenvolvimento das instituições desde 1988, a democracia brasileira estaria caminhando no sentido do recrudescimento institucional.

Existem diversos fatores muito sintomáticos dessa dura realidade. Talvez o principal deles seja a percepção popular, cada vez mais negativa, sobre a sua representação política nos poderes constituídos e o sentimento ou a vontade de democracia, cada dia mais acanhados, que se tem cultivado no Brasil e nos demais países latino-americanos. O Informe 2017 do conhecido Latinobarómetro[20] traz dados que demonstram, segundo as conclusões da própria entidade, que existe um decrescente apoio popular à democracia nos países da região. Os dados coletados em diferentes países revelam, de acordo com o informe, "el deterioro sistemático y creciente de las democracias de

---

National Policy Research Institute and the International Forum for Democratic Studies, Taipei, 26-30 August, 1995; O'DONNELL, Guillermo. *Polyarchies and the (un)rule of Law in Latin America*. Working Paper, The Helen Kellogg Institute for International Studies, 1998.

19 O'DONNEL, Guillermo. Democracia delegativa?. *Revista Novos Estudos*, n. 31, p. 25-40, out. 1991.

20 Latinobarómetro é uma entidade sem fins lucrativos que realiza pesquisas de opinião em dezoito países da América Latina, com o objetivo de realizar estudos sobre o desenvolvimento da democracia, da economia e da sociedade nesses países. Disponível em: http://www.latinobarometro.org.

la región. No se observan indicadores de consolidación, sino, acaso, indicadores de des-consolidación"[21].

O processo de consolidação das instituições democráticas no Brasil, desde 1988, parece ter chegado ao ponto em que, metaforicamente, assemelha-se ao caminhar arriscado de um malabarista em corda bamba, em que qualquer movimento equivocado pode ser desastroso.

Em 2018, os trinta anos da Constituição do Brasil de 1988 serviram de palco de controvérsias a respeito de sua capacidade para proporcionar o desenvolvimento de todo o potencial da democracia brasileira. A Constituição que permitiu a completa superação do anterior regime ditatorial e fundamentou, por três décadas, a convivência democrática das diversas forças políticas, agora se vê fortemente criticada como uma das possíveis causas das graves crises políticas vivenciadas desde 88 – especialmente os *impeachments* de dois dos quatro presidentes eleitos no período –, sobretudo em razão de ter fornecido as bases para o desenvolvimento muito peculiar do sistema presidencialista (o denominado "presidencialismo de coalizão"[22]). A Constituição que é denominada Cidadã, por amplamente albergar as reivindicações por direitos fundamentais e inclusão de grupos e minorias, é alvo atual de contestações quanto ao possível excesso de promessas sociais que realizou e que, pelo tamanho das despesas obrigatórias que implica, a tornaria a principal responsável por uma dívida pública incontrolável e pela grave crise financeira que atinge União, Estados, Municípios e, portanto, afeta o seu próprio sistema federativo. A Constituição que alicerçou o

---

21 Informe 2017 do Latinobarómetro (http://www.latinobarometro.org). As conclusões coincidem com os resultados de pesquisa publicada pela revista *The Economist* (The Economist Intelligence Unit's Democracy Index), que revelam uma espécie de "recessão na democracia" em âmbito global. DEMOCRACY CONTINUES ITS DISTURBING RETREAT. *The Economist*, 31 jan. 2018. Disponível em: https://www.economist.com/blogs/graphicdetail/2018/01/daily-chart-21.
22 ABRANCHES, Sergio. *Presidencialismo de coalizão*: raízes e evolução do modelo político brasileiro. São Paulo: Companhia das Letras, 2018.

funcionamento dos poderes estatais e possibilitou o desenvolvimento de modelos minimamente eficazes de *checks and balances* e de *accountability horizontal* entre eles, em especial pelo fortalecimento de instituições de fiscalização e de controle (Ministério Público, Advocacia e Defensoria Públicas, Tribunais de Contas), encontra-se confrontada pelas teses que discutem sobre sua real (in)capacidade de conter (para muitos elas seria a verdadeira influenciadora dos) os cada vez mais alegados fenômenos do "ativismo judicial", dos "ímpetos autoritários" dos membros da polícia e do Ministério Público, do "excesso" dos órgãos de controle.

2.2. A crise na Espanha

Os principais sintomas da crise da democracia foram vivenciados de modo peculiar e muito contundente na Espanha e por isso foram acompanhados com atenção em todo o mundo. Se o bipartidarismo tinha permitido uma importante estabilidade política a uma democracia que queria deixar para trás o seu passado dramático de autoritarismo, hoje parece claro que mais de três décadas de normalidade institucional desde a transição de regime de 1977-78 podem na verdade ter apenas escondido uma série de frustrações e descontentamentos dos diversos povos que compõem a plural nação espanhola. Então a grave crise econômica de 2008-10 trouxe à tona uma série de problemas políticos, sociais e culturais ainda não completamente resolvidos desde o advento da Constituição de 1978.

O conhecido movimento popular iniciado em 15 de maio de 2011 – e por isso globalmente reconhecido como o 15-M – atuou como a erupção de um vulcão de conflitos políticos e sociais que estavam apenas adormecidos sob a estabilidade e crescimento econômicos vivenciados no país desde a década de 1980. Uma democracia real e efetiva (*Democracia real ya!*) foi a primeira e mais enfática reivindicação da maioria dos jovens espanhóis acampados durante vários dias na Plaza del Sol de Madrid. Demonstravam-se todos "indignados" (como se autodenominaram) com a forma de fazer política no país, especialmente o funcionamento do sistema de partidos e da própria democracia parlamentar. "*No nos representan!*" foi o seu principal lema, que traduziu emblematicamente o descontentamento popular com a representação política e, portanto, contra a própria democracia representativa[23].

Desde então, a Espanha passou a conviver com uma grave crise de legitimidade de todo o seu sistema de partidos políticos. O índice de desconfiança nos partidos políticos, que em 2000 era de 65%, no ano de 2016 já alcançava o patamar de 88%; em relação ao Parlamento, subiu de 39% em 2001 para 77% em 2016; e quanto ao governo, foi de 39 para 77% nesse mesmo período[24]. O resultado foi que, quatro anos após o 15-M, o mapa político-partidário espanhol se transformou completamente. Nas eleições do ano de 2015, os dois principais partidos que tradicionalmente compuseram, à direita e à esquerda, um característico sistema bipartidário, respectivamente o Partido Popular (PP) e o Partido Socialista Obreiro Espanhol (PSOE), perderam milhões de votos e assim abriram o espaço eleitoral para o surgimento na renovada cena política espanhola de novos atores partidários, como o Ciudadanos (de direita) e o Podemos (de esquerda). Assim, como efeito da crise de representação democrática, o sistema bipartidário praticado desde a transição de regime da década de 1970 se transformou em uma espécie de quadripartidarismo, composto por quatro principais forças políticas que desde então passaram a dividir as preferências de um eleitorado muito descrente das instituições democráticas.

A crise de representação democrática e a consequente crise de legitimidade do sistema político-partidário levaram a Espanha a uma grave crise de formação de maiorias políticas necessárias para o governo, aprofundando ainda mais a crise da democracia no país. Após as eleições de 2015, as maiorias relativas conquistadas pelos partidos mais tradicionais passaram a ser tão reduzidas que obrigaram à construção de grandes alianças com as demais forças políticas, à esquerda e à direita, para a formação de um governo que seja efetivamente capaz de governar com legitimidade e autoridade. Mas

---

23 TUDELA, José; CASTELLÁ, José Maria; EXPÓSITO, Enriqueta; KÖLLING, Mario. *Libro blanco sobre la calidad democrática en España*. Madrid: Marcial Pons: Fundación Manuel Giménez Abad, 2018.
24 Dados apresentados na obra: CASTELLS, Manuel. *Ruptura*, cit., p. 15.

com a permanente dificuldade do diálogo e da negociação políticas – igualmente frutos da atual crise democrática –, os quatro principais partidos políticos espanhóis não têm sido capazes de alcançar acordos desejáveis e soluções pacificadoras. Nessa constante incapacidade de formação de maioria política necessária para o governo, o novo quadripartidarismo espanhol tem resultado na paralisia do seu sistema político de governo. Após quatro eleições gerais realizadas entre 2016 e 2019, todas com resultados insatisfatórios para os partidos majoritários, apenas no início de 2020 foi possível a formação do primeiro governo de coalizão da recente história democrática espanhola, a partir de uma complexa aliança das principais forças políticas de esquerda[25], obtida após uma difícil negociação política que contou com o decisivo incentivo do Rei Felipe VI.

Além de todas essas graves crises, nos últimos anos a Espanha tem enfrentado o crescente recrudescimento do histórico e mal resolvido conflito com a Catalunha. Em 2018, a Constituição de 1978 completou quarenta anos em meio às críticas à sua incapacidade normativa para oferecer uma moldura constitucional autorizadora e favorecedora de um amplo acordo político que solucione final e pacificamente a antiga reivindicação separatista da região catalã.

A Constituição da Espanha, de dezembro de 1978, nasceu como fruto de uma transição de regime em que, como qualificou seu maestro político, o então presidente de governo Adolfo Suárez, "fue posible la concordia"[26] entre as radicalmente distintas forças

---

[25] Nas eleições gerais de 10 de novembro de 2019, o Partido Socialista Obrero Español (PSOE) sagrou-se vencedor, mas apenas com maioria simples, insuficiente para a formação de governo. Após uma difícil e demorada negociação com as principais forças políticas de esquerda, a qual chegou a contar com o necessário e decisivo incentivo do Rei Felipe VI, o PSOE obteve o apoio da coalizão eleitoral Unidas Podemos para a construção de uma maioria para o governo, a partir de janeiro de 2020. Pedro Sánchez, o candidato do PSOE, assumiu como Presidente de Governo no dia 7 de janeiro de 2020, com a outorga da confiança do parlamento (Congreso de los Diputados).

[26] A análise pormenorizada da atuação política engenhosa de Adolfo Suárez na condução da transição para a democracia na Espanha pode ser encon-

e ideologias políticas (de esquerda e de direita), assim como entre as diversas culturas (inclusive suas distintas línguas) coexistentes no território espanhol. O objetivo primordial da denominada "Constitución de la concordia" foi assegurar "la indisoluble unidad de la Nación española, patria común e indivisible de todos los españoles", garantindo ao mesmo tempo a autonomia dos povos das diversas regiões espanholas[27].

Após quarenta anos, e muitos problemas superados – como o terrorismo do grupo ETA –, os recentes e crescentes movimentos políticos separatistas na região da Catalunha, intensificados em grande parte como reflexo da polêmica decisão Tribunal Constitucional espanhol de 2010[28], colocaram sérios desafios para a Constituição de 1978 como base política de unificação de um só povo espanhol, fazendo surgir no debate público as teses defensivas de sua completa superação.

De fato, a Espanha passou a lidar nos últimos anos com o abrupto recrudescimento de um dos fatores que contribuem para a estabilidade da democracia, que é a manutenção de uma unidade política em meio ao pluralismo cultural[29], que no caso espanhol, como se sabe, é extremamente acentuado pelas nítidas diversidades regionais. Se a atual questão separatista levar a divisões profundas demais para serem superadas pelos mecanismos constitucionais previstos[30],

---

trada na obra: ÓNEGA, Fernando. *Puedo prometer y prometo:* mis años con Adolfo Suárez. Barcelona: Plaza Janés, 2013.

27 Assim prescreve o artigo 2º da Constituição de 1978: "La Constitución se fundamenta en la indisoluble unidad de la Nación española, patria común e indivisible de todos los españoles, y reconoce y garantiza el derecho a la autonomía de las nacionalidades y regiones que la integran y la solidaridad entre todas ellas".

28 Trata-se da decisão do Tribunal Constitucional espanhol no conhecido caso do Estatuto da Cataluña (STC 31/2010, de 28 de junio).

29 DAHL, Robert. *Sobre a democracia*, cit., p. 172.

30 Sobre os problemas do Estado de autonomias espanhol e propostas de solução, inclusive por meio de reformas constitucionais, *vide*: MUÑOZ MACHADO, Santiago. *Informe sobre España*: repensar el Estado o destruirlo. Barcelona: Crítica, 2012.

a atual ordem constitucional espanhola estará em sério risco e requererá reformas profundas de sua atual Constituição.

2.3. A experiência histórica oferece precedentes para a melhor compreensão da atual crise da democracia?

O cuidadoso olhar retrospectivo sobre exemplos do passado histórico das diversas sociedades é uma das mais fecundas formas de se encontrar as possíveis respostas para difíceis, complexas e ainda incompreensíveis questões do presente. Diagnósticos históricos e análises criteriosas de casos passados podem ajudar a esclarecer muitos dos atuais problemas enfrentados pelas sociedades contemporâneas. Mas a viabilidade e a correção dessa metodologia histórica dependem de uma série de critérios e, especialmente, da adequação dos exemplos colhidos da história, isto é, das possíveis identidades entre as características fáticas do passado e do presente.

A atual crise da democracia liberal, porém, é um fenômeno completamente novo, com características próprias e imprevisíveis. Ela emerge em um cenário político e cultural diferenciado em relação a tudo o que já se viu, próprio do início deste século XXI, no qual se mesclam diversos fatores sociais muito recentes e inéditos, como as tecnologias da informação e da comunicação e o consequente desenvolvimento de uma sociedade em rede[31] e seu atual impacto revolucionário na política.

A inexistência de exemplos históricos estritamente adequados é verificada, por exemplo, por Yascha Mounk, em seu recente estudo sobre a atual desconsolidação democrática em diversos países[32]. Primeiro, ele reconhece que "na teoria, a maneira de responder a essas questões prementes é olhar para casos passados em que democracias ricas e consolidadas começaram a rachar". Mas em seguida admite que "tais exemplos não existem". E adverte: "Até recentemente, o processo de consolidação democrática era, de fato, uma via de mão única. Há poucos casos no registro histórico para

---

31   CASTELLS, Manuel. *A sociedade em rede*. São Paulo: Paz e Terra, 2016.
32   MOUNK, Yascha. *O povo contra a democracia*, cit., p. 153.

nos dar uma ideia do possível caos que resulta quando o tráfego de repente começa a fluir na contramão".

Outro conhecido estudioso da atual crise democrática, David Runciman é ainda mais enfático ao descartar o recurso a exemplos do passado para a compreensão do que tem dado errado no presente da democracia. Ele ressalta que "nossa imaginação política continua presa a imagens ultrapassadas de como se dá o fim da democracia" e "ainda somos cativos da paisagem do século XX". Por essa razão, "é nas décadas de 1930 ou 1970 que vamos buscar as imagens do que ocorre quando a democracia entra em colapso". Mas essa visão muito focada em sinais já familiares da falência de uma democracia pode ao mesmo tempo afastar a devida atenção para a possibilidade de que as atuais democracias estejam fracassando por vias completamente diferenciadas e ainda desconhecidas. Para Runciman, a atual crise não significa um caminho de volta para os anos 1930. Nossas sociedades – ele afirma – são completamente distintas e trazem profundamente arraigado um conhecimento coletivo do que deu errado naquele momento histórico. Por isso, ele considera que "devemos tentar evitar uma visão da história à moda de Benjamin Button, em que tudo que é velho torna a rejuvenescer, mesmo enquanto adquire mais experiência. A história não anda para trás"[33].

As pertinentes considerações de Yascha Mounk e David Runciman acertam ao chamar a atenção para o ineditismo da atual crise e sobre a necessidade de um novo quadro referencial para a sua compreensão. O século XX ficou para trás e, com ele, os fatores políticos que caracterizaram os conhecidos processos de desconsolidação e de falência democráticas. O tratamento teórico da presente crise deve ter como foco, sobretudo, os atuais fatores políticos que a distinguem dos desafios enfrentados pelas democracias no passado. Como dito, as características de uma "sociedade em rede" e seus reflexos sobre a política sobressaem como os mais relevantes nessa perspectiva. A tarefa principal deve ser a de buscar entender as novas formas que as democracias poderão assumir no futuro

---

33   RUNCIMAN, David. *Como a democracia chega ao fim*, cit., p. 8-10.

próximo, as quais certamente serão bastante distintas dos regimes democráticos do século XX.

Não obstante, seria igualmente equivocado desconsiderar por completo o recurso à metodologia histórica. Nesse sentido, o próprio David Runciman esclarece:"Quando digo que deveríamos abandonar nossa fixação atual na década de 1930, não estou sugerindo que a história seja desimportante"[34]. De fato, a história de eventos passados semelhantes, ainda que com características peculiares e irrepetíveis, sempre tem o potencial de oferecer, no mínimo, os indícios de quais caminhos não devem ser trilhados, de quais atos não devem ser repetidos e de que posturas políticas não devem ser adotadas. Mas, de todo modo, as tarefas do método histórico não se resumem a isso. Entre outras potencialidades, a análise e a descrição acuradas de fatos históricos podem ser capazes de revelar os comportamentos das instituições em momentos de crise, e essa perspectiva não pode ser menosprezada na atual tentativa de melhor compreensão do fenômeno da desconsolidação democrática. Afinal, os fatos atuais são inteiramente distintos, mas as instituições democráticas continuam sendo as mesmas que foram construídas ao longo do século XX. Além disso, não está suficientemente comprovada a alegada inadequação de todos os eventos históricos passados para o estudo da atual crise democrática. Como também reconhece Yascha Mounk, "apesar de não haver precedente claro para a situação que hoje vivemos, alguns casos são mais próximos que outros"[35]. Portanto, apesar de termos que reconhecer que inexistem precedentes históricos perfeitos para a atual crise e que o principal objetivo da teoria política hoje deve ser o de tentar compreendê-la a partir dos inéditos fatores políticos que podem constituir a sua causa, é preciso insistir na análise dos eventos históricos análogos, na medida em que ela tem a capacidade de, pelo menos, auxiliar na importante tarefa de análise das reações institucionais em momentos de crise e, dessa forma, contribuir para o melhor conhecimento e aperfeiçoamento das instituições democráticas.

---

34 RUNCIMAN, David. *Como a democracia chega ao fim*, cit., p. 15.
35 MOUNK, Yascha. *O povo contra a democracia*, cit., p. 153.

Nessa perspectiva de análise, as Constituições formatadas ao longo do século XX para serem a base normativa e institucional das novas democracias permanecem sendo um frutífero objeto de estudos. Se levarmos em conta que a atual crise se desenvolve praticamente no âmbito dos mesmos marcos constitucionais de muitas das crises democráticas do século passado, temos de reconhecer que a análise do papel desses documentos constitucionais em tempos crise continua sendo um fértil campo para a teoria constitucional e para a teoria política da democracia. Antigas questões do direito constitucional assim permanecem válidas e atuais: qual a função das Constituições em momentos de crise? Modelos constitucionais bem formatados podem evitar as crises da democracia? Como os desenhos institucionais influenciam o desenvolvimento de uma crise? Novos arranjos constitucionais podem trazer soluções para a crise? E as teorias da política e do direito constitucional, que papel reflexivo e crítico devem desempenhar nesses contextos conturbados?

2.4. O centenário de um importante precedente histórico: a crise da democracia e do constitucionalismo sob a égide da Constituição de Weimar de 1919

Todas as Constituições produzidas após o período das duas grandes guerras do século XX foram de algum modo influenciadas pela Constituição de Weimar de 1919. Apesar de sua curta vigência (1919-1933), os arranjos constitucionais inovadoramente confeccionados pelos juristas de Weimar ainda fazem parte do arcabouço constitucional das principais democracias contemporâneas. O centenário de Weimar no ano de 2019, portanto, representa um marco histórico de extrema importância que oferece às atuais democracias a oportunidade de reflexão e, sobretudo, de aprendizado sobre a rica experiência jurídica, política e cultural de um dos períodos mais fascinantes da história do século XX.

A curta história de Weimar é a história de suas crises. Não apenas a crise política abalou as estruturas do regime democrático, do sistema de governo e da organização dos poderes, mas também uma grave crise econômica contribuiu para a ineficácia dos programas sociais previstos no texto constitucional. Weimar assim fornece aos juristas atuais um exemplo dos difíceis e complexos desafios que o constitucionalismo e a democracia podem enfrentar ante a concomitância de uma crise política com uma profunda crise econômica.

A importância atual da reflexão sobre a experiência de Weimar decorre, sobretudo, do fato de que muitas democracias contemporâneas encaram hoje desafios muito semelhantes àqueles enfrentados pela República de Weimar. Crises de representatividade e de legitimidade das instituições políticas, especialmente do sistema de partidos e com a democracia parlamentar; dificuldade dos processos eleitorais de formação de maiorias legítimas necessárias para o governo; graves crises econômicas e financeiras que incapacitam as instituições democráticas para o cumprimento das promessas constitucionais; crescente descontentamento e indignação popular em relação ao governo e sua incapacidade de enfrentamento dos principais problemas sociais; déficits de normatividade constitucional em face de profundos conflitos políticos e culturais e, sobretudo, decorrentes da inefetividade de seus principais programas sociais; todos foram problemas também característicos da crise da democracia de Weimar.

Cem anos depois, Weimar permanece como um paradigma importante para o estudo do direito e da política no sentido de uma compreensão mais profunda sobre os riscos e potencialidades de uma democracia. Como já haviam constatado Arthur Jacobson e Bernhard Schlink, em contextos nos quais o Estado de Direito esteja passando por crises, o interesse em Weimar deve ressurgir. Para os autores, "Weimar oferece um paradigma sombrio, mas útil, para os Estados nos quais o constitucionalismo e o Estado de Direito devem enfrentar forças antidemocráticas e antiliberais"[36].

As crises políticas vivenciadas na Espanha e no Brasil há alguns anos estão a impor uma série de desafios à sobrevivência do regime

---

36 "Weimar offers a dark but useful paradigm for states in which constitutionalism and the rule of law must confront lasting and entrenched antidemocratic and anti-liberal forces." JACOBSON, Arhur J.; SCHLINK, Bernhard (ed.). *Weimar*: a jurisprudence of crisis. Berkeley: University of California Press, 2000.

democrático, à estrutura do sistema de governo e, sobretudo, à normatividade das Constituições de 1978 e de 1988, respectivamente.

Em 2019, nesses países, continua sendo válido questionar: o que podemos aprender com as lições de Weimar?

3. CEM ANOS DEPOIS: O QUE AS NOVAS DEMOCRACIAS PODEM APRENDER DE WEIMAR?

Diferentemente do constitucionalismo norte-americano, no qual a Constituição representou o fundamento inicial e formador do Estado democrático, o constitucionalismo germânico inaugurado em 1919 encontrou um Estado e uma sociedade já formados historicamente, com traços políticos e culturais bastante enraizados, e com a peculiaridade de se encontrarem em um momento de depressão e de frustração social decorrentes dos conhecidos insucessos da guerra de 1914-1918.

Como bem observaram Arthur Jacobson e Bernhard Schlink, quando o Estado precede a própria Constituição, como ocorreu na Alemanha de 1919, as crises do Estado acabam gerando discursos que desafiam o próprio constitucionalismo[37].

Em Weimar, as crises política e econômica rapidamente se transformaram em uma profunda crise constitucional e esse fato permanece exemplar para as novas democracias instituídas na segunda metade do século XX, nas quais as Constituições tiveram que funcionar como projetos audaciosos e arriscados de refundação de um Estado preexistente; em muitos casos, de um Estado autoritário que teve que passar por uma complexa transição para a democracia.

Assim como ocorreu em Weimar, as crises do Estado em democracias recém-instituídas tendem a gerar crises políticas que podem rapidamente assumir a feição de uma grave crise constitucional desafiadora das próprias bases do regime democrático.

---

37 JACOBSON, Arhur J.; SCHLINK, Bernhard (ed.). *Weimar*, cit., p. 1-2.

Como visto em tópicos anteriores, a atual crise da democracia liberal, especialmente em países como o Brasil e a Espanha – democracias com menos de cinquenta anos de existência que hoje enfrentam difíceis e complexos desafios típicos de uma crise constitucional – é o resultado da conjunção de diversas crises, entre as quais se sobressaem as crises econômica e de representatividade política.

A história das crises de Weimar pode trazer luzes para a atual crise da democracia liberal em pelo menos três perspectivas de análise, que a seguir serão desenvolvidas.

A primeira analisa como o desenvolvimento de uma profunda crise econômica pode impor sérios desafios aos robustos programas sociais típicos das Constituições de novas democracias que se inspiraram no constitucionalismo social de Weimar.

A segunda investiga como a contínua dificuldade na formação de maiorias políticas suficientes para o governo, como resultado de uma crise de representatividade parlamentar do sistema de partidos, pode se transformar em uma grave crise política que aos poucos assume a feição de uma crise da própria democracia.

A terceira adota uma perspectiva diferenciada e estuda como a crise constitucional de Weimar foi vivenciada também como uma crise da teoria do direito; e, por outro lado, como desse tipo de crise podem surgir novos conceitos e modelos de análise jurídica do político importantes para uma reconstrução da democracia.

3.1. Constitucionalismo social em tempos de crise econômica

A Constituição de Weimar se tornou mundialmente conhecida por inaugurar o denominado *constitucionalismo social*, ao positivar uma série de direitos sociais reivindicados pelos principais movimentos populares de início do século XX. É certo que esse protagonismo é compartilhado com a Constituição do México, a qual, promulgada dois anos antes (em 1917), também foi precursora no tema da constitucionalização de programas sociais. Mas a história acabou dando maior fama ao projeto constitucional social de Weimar de 1919, pela maior influência global que alcançou, assim como pela polêmica que instaurou entre os juristas europeus sobre os métodos do direito público, cujas lições reverberaram em diversos países.

No Brasil, a Constituição de Weimar teve impacto imediato na doutrina do direito público da década de 1920 e inspirou a confecção da Constituição de 1934[38], que também foi inovadora no constitucionalismo brasileiro por trazer um capítulo específico destinado aos direitos fundamentais de caráter social, com disposições constitucionais inéditas sobre a ordem econômica e social, a família, a educação e a cultura. Na Espanha, a Constituição republicana de 1931 claramente buscou sua fonte de inspiração na República de Weimar e seu projeto constitucional de caráter enfaticamente democrático e social. Também no caso espanhol, a maior influência ocorreu na positivação constitucional de direitos fundamentais de caráter social, além das semelhanças na organização e estruturação do sistema parlamentar e dos poderes do presidente da República.

É interessante notar que o projeto inicial da Constituição alemã, elaborado por Hugo Preuss[39], não continha um capítulo específico para os direitos fundamentais e foi a Assembleia Constituinte de Weimar, baseada na proposta de Friedrich Naumann, que acrescentou a conhecida "segunda parte" do texto constitucional, dispondo sobre uma série de direitos e deveres dos alemães[40].

A constitucionalização dos direitos sociais nunca esteve livre de críticas durante a República de Weimar. Sua inserção no texto constitucional não foi o resultado de qualquer consenso claro e definido, mas parte da solução de "compromisso constitucional" (*Verfassungskompromiss*) entre as forças políticas em disputa durante os trabalhos constituintes da primeira metade de 1919. A estrutura aberta assu-

---

38 Sobre o tema, *vide*: CHACON, Vamireh. Weimar e o Brasil: pródromos da Constituição de 1934. *Convivium*, v. 31, n. 2, p. 164-175, mar./abr. 1988.
39 STIRK, Peter. Hugo Preuss, German political thought and the Weimar Constitution. *History of Political Thought*, v. XXIII, n. 3, p. 497-516, Autumn 2002.
40 Sobre a história e características da Constituição de Weimar, *vide*: BERCOVICI, Gilberto. *Constituição e estado de exceção permanente*: atualidade de Weimar. Rio de Janeiro: Azougue, 2004.

mida pelo texto da Constituição, que abraçava as mais distintas ideologias políticas, de liberais a socialistas, acabou incentivando infindáveis debates jurídicos e políticos e impôs uma série de desafios à doutrina publicista do início dos anos 1920.

Foi a segunda parte da Constituição, especialmente os novos direitos sociais, que causou intensa polêmica em foros de discussão política e acabou estimulando um riquíssimo debate metodológico do direito público em torno dos seus potenciais normativos. São amplamente conhecidas, por exemplo, as duras críticas de Carl Schmitt à inserção de direitos sociais na Constituição de Weimar, por ele considerados como meras proclamações políticas, assim com as opiniões diversas de Rudolf Smend e Hermann Heller, que defendiam os direitos sociais e a ordem econômica como avanços constitucionais.

A Constituição social de Weimar passaria a sofrer os ataques mais destrutivos com o agravamento da crise econômica do Estado alemão. Desde seu início, a República foi palco de constantes distúrbios na economia, com altos índices de uma inflação que era a consequência esperada dos elevados custos de financiamento estatal da guerra e de seus dramáticos resultados sociais[41]. A inflação proletarizou uma ampla parte da classe média alemã e foi diagnosticada sociologicamente como o "pânico da classe média"[42], com consequências como a desorientação política e um distanciamento crescente da população em relação às instituições democráticas.

Mas foi a crise econômica mundial de finais da década de 1920 que acentuou os problemas da economia alemã. Por diversos fatores, externos e internos, o impacto do colapso econômico de 1929 afetou o Estado alemão de maneira muito mais intensa que a outras eco-

---

41 FERGUSSON, Adam. *Cuando muere el dinero*: el derrumbamiento de la República de Weimar. Tradução J. C. Gómez Borrero. Madrid: Alianza, 1984. p. 77.
42 MÖLLER, Horst. *La República de Weimar*: una democracia inacabada. Tradução Paula Sánchez. Madrid: Antonio Machado Libros, 2006. *E-book.* posição 2649.

nomias nacionais da época[43], causando aumento abrupto nos índices de desemprego e, como consequência, de insatisfação popular, especialmente das classes economicamente privilegiadas, com a democracia social.

O Estado alemão conformado pela Constituição de Weimar tinha forte presença na economia, de modo que as consequências da crise foram sentidas não apenas no plano econômico e social, mas rapidamente se tornaram problemas do próprio constitucionalismo social. Como o Estado era fundamental para o regime econômico, as políticas por ele implementadas nessa área causavam fortes contestações que não se resumiam à crítica à gestão estatal dos gastos públicos, mas visavam atingir o próprio sistema da Constituição econômica e social de Weimar[44].

O debate público sobre o aumento ou redução das prestações sociais em face da gravidade da crise econômica acabou se tornando uma discussão sobre a própria legitimidade dos direitos sociais[45]. O projeto de Estado social da Constituição passou a ser alvo de críticas ferozes, especialmente das classes economicamente privilegiadas. No início dos anos trinta, o empresariado já não combatia apenas o aumento de salários e a implementação de direitos trabalhistas, mas atacava o próprio Estado social.

Assim é que, em Weimar, a crise econômica abalou as próprias estruturas do constitucionalismo social[46]. Já não se buscava solução para a crise econômica, mas a própria transformação do Estado, com a transição de um Estado social para um Estado forte que não interferisse muito na economia. O resultado, como se sabe, foi a abolição da democracia social e a transição para o Estado total.

---

43 MÖLLER, Horst. *La República de Weimar*, cit., posição 2774.
44 ABRAHAM, David. *The collapse of the Weimar Republic*: political economy and crisis. Princeton: Princeton University Press, 1981. p. 12-18.
45 ABRAHAM, David. *The collapse of the Weimar Republic*, cit., p. 13.
46 Eric Weitz bem observou que em Weimar "a crise económica logo abriu caminho para uma crise de legitimidade do sistema político". WEITZ, Eric. *La Alemania de Weimar*: presagio y tragedia. Tradução Gregorio Cantera. 2. ed. Madrid: Turner, 2019. p. 147.

O fato oferece uma importante lição para as democracias atuais, especialmente para as novas democracias, que passam por crises econômicas graves que acabam desafiando o próprio constitucionalismo social. No contexto de uma crise econômica, passam a ser comuns os discursos que atacam a própria Constituição social, como se os seus programas sociais fossem os grandes responsáveis pela crise. Os direitos sociais passam a ser encarados como o problema principal da crise. Em regimes de democracia não consolidada, cujas instituições ainda não estão sólidas o suficiente para não se deixar influenciar por esses discursos que passam a circular na esfera pública em tempos de crise, há o permanente risco de que a via de solução para tais problemas seja a reforma ou a substituição total da Constituição.

Nos últimos anos, não tem sido incomum esse tipo de discursos em novas democracias que passam por crises econômicas graves. As instituições democráticas precisam ser cautelosas ante esse tipo de tentativa de responsabilizar os direitos sociais, e as despesas públicas que eles geram, pelas crises econômicas. A história da República de Weimar já deixou esse aprendizado.

3.2. Sistema de governo e sistema de partidos em tempos de crise de legitimidade da representação política

A Constituição de Weimar estruturou e organizou os poderes da República em um arranjo constitucional que tinha o objetivo de estabelecer o equilíbrio entre o executivo e o parlamento, com um desenho que mesclava dois modelos republicanos conhecidos: o norte-americano, em que o presidente chefia o governo com o auxílio de ministros que respondem apenas a ele; e o francês (da terceira república), em que o presidente representa uma figura simbólica e o governo depende do parlamento. A República de Weimar apresentou uma fórmula constitucional de compromisso entre essas duas opções[47], de modo que, por um lado, criou um

---

47 VAN CAENEGEM, R. C. *Uma introdução histórica ao direito constitucional ocidental*. Tradução Alexandre Vaz Pereira. Lisboa: Fundação Calouste Gulbenkian, 2009. p. 326.

sistema de governo em que o poder executivo dependia da confiança do parlamento (*Reichstag*); e, por outro lado, fortaleceu a figura do presidente da República, dotado de legitimidade democrática eleitoral (eleito por sufrágio) e detentor do poder de nomear o chefe de governo e demais membros do executivo, além de poderes extraordinários para assegurar a ordem e a segurança públicas (previstos no famoso artigo 48 da Constituição de Weimar). Na verdade, ainda que com características dos sistemas parlamentaristas, o que a Constituição desenhou foi um sistema de caráter mais semipresidencialista (ou semiparlamentarista).

O *Reichstag* foi moldado pela Constituição de Weimar para ter posição central no sistema de governo parlamentarista adotado pela República. Eleito democraticamente por sufrágio, masculino e feminino, a ele pertencia o poder da legislação, além do controle político do executivo e de seus membros (o artigo 52 estabelecia que esses membros teriam que se demitir sempre que o parlamento lhes retirasse a sua confiança). Ante a previsão constitucional de pleno funcionamento parlamentar, deveria restar ao presidente da República poucos recursos para se contrapor a maiorias parlamentares estáveis.

No entanto, ao contrário do que que formalmente definido na Constituição, a prática constitucional da República parlamentar de Weimar evoluiu de modo bastante diferente. Ao mesmo tempo que confeccionou uma estrutura de pretenso equilíbrio entre os poderes, a Constituição de Weimar modelou um típico sistema proporcional para as eleições dos membros do parlamento, com a intenção de incentivar a formação de composições parlamentares plurais, representativas das mais diversas ideologias e correntes políticas. Mas o resultado da aplicação desse sistema eleitoral proporcional foi a proliferação de partidos com representação parlamentar e, como consequência da excessiva fragmentação partidária, a formação de um parlamento atomizado[48], incapaz de formar maiorias estáveis suficientes para a legislação e o governo duradouros.

---

48 ABRAHAM, David. *The collapse of the Weimar Republic*, cit., p. 301-312.

A República de Weimar conviveu com uma sucessão de parlamentos e governos. Nenhum parlamento chegou a finalizar um período legislativo completo. A legislatura deveria ser de quatro anos, mas, no período entre 1920 e 1933, o *Reichstag* foi eleito oito vezes. Apenas o primeiro e o terceiro *Reichstag* conseguiram manter-se quase os quatro anos. O quarto, eleito em 1928, permaneceu algo mais de dois anos, e o eleito em 1930 não alcançou dois anos de funcionamento. E os demais foram ainda mais efêmeros: o de 1924 manteve-se apenas por alguns meses, assim como o sexto e o sétimo, eleitos em 31 de julho e em 6 de novembro de 1932, respectivamente. E essa instabilidade dos parlamentos também repercutiu na formação parlamentar (por coalizão) dos governos. Entre 1919 e 1933, foram criados ao menos vinte governos diferentes[49].

Essa constante instabilidade conformou um parlamento impotente, que aos poucos foi perdendo poder político para o executivo[50]. Assim, em vez do equilíbrio entre Executivo e Parlamento desejado pela estrutura formal da Constituição, o que se assistiu ao longo da década de 1920 foi a uma gradual transferência de poder político para o Executivo e a ascensão do presidente como figura central do sistema político de governo da República de Weimar. Como constatou Horst Möller, "a República de Weimar adoeceu da silenciosa mudança constitucional de um sistema semiparlamentarista a um sistema presidencialista"[51]. A combinação constitucional dos artigos 25 (poder presidencial de dissolução do parlamento) e 48 (poderes presidenciais extraordinários para situações de crise) com o artigo 53 (poder de nomeação e exoneração do chefe de governo e ministros) moldou uma figura presidencial com plenos poderes sobre o parla-

---

49   MÖLLER, Horst. *La República de Weimar*, cit., posição 3389.
50   Como observou Horst Möller, "si se compara la duración de los cargos de los presidentes, de los gobiernos y de los períodos de legislatura del Reichstag, parece evidente que los presidentes representaban el único factor estable dentro de ese triángulo de poder. La plenitud de poderes constitucionales del jefe de estado, que conllevaba el fortalecimiento fáctico de su posición, se conseguía a costa de la debilidad de los otros dos altos órganos constitucionales". MÖLLER, Horst. *La República de Weimar*, cit., posição 3410.
51   MÖLLER, Horst. *La República de Weimar*, cit., posição 3421.

mento e o governo, que passaram a depender constantemente de sua autoridade política.

No início dos anos 1930, as principais decisões políticas já se tomavam mediante edição de decretos por parte do presidente (em 1930 foram promulgados 5 decretos; em 1931 foram 44; e em 1932, 60), retirando o poder legislativo das mãos do Parlamento e instaurando um modelo governamental que ficou conhecido como o *Diktaturgewalt* (poder ditatorial), que foi apoiado pela grande maioria dos políticos e da sociedade, por aglutinar qualidades como a liderança, a autoridade e a estabilidade, naquele momento necessárias ante os problemas vivenciados no parlamento. O crescimento dos poderes presidenciais atingiu seu ponto culminante em 30 de janeiro de 1933, quando o Presidente Paul von Hindenburg nomeou aquele que seria o último chefe de governo da República de Weimar: Adolf Hitler.

A fragilidade política do parlamento decorreu, especialmente, da sua dificuldade em formar maiorias estáveis, resultado da completa fragmentação partidária gerada pelo sistema eleitoral proporcional. Ante a impossibilidade de o sistema eleitoral conformar um sistema bipartidário ou pelo menos um parlamento composto por um grupo reduzido de partidos representativos, no qual fosse possível identificar claramente a maioria e a minoria políticas, o sistema parlamentar de Weimar esteve desde o início vocacionado à paralisia, tal como ocorreu na prática.

O sistema de governo, o sistema de partidos e os mecanismos de divisão dos poderes desenhados pela Constituição de Weimar acabaram não funcionando da forma como esperada pelos seus pais fundadores. Contribui para tanto, ademais, o fato de que a primeira experiência alemã de um sistema parlamentar tenha ocorrido no contexto da crise europeia do parlamentarismo, cujo funcionamento passou a ser alvo de críticas não apenas de autoridades e forças políticas, mas igualmente dos juristas em âmbito acadêmico[52].

---

52 Sobre as críticas acadêmicas ao sistema parlamentar, especialmente por parte dos professores de Direito Público alemão – uma elite intelectual reconhecida como "mandarins alemães" (abordados na obra de Fritz

Cem anos depois, a análise histórica da crise do parlamentarismo na República de Weimar indica uma série de fatores semelhantes à atual crise do parlamentarismo vivenciada em diversas democracias. Como analisado, a Espanha experimenta há alguns anos uma grave crise de representatividade parlamentar e uma mutação profunda de seu sistema de partidos, as quais tem criado obstáculos à formação de maiorias políticas suficientes para um governo legítimo, estável e capaz de tomar decisões políticas de ampla aceitação social. No Brasil, o sistema eleitoral proporcional, muito semelhante ao adotado na Constituição de Weimar, continua sendo adotado com o objetivo de incentivar o pluralismo político, mas permanece gerando um sistema partidário hiperfragmentado, que torna extremamente complexa e difícil a tarefa imposta ao presidente de construção de amplas coalizões parlamentares necessárias para o governo (*presidencialismo de coalizão*). Em ambos os países, as atuais crises políticas possuem raízes nas crises de representatividade democrática e do sistema de partidos, como ocorreu em Weimar, e estão a exigir reformas políticas que envolvam os processos eleitorais de formação da representação política e os mecanismos de organização e funcionamento dos partidos políticos. A superação dessas crises, como será abordado mais **à** frente, passa pela construção de boas práticas políticas dos poderes e dos partidos, algo que teria sido crucial para a sobrevivência da República Weimar, mas cuja ausência foi a causa principal de sua decadência democrática, uma lição que não deve ser esquecida pelas democracias atuais.

3.3. A teoria do direito em tempos de crise constitucional

Apesar do curto período de sua efetiva vigência (1919-1932)[53], a Constituição de Weimar, pela nova democracia que instituiu e pelo

---

Ringer *The decline of the Germans mandarins*) – , e a consequente formação de um pensamento antiparlamentar na Europa da década de 1920, confira-se: ESTEVE PARDO, José. *El pensamiento antiparlamentario y la formación del derecho público en Europa*. Madrid: Marcial Pons, 2019.

53 Quanto à definição da efetiva vigência da Constituição de Weimar, R. C. von Caenegem bem esclarece que, "se aceitarmos que uma Constituição

programa social que de modo inédito objetivou estabelecer na Europa do início do século XX, acabou se tornando alvo das mais diversas críticas, que instigaram um intenso debate público sobre seu significado, suas possibilidades normativas, seus limites de aplicação[54], fazendo dela um dos documentos constitucionais mais comentados e influentes em todo o mundo.

As discussões infindáveis entre os juristas decorreram não apenas da novidade que representava para os alemães a instituição de uma república democrática parlamentar, cujo desenho institucional ainda estava por ser definido na teoria e na prática constitucionais, mas também pelos inéditos desafios que as crises de Weimar impuseram à efetividade da nova Constituição. As crises do Estado também resultaram em uma crise da teoria jurídica sobre esse Estado. Como constataram Arthur Jakobson e Bernhard Schlink, "quando o direito do Estado estava em crise em Weimar, a teoria do direito estatal teve de estar igualmente em crise"[55].

O interessante a se notar, não obstante, é que, em razão do fato de pela primeira vez na história alemã a teoria do direito público poder ser desenvolvida em ambiente democrático[56], dessa crise

---

se pode declarar clinicamente morta a partir do momento em que é rejeitada pela maioria das pessoas, o ano de 1932 pode ser considerado a data do fim da República de Weimar". A partir daquele momento, as principais forças políticas e a sociedade como um todo já não confiavam na república parlamentar. De todo modo, apesar de sua vigência formal, a Constituição seria terminantemente superada no momento culminante do golpe de Estado de agosto de 1934, com a substituição do juramento de lealdade à Constituição por parte do exército por um juramento à pessoa do "*Führer* do *Reich* e povo alemães, Adolf Hitler". VAN CAENEGEM, R. C. *Uma introdução histórica ao direito constitucional ocidental*, cit., p. 330-332.

54 CALDWELL, Peter C. *Popular sovereignty and the crisis of German constitutional law*: the theory and practice of Weimar constitucionalismo. Durham: Duke University Press, 1997.

55 JACOBSON, Arhur J.; SCHLINK, Bernhard (ed.). *Weimar*, cit., p. 3.

56 Neste ponto, é importante destacar que, como bem observou Eric Weitz, "a essência democrática" da Constituição de Weimar "se infiltrou na sociedade e na cultura, contribuindo ao espírito de Weimar, inquieto e criativo". O fascinante período de criatividade ocorreu não apenas nas artes, na

surgiram novos métodos, categorias e conceitos que revolucionaram o tratamento teórico jurídico da política e da prática constitucional.

A República de Weimar foi um "laboratório constitucional"[57] que, apesar das crises política e econômica que o caracterizaram, atuou como centro produtor de métodos e conceitos jurídicos novos. O debate metodológico sobre o direito público foi protagonizado por uma geração de verdadeiros gênios do direito e da política, entre os quais se destacam Max Weber, Hans Kelsen, Carl Schmitt, Gerhard Anschütz, Rudolf Smend, Hermann Heller, Erich Kaufmann, Hugo Preuss, Heinrich Triepel. Foi, por exemplo, Carl Schmitt um dos maiores críticos da referida segunda parte da Constituição, a qual considerava como uma mera proclamação política programática; enquanto, por outro lado, Rudolf Smend e Hermann Heller defendiam os novos direitos sociais como grandes avanços constitucionais.

Em um contexto de crise do Estado, a riqueza das discussões jurídico-políticas caracterizou um período excepcional na história constitucional, a ponto de serem encontradas afirmações atuais, como a do professor francês Carlos-Miguel Herrera, um dos grandes estudiosos do tema, no sentido de que "Weimar aparece no discurso jurídico da primeira metade do século XX em um lugar equivalente ao da Revolução Francesa para os juristas do século XIX"[58]. Com efeito, ambos condensaram momentos de profunda crise político-institucional com a idealização e a criação geniosa de modelos e conceitos jurídicos.

Além de inovadoras, as contribuições teóricas dos publicistas de Weimar ganharam sentido universal e assim influenciaram gerações de professores de direito público ao redor do mundo. Como enfatizaram dois especialistas no assunto, Arthur Jacobson e Bernhard

---

música, no cinema, mas também no âmbito da filosofia, das ciências, e especificamente na teoria do direito e da política. WEITZ, Eric. *La Alemania de Weimar*, cit., p. IV.

57 A expressão é de Joseph Barthélemy, citado em: HERRERA, Carlos Miguel. *A política dos juristas*: direito, liberalismo e socialismo em Weimar. Tradução Luciana Caplan. São Paulo: Alameda, 2012. p. 9.

58 HERRERA, Carlos Miguel. *A política dos juristas*, cit., p. 10.

Schlink[59], os debates de Weimar sobre o direito do Estado exercem hoje na Alemanha um papel semelhante ao desempenhado pelos *Federalist Papers* nos Estados Unidos da América, cujas lições sobre os fundamentos de um específico Estado democrático adquiriram um significado universal.

Em Weimar, direito e política passaram a ser compreendidos a partir de categorias teóricas que produziram avanços inéditos na Teoria do Estado, com as conhecidas contribuições de Hans Kelsen[60] e Hermann Heller[61], e permitiram, sobretudo, a estruturação de uma Teoria da Constituição, que encontrou em Carl Schmitt um de seus maiores expoentes, com sua famosa obra *Verfassungslehre*[62].

É importante ressaltar que foram os pensadores de Weimar que, ao trabalharem o direito público no sentido da compreensão do fenômeno político, avançaram no desenvolvimento de uma "teoria jurídica do político"[63]. Democracia, governo, liberalismo, socialismo, como objetos próprios da reflexão sobre o político, passaram a receber um sistematizado tratamento teórico a partir de modelos e conceitos jurídicos.

Os juristas de Weimar, cada um à sua maneira, buscaram entender a política como ela realmente se manifesta (*Realpolitik*) e assim pode ser apreendida teoricamente. Hans Kelsen e Carl Schmitt foram, inegavelmente, dois representantes máximos dessa teorização do político, mas foi pela obra de Max Weber que o período weimariano ofereceu ao mundo uma das mais importantes contribuições da teoria política moderna.

No dia 28 de janeiro de 2019, completaram-se exatos cem anos que Max Weber proferiu a famosa conferência *Politik als Beruf* (Política

---

59   JACOBSON, Arhur J.; SCHLINK, Bernhard (ed.). *Weimar*, cit., p. 3.
60   KELSEN, Hans. *Teoria geral do direito e do Estado*. São Paulo: Martins Fontes, 1998.
61   HELLER, Hermann. *Teoría del Estado*. México: Fondo de Cultura Económica, 1992.
62   SCHMITT, Carl. *Teoría de la Constitución*. Madrid: Alianza Editorial, 1996.
63   HERRERA, Carlos Miguel. *A política dos juristas*, cit., p. 10.

como vocação), um clássico da literatura política que ainda hoje fornece categorias de análise do comportamento (ética) dos políticos[64]. A revista *The Economist* noticiou o fato e, ressaltando a importância desse centenário, destacou que o pensamento político-liberal de Weber, que pautou os debates germânicos sobre democracia e constitucionalismo em Weimar, hoje oferece lições extremamente relevantes para o cenário político das democracias contemporâneas, tão conturbado e crítico quanto foi a experiência política de Weimar[65].

De fato, os conceitos e os modelos de comportamento ético dos políticos, entre os quais sobressai a famosa distinção conceitual entre a ética da convicção e a ética da responsabilidade, passaram a fazer parte do instrumental teórico da política e do direito e hoje ainda são importantes como referencial crítico da prática política, sobretudo em países que assistem à chegada ao poder de figuras demagógicas e de índole autoritária.

A democracia é um regime de governo moralmente exigente, que requer o cultivo e a prática constante da educação cívica quanto aos valores democráticos. A distância entre as teorias dos juristas e a prática política no regime de Weimar ficou marcada na história como um exemplo negativo de observância das exigências éticas da democracia.

É interessante observar que os juristas de Weimar, apesar de suas distintas posições e ideologias políticas, laboraram no mesmo sentido para a construção daquela nova democracia. O discurso teórico jurídico foi uníssono pelo menos nesse aspecto da disposição para a edificação e defesa do sistema político. Como destacou Francisco Sosa Wagner em um dos mais importantes estudos sobre os juristas de Weimar, "o âmbito de acordo, o ponto de encontro de todos eles, é o regime parlamentar e a democracia"[66]. Nesse aspecto,

---

64 Na tradução brasileira: Política como vocação. *In*: WEBER, Max. *Ciência e política*: duas vocações. São Paulo: Cultrix; 2008.
65 THE WHEEL OF HISTORY. *The Economist*, 26 jan. 2019.
66 SOSA WAGNER, Francisco. *Maestros alemanes del derecho público*. 2. ed.. Madrid: Marcial Pons, 2005. p. 536.

os professores alemães foram tudo menos pessoas alheias à política de seu tempo, apesar de muitos não terem exercido a vida política. Por outro lado, havia a persistente tentativa de tratar das questões teóricas em foros de discussão isentos da política, cujo melhor exemplo foi a criação em 1922, com a liderança de Heinrich Triepel, da Associação dos Professores Alemães de Direito Público (*Vereinigung der Deutschen Staatsrechtslehrer*), que, como é sabido, foi o palco especial dos grandes debates entre os principais publicistas da época.

Na verdade, o pensamento desenvolvido pelos juristas de Weimar acabou criando, em determinados aspectos, uma atmosfera teórica que incentivou, em alguns momentos, a crença nos valores da nova democracia. Propiciou-se, naquele momento, uma visão teórica que passou a enxergar na Constituição um documento normativo que, apesar de muitas vezes estar distante da realidade e não receber a devida concretização, poderia oferecer um norte de esperança para a sociedade.

As Constituições, além de delimitarem as bases jurídicas para o funcionamento dos poderes, instituem projetos para o futuro das sociedades. Elas direcionam a vida em comunidade no sentido da busca da concretização de determinados valores político-morais, como a democracia, as liberdades e a justiça. Traçam princípios e metas coletivas que passam a ser o norte da convivência política e social. Representam, nesse aspecto, utopias para a narrativa histórico-política das sociedades.

A Constituição de Weimar foi confeccionada para instituir um projeto de sociedade, um novo modelo de democracia social. A incapacidade das forças políticas da época para implementar e concretizar esse projeto em toda sua plenitude não impediu que aquele inédito documento constitucional alemão mantivesse a sua força simbólica e a sua influência exemplar em relação a diversas democracias ocidentais, ao longo de todo o século XX. A dificuldade da sociedade alemã de aceitar e de legitimar o novo projeto constitucional weimariano não esteve ligada à qualidade do texto fundamental, mas decorreu de fatores sociais complexos e muito peculiares do início da década de 1920, especialmente de uma cultura política ainda presa aos costumes monárquicos e imperiais e da necessidade primordial de suportar e de superar o fardo econômico e social do período pós-guerra.

Esse *valor simbólico* mantido na história pela Constituição de Weimar foi preconizado no pensamento filosófico de Ernst Cassirer[67]. Diante das concepções que comumente definiam o novo texto constitucional como uma humilhante imposição das nações vencedoras da guerra e um documento descolado da realidade do povo alemão, Cassirer quis opor uma espécie de *patriotismo constitucional*, demonstrando que os valores fundamentais albergados pelo inovador projeto social weimariano, longe de representarem uma importação estrangeira, tinham origem nos ideais do iluminismo e do idealismo alemães e assim poderiam inspirar e guiar a reconstrução da sociedade.

Em 11 de agosto de 1928, na ocasião da comemoração de aniversário da Constituição de Weimar, Ernst Cassirer proferiu a famosa conferência "A ideia da Constituição Republicana" (*Die Idee der republikanischen Verfassung*), na qual aborda o texto constitucional alemão na perspectiva da *história das ideias* e defende que "a ideia da Constituição republicana não é algo alheio à história intelectual alemã, muito menos um intruso externo, mas cresceu em seu solo e graças às suas próprias forças"[68].

A intenção de Cassirer era incutir na sociedade da época a esperança em relação ao projeto constitucional de Weimar, fundado nos ideais do constitucionalismo moderno, o qual, apesar de ainda não transformado em efetiva experiência para o povo alemão, oferecia um programa ideal voltado para o futuro. A partir da distinção entre a estrutura das ideias e a estrutura da realidade sociopolítica, Cassirer ensinava que a função regulativa de determinadas ideias político-morais, como a própria Constituição republicana, manti-

---

67 ARAMAYO, Roberto R. *Cassirer y su neo-ilustración:* la conferencia sobre Weimar y el debate de Davos con Heidegger. Madrid: Plaza y Valdés, 2009.
68 CASSIRER, Ernst. La idea de la Constitución Republicana (1928). *In*: ARAMAYO, Roberto R. *Cassirer y su neo-ilustración*: la conferencia sobre Weimar y el debate de Davos con Heidegger. Madrid: Plaza y Valdés; 2009. p. 65.

nham-se independentes de determinado resultado histórico negativo de sua materialização. Nesse sentido, para ele pouco importava se os acontecimentos da Revolução Francesa desembocaram em um período de terror e de guerras, pois os valores político-morais nela pregados mantiveram na história o seu poder simbólico e sua força de influência universal e atemporal. Com isso, ele queria demonstrar que os resultados práticos até então alcançados pelo constitucionalismo de Weimar não rebaixavam o seu valor ideal como projeto de futuro para uma sociedade sofrida. Assim, Cassirer encerra a conferência afirmando que

> [...] a imersão na história da ideia de constituição republicana não deve significar exclusivamente uma viagem ao passado, mas deve fortalecer em nós a fé e a confiança em que as forças a partir das quais foi crescendo originariamente essa ideia nos indicam também o caminho ao futuro e que poderemos guiar esse futuro se cooperarmos com essas forças[69].

A mensagem filosófica de Ernst Cassirer permanece válida nos dias atuais. A frustração do projeto weimariano de democracia social na complexa realidade alemã do pós-guerra não anula o seu valor simbólico para o constitucionalismo contemporâneo. Se, na história dos fatos, a República de Weimar continua sendo lembrada como o prelúdio do período nazista, na história das ideias a Constituição alemã de 1919 mantém-se como símbolo das ideias democráticas e sociais. O constitucionalismo social de Weimar permanece como um exemplo e uma inspiração para o constitucionalismo atual, especialmente em novas democracias que lutam para superar suas crises.

4. Reflexões finais: a importância das práticas constitucionais

A Constituição de Weimar de 1919 tinha um texto bem construído e conformava um programa social que representava um

---

69 CASSIRER, Ernst. La idea de la Constitución Republicana (1928), cit., p. 65.

grande avanço para as democracias de sua época[70]. Era uma boa Constituição e as crises que marcaram o período não foram o resultado de sua estrutura. O desenho constitucional tinha um grande potencial de desenvolvimento, que não foi explorado pela política de seu tempo.

As crises da democracia e do constitucionalismo em Weimar foram a consequência da falta da *política*. Em vez de manterem com o texto uma relação consequencialista direta, as crises foram o resultado da ausência de práticas políticas com capacidade de desenvolvimento de todo o potencial da democracia social fundada na estrutura constitucional. Hoje, já se tem uma noção bem assentada de que até mesmo o problema surgido da combinação constitucional dos artigos 25 (poder presidencial de dissolução do parlamento) e 48 (poderes presidenciais extraordinários para situações de crise) com o artigo 53 (poder de nomeação e exoneração do chefe de governo e ministros) poderia ter sido bem equacionado e superado por uma prática política com intenções genuinamente democráticas. Na República de Weimar, portanto, havia uma Constituição bem formatada, mas não havia *práticas constitucionais* para sua efetivação e concretização.

Quando não há boas práticas políticas democráticas, não há Constituição que solucione os problemas de uma democracia. Uma Constituição não pode ser a única e principal causa de uma crise democrática. Nenhuma Constituição possui arranjos institucionais cuja perfeição ou defeito possam ter um nexo exclusivo de causalidade com o sucesso ou a ruína de uma democracia. Constituições fixam as bases normativas para o funcionamento das instituições democráticas. Impõem uma moldura institucional, dentro da qual os poderes, órgãos e agentes políticos poderão desenvolver as práticas políticas necessárias para a permanente sustentação e consolidação da democracia. Mas a conquista da experiência democrática sempre dependerá das práticas políticas comprometidas com a transfor-

---

70 Como observou Eric Weitz, um dos maiores conhecedores da cultura e da política de Weimar, "a Constituição de Weimar foi uma das mais democráticas, quiçá a mais democrática, dos anos vinte do século passado". WEITZ, Eric. *La Alemania de Weimar*, cit., p. IV.

mação do modelo constitucional em uma vivência democrática diuturna da comunidade.

A atual crise não é uma crise da democracia como modelo preferencial de regime de governo. O regime democrático permanece sendo a melhor escolha institucional entre os alternativos modelos histórico-políticos. A crise evidenciada no presente surge da insatisfação generalizada com a democracia que vem sendo praticada em diversos países. É uma crise da *prática*, não da *ideia* de democracia. Os instrumentos para a sua superação, portanto, não se encontram em modelos alternativos de governo, porém, podem ser buscadas por meio da (re)construção das práticas políticas democráticas.

A teoria constitucional sempre esteve muito concentrada no estudo das estruturas e da organização dos poderes constitucionais. É bem verdade que também muito se avançou, nas últimas décadas, sobre a interpretação e a aplicação dos direitos fundamentais. Mas muito pouco esforço foi destinado para o conhecimento empírico, a análise normativa e a definição de modelos teóricos para as *práticas constitucionais*.

Na década de 2020, o enfrentamento da atual crise da democracia liberal cobrará da teoria constitucional um foco especial sobre normas informais que regem o relacionamento político entre os poderes constitucionais. Nos próximos anos, o Direito Constitucional precisará prestar mais atenção às *práticas constitucionais*.

Aqui está uma das maiores lições do constitucionalismo de Weimar: para que não se enverede novamente pelos mesmos caminhos que a história aponta como equivocados e até desastrosos, é preciso refletir, construir conhecimento teórico, incentivar e concretizar as práticas políticas fundamentais para o pleno desenvolvimento e funcionamento das instituições democráticas. Que os juristas do século XXI estejam atentos às lições de Weimar sobre os desafios do constitucionalismo e da democracia em tempos de crise!

Referências

ABRAHAM, David. *The collapse of the Weimar Republic*: political economy and crisis. Princeton: Princeton University Press, 1981.

ABRANCHES, Sergio. *Presidencialismo de coalizão*: raízes e evolução do modelo político brasileiro. São Paulo: Companhia das Letras, 2018.

ALBRIGHT, Madeleine. *Fascismo*: um alerta. São Paulo: Crítica, 2018.

ALMEIDA, Ângela Mendes de. *A República de Weimar e a ascensão do nazismo*. 3. ed. São Paulo: Brasiliense; 1990.

ARAMAYO, Roberto R. Cassirer, la Constitución de Weimar y el papel regulativo de las ideas político-morales. *Isegoría – Revista de Filosofía Moral y Política*, n. 40, p. 149-154, ene-jun. 2009.

ARAMAYO, Roberto R. *Cassirer y su neo-ilustración:* la conferencia sobre Weimar y el debate de Davos con Heidegger. Madrid: Plaza y Valdés, 2009.

ASCARELLI, Roberta. *Socialismo e cultura di massa*: potere e cultura nella socialdemocrazia tedesca durante la reppublica di Weimar. Roma: Edizioni Lavoro, 1983.

BERCOVICI, Gilberto. Carl Schmitt e a Constituição de Weimar: breves considerações. *Revista Latino-Americana de Estudos Constitucionais*, n. 2 jul./dez. 2003.

BERCOVICI, Gilberto. *Constituição e estado de exceção permanente*: atualidade de Weimar. Rio de Janeiro: Azougue, 2004.

BOGNETTI, Giovanni. *Europa in crisi*: due studi su alcuni aspetti della fine della III Rep. Francese e della Rep. di Weimar. Milano: Giuffrè, 1991.

BOURTHOMIEUX Ch. Fédéralisme et démocratie dans la Constitution de Weimar et la Loi Fondamentale de Bonn. *Revue Internationale de Droit Comparé*, v. 2, n. 1, janvier-mars 1950.

CALDWELL, Peter C. *Popular sovereignty and the crisis of German constitutional law*: the theory and practice of Weimar constitucionalismo. Durham: Duke University Press, 1997.

CASSIRER, Ernst. La idea de la Constitución Republicana (1928). *In*: ARAMAYO, Roberto R. *Cassirer y su neo-ilustración*: la conferencia sobre Weimar y el debate de Davos con Heidegger. Madrid: Plaza y Valdés; 2009.

CASTELLS, Manuel. *A sociedade em rede*. São Paulo: Paz e Terra, 2016.

CASTELLS, Manuel. *Ruptura*: a crise da democracia liberal. São Paulo: Zahar, 2018.

CHACON, Vamireh. A República de Weimar e a República de Bonn. *Revista de Informação Legislativa*, jan./mar. 1975.

CHACON, Vamireh. Weimar e o Brasil: pródromos da Constituição de 1934. *Convivium*, v. 31, n. 2, p. 164-175, mar./abr. 1988.

DAHL, Robert. *La democracia y sus críticos*. Tradução Leandro Wolfson. Barcelona: Paidós; 2002.

DAHL, Robert. *Sobre a democracia*. Tradução Beatriz Sidou. Brasília: Ed. Universidade de Brasília, 2001.

DEMOCRACY continues its disturbing retreat. *The Economist*, 31 jan. 2018. Disponível em: https://www.economist.com/blogs/graphicdetail/2018/01/daily-chart-21.

DIVELLEC, Armel. Parlamentarisme dualiste: entre Weimar et Bayeux. *Revue Française de Droit Constitutionnel*, n. 20, p. 749-758, 1994.

DYZENHAUS, David. *Legality and legitimacy*: Carl Schmitt, Hans Kelsen and Hermann Heller in Weimar. Oxford: Oxford University Press, 2003.

DYZENHAUS, David. Legal theory in the collapse of Weimar: contemporary lessons?. *The American Political Science Review*, v. 91, n. 1, p. 121-134, mar. 1997.

ELIAS, Norbert. *Os alemães*: a luta pelo poder e a evolução do *habitus* nos séculos XIX e XX. Tradução Alvaro Cabral. Rio de Janeiro: Zahar, 1997.

ESTEVE PARDO, José. *El pensamiento antiparlamentario y la formación del derecho público en Europa*. Madrid: Marcial Pons, 2019.

ESTÉVEZ ARAUJO, José A. *La crisis del Estado de Derecho liberal:* Schmitt en Weimar. Barcelona: Ariel, 1989.

FERGUSSON, Adam. *Cuando muere el dinero*: el derrumbamiento de la República de Weimar. Tradução J. C. Gómez Borrero. Madrid: Alianza, 1984.

FROSINI, Tommaso Edoardo. Costituzione e sovranità nella dottrina della Germania di Weimar. *Il Politico*, Univ. Pavia, anno LXI, n. 1, p. 95-127, 1996.

FUKUYAMA, Francis. *Identidad*. Tradução Antonio García Maldonado. Barcelona: Deusto, 2019.

GAY, Peter. *A cultura de Weimar*. Tradução Laura Lúcia da Costa Braga. Rio de Janeiro: Paz e Terra, 1978.

GINSBURG, Tom; HUQ, Aziz Z. *How to save a constitutional democracy?* Chicago: University of Chicago Press, 2018; SUSTEIN, Cass (ed.). *Can it happen here?* Authoritarianism in America. New York: HarperCollins, 2019.

GÓMEZ ORFANEL, Germán. La defensa de la democracia en la República de Weimar. *In*: MORODO, Raúl; VEGA, Pedro de. *Estudios de teoría del Estado y derecho constitucional en honor de Pablo Lucas Verdú*. Madrid: Servicio de Publicaciones de la Universidad Complutense de Madrid; 2000. t. I. p. 327-346.

GRABER, Mark; LEVINSON, Sanford; TUSHNET, Mark (ed.). *Constitutional democracy in crisis?* New York: Oxford University Press, 2018.

GUEDES, Marco Aurelio Peri. *Estado e ordem econômica e social*: a experiência constitucional da República de Weimar e a Constituição Brasileira de 1934. Rio de Janeiro: Renovar, 1998.

HARARI, Yuval Noah. *21 lições para o século 21*. Tradução Paulo Geiger. São Paulo: Companhia das Letras, 2018.

HELLER, Hermann. *Teoría del Estado*. México: Fondo de Cultura Económica, 1992.

HERRERA, Carlos Miguel. *A política dos juristas*: direito, liberalismo e socialismo em Weimar. Tradução Luciana Caplan. São Paulo: Alameda, 2012.

HIERRO, José Luis del. *Democracia frustrada*: un estudio comparado de la República de Weimar y la Segunda República Española. Madrid: Ediciones de la Torre, 2018.

JACOBSON, Arhur J.; SCHLINK, Bernhard (ed.). *Weimar*: a jurisprudence of crisis. Berkeley: University of California Press, 2000.

KELSEN, Hans. *Teoria geral do direito e do Estado*. São Paulo: Martins Fontes, 1998.

KENNEDY, Ellen. *Carl Schmitt en la República de Weimar*: la quiebra de una Constitución. Tradução Pedro Loma Fallón. Madrid: Tecnos, 2012.

KÜHNL, Reinhard. *La República de Weimar*: establecimiento, estructuras y destrucción de una democracia. Valencia: Ediciones Alfons el Magnanim, 1991.

LEVITSKY, Steven; ZIBLATT, Daniel. *Como as democracias morrem*. São Paulo: Zahar, 2018.

LINZ, Juan; STEPAN, Alfred. *A transição e consolidação da democracia*: a experiência do sul da Europa e da América do Sul. São Paulo: Paz e Terra, 1999.

MAGALDI, Nuria. *Procura existencial, Estado de Derecho y Estado social*. Bogotá: Universidad Externado de Colombia, 2007.

MÖLLER, Horst. *La República de Weimar*: una democracia inacabada. Tradução Paula Sánchez. Madrid: Antonio Machado Libros, 2006. E-book.

MOMMSEN, Hans. *The rise and fall of Weimar democracy*. Tradução Elborg Forster and Larry Eugene Jones. The University of North Carolina Press, 1996.

MOUNK, Yascha. *O povo contra a democracia*: por que nossa liberdade corre perigo e como salvá-la. São Paulo: Companhia das Letras, 2019.

MUÑOZ MACHADO, Santiago. *Informe sobre España*: repensar el Estado o destruirlo. Barcelona: Crítica, 2012.

O'DONNELL, Guillermo. Another institutionalization: Latin America and elsewhere. Paper presented to the conference on "Consolidating Third Wave Democracies: Trends and Challenges", organized by the National Policy Research Institute and the International Forum for Democratic Studies, Taipei, 26-30 August, 1995.

O'DONNEL, Guillermo. Democracia delegativa?. *Revista Novos Estudos,* n. 31, p. 25-40, out. 1991.

O'DONNELL, Guillermo. Notas para el estudio de procesos de democratización política a partir del Estado burocrático-autoritario. *Desarrollo Económico – Revista de Ciencias Sociales,* v. 22, n. 86, p. 231-248, jul./sep. 1982.

O'DONNELL, Guillermo. *Polyarchies and the (un)rule of Law in Latin America.* Working Paper, The Helen Kellogg Institute for International Studies, 1998.

O'DONNELL, Guillermo; SCHMITTER, Philippe. *Transições do regime autoritário*: primeiras conclusões. Tradução Adail Sobral. São Paulo: RT: Vértice, 1988.

O'DONNELL, Guillermo; SCHMITTER, Philippe C.; WHITEHEAD, Laurence (ed.). Transições do regime autoritário: América Latina. Tradução Adail Sobral e Rolando Lazarte. São Paulo: RT: Vértice, 1988.

ÓNEGA, Fernando. *Puedo prometer y prometo:* mis años con Adolfo Suárez. Barcelona: Plaza Janés, 2013.

PASQUINO, Pasquale. La costituzionalizzazione dei referendum a Weimar e a Roma. *Revista Trimestrale di Diritto Pubblico,* n. 4, 1998.

PÉREZ GALLEGO, Roberto. Constitución, derecho y poder judicial en la República de Weimar (Alemania, 1919-1933). *Jueces para la Democracia,* n. 37.

PHELAN, Anthony. *El dilema de Weimar:* los intelectuales en la República de Weimar. Valencia: Edicions Alfons el Magnanim, 1990.

PRZEWORSKI, Adam. A escolha de instituições na transição para a democracia: uma abordagem da teoria dos jogos. *Dados – Revista de Ciências Sociais,* Rio de Janeiro, v. 35, n. 1, p. 5-48, 1992.

PRZEWORSKI, Adam. Como e onde se bloqueiam as transições para a democracia?. *In:* MOISÉS, José Alvaro; ALBUQUERQUE, J. A. Guilhon. *Dilemas da consolidação da democracia.* São Paulo: Paz e Terra, 1988.

PRZEWORSKI, Adam. *Crises of democracy.* New York: Cambridge University Press, 2019.

RICHARD, Lionel. *A República de Weimar.* São Paulo: Companhia das Letras, 1988.

RITCHIE, David T. Modern constitutionalism and Weimar liberalism. *Revista da Seção Judiciária do Rio de Janeiro*, n. 20, p. 15-39, ago. 2007.

RUIPÉREZ ALAMILLO, Javier. La Constitución y su estudio: un episodio en la forja del derecho constitucional europeo. Método jurídico y régimen político en la llamada teoría constitucional de Weimar. *Teoría y Realidad Constitucional*, n. 22, p. 255-295, 288.

RUNCIMAN, David. *Como a democracia chega ao fim*. São Paulo: Todavia, 2018.

SCHMITT, Carl. *Teoría de la Constitución*. Madrid: Alianza Editorial, 1996.

SKACH, Cindy. *Borrowing constitutional designs*: constitutional law in Weimar Germany and the French Fifth Republic. Princeton: Princeton University Press, 2005.

SNYDER, Louis L. *The Weimar Republic*: a history of Germany from Ebert to Hitler. New York: Van Nostrand Company, 1966.

SOSA WAGNER, Francisco. *Maestros alemanes del derecho público*. 2. ed.. Madrid: Marcial Pons, 2005.

STIRK, Peter. Hugo Preuss, German political thought and the Weimar Constitution. *History of Political Thought*, v. XXIII, n. 3, p. 497-516, Autumn 2002.

THE WHEEL of history. *The Economist*, 26 jan. 2019.

TUDELA, José; CASTELLÁ, José Maria; EXPÓSITO, Enriqueta; KÖLLING, Mario. *Libro blanco sobre la calidad democrática en España*. Madrid: Marcial Pons: Fundación Manuel Giménez Abad, 2018.

VALLESPÍN, Fernando; MARTÍNEZ-BASCUÑÁN, Máriam. *Populismos*. Madrid: Alianza, 2017.

VAN CAENEGEM, R. C. *Uma introdução histórica ao direito constitucional ocidental*. Tradução Alexandre Vaz Pereira. Lisboa: Fundação Calouste Gulbenkian, 2009.

VILLACAÑAS BERLANGA, José Luis. Los límites de la influencia de Carl Schmitt en la República de Weimar. *Isegoría – Revista de Filosofía Moral y Política*, n. 24, p. 115-130, 2001.

VUILLARD, Éric. *El orden del día*. Tradução Javier Albiñana. 8. ed. Barcelona: Tusquets, 2018.

WEBER, Max. Política como vocação. *In*: WEBER, Max. *Ciência e política*: duas vocações. São Paulo: Cultrix; 2008.

WEITZ, Eric. *La Alemania de Weimar*: presagio y tragedia. Tradução Gregorio Cantera. 2. ed. Madrid: Turner, 2019.